A LIBRARY OF
DOCTORAL
DISSERTATIONS
IN SOCIAL SCIENCES IN CHINA

中国
社会科学
博士论文
文库

大美无美：
庄子美学的反思与还原

The Damei Has No Beauty

The Reflection and Reduction of Zhuangzi's Aesthetics

陈火青　著

导师　陈本益

中国社会科学出版社

图书在版编目（CIP）数据

大美无美：庄子美学的反思与还原/陈火青著.—北京：中国社会科学出版社，2017.3（2018.4重印）

（中国社会科学博士论文文库）

ISBN 978-7-5161-9886-5

Ⅰ.①大… Ⅱ.①陈… Ⅲ.①庄周（前369-前286）-美学思想-研究 Ⅳ.①B223.55

中国版本图书馆 CIP 数据核字（2017）第 031422 号

出 版 人	赵剑英	
责任编辑	王　琪	
责任校对	胡新芳	
责任印制	王　超	

出　　版	中国社会科学出版社	
社　　址	北京鼓楼西大街甲 158 号	
邮　　编	100720	
网　　址	http://www.csspw.cn	
发 行 部	010-84083685	
门 市 部	010-84029450	
经　　销	新华书店及其他书店	

印　　刷	北京君升印刷有限公司	
装　　订	廊坊市广阳区广增装订厂	
版　　次	2017 年 3 月第 1 版	
印　　次	2018 年 4 月第 2 次印刷	

开　　本	710×1000　1/16	
印　　张	18	
插　　页	2	
字　　数	295 千字	
定　　价	68.00 元	

总　序

在胡绳同志倡导和主持下，中国社会科学院组成编委会，从全国每年毕业并通过答辩的社会科学博士论文中遴选优秀者纳入《中国社会科学博士论文文库》，由中国社会科学出版社正式出版，这项工作已持续了12年。这12年所出版的论文，代表了这一时期中国社会科学各学科博士学位论文水平，较好地实现了本文库编辑出版的初衷。

编辑出版博士文库，既是培养社会科学各学科学术带头人的有效举措，又是一种重要的文化积累，很有意义。在到中国社会科学院之前，我就曾饶有兴趣地看过文库中的部分论文，到社科院以后，也一直关注和支持文库的出版。新旧世纪之交，原编委会主任胡绳同志仙逝，社科院希望我主持文库编委会的工作，我同意了。社会科学博士都是青年社会科学研究人员，青年是国家的未来，青年社科学者是我们社会科学的未来，我们有责任支持他们更快地成长。

每一个时代总有属于它们自己的问题，"问题就是时代的声音"（马克思语）。坚持理论联系实际，注意研究带全局性的战略问题，是我们党的优良传统。我希望包括博士在内的青年社会科学工作者继承和发扬这一优良传统，密切关注、深入研究21世纪初中国面临的重大时代问题。离开了时代性，脱离了社会潮流，社会科学研究的价值就要受到影响。我是鼓励青年人成名成家的，这是党的需要、国家的需要、人民的需要。但问题在于，什么是名呢？名，就是他的价值得到了社会的承认。如果没有得到社会、人民的承认，他的价值又表现在哪里呢？所以说，价值就在于对社会重大问题的回答和解决。一旦回答了时代性的重大问题，就必然会对社会产生巨大而深刻的影响，你也因此而实现了自己的价值。在这方面年轻的博士有很大的优势：精力旺盛，思维敏捷，勤于学习，勇于创新。但青年学者要多向老一辈学者学习，博士尤其要很好地向导师学习，在导师的指导下，发挥自己的优势，研究重大问题，就有可能出好的成果，实现自己的价值。过去12年入选文库的论文，也说明了这一点。

　　什么是当前时代的重大问题呢？纵观当今世界，无外乎两种社会制度，一种是资本主义制度，一种是社会主义制度。所有的世界观问题、政治问题、理论问题都离不开对这两大制度的基本看法。对于社会主义，马克思主义者和资本主义世界的学者都有很多的研究和论述；对于资本主义，马克思主义者和资本主义世界的学者也有过很多研究和论述。面对这些众说纷纭的思潮和学说，我们应该如何认识？从基本倾向看，资本主义国家的学者、政治家论证的是资本主义的合理性和长期存在的"必然性"；中国的马克思主义者，中国的社会科学工作者，当然要向世界、向社会讲清楚，中国坚持走自己的路一定能实现现代化，中华民族一定能通过社会主义来实现全面的振兴。中国的问题只能由中国人用自己的理论来解决，让外国人来解决中国的问题，是行不通的。也许有的同志会说，马克思主义也是外来的。但是，要知道，马克思主义只是在中国化了以后才解决中国的问题的。如果没有马克思主义的普遍原理与中国革命和建设的实际相结合而形成的毛泽东思想、邓小平理论，马克思主义同样不能解决中国的问题。教条主义是不行的，东教条不行，西教条也不行，什么教条都不行。把学问、理论当教条，本身就是反科学的。

　　在21世纪，人类所面对的最重大的问题仍然是两大制度问题：这两大制度的前途、命运如何？资本主义会如何变化？社会主义怎么发展？中国特色的社会主义怎么发展？中国学者无论是研究资本主义，还是研究社会主义，最终总是要落脚到解决中国的现实与未来问题。我看中国的未来就是如何保持长期的稳定和发展。只要能长期稳定，就能长期发展；只要能长期发展，中国的社会主义现代化就能实现。

　　什么是21世纪的重大理论问题？我看还是马克思主义的发展问

题。我们的理论是为中国的发展服务的，绝不是相反。解决中国问题的关键，取决于我们能否更好地坚持和发展马克思主义，特别是发展马克思主义。不能发展马克思主义也就不能坚持马克思主义。一切不发展的、僵化的东西都是坚持不住的，也不可能坚持住。坚持马克思主义，就是要随着实践，随着社会、经济各方面的发展，不断地发展马克思主义。马克思主义没有穷尽真理，也没有包揽一切答案。它所提供给我们的，更多的是认识世界、改造世界的世界观、方法论、价值观，是立场，是方法。我们必须学会运用科学的世界观来认识社会的发展，在实践中不断地丰富和发展马克思主义，只有发展马克思主义才能真正坚持马克思主义。我们年轻的社会科学博士们要以坚持和发展马克思主义为己任，在这方面多出精品力作。我们将优先出版这种成果。

2001 年 8 月 8 日于北戴河

摘　要

　　庄子文本产生之时并无今天的学科分际，西学东渐催生了本土的学科视域后，以美学视域去融合作为历史流传物的混沌文本，建构一种合理有效的"庄子美学"，是研究的追求。本文试图通过反思与还原，为庄子美学划界，以呈现出原本的庄子美学。吊诡是庄子的言说方式，当说"庄子美学"之时也就意味着在说"庄子的美学非美学"。这无疑增添了以学科的方式去言说庄子美学的难度。

　　庄子思想的拱顶石是道，道是天地万物的本根与本体，道的特性是自然无为。人虽因有为背离了道，但是可以通过心性修养的工夫重新与道为一，于是人生与社会的诸多问题也因此迎刃而解。对于人生的关注，使得庄子哲学成为一种人生哲学。作为人生哲学的庄子哲学主要是道德哲学，这是学界颇为一致的看法。庄子的人生哲学有广狭两义。狭义上，它属于传统理论形态的"德性论"（美德论）的道德哲学。广义上，它是得道为德的道德（得）哲学。这也就是将道内化为人的一种精神境界。在与道为一的道德（得）境界中，庄子认为获得了一种"大美"，大美是自然无为的道德（得）精神之一。但是，"大美无美"，它是道德精神意义上的美，而不是现实的审美意义上的美，现实的美是末，是应否弃的对象。如果说这也是一种美学，那么它不过是道德精神意义上的美学，而不是审美意义上的美学。大美属于道（德），于是，大美即道，道是美（本质）。这实是以道的本质去淹没美的本质，泯灭了美与真、善的界域，也误置了其逻辑分位。之所以认为道是美，也因为把道的自然无为看作是自由，而自由是美的本质。但是，无论是从自由本身看，还是从人生自由以及审美自由来看，自然无为只是切中了自由的自然方面，却否定了自由的自为方面，最终实际上否定了自由。

　　大美无美，从体验来看，就是修道体验不是审美体验。要得道为德，就必须做心斋坐忘、齐物安命等等"性修反德"的工夫。大美体验实际上正来自修道体验。只要加以比较，无论是在目的诉求上，直觉方式上，还是在体验对象上，这种心性修养体验与审美体验的差异是明显的。事实是，修道的工夫与境界根本容不下审美体验。大情无情，否定了审美之情。庄子还明确地反对文艺与美的创造。齐一美丑的价值，泯灭美丑的判断，无异于宣布了美学的无意义。回归本然状态的天人合一，让"天（物）—人（我）"关系变为"以天合天"的"天（物）—天（无我/物）"关系，是对审美的天人合一的倒置。

　　庄子为了"明"道，虚构了不少的技艺故事。道是大全，技是小成，道是无为，技是有为。技造成了道的亏损，是修道工夫所要排除的内容，因此，技艺不能见道；如果从技艺出发来体道，那将是一个"遗技合道"的过程。庄子用合乎道的"大巧"或神技来取代技艺，也就是说用道的自然无为来改铸技艺，无为是无为了，但从此也就没有人为之技艺了，此即神技无技。神技经后世的理论转化后，实现了与技艺的统一，那时才显现出真正的技中见道或技进乎道的理论内涵。

　　虽然庄子的思想未能成为审美意义上的美学，但它本身充满了"后效于"美学的潜在力量，后世尤其是魏晋南北朝的文艺和美学在体悟庄子（与老子）的思想之后创造性地转化出具有道家思想特色的美学或文艺思想，可称为广义的庄子（道家）美学。在广义的庄子美学上，可以说实现了大美与美的统一，即道德精神意义上的庄子美学在后世有了与之对应的审美意义上的道家美学。

　　魏晋玄学为庄子（道家）哲学向美学的转化扫平了实质性障碍，提供了哲学基础。王弼解决了道家美学无"情"无"象"的问题，郭象的独化玄冥与足性逍遥，将道家的形上之道落实为现象的本质，"任自然"风尚展示了一种可直接引入实践的超越而自由的精神境界。后世美学尤其是魏晋美学所做的这种转化与实现，大约体现在如下方面，一是将体验道的无差别的道德对象转化为体味美的显现了道的有选择性的审美对象，一是将"性修反德"的修养工夫转化为"澄怀味象"之类的审美关系，一是将"游心"的道德主体境界转化为"神思"之类的审美主体心境。在这种转化中，将转化前后的情形加以比较，可以清晰地看到庄子哲学与籍其后效力量所转化出的美学之间的界分，庄子哲学本身也得到一次透彻的呈现。

　　总之，庄子思想本身是得道为德的道德哲学。在学科美学视域下，庄子大美无美的吊诡，使得庄子的美学非美学。如果说庄子哲学本身有美学，那也只能算是道德精神意义上的美学，而不是审美意义上的美学，它本身表现出反审美性。严格来说，审美意义上的庄子美学只不过是庄子思想"后效于"美学的一种潜在性与必然性，即一种后效美学，它可以被视作广义的庄子（道家）美学的一部分，因此，庄子的美学是后效美学。

关键词： 庄子美学　大美无美　道　体道　自然无为　自由　得道为德　道德精神　反审美性　技艺　后效　转化

Abstract

As a historical relic, *Zhuangzi* is a text of chaos before the subjects had been differentiated in China. So it is worthy to pursuit of constructing a reasonable and effective aesthetics of Zhuangzi. This paper would attempt to review and restore the aesthetic thought of Zhuangzi. "Dialectic paradox" is the Zhuangzi's way of speaking, so when we said "the aesthetics of Zhuangzi", it also means that "the aesthetics of Zhuangzi is non-aesthetics". It is undoubtedly difficult to discourse the aesthetics in perspective of subjects.

The "Dao" is the core of Zhuangzi's theory. According to Zhuangzi, Dao is the origin and the underlying principle of the "Tian-di", the world or heaven and earth and all things. "Ziran-Wuwei" is the essential characteristic of Dao, Ziran means nature or the natural, and Wuwei is non-action or having no activity.

Although deviating from the Dao because of having activity, someone would become one or uniformity with the Dao when he clarifies his mind, and all problems of life and society also would be smoothly solved. As a philosophy of life, Zhuangzi's theory belongs to a Dao-de philosophy or philosophy of "Dao andvirtue (attaining Dao) ", which is a quite consistent view in academia. In a narrow sense, it belongs to the moral philosophy, which has a traditional theoretical form called "virtue theory" (virtue theory of moral philosophy). In a broad sense, it is the Daode philosophy of "attaining Dao and getting virtue". In Zhuangzi's view, when Dao was internalized to became a kind of spirit, the Damei would be won, which is one of the spirit of "non-action in face of nature" (Ziran- Wuwei). However, the great beauty isn't beauty; if it is seen as a sort of beauty, it isn't a sort of beauty in an aesthetical sense, but in the "Dao and moral" spiritual sense. The realistic beauty must be gotten rid of, because it only is the branch of true beauty. The so-called great beauty belong to Dao or De (attaining Dao), and then, in a customary view, the great beauty was e-qualed with the essence of beauty. This opinion drowned the ontology of beauty in the Dao's, so it not only demolished the boundary between beauty and truth, and good, but also misplaced their logical points. Dao is the same as beauty in essence, it is another reason that Ziran-Wuwei is misapprehend freedom, and freedom is generally regarded as the essence of beauty. In fact, Ziran-Wuwei isn't the freedom itself, or the freeness of life, or aesthetic freedom, it hits the natural aspect of freedom, but denies the self aspect of freedom, and eventually wipes out the freedom.

Form the perspective of experience, the Damei isn't beauty, it means that the experience toward Dao indeed differs from aesthetic experience. For getting Dao, people must practice the Daoism doctrine to go back to the nature virtue, there are the practices what are "the fasting of the mind", "sitting in forgetful-ness", "leveling all things", "contenting with the fate", and so on. The expe-rience of the Damei actually rises from the experience of getting virtue. As long as to be compared, there are many obvious differences between this experience of meditation (mind cultivation) and aesthetic experience in their purpose, in-tuition, and object, etc. In fact, there is no room for the latter. The Daqing (in-nate feeling) has no feeling (human feeling, emotion), it negates the aesthetic feelings. Zhuangzi explicitly opposed to the creation of art and beauty. It was tantamount to say that the aesthetics wasn't significance, because of equaling the value of beauty with ugliness, and cancelling aesthetic judgment. It is inverse that Zhuangzi turned the relationship of "Tian (you) —man (I) " which is aesthetic into the relationship of "Tian (nature) —man (nature) " which is the natural state by becoming One with the Dao.

In order to display the Dao, Zhuangzi created many fables about the arts or technologies. In Zhuangzi's view, the Dao is whole, but arts are parts, and the former has no activity, the latter have activity. The arts do certainly harm to the Dao, so that it have to be excluded in the process to clean the mind, and that it

don't show what is the Dao. Zhuangzi want to replace the arts with "fantasticar-
ts" which is recast by the non–action of Dao, but there will be no artificial
arts, namely that the fantastic arts have no arts. In later ages, the fantastic arts
were mingled with the arts, thus the arts can show the Dao.

Zhuangzi's philosophy failed to become a kind of aesthetics in a subject
sense, but it's full of potential strength which would results in aftereffect in aes-
thetic field. The later aesthetic thoughts, especially in the Wei–Jin period and
the southern dynasties, create many Daoism aesthetic categories and taste based
on the theory of Zhuangzi (and Laozi), which can be called the Zhuangzi's
(Daoist) aesthetics within extended scope. In this broad sense, the Zhuangzi's
aesthetics in the "Dao and moral" spiritual sense has a corresponding Daoist
aesthetics in an aesthetical sense in later, so that it can be said to achieve the u-
nification.

The Xuan (dark learning) of Wei–Jin period, clear the substantial obstac-
es, and paved the way for the transformation. Wang Bi solved the problem of the
Daoist aesthetics without emotions and form. The theories of Guoxiang, as Duhua-
xuanming, what Guoxiang called the theory of self–transformation, and Zuxing–
xiaoyao, called the natural and freedom, turned the metaphysical Dao into the es-
sence of phenomena. Living following the natural or impulse shows a direct prac-
ticable fashion of the transcendental spirit. The transformation of aestheties in
later, especially the Wei–Jin of aesthetics, embodied in the following aspects,
the first is the object, the second is the aesthetic relation, the third is the sub-
ject. Compared the situations of transformation, you can clearly understand the
distinctions between Zhuangzi's philosophy itself and the later aesthetics called
the Daoist aesthetics in the broad sense. The Zhuangzi's philosophy will be had a
thorough presentation.

In short, Zhuangzi's thought itself is a kind of Dao–de philosophy of "attai-
ning Dao and getting virtue". In the perspective of aesthetics, the aesthetics of
Zhuangzi is non–aesthetics because of the way of dialectic paradox. If Zhuangzi's
philosophy has a kind of aesthetics, it could just be regarded as the aesthetics of
"Dao and moral" spirit, instead of the aesthetics within the scope of aesthetics,
and certainly showed anti–aesthetic. Strictly speaking, Zhuangzi's aesthetics

only has the potential and necessity that would results in aesthetic aftereffects, and it is a part of the Daoism aesthetics in the broad sense. Zhuangzi's aesthetics is a kind of aftereffect aesthetics.

Key Words: Zhuangzi's aesthetics; the Damei has no beauty; Dao; practice Daoism; nature; non-action; freedom; attaining Dao and getting virtue; "Dao and moral" spirit; anti-aesthetic; arts; aftereffect; transformation.

目 录

Contents

绪　论

一　研究的缘起

　　庄子是一种奇妙的存在，庄子也是一种魅惑的存在。因为奇妙而充满魅惑，因为魅惑而倍感奇妙。作为庄子的那人，身世事迹，云遮雾罩，难以具识。作为《庄子》的那书，瑰诡深奇，难以透析。[①] 庄子是奇妙的诗，庄子是魅惑的思，庄子是思与诗的圆融，庄子是天纵其才的诗性哲人或哲性诗人，《庄子》则是令人慨叹的哲学之诗或诗化哲学。作为奇妙与魅惑的历史存在，庄子挟其十万言不断超越历史的时空，散播其诗意与智思，让后人有不尽的言说。

　　自古以来说不尽的庄子思想，现在又有了说不尽的庄子美学。庄子美学在最近数十年来成了中国古代美学领域中璀璨的明珠，放射出绚丽的美学之光，不仅一扫先秦美学的黯淡，而且也似乎照亮了当代美学的前程。这自然是我们美学研究者的荣光与自豪，在庄子，尽管他擅长无端崖之

---

　　① 本书主要对庄子思想从美学角度进行研究，笔者遵从庄子美学研究中的一些共识：其一，《庄子》是庄子及其后学即庄子学派的著作的汇集。故本文以"庄子"这一符号来指称庄子学派及其文本《庄子》，作互不外在的处理，根据语境自不难区分具体所指，特别的地方将注明。其二，对庄子思想宜从整体上去把握理解。从哲学思想史看，从接受的角度讲，长期以来，学者们对庄子的研究主要是基于整个《庄子》文本（且主要是郭象定本）。按照比较公认的看法，内篇是体现庄子本人基本思想的基本依据，外、杂篇中不违其基本思想的也可作为参考资料。对有争议的资料笔者在论述中会做必要的考察。按刘笑敢先生的研究，外、杂篇中主要有述庄派、黄老派、无君派三类文章，述庄派的文章应大体可信（刘笑敢：《庄子哲学及其演变》，中国社会科学出版社 1988 年版）。其三，庄子思想牵涉面较广，哲学方面又是其思想的核心部分，因此美学界谈论庄子思想主要是从其哲学思想切入。另外，本书所引庄子出自郭庆藩撰、王孝鱼点校的《庄子集释》（中华书局 2004 年版），以下只在文中指明所引篇章名。文中所引郭象注、成玄英疏亦出自该版本。

辞，这恐怕也是他所始料不及的意外之获，"命也夫"。尽管庄子可能没有想过要解决什么美学或艺术的问题，尽管庄子文本"最先不是美学论文"①，但是，在一些当代美学家的思想洞见之下，聚讼不已的庄子思想似乎终于在美学领域取得了某种形式上的一致或共识：庄子的哲学就是美学，庄子的道就是美，道就是一种艺术精神，心斋坐忘就是艺术或审美的主体体验，如此等等。"庄子在许多当代美学研究者的理论视域中成了纯粹的美学家，庄子思想在当今的诸多论述中成了纯粹的美学思想"，然而，"目前所做的工作基本上还只是停留在'庄子哲学是美学'的这种表面的宣称上。庄子哲学为什么是美学这个问题一直未做细致的研究和理解"。② 或许更进一步，庄子思想到底是不是美学或有没有美学这个问题也没有得到多少追问与探究。事实上，当我们悬置起众多的当代庄子美学研究之时，当我们平心静气直面庄子文本之时，上述问题就并不是多余的。面对古代这样的一部经典，我们并不能必然地就断定它是美学，思与诗的圆融也并不必然地就成其为美学，尼采与海德格尔等也有这样的美誉，但他们被指称为美学的也只不过是其部分的文本与思想，研究庄子美学也就应该从对上述问题的理解与解释开始。

而当我们进一步深入细致地审视庄子美学研究的历史与现状之时，我们马上就会为一种"影响的焦虑"所攫噬，这一方面固然是因为庄子美学研究所取得的卷帙浩繁的成果，另一方面也是因为庄子美学的建构与定位难免给人一种"无定性"的印象。庄子美学似乎并未能找到其自身的规定性。在20世纪的台湾与大陆，在徐复观发现道是一种"最高的艺术精神"③ 与李泽厚、刘纲纪认定"庄子的哲学是美学"④ 之前，学界的基本观点认为庄子是否定美学与艺术的，而在此之后，庄子哲学是美学的看法就成了绝对主流的观点。这种"今是昨非"的反差真是太过强烈。即使是在庄子哲学是美学这样的一种表面的共识与一致下，对庄子美学的理解在义理上所呈现出的聚讼、歧解与矛盾，一点也不比庄子思想从其他领

① 叶维廉：《道家美学与西方文化》，北京大学出版社2002年版，第1页。
② 李建盛：《历史 文化 审美：庄子哲学和美学理解的当代视域》，《求索》1997年第4期。
③ 徐复观：《中国艺术精神》，广西师范大学出版社2007年版，第36页。
④ 李泽厚：《中国思想史论·上》，安徽文艺出版社1999年版，第182页。李泽厚、刘纲纪："庄子的美学同他的哲学是浑然一体的东西，他的美学即是他的哲学，他的哲学也即是他的美学。"（李泽厚、刘纲纪：《中国美学史·先秦两汉编》，安徽文艺出版社1999年版，第217页）

域或角度来研究的更少。略举数例。例如，在同一本美学史中，认为孔子的"仁义礼乐"是美学的，庄子是反儒家的，却又认定庄子是美学的，岂不自相矛盾吗？又如，同样是引用康德做论证，有的学者证出了庄子的思想是美学思想，有的却证明庄子美学与康德美学是完全相反的东西，到底谁的理解更合理、论证更可信呢？到底是庄子还是康德缺少了自身的规定性？抑或，到底是误读了庄子还是误读了康德或者是双重的误读？又拿庄子美学与西方美学的比较来说，与庄子加以比较的，有从西方古代的前苏格拉底时期的毕达哥拉斯，一直到后现代的德里达，其间包含赫拉克利特、柏拉图、普洛丁、卢梭、康德、席勒、黑格尔、马克思、克罗齐、尼采、叔本华、阿多尔诺、海德格尔、福柯等等足够长的一串名字。笔者丝毫没有看轻比较研究的意思，美学研究恰恰离不开比较，比较无疑有助于我们见同见异。我们只是从这种现象中感到，庄子美学的规定性让人疑窦丛生，庄子美学似乎与这些前现代到现代到后现代的美学家之间都能找到某种契合之处，这种现象在其他美学思想中是很难发现的，一种美学如果什么都像，它就有可能什么都不像，庄子美学到底有无自身的定性，这不是很为可疑吗？人们曾经一度认为庄子美学是浪漫主义美学，后来从西方传来了生命哲学、现象学、语言学、解释学、存在论的思潮，于是人们又发现了庄子与这些西方思潮的会通性，纷纷将庄子美学定位为某某美学思想，笔者并不否认用这些理论可以加深对庄子美学的理解，问题是我们将这些理解加之于庄子甚或以之为庄子美学命名，那到底是我们的领悟还是庄子美学本身？为什么在没有经受这些西方思潮的冲击之时，庄子就没有这某某美学思想呢？可以想见的是将来从西方再传来某某思潮时，庄子美学又该移位为新的某某美学思想了，这些难道都是庄子本身所固有的美学特质吗？

庄子美学难免给人一种缺少基本规定性的印象，它就像一个橡皮泥人一样被塑造（理解、建构、阐发、改造）成各种形状。也许有人会认为这恰恰是庄子美学本身的丰富性、开放性的表现，庄子思想确实是很丰富也留下了理解的开放空间，但是丰富与开放总是在其自身规定性之上的丰富与开放，而不是舍弃了自身本性的丰富与开放，否则，那还是"庄子的"美学思想吗？其实，人们是在两种意义上谈论庄子美学这一概念，一是狭义上的庄子美学，指的是庄子本身所具有的美学思想；一是广义上的庄子美学，这主要指的是后世的美学家、文艺家在他们从事审美与艺术的理论与实践活动中，从庄子思想中转换、发展出一些关于美学与艺术的概念、命题、范畴。今天很多的研究实际上也只能是属于广义的庄子美学，却在不经意间误以为是庄子本身的美学思想。这里面其实有一个不可忽视的过渡环节，那就是魏晋玄学与美学。如果我们想做历史的探求，就应以回到庄子本身为鹄的，为庄子美学本身划界，想做现代的阐发，那就另当别论，不宜混淆二者。

因此，面对庄子美学这种无定性的实况，我们就有必要以回到庄子本身为诉求，反思庄子思想是美学思想这一命题的可能性与真实性；而建构或理解庄子美学思想，我们就有必要从庄子思想有无美学、是不是美学、是美学又是如何可能的、不是又是为什么之类的基础问题开始，补上这一前提环节，夯实庄子美学研究的地基，而不是已经设定它是美学，就好像它本来就是一部美学著述一样。

二　研究的现状

庄子美学成为近年来中国美学的研究热点并不是偶然的，这固然是由于中国美学研究者出于对中国古代美学思想资源的珍视而进行梳理、挖掘、自觉建构的需要，同时也是庄子思想本身的理论张力所引发的研究魅力使然。正如有的学者指出的那样，庄子在 20 世纪的最后 20 年被推上了美学的"王座"，而 21 世纪头十年其火热程度依然不减，出版了诸多的庄子美学研究专著和发表了数量惊人的相关学术论文。这也足以表明其研究意义所在。对庄子思想在现代被建构为"庄子美学"的历程另有专文，此处只就本选题的相关研究情况做一个简要说明。

在 20 世纪 60 年代，徐复观先生在他的思想史研究中将庄子的思想梳理成一个理论系统之后，仍然觉得庄子思想中有还未被发掘的东西，这样就有了他的"庄子再发现"，这就是他反复强调的"若通过工夫在现实人生中加以体认，则将发现他们之所谓道，实际是一种最高的艺术精神"[①]。"只从他们由修养的工夫所到达的人生境界去看，则他们所用的工夫，乃是一个伟大的艺术家的修养工夫；他们由工夫所到达的人生境界，本无心

---

① 徐复观：《中国艺术精神》，广西师范大学出版社 2007 年版，第 36 页。

于艺术，却不期然而然地会归于今日之所谓艺术精神之上。"① 徐复观体
悟出庄子之道与艺术精神的联系，将道定位于最高或纯艺术精神，发前人
之所未发，这确实是对庄子美学的创见、发明，也是对中国美学史研究的
一大贡献。

徐氏的观点在学界引起了强烈的反响，不过也引起了一些质疑与争
论，其中章启群、孙邦金、孙琪、张节末等的批判较为激烈。② 章启群认
为徐氏在论述中把"中国艺术精神"、"中国文化中的艺术精神"、"中国
人生活的艺术精神"等概念混为一谈，最终导致徐氏在"思想和逻辑上
偏离了现存《庄子》文本的基本内容和根本思想，在观念和逻辑上造成
混乱，因此，没有在本质上揭示《庄子》对于中国艺术精神的内在影
响"③。章文在"道"与最高艺术精神、得道境界、自然美三方面做了分
析。章氏的批判也遭遇了批判，刘建平认为章氏以西方的二元认识论与审
美论去解读道与艺术境界从而误读了徐复观，他认为徐复观对"中国艺
术精神"和"生活的艺术精神"做了区分，徐氏的相关观点也是正确的。

我们认为，徐氏对"生活艺术精神"（或"人生艺术精神"）与
"艺术精神"确实是有些区分意识，但是这些区分主要在儒家美学领域显
得突出。对于老庄之"道"，徐氏认为它有两面，一面是体验的，一面是
思辨的，可见，道与"艺术精神"的关系，在徐氏，并不是整体与部分
的关系，而是面的不同。因此，徐氏在"生活艺术精神"与"艺术精神"
上，正如刘氏所说的那样"虽然注意到二者之间的差异性，但他更加强
调艺术与人生的互不外在性"④，这两个系统有相通相融之处，但也有各
自的自律法则与价值尺度，徐氏认为二者只不过是"表现"与"表出"
的阶段区分，忘记了二者分属的领域差异，因而徐复观在具体论述中确实

---

① 徐复观：《中国艺术精神》，广西师范大学出版社 2007 年版，第 37 页。
② 孙邦金的批评主要集中在徐复观将中国艺术精神定位于道而忽视了儒家思想的作用，这
有归约主义的倾向。[孙邦金：《儒家乐教与中国艺术精神——徐复观〈中国艺术精神〉读后》，
《武汉大学学报》（人文科学版）2002 年第 1 期] 孙琪的探讨主要集中在"徐氏在中国艺术精神
之落实（山水画）所得的'偏'，与他对中国艺术精神主体（心）挖掘所呈现的'全'，不能相
圆融"。（孙琪：《中国艺术精神研究的"偏"和"全"——评徐复观中国艺术精神主体研究的
失误》，《广东教育学院学报》2004 年第 4 期）
③ 章启群：《怎样探讨中国艺术精神？——评徐复观〈中国艺术精神〉的几个观点》，《北
京大学学报》（哲学社会科学版）2000 年第 2 期。
④ 刘建平：《再论怎样探讨中国艺术精神——评〈中国艺术精神〉兼与章启群诸先生商
榷》，《社会科学评论》2008 年第 1 期。

也有些含糊不清、简单化甚至混乱的情况。对道家之道是否能够抛开其思辨的一面，这是值得商榷的，事实上徐氏并不能也没有抛开道的思辨层面。

邹元江认为，徐复观的"思想症结其实也是中国艺术精神内在的症结。这个症结的致命病灶就是以精神人格直接对应于艺术精神，而忽略、漠视甚至放弃对作为艺术精神实现方式的审美形式的因的探求。这一点最突出地表现在徐复观对庄子艺术精神的解读上"①。刘建平反驳说，邹文忽视了"徐复观的发言对象是台湾的现代艺术家，故技术问题无须多着墨，'极工'与'写意'之间并非因果或条件关系。从艺术家的人格精神的视角去把握艺术精神，这体现了徐复观对中国艺术精神独到的理解"②。争论的焦点仍在"艺术修养（精神）"与"人格修养（精神）"，揆之艺术史，这二者之间实没有必然的逻辑联系，古人在此方面已有相当多的争论。③ 中国传统观念常常将二者联系在一起，强调人格修养，实是出于一种对艺术的目的性的美好期望。

其实，更为值得商榷的是，徐复观将体道的工夫与境界全归于审美或艺术修养的工夫与境界这里面的那种会通的可能性。事实上，徐复观在发现道是最高的艺术精神的同时，将这种艺术精神，实际上是一种道德精神意义上的美或美的指向，混同于我们今天所说的美学学科意义上的审美及其境界，这就大大地游离了庄子思想本身，因为庄子不仅没有美与艺术的意欲，甚至在很大的程度上是非美与反艺术的。正如徐氏所意识到的那样，老庄"他们是面对人生以言道，不是面对艺术作品以言道，所以他们对人生现实上的批判，有时好像是与艺术无关的"④。在庄子那里，这种道德精神意义上的美与美学学科意义上的审美是背离的、割裂的，范围上也不是包含与被包含的，与其说它是美学，不如说它是得道为德的道之哲学。它们最终得以统一而成为真正的美学，是经由后世的理论家与艺术家转化与改造之后才得以完成的，这主要是在魏晋南北朝时期。因此，不

---

① 邹元江：《必极工而后能写意——对"中国艺术精神"的反思之一》，《文艺理论研究》2006年第6期。

② 刘建平：《手心两忘，技道合一——评徐复观〈中国艺术精神〉兼与邹元江先生商榷》，《文艺理论研究》2008年第4期。

③ 蒋寅先生在《古典诗学的现代诠释》（中华书局2003年版）一书中对这个问题有过专章（第九章）论述，可参看。

④ 徐复观：《中国艺术精神》，广西师范大学出版社2007年版，第37页。

管徐复观是有意还是无意地创造性地"误读"，但是创造归创造，本身归本身，就像我们并不把郭象的创造当作庄子思想本身一样，我们都有必要从学理上对庄子本身进行精审细致的考察与还原。

张节末在《徐复观对庄子美学的发明及其误读》中指出，徐复观有如下误读："（1）把技外见道误读为技中见道，合乎常识然而却违异庄子本意；（2）引入现象学的纯粹意识以解读'心斋'，将之定义为审美观照，成为技中见道说的反证；（3）把'天地精神'读作艺术精神，颠倒了庄子思想中自然对艺术的优先关系；以艺术取代审美，就无法在审美与自然的共通关系之中来为庄子美学作出定位。"① 张氏的观点虽与我们的看法有所不同，但无疑指出了一些徐氏的误读。总之，以上学者们热烈而深刻的学术讨论都启示着我们在学术研究中要有不断的反思求真精神，这样才能更好地推动学术的发展与进步。

在20世纪80年代，李泽厚、刘纲纪在他们的一系列研究主要是中国美学史的研究中提出了为大家所熟知的"庄子哲学即美学"的观点。这种观点与徐复观的观点一道成为目前庄子美学定位的主导观点，甚至成为一些研究者研究庄子美学不言自明的前提，如果我们的研究不反思不追问，那就值得警觉了。正如有研究者指出，论者热衷于谈论"道是美"就是因20世纪80年代的"美学热"的蛊惑。应该说，李、刘的观点强调了庄子哲学在中国美学史上的重要地位，对庄子有不少精彩的解读与阐发，他们的研究也极大地促进了庄子美学研究的兴盛，对中国美学的研究是有很大贡献的，有重大历史作用。但是他们这种直接等同式的定位方式，其中是否有简单化与误解、混漫等情况存在？另外，李、刘的研究讲求"从'我'所主张的美学理论出发"②，这固然是研究者所不可避免的，但是，是否存在有以自己的理论去框架、肢解古人而远离了古人原意及其历史文化语境的情况？在阐释的有效性与开放性原则上是否保持了合理的限度，这是需要进行一番反思的。他们的创造性的阐释与解读已经成功地完成了他们的理论建构，实现了其理论上的现实价值。但是对庄子思想本身进行还原是研究者的一种不可遏止的愿望，否则，后来的研究也就没有进行的必要。

---

① 张节末：《徐复观对庄子美学的发明及其误读》，《浙江社会科学》2004年第5期。

② 李泽厚、刘纲纪：《中国美学史·先秦两汉编》，安徽文艺出版社1999年版，第15页。

　　包兆会、侣同壮就指出，大陆自 20 世纪 70 年代末以来在庄子美学研究中普遍存在着照搬西方概念以框限庄子的问题，因为庄子并不着意于美与艺术。包氏指出了六个方面的误区：美学范畴、文艺的社会作用、艺术创作心理特征、审美的感应方式、审美境界、审美传达，可惜包氏并未展开论述。侣同壮指出了庄子美学研究中的三个问题，他认为："偏颇之处突出表现在研究者惯以西方美学观念来涵盖、框架庄子，而所谓'庄子美学'其实主要是一种美学精神，是庄子的言论向美、向艺术生成的巨大可能性；以'本体论'言说庄子则忽视了本体论重视逻辑推演的特征与庄子之'圆'的乖离；庄子所追求的心性的畅适与西方张扬个人意志的自由观也存在着很大不同；庄子之书的玄奥特点也使那些欲透彻明晰地研究庄子的做法显得捉襟见肘。"[①] 这里指出了忽视庄子哲学的独特性直接搬用西方美学的失误，展露了庄子思想与西方美学间的巨大裂隙。当然，庄子美学研究要跳出以西方美学为"镜像"的阐释宿命恐怕还得待以时日，目前最重要的恐怕是要把握好进入的角度与阐释的限度。况且美学有没有中西之分，这其实也是值得商榷的，就像蒙古马与荷兰马一样。这其中的一个关键就是要找到二者真正会通之处，如果这会通处存在的话，而这又与论者所把握的庄子思想及所持的美学立场紧密相关，这里存在太多的不确定因素，情形因而错综复杂。在我们看来，一个基本的办法就是直接面对审美现象的事实本身，这样就可以既不抛弃西方美学镜像，又不脱离中国审美传统。

　　台湾孙中锋指出，庄子之道与艺术之间有着本质与境界上的差别，因为"艺术必以主体情意为其实质性内涵，以审美判断为其活动特征，凡

---

　　① 侣同壮：《庄子美学研究指瑕》，《山西师大学报》（社会科学版）2006 年第 1 期。被称为第一部庄子美学研究专著的刘绍瑾的《庄子与中国美学》中说道："《庄子》一书的美学意义，不是以美和艺术作为对象进行理论总结，而是在谈到其'道'的问题时，其对'道'的体验和境界与艺术的审美体验和境界不谋而合。由于这种相合，后世很自然地把这些带有审美色彩的哲学问题移植到对艺术的审美特征的理解中，从而使庄子的哲学命题获得了新的意义。从这个意义上，我们认为，《庄子》中所蕴藏的文艺思想、美学理论，并不是以其结论的正确性取胜，而是以其论述过程中的启发性、暗示性、触及问题的深刻性见长。"（刘绍瑾：《庄子与中国美学》，广东高等教育出版社 1989 年版，第 10—11 页）刘氏已经意识到将庄子哲学直接等同于美学的不适当，但是仍然将"道"与艺术审美从体验与境界的层面相等同，因此庄子的美学思想就可以由后世引发、移植、展开，这样庄子美学对后世的影响就是从"潜美学"向"显美学"的"生成"。刘书并不简单地将庄子的哲学视作美学，看到二者之间有个移植、生成的中间环节，这比先前的观点大大地前进了一步，但体验及境界上相合的看法却限制他走得更远，也造成论述中庄子美学的"自身"与"生成"间的纠缠、混漫不清。

艺术审美活动皆离不开主体情意的审度分别，而这却是在庄学修道过程中必须予以超越的。庄学之体道境界，乃是泯除主观思虑分别与情感执着的生命状态"①。据此，他对徐复观等将道与艺术的本质相等同的观点予以批驳，做了一些深入的辨析，具有很高的学术参考价值。不过，孙氏认为，"庄子由生命问题的探索而触及'美'的思考，自生命的涵养修持中开显出'美'的理想境界"②，因而庄子美学的根本实质是"生命美学"。根据庄子生命美学的价值取向是"绝对美"，孙氏实际上是先在形上层域建构起"庄子美学"的"至美"心境与作为根源的"大美"，而体道者体此大美，返之落回人生，乃成就世间人生之"众美"，其中"德性之美"是重要面向。这样孙氏尽管摆脱了"绝对美"与艺术审美之"相对美"的纠缠、混同，但是他却必须将"道德之美"、"人格之美"纳入美学的范畴，事实上他也是这样做的，③ 这些论见也还有再商榷的余地。并且，孙氏似乎淡忘了庄子对审美实践表示否弃的言论。孙氏文中提出了不少新颖创见，给人以很大启迪。

　　杨径青仍然是坚持庄子反美学观点的一个。说他仍然是，是指他之前曾有过类似观点。早在 20 世纪的三四十年代，郭绍虞、罗根泽和朱东润等从文学理论批评的角度研究过庄子，基本上认为，庄子无意于评论文学甚至视书文为糟粕，但是后世"谈艺者司其神"，于是便有了文艺理论上的影响。应该说，艺术与美还不能完全画等号，他们还不是从纯粹的美学学科出发来研究庄子。马采从 1958 年的北大美学教学材料到 1988 年出书，他的观点一贯，他认为道家根本上否定艺术、否定美的绝对性。施昌东认为庄子是美丑的相对主义和文艺的否定论者。蒋孔阳认为，庄子提出了"天乐"的境界，但他是否定人为的音乐、否定人类的文化的，是一种相对主义与虚无主义美学。施、蒋二人的观点在当时还引发了讨论，这是 1980 年前后的事。杨径青于 1995 年重提庄子反美学的观点，这在当时是个别者的声音。在他看来，道是超越形象的从而不能成为审美对象的，

---

① 孙中峰：《庄学之美学义蕴新诠》，博士学位论文，台湾东华大学，2005 年，提要页。
② 同上书，第 27 页。
③ 孙氏认为，"我们不妨将理性派的'完善'观念加以扩大理解，延伸至人文与道德层面来看……而吾人亦得以称之为'人文之美'与'道德之美'、'人格之美'。"（孙中峰：《庄学之美学义蕴新诠》，博士学位论文，台湾东华大学，2005 年，第 43 页）他还认为，应该以一种开放的态度"将美学由原初的学科涵义中开放出来……涵纳存在于历史文化中一切有关'美'的体验与思考"（见《庄学之美学义蕴新诠》第 2 页）。

得道的境界也不可能是审美境界，另外，从"心斋"、"坐忘"、"至乐无乐"及其哲学的相对主义来看，庄子哲学是反美学的。庄子的哲学是超越审美的。① 陈本益在《谈儒道佛三家思想的道德性——兼谈道家思想本身并不是美学》一文中通过对儒道佛三家思想的比较后认为，道家思想主要是道德思想，"道家思想本身不是美学，它的道德修养态度并不是真正的审美态度。不过，后来的某些艺术实践和艺术理论将道家思想转化成了一种美学"②。他们的观点虽然异于主流观点，但是也值得我们注意，套用一句不合语境的话说就是真理往往掌握在少数人手里，但美中不足的是他们的论述只是单篇论文，似乎还有些精短。

李春青在 2008 年出版了《道家美学与魏晋文化》一书。他将老庄美学分为理论形态与实践形态两种。作为理论形态的老庄美学是一种"非美学的美学"，从美学学科标准看老庄思想不是美学，但是，"从老庄思想系统的整体性的价值旨趣、运思方式、言说方式来看，则老庄思想又可以说无处不是美学。在这里哲学的、道德的甚至政治的都是美学的……老庄美学乃是整个老庄之学的核心和最高旨趣，是对一种艺术化、审美化的人生境界的想象"③。李氏把"老庄的人生理想、人格境界之思考所包含的美学意味……定位为一种美学精神"④。李氏指出了庄子思想非美学的一面，难能可贵，同时也指明了庄子思想有一种美学倾向，从泛化的广义美学来说不无道理，但是把庄子的道的人生境界看作艺术境界，有窄化庄子的嫌疑，在庄子，道的境界是得道为德（含伦理道德）的境界，它包含政治的、审美的、伦理的、知识的等方面，是比审美境界远为宽泛的，再说，庄子的这种境界是不是我们学科意义上所说的艺术的、审美的境界也还值得商榷。李氏的另一贡献是探讨了作为实践形态的老庄美学，他认为这种美学是在魏晋南北朝形成的，这属于我们所谓的广义上的老庄美学或道家美学。它"看上去是对先秦老庄美学的继承与发展，实际上却与老庄的美学精神大相径庭，甚至可以说是对它的一种背离"⑤。也就是说，

---

① 杨径青：《试论庄子的反美学思想》，《思想战线》1995 年第 4 期，第 87 页。
② 陈本益：《谈儒道佛三家思想的道德性——兼谈道家思想本身并不是美学》，《社会科学战线》2011 年第 1 期，第 29 页。
③ 李春青：《道家美学与魏晋文化》，中国电影出版社 2008 年版，第 75 页。
④ 同上书，第 275 页。
⑤ 同上书，第 75 页。

老庄的美学精神在魏晋南北朝通过玄学之力的弘扬，转化成为一种体现在艺术创作中的实际审美趣味，因而此时期的文艺被视作是老庄美学精神的实践形态。由于对老庄美学的理解不同，因此我们对转换的理解也有异。在李氏，这种转换主要是老庄美学精神被变异地在文艺中实践，在我们，这种转换是从修道思想（含美学精神）创造地转化出一些美学思想并在文艺中实践。美中不足的是，李氏下篇的笔墨侧重于魏晋文化本身，其中理论转换的具体情态还没有明晰地彰显出来。

　　赵东在《自然之道与美学——论庄子哲学的美学转化》的博士学位论文中系统深入地探讨了后世的文艺理论家和艺术家对庄子哲学的美学转化。赵氏认为庄子哲学是道德哲学，后世将其转化为一种广义的庄子美学，"这种转化具体说来是：从道德主体的'体道'、'游心'转化为审美主体的'观物'、'感物'；从'道无处不在'和'目击道存'的道德对象转化为'山水是道'和'山水以形媚道'的审美对象；从'心斋'、'坐忘'的道德修养态度转化为'澄怀味象'的审美体验；从'自然无为'的道德实践转化为'以形写神'的审美创造；从道德修养的'得意忘言'、'得意忘象'转化为'意象俱足'的意象和意境；从'物化'、'丧我'的道德境界转化为'无我之境'的审美意境；等等"①。本文将继续考察这种转化是何以可能的，并且，以魏晋南北朝为主要例证进一步辨识庄子哲学与这种转化而成的广义上的道家美学之间的异同，也就是要说明庄子哲学（包含道德精神上的美学）被如何转化从而实现道德精神意义上的美学（美学精神）与审美意义上的美学（美学学科）的统一。我们的转化思路略有不同，不重转化的脉络只突出转化前后的同异，不重全面只突出核心，着重点还在庄子。这样就可以更清楚地见出庄子哲学本身虽然具有后效于美学的潜力，但还不成其为我们学科上或审美意义上的美学。

三　研究的方法

（一）回归与追问

　　在中国古代的注经传统中，向来就有"六经注我"与"我注六经"

---

　　①　赵东：《自然之道与美学——论庄子哲学的美学转化》，博士学位论文，西南大学，2010年，第1页。

两种方法之争。① 就字面的意思来说，两者的目的、方式并不相同，前者重在"我"的理解、"我"的思想，后者重点在于"经"的本身，前者是"经"皆有备于"我"，"六经皆为我注脚"，后者是"我"为"经"做"代言"，要求回到"经"之原意。结合古代特有的时代背景状况和做学方式，注者在表达自己的思想时，往往擎起"经"的权威借以维护自己的话语权，借"我注六经"之名，行"六经注我"之实。这原本也不难理解，加上"群众的眼睛是雪亮的"，所以大多还是能够区别，如被美国天普大学傅伟勋称为"误读天才"② 的郭象作有《庄子注》，早就有人云"曾见郭象注庄子，识者云：却是庄子注郭象"③。在庄学史上，有以玄解庄，以儒解庄，以佛解庄，如此等等，于是宋人汤汉提出"以庄子解庄子"，这就提出了一种回到庄之本身的诉求。

在西学东渐后，中国人获得了美学的视角，"以美学解庄"也成必然，虽然已是现代诠释学的命题，但也往往借用中国传统的术语。"我注六经"与"六经注我"之异趣，"以庄解庄"的诉求，也常常各有表现。兹举数例。例一："任何美学史，都是从当代一定的美学理论出发，回过头去考察各种美学理论在历史上生成的过程，把历史上的种种美学理论看成是导向这一美学理论或相反地与之背离的东西，从而分别给以不同的评价。在这个意义上，一切美学史的研究方法，可以说都是中国过去所谓的'六经注我'的方法。有没有与这种方法对立的所谓'我注六经'的方法呢？这要看是如何'注'法。如果只限于历史资料的考证说明，那还很难说是真正的美学史；如果不只限于资料的考证说明，还要从'我'所主张的美学理论出发，对美学史上的各种理论作出评价判断，那实际也还是'六经注我'，但决不是任意地解释历史以使之服

---

① 宋陆九渊提出"六经注我，我注六经"的问题。《陆九渊集》卷三十四："或问先生：何不著书，对曰：六经注我，我注六经。"（陆九渊：《陆九渊集》，中华书局 1980 年版，第 399 页）汤一介认为："实在魏晋时已开此问题之先河，不过当时并未把它作为一问题提出。""如果说汉人注经大体上是'我注六经'，那么王弼、郭象则是'六经注我'了。这应该说是开我国诠释经典前所未有之新风。"（汤一介：《儒学与经典诠释》，《北京大学学报》（哲学社会科学版）2010 年第 4 期）

② "误读"在傅伟勋并不是一个消极的概念，而是一个积极的意义创造环节。正是如此，傅氏称郭象是"创造性的诠释家"。参见傅伟勋《从西方哲学到禅佛教》，生活·读书·新知三联书店 1989 年版，第 404 页。

③ 语出《大慧普觉禅师语录》卷 22。见汤一介《和而不同》，辽宁人民出版社 2001 年版，第 21 页。

从于'我'。"① 例二："'六经注我'之说如何理解，固存而不论，既云'注'，就要忠实于古人之原意，既不苛求，又不溢美，'是尚友也'。如果完全抛开古人原意，随心所欲解之，从而完全离开了古人之原意，恐怕是不足为训的。那样的话，对古人的解释，便可因人而异，从而失却客观的是非标准。"② 例三："我们许多同志把握庄子，从人为的模式、框架出发，以现有的观念去框套庄子，就是'以己养养鸟'的方法。其结果是把庄子的整体实质弄得支离破碎、面目全非，扼杀了其思想的真精神、真生命。真正'以鸟养养鸟'的方法，就是打破成见，把庄子思想放到原真的状态中，寻求它自身的逻辑轨迹，时刻扣住庄子思想不可思议的地方，把握住庄子思想的独特性。这也就是'以庄解庄'的方法。"③

从以上征引资料，我们可以引出方法论上的一些借鉴。首先应说明的是，以上所引三例是从众多的研庄著述中随机抽取的，并没有互相的针对性。我们可以看到，例二与例三都非常强调要回到庄子本身，要求"以庄解庄"，不能脱离作者或文本的原意，例一也认为不应该随意曲解历史以就"我"。毫无疑义，他们都承认有一个作为客观对象的文本存在，作者或文本应该具有其不依赖于解释者的原意，它是研究的客观基础与前提，也是保证诸多不同的理解和解释的客观有效性与可信性的基础与前提。

这一点应该是可与中国传统的诠释学相承续的。"对于具有悠久经典解释传统的中国方法论解释学来说，文本和经典具有'原意'，是作为一个'自明性'的前提而存在的。"④ 孔子曾宣称"述而不作"（《论语·述而》），自认为只是在传"述"周"文"的原意，而不是在新的时代语境中对周代文明"作"出了新的诠释。"述"的设定，实际上表明的是对解释的客观有效性的一种追求。《庄子·天下篇》就评述"六经"旨意说："《诗》以道志，《书》以道事，《礼》以道行，《乐》以道和，《易》以道阴阳，《春秋》以道名分。"在中国传统中，很多解释者尽管富有解释的"创造性"，但都自认为或宣称是在"祖述"经典原意。如古代的义

---

① 李泽厚、刘纲纪：《中国美学史·先秦两汉编》，安徽文艺出版社 1999 年版，第 14—15 页。

② 敏泽：《中国美学思想史：上卷》，湖南教育出版社 2004 年版，第 245 页。

③ 刘绍瑾：《庄子与中国美学》，广东高等教育出版社 1989 年版，第 4—5 页。

④ 王中江：《"原意"、"先见"及其解释的"客观性"》，《学术界》2001 年第 4 期。

理之学和考据之学之争，他们的分别也主要在通过何种具体的方法去把握经典的原意，实际上双方都自觉或不自觉地肯认经典具有原意。①

这一点与西方的方法论与认识论意义上的诠释学②也能相接通。19世纪施莱尔马赫、狄尔泰等的方法论诠释学，其基本特点就是客观主义，要求克服历史时间间距造成的主观成见和误解，客观地把握作者的原意。到了赫施，他批评伽达默尔夸大了解释的相对性，从而遮蔽了解释的客观有效性。为了寻求"解释的有效性"原则，赫施疾呼"保卫作者"，通过对文本的含义和意义的区分，坚决捍卫文本原意的存在。赫施认为："含义就存在于作者用一系列符号所要表达的事物中……而意义则是指含义与某个人、某个系统、某个情境或与某个完全任意的事物之间的关系。"③"本文的含义就是作者意指含义"④，意义则是对含义的历史性理解中发生的新意。含义才是理解和解释的对象，必须要以文本为准，文本含义是确定的、可复制的。意义则在历史演变中变动不居，是判断和批评的对象。赫施认为，正是因为对含义与意义的混淆，才导致伽达默尔错误地取消了作者和文本原意的客观存在性，从而丧失了确保理解和解释正确性的标准。保卫作者，捍卫文本，也正是捍卫解释的客观有效性。另外贝蒂、艾柯、利科尔等也都认为存在着一种先于理解的作者原意或文本原意，理解就是要正确解读作者或文本的原意。⑤

---

① 王中江：《中国人文传统与解释意识》，《天津社会科学》1994年第3期。

② 有"解释学"、"诠释学"、"释义学"、"阐释学"等不同译法。

③ ［美］赫施：《解释的有效性》，王才勇译，生活·读书·新知三联书店1991年版，第17页。

④ 同上书，第35页。"本文的含义"相当于我们通常说的"文本原义（原意）"，"作者意指含义"相当于"作者原意"，"意义"相当于"读者所领悟的意义"。严格地说，作者原意与文本原意还不能完全等同。不过，赫施认为，作者创作的文本传达出的文本含义可能有与作者意指含义不同的方面，但是决定文本含义的还是作者，因此他倾向于将二者从实践上视作一致。事实上，无论是分析作者原意还是文本原义，都得从文本分析入手，但也有必要参考相关能表明作者原意的资料（如果有的话），二者原本也难以区分，只不过二者研究的切入点与侧重点各有所是罢了，一是作者中心论，一是文本中心论，二者紧密相联，在本质上具有一致性。现在的走向更着重于文本，因为文本是联系作者与读者的中介。

⑤ 贝蒂的《作为精神科学一般方法论的诠释学》，载洪汉鼎主编《理解与解释——诠释学经典文选》，东方出版社2001年版。艾柯的《诠释与过度诠释》，生活·读书·新知三联书店1997年版；《开放的作品》，新星出版社2005年版。利科尔的《解释学和人文科学》，河北人民出版社1987年版；《解释的冲突》，商务印书馆2008年版。潘德荣教授认为，他们都有方法论的诉求，可以统称为方法论诠释学。参见潘德荣《诠释学：理解与误解》，《天津社会科学》2008年第1期。

　　结合中国传统与西方方法论诠释学的实际，我们认为，可以设定或相信有作者或文本原意的存在，并且把它作为我们理解和解释的一个前提，以期得到解释的有效性或"更好的"理解。也许我们永远无法完全地回到作者或文本的原意，但它却是一个可以努力追寻的目标。这样，"我注六经"，"以庄解庄"，回到庄子本身，回到庄子原意，作为一种目标诉求，就是可以接受的。

　　但是，我们也应看到诠释学的另一方面，即本体论诠释学所揭示的一面。海德格尔将诠释学推向本体论的诠释学，认为理解不是一种认识模式，是此在同存在最根本的关系，实质上是此在的一种存在方式。伽达默尔运用胡塞尔的现象学继承并发展了海氏的观点。根据伽达默尔，理解具有历史性，理解者及其对象文本，都内在地嵌于历史性之中。他认为，历史性具体体现在前见和传统对理解的制约作用，它们成为理解的前提和基础。前见属于海德格尔所说的理解的前结构或前理解，伽氏认为对其要保持开放性的态度。传统是我们"被"抛入的东西，是理解的前提。传统于理解所起的作用是"效果历史"，他说，真正的历史对象是"自己与他者的统一体"，其中同时包含"历史实在"与"历史理解的实在"，"一种名副其实的诠释学必须在理解本身中显示历史的实在性。因此我就把所需要的这样一种东西称之为'效果历史'。理解按其本性乃是一种效果历史事件"①。效果历史的意识使我们意识到我们的"处境"，处境概念的一个本质部分就是"视域（界）"。视域不是封闭的，而是不断形成的过程，理解者及其对象都有各自的视域，理解就是这两种视域不断融合的过程，此即"视域融合"。因此，伽达默尔说："理解就不只是一种复制的行为，而始终是一种创造性的行为。……如果我们一般有所理解，那么我们总是以不同的方式在理解。"②

　　伽达默尔揭示了理解与解释的另一前提，就是其历史性，而理解就是视域融合的意义创造行为，具有极大的开放性，理解总是不同方式的自我理解。这样，伽氏似乎放逐了作者与文本的原意，这也正是为方法论诠释学所指责最多之处。

　　其实，在方法论与本体论的诠释学之间，并无实质上的冲突，他们各

---

　　①　［德］伽达默尔：《诠释学Ⅰ——真理与方法》，洪汉鼎译，上海译文出版社2007年版，第407—408页。

　　②　同上书，第403页。

自的出发点与着重点并不相同。方法论诠释学是从方法论、认识论出发，侧重的是作者与文本。本体论诠释学是从作为本体的理解出发，侧重的是读者。二者不但不对立，恰恰可以构成互补。就伽达默尔来说，他也并没有忽视文本作为一个主体的存在，无论是"视域融合"抑或"对话"理论，伽达默尔都强调了作为对象的文本主体与作为读者的主体之间的平等，只不过他认为理解的关键并不是去把握作者原意或文本字义，而是通过理解某种新的意义的创生。至于怎样形成互补的更高的综合，这是诠释学所面临的重大课题，国内外的学者正在做此方面的努力。①

因此，如果从创造性、开放性这一点来看，"六经注我"也不是全没道理，但是如果像有的研究那样单方面地强调"注我"，甚至以导向（或背离）研究者自身的美学做判断根据，那就成了一种美学的创造，而不是在解读历史文本（下文再述）。视域融合是一种主体间的对话关系，是一种逻辑间的问答结构，对话的另一主体是作者或文本，如果将之弃之不顾或以一方视域去遮蔽或淹没另一方视域，很难说那是真正平等的对话关系。

所以，基于以上考虑，我们可以设定"我注六经"、"以庄解庄"与"六经注我"互为前提，都是理解和解释的前提与基础。一方面肯定庄子的原意存在，追求回到庄子原意本身，一方面看到理解的历史性，讲求解读的创造性；一方面要求解释的有效性，是庄子美学研究所必需，一方面承认解释的开放性，是庄子美学研究的生长点。

对于庄子美学研究，解释的创造性主要体现在如何用我们的"美学视域"去"融合"作为历史流传物的庄子文本视域以建构"庄子美学"，或者说如何实现庄子与美学之间的"会通"。因为庄子文本的产生时代并没有我们今天的学科分际，今天的学科分际是西学东渐催生的产物，庄子文本本身是一个涵摄哲学、伦理、文学、美学甚至政治、科学、养生、宗教、气功等多学科的混沌体。它也不像其他的一些古代文本，可以直接从中去寻觅那些关于"美"、"乐"或"艺"等相关的论述，以此梳理出其

---

① 以笔者对诠释学微少的了解，在伽达默尔之后，赫施、贝蒂已经较为注重诠释中的读者主观因素，艾柯、利科尔的"文本诠释学"也致力于将本体论与方法论结合（主要是纳入方法论）的尝试。海外华人成中英的"本体诠释学"与傅伟勋的"创造的诠释学"以方法或本体某一方面作为侧重，力图综合其他或会通中西诠释学的努力也有这一特点。国内的一些学者如潘德荣、王中江、彭启福等也进行了一些相关的尝试。

美学思想，况且它本身有关审美或艺术（技）的论述是如此之少。因此，庄子美学研究的首要工作，就是要看它到底有没有美学。正如上述例三所指出的那样，如果从已有的美学框架出发，以现有的美学观念去框套庄子，就是"以己养养鸟"，而不是"以鸟养养鸟"，势必把庄子的整体实质弄得面目全非，就没有走向庄子本身。"以鸟养养鸟"，就要首先明确它是不是一只"美学鸟"，不是，是为什么，是，又是为什么，如果不加识别，不加追问，直接将之当作"美学鸟"养之，它会放飞吗？难道是庄子本身已经有了或已经是"美学"让我们去诠释吗？如果直接以美学视域去淹没庄子文本视域，必然导致对文本的任意切割与撕裂，对原意的误读与曲解。

　　关于我们的美学视域（或视界）的一个问题就是，作为美学学科的视域获得主要来自于西方美学的引进，从美学学科来看，西方美学是"源发"的，中国美学是"后生（发）"的。这样，建构中国美学就主要是在两方面进行融合与会通，一方面是西方美学系统的引进与变异，一方面是中国本土传统系统的建构与发展。① 因此，正如大家所见，在庄子美学建构中常常以西方美学作为参照物来寻找其定位，以西方美学为视镜来反观自身。在以西方为参照的情况下，如果我们原本对这些参照物存在着严重的误读或曲解，那么我们由此而来的用于解读庄子的前见就有可能是不合法的"假前见"，从而导致对庄子美学的误解。根据伽达默尔的区分，前见（相当于海德格尔的前理解、前结构）有"真前见"和"假前见"，"真前见"（或译合法的偏见）是使"理解"得以可能的"生产性的前见"，"假前见"则阻碍理解或产生"误解"。② 台湾学者丁履譔认为，对庄子美学的"这一体悟与把握，实有待于对现代西洋美学的会通

----

① 王德胜认为："在整个 20 世纪中国美学的发生、发展中，存在着一种具有知识生成意义的'两脉整合'过程——其一是中国本土固有知识的传承系统，其二是西方近代科学知识（包括美学理论）的引进与认知系统；'整合'则是指中西方两种知识系统在 20 世纪中国文化语境中的融合性转换，以及它们彼此间的相互克服与交汇。"［王德胜：《百年中国美学：知识背景及其他——关于 20 世纪中国美学学术特性的思考》，《锦州师范学院学报》（哲学社会科学版）2001 年第 1 期。人大复印资料，《美学》2001 年第 5 期。］刘悦笛指出："中国近现代美学的建构，一面是对西学的引进和误读，一面是本土的发展和建构，这便构成其比较文化视界的两极。"（刘悦笛：《生活美学与艺术经验》，南京出版社 2007 年版，第 54 页）

② ［德］伽达默尔：《诠释学Ⅰ——真理与方法》，洪汉鼎译，上海译文出版社 2007 年版，第 402 页。

之后，才能得心应手、左右逢源"①。由此，我们对那些引之作为参照物、视镜的西方美学也应该回到它自身，尽可能避免可以规避的误解。很明显，如果作为参照的参照系本身就扭曲了，我们也不能找到庄子美学的准确定位，如果作为照视的视镜本身就变形了，以此来观照的庄子美学就可能不是真实的庄子美学。

另外，研究庄子美学，必然要考虑到它是与西方美学不同的美学，也是与中国其他美学思想不同的美学，就是说有它的独特性。在我们看来，无论什么样的美学思想，无论古今还是中外的美学思想，无论是多么玄思的还是经验的美学思想，都必然有一个最基本的共同的东西，就是要符合或面对最根本的审美经验或审美现象。如果连基本的审美经验或审美现象都弃之不顾，我们很难认为它是审美之学。例如，费希纳开启了"自上而下"与"自下而上"的美学研究方法的区分，他自己从审美经验出发的关于审美心理的实验美学就不用说了。康德的美学被认为是"自上而下"的，但是康德的哲思还是落到了对"一朵花"的审美判断等例子之上，并不离弃审美事实。现象学美学家杜夫海纳认为康德的审美分析完全适合于现象学美学的分析②，他自己的主要美学著作也被命名为《审美经验现象学》。当代美学家柏林特更是认为审美经验于理论于实践都是"基础中的基础"。朱光潜的美学也如此，大家都熟悉的他"对一棵古松的三种态度"出发所做的审美态度分析，也正是基于最基本的审美现象的事实。宗白华也注重审美经验，他还作有《流云小诗》。如果我们再从"学"的高度来要求的话，不谈那些规范，它至少应该是"审美知识学"，关于审美的知识学。一首诗，如果不提供关于诗的任何"知识"，它就不被认为是"诗学"，如杜甫的《登高》是诗而不被认为是"学"，但其《戏为六绝句》则可纳入诗学。同样，如现象学美学家盖格尔所言"与化学不是化学制品，历史不是历史事件相比，美学更不是审美"③，如果仅仅表明是在"审美"，那还说不上是什么"美学"。当然，最基本的还是面对和尊重审美经验、审美现象。

综合以上所述，我们认为建构庄子美学应注意以下方面：其一，回到

---

① 刘绍瑾：《庄子与中国美学》，广东高等教育出版社 1989 年版，第 11 页。
② 杜夫海纳说，"因此，就让我们无拘无束地引述《判断力批判》这部著作吧。"参见[法] 杜夫海纳：《美学与哲学》，孙非译，中国社会科学出版社 1985 年版，第 2 页。
③ [德] 盖格尔：《艺术的意味》，艾彦译，华夏出版社 1999 年版，第 26 页。

庄子本身，谋求解释的有效性，同时重视理解的开放性；其二，"庄子"
与"美学"的融合与会通，首要的是追问庄子本身有没有美学，没有是
为什么，有又是如何可能的，而不是已设定它是美学；其三，对那些被援
引为参照的西方美学的解读也要进行反思，也要回到那些参照物的本身；
其四，尊重、面对最基本的审美经验、审美现象。

（二）在划界中呈现

"无原则的批判"是彭富春在其 2005 年出版的两本书中倡导的哲学
和美学的思想方法。在彭氏看来，中国当代美学形成了种种派别，他认为
应该超出狭隘的学派观念，对美学进行一种"无原则的批判"。"无原则"
意味着：一无立场，二无根据。无立场"要求抛弃批判者的各种先见、
偏见以及观点"，无根据"强调分离所批判的论题自身的各种已被设立的
基础、本原和目的等"。[①] 无原则批判就是从已经给予的思想的论题出发
对论题进行批判，既否定思想者的立场也否定论题所依据的原则。"批
判"不是简单的消极的否定，而是"区分和划分边界"。边界体现的是一
物与他物的区分。批判自身有两重性，"一方面是否定性的，是解构，另
一方面是肯定性的，是建构。由于思想的否定和肯定的同时进行，批判在
根本意义上是生成性的，因此是思想的发生"[②]。对于当代中国思想与美
学来说，这种批判的主要任务是"语言批判、思想批判和现实批判"。美
学的语言分析首先就是给美学的语言划分边界。美学的思想分析是对中西
美学史的基本观点进行批判，"在于提示其建筑学结构，检查其基础是否
牢靠，其结构是否矛盾"。美学的现实批判的"根本任务就是指出现实的
真相，分析其问题，并提出可能的道路"[③]。

依彭富春的看法，"无原则批判"强调了哲学（含美学）的批判本
性，并且具有普适性。我们也可以认为，无原则批判是其批判哲学和美学
的原则，它只在具体的运用中才体现自身的批判本性。事物正是在批判中
才规定了自身的边界。结合庄子美学思想研究的现状，我们可以把无原则
批判引入到研究中来，以期分辨与划分出庄子美学的边界，以期获得庄子

　　① 彭富春：《哲学美学导论》，人民出版社 2005 年版，第 42 页。
　　② 彭富春：《哲学与美学问题—— 一种无原则的批判》，武汉大学出版社 2005 年版，第
23 页。
　　③ 彭富春：《哲学美学导论》，人民出版社 2005 年版，第 42—43 页。

美学的规定，避免庄子美学给人一种"无定性"的印象。具体的划界要在文中具体的论述中去实施，这里先给出庄子美学研究中整体上应该着重注意的几个边界划定。

1. "美学史"与"美学创造"

前文曾述，对于理解与解释而言，可以"我注六经"、"以庄解庄"与"六经注我"互为补充，互为前提。如果单讲"六经注我"而不讲回到本身，对于庄子美学研究而言，那就容易变成一种美学创造，而不是作"史"。对于解释的创造性而言，"六经注我"当然更具有创造性，如果忽略了另一前提，它就有可能将历史文本化作自己进行美学创造的"注脚"或演绎。正如大家所见，郭象注庄，大家都承认他的创造性与哲学价值，但并不就认为他真的是"注"庄（当然有很多精彩的契合庄子的解读），郭象还是郭象，庄子还是庄子，《庄子注》还是郭象的哲学。当然回到一种绝对的本身是不可能的，只是一种理想设定，只是一种向本身的逼近，因此，方法论诠释学家往往在方法上不遗余力地下功夫，如赫施的"真正范型说"，贝蒂的"诠释四原则"等，但是这些方法可能也只是相对地保证向文本原意的回归或逼近。因此，要在"史"与"创造"之间划出一条明晰的界线并不太可能。无须我论证，借用龚隽的一段话来表明对这一问题的看法："困难是如何区分一种解释，是哲学史的有效解释，还是借哲学史而进行的哲学创造。粗略地看，我们可以说哲学史比历史学具有更多的解释空间，又不像哲学创作那么自由。也许我们永远无法对此二者给出一个本质性的规定和明确的设限，而只能提供各种范例。如我们可以说王弼注老，海德格尔解康德是哲学创作，而文德尔班释康德是哲学史解释。套用一句行话来说，历史无成法，但历史有成例。"①

因而，我们还是乐意认为，在二者之间还是有所分别。也许可挪用伽达默尔的"时间距离"观念，"时间距离"才可以"过滤"哪些是对庄子美学进行"史"的有效解释，哪些则是借庄子而行的美学创造。

2. 文本原意与文本意义

根据赫施的看法，文本有含义（原意）与意义之分，含义是作为客观化形式的文本呈现的作者意图（原意），它是不变的。意义总牵涉到某种文本外的世界，因而是变动的。人们常混淆二者，原因有二：一是混同

---

① 龚隽：《哲学史研究中的有效解释及规则》，《哲学动态》1998 年第 8 期。

了含义本身与对含义的体验，对含义的体验即意义是个体的、精神的，具有不可复制性，从而误以为含义也不可复制，其实不同的体验可以指向共同的客体即含义。二是混同了"确切理解含义"的不可能性与"理解含义"的不可能性，确定性与认识不能相提并论。① 理解和解释就是揭示、阐述文本的含义，批评才彰显文本意义。有效的解释就是在把握作者与文本原意基础上的正确解释。

国内研究者潘德荣持一种"文本中心论"的方法论立场，要求返回认知性的文本诠释学，以修正本体论诠释学的"过正矫枉"。根据他的研究，现代诠释学有三大要素，即"作者原意"、"文本原义（意）"和"读者领悟之意"。而"诠释学本身的前提与核心问题仍然是文本的诠释问题"，理解首先应是对文本的正确理解，这是其合法性基础。因此，潘氏认为："我们必须区分文本的意义与我们自己受其启发而引申、发挥出来的意义。就文本理解而言，我们要恪守意义的客观性原则（亦即贝蒂所说的文本的自主性规则），尽量避免主观臆测，这是对于读者的要求。不能因为我们不可能完全排除主观性、不可能达到对文本的绝对认识而听凭自己的主观性任意驰骋，有意曲解文本。"②

在历史传承物的解读中确实易发生将"读者的领悟之意"误认作"文本原意"的情况。黑格尔也说"我们太容易倾向于拿我们的思想方式去改铸古代哲学家"，"人们总是很容易把我们所熟悉的东西加到古人身上去，改变了古人"。③ 因此，有必要分清哪些思想属于古人，哪些属于从古人思想发挥出来的见解。

从上述研究来看，我们就有必要做文本原意与意义的区分。这种区分也有实践上的意义，在庄子美学研究中，我们会发现，庄子对后世产生了深远的影响，历史上有很多美学、文艺思想与庄子的思想有不可分割的联系，这是因为"谈艺者师其神"④。后世的美学家、文艺理论家从庄子"文本原意"中"领悟"出一些关于美学与文艺的"新意"，即一些美学

---

① ［美］赫施：《解释的有效性》，王才勇译，生活·读书·新知三联书店1991年版，第25—27页。

② 潘德荣：《理解方法论视野中的读者与文本——加达默尔与方法论诠释学》，《中国社会科学》2008年第2期，第52—53页。

③ ［德］黑格尔：《哲学史讲演录（第一卷）》，贺麟，王太庆译，商务印书馆1983年版，第46、112页。

④ 郭绍虞：《中国文学批评史》，上海古籍出版社1979年版，第15页。

与文艺理论的范畴、命题或一些审美趣味等，这就是我们常说的广义上的庄子美学。这种广义的庄子美学实际上是由后世美学家与文艺理论家经过对庄子美学本身的"转化"或"改造"而来，其中虽然包含庄子部分思想但它并不能直接就等同于庄子美学本身。事实上，我们今天的庄子美学研究中也有很多是自觉或不自觉地在对庄子美学做现代的转化。例如徐复观的"道"是一种最高的艺术精神，道在庄子那儿是"不可言说"的，但经过"创造性误读"之后，它就成了可以言论的艺术精神，但是，徐氏却错误地将自己的转化直接视作（等同于）庄子美学本身。又如，一些研究者发现庄子的存在论美学、生命美学、生态美学思想时，实际上也是有意或无意地对庄子美学进行了现代的转化（这些创造也有待于检验），这种创造或转化还将持续下去，它是研究中学术创新的生长点，它们也属于广义上的庄子美学。

3. 审美价值与其他价值

傅伟勋多年来致力于中国文化重建课题的哲学省察，其中的一项成就是，基于第三维也纳精神分析学派创始人傅朗克的"生命四大层面"模型之上，构想出"生命的十大层面与价值取向"模型。其十大层面是：(1) 身体活动层面；(2) 心理活动层面；(3) 政治社会层面；(4) 历史文化层面；(5) 知性探求层面；(6) 美感经验层面；(7) 人伦道德层面；(8) 实存主体层面；(9) 生死解脱层面；(10) 终极存在层面。[①] 其中"知性探求层面"表现"真"的价值，"美感经验层面"表现"美"的价值，"人伦道德层面"则表现"善"的价值，美处于真与善之间，这种层序定位先后我们暂不作探讨，我们看他就"美感经验层面"提供的建议，以佐我们美学的构建。他说："美感创造与鉴赏有其独立性，不应常与人伦道德混同，亦不应受泛道德主义甚或伪善的寡欲主义箝制。"[②] 傅氏虽没作什么说明，但我觉得这是有道理的。这明确告诉我们"美"与"善"是两种不同的价值取向，应该是有分界的，不应混同二者。美善当然可能合一，但也有各自的领域。如果善之与美没有任何关联时，就是说它只涉及道德判断而无关于审美判断时，就是不同的探讨领域，即"善则善矣，未为美也"，那"人格美"只是人格的高尚，如若那人格美

---

① 傅伟勋：《从西方哲学到禅佛教》，生活·读书·新知三联书店 1989 年版，第 477 页。
② 同上书，第 492 页。

并没有什么外在的感性显相（如"道德的象征"之类），它就并没有和美学联系在一起，我们就不应该将二者"混作一谈"。对于美与其他的价值也当作如是观。例如，傅氏曾盛赞李泽厚、刘纲纪的《中国美学史》说，"水准相当高"，但也有指出其价值上的混淆："其'标榜中国式审美的人生境界高过西方式宗教的人生境界'，则混淆了审美判断与'应然'判断。""在比较孔子与柏拉图、亚里士多德等古希腊哲人美学思想的功过得失时，又把审美判断与'应然'判断相混淆、并'过份标高美学思想与艺术创造在庄子哲学中的地位'等。"①

确实，在不同的价值层面之间往往会形成交叉叠合的复杂情形，如果所述与"美"的价值有叠合，这自然应纳入美学的研究，如果只是"善"或其他的价值，虽借了"美"的名义，还是区分开的好，这不是跨学科的问题，而是学科错位的问题。"假如，大家所采取的形式是一种没有美和艺术的美学，那么真算得上是史无前例的了。"② 这里面隐含着一个学科自律的要求，每一门现代学科都有其自身的研究对象、范畴、命题、框架、话语等的基本约定，都要求具有现代学术规范的明确性与系统性，如果将美学泛化无边，在一些基本问题上不做明确的分界甚或混乱不清，恐怕并无益于中国美学的发展，也无助于与西方美学实现对话与沟通，这也是美学界所不愿看到的。

还有一些可区分的边界，如观点与材料，从材料（尤其是寓言等）所读出来的意义，更不应等同于作者的观点。如有的研究者指出的"美学史与哲学史区分不清"，"比如，有的美学史著作阐述孔子、庄子的美学思想，就将孔子、庄子的哲学思想与其美学思想混为一谈，把孔子的'仁'解释为孔子美学的中心范畴和核心范畴，把庄子的整个哲学思想当作美学思想加以言说"③。诸如此类，有待于在具体论述中划界，此不赘述。

四 研究的思路

作为学科意义的美学被认为是随着西方文化的扩张（全球化）而从

① 陈卫平：《美学理论蜕变与民族审美意识再生——台湾学者对大陆近 20 年来美学研究的评述》，《南京师范大学文学院学报》2005 年第 2 期。

② ［波］塔塔尔凯维奇：《西方六大美学观念史》，刘文潭译，上海译文出版社 2006 年版，第 349 页。

③ 黄柏青：《中国美学史研究三十年》，《甘肃社会科学》2009 年第 2 期。

西方传到中土的，中国古代（从先秦到清末）对于美学的相关问题有着非常丰富与深刻的思想，只不过没有形成西方那样的美学学科，被视为"有美无学"。自从获得美学学科这一视域后，以西方现有美学的框架为参照系，建构本土的美学、美学史无疑是时代的要求与使命。就西方美学所提供给中国美学以借鉴的镜像来说，主要在三大板块：美论—美感论—艺术论，或者再加上"美育"或"技术美学"等不一。这是根据西方美学发展的历史对其美学范式所做的系统化梳理，[①] 虽然有些笼统，但也确实具有很大涵盖性和可操作性。中国现代美学建立的原理型美学理论体系，也主要集中在美、美感、艺术这三大块。[②] 对中国古代美学史的建构相对来说更为困难，"一方面它要符合现代学术体系的规范和要求，另一方面又要尊重古代文化内在固有的存在方式"[③]。中国美学史的研究也表现为在美、美感、艺术这三大块的内容涵盖下做材料的分梳与整合，或执其一端或作体系性建构。

这种建设方式有其合理性，也有必然性，尤其是在中国美学史研究之初，这大约是中国美学研究所必经的磨砺，也许正因如此它也留下了一些遗憾。以庄子美学研究为例，很有影响的李泽厚、刘纲纪的《中国美学史》中"庄子的美学思想"分五节：庄子的美学和他的哲学；庄子论美；庄子论审美感受；庄子论艺术；庄子美学的历史地位。又如叶朗的《中国美学史大纲》则以庄子思想中所涉及的美学范畴、命题来结构。又如敏泽的《中国美学思想史》说："从美学思想方面说，构成《庄子》一书美学思想核心的，是他的建立在师法自然基础的'大美不言'论，他的建立在'天放'的人性美基础之上的真美论，以及与之相应的虚静的审美感受等等。"[④]

---

① 张法认为，西方现代否定了美的本质，后现代解构了审美心理学与艺术哲学的整体性。"原来美学研究的对象仍然存在，但不是存在于一个旧的封闭的美学王国里，而是遨游在一个无限开放的后现代空间中。""与其说是美学的解构，不如说是美学的转型。"（张法：《美学导论》，中国人民大学出版社 2004 年版，第 12—13 页）

② 据统计，自 1980 年到 2002 年，我国共出版美学原理著作 242 册，其中依照西方美学传统的三大块即美、美感、艺术所建立的标准型美学原理著作有 127 册。新方法型、专题型、普及型，虽然各有侧重、特色，其核心问题也应该在三大块内容的涵盖之下。参见张法、王旭晓《美学原理》，中国人民大学出版社 2005 年版，第 12—22 页。

③ 张法：《中国美学史》，四川人民出版社 2008 年版，第 2 页。

④ 敏泽：《中国美学思想史：上卷》，湖南教育出版社 2004 年版，第 223 页。

以这种美学三大块的结构方式来审视庄子美学思想的优点是明显的，因为庄子很少直接谈论美与文学艺术的问题，不像其他美学如孔子美学一样明显是孔子整个思想中的一个组成部分，因此研究庄子美学并不容易，[1] 这就必须要对庄子的哲学有一个整体的把握，才能找到其哲学与美学间的内在联结，而通常的美学原理的三大块基本上涵盖或网罗了主要的美学问题域，尤其适合于打捞某种思想中是否有美学，而且它也有一种统合性（其逻辑也许不尽严密），便于分析庄子这种整体性思想建构（其实对那种零散的美学思想也有网罗性，但不一定有这种统合性）。庄子哲学以道为核心概念，以体道为方法，以得道为终极目标，以此建立了一个解决人生问题的哲学体系，又由于庄子常以技艺来说明道，而技与艺相通，这样庄子哲学与美学原理之间找到了可以言说的相对应的联结点，这就是道论与美论，修道体验与审美体验，得道境界与审美境界（也属美感），技术与艺术。这样的关联不但照顾了或说切合了主流的美学原理，而且更切合庄子哲学思想本身。事实上，正如大家所见到的，庄子美学研究也因此而焕然一新，在此前的大陆，庄子美学研究基本上处于被忽视的状态，而此后庄子美学研究则极为兴盛。在台湾的徐复观并没有受到大陆 20 世纪 80 年代以来的美学原理的影响，从他 20 世纪 60 年代对庄子美学研究的情形来看，他也是以西方为参照，其资源主要来自日本的圆赖三的一本《美的探求》以及康德《判断力批判》、卡西尔《人论》等著作。他对庄子艺术精神的阐释，如果我们仔细审视一番，其实也落在这样的三大块。除第一节引论外，第二节到第五节实际论的是美的本质问题，第六节到第十二节论美的观照的诸问题，第十三节到第十五节论艺术人生问题，是审美性在人生上的体现，第十六节和第十七节论艺术创造与欣赏，最后一节为结论。徐氏的阐释基本上得到了认可，被认为影响了整个华文圈的庄子美学研究。从庄子美学研究的历史，尤其是力图构造庄子美学思想框架的研究来看，采用这种结构模式也是一种普遍性的阐释方法，尽管论述的侧重处并不相同。可见，用庄子思想去会通美学的三大板块确实是一个卓有成效的方法。

---

① 李泽厚、刘纲纪："庄子很少单独讨论美的问题，也没有像儒家美学那样专门而详细地讨论诗和乐的问题。"（李泽厚、刘纲纪：《中国美学史·先秦两汉编》，安徽文艺出版社 1999 年版，第 216 页）

　　但是遗憾也许正由此而生，因为美、美感和艺术这三大部分是由西方美学总结而来，用它来阐释中国古代美学思想资源，势必有一个视域融合的程度或会通的有效性问题，中西两种历史文化语境的差别毕竟是那么的醒豁，而庄子原本也并不是为美学而存在的著作。当我们用一种美学视野去会通庄子时，把握一种"度"就是必需的清醒：力争做到阐释的有效性，也不抹杀阐释的开放性，既符合现代学术要求，也不失中国古人的精神，在张力之间保持必要的平衡。前贤的众多成果已经为我们做出了表率。"对于庄子思想的美学理解首先不在于以某种先在的美学观念去框套庄子的思想，让庄子的思想就范于我们的观念。更重要的是从体现庄子思想的文本和产生庄子思想的文化语境中去理解和阐释庄子思想之所以会如此的自身的和文化的深刻原因。"① 因此，我们研究庄子美学要从庄子思想本身出发，以还原庄子本身的美学思想为理念，将庄子回归于先秦的历史文化语境之中，回归于古代美学史的文脉之中，让庄子思想与美学在自身的言说中呈现出来；甚或对相关的庄子美学研究中的过度阐释或创造性误读或含混不清的地方予以一定的反思，反思本身不是为了反思而反思、为了质疑而质疑，反思也只是指向庄子美学的一个手势，是为了让庄子美学在反思中有所澄清。大凡学理性的探讨，总是出乎一种美好而真挚的愿望，我们的愿望是回到庄子美学本身，尽管这只是一种追求，这种追求也许能让庄子美学有所呈现，也许会造成某种程度的新的遮蔽，但它既然是一种追求，它就总是值得去追求的。

　　通过本文的一番探究，并不敢奢望立刻就得到如下认同：庄子哲学本身是得道为德的道德哲学，如果说庄子哲学本身有美学，那也只能算是道德精神意义上的美学，而不是审美意义上的美学，它本身具有反审美性；但是它在后世（主要在魏晋南北朝时期）经转化成为一种审美意义的美学（广义的庄子美学或与老子等美学一起合称为广义的道家美学），这样，道德精神意义上的庄子美学有了与之对应的审美意义上的广义庄子（道家）美学，也可以说是实现了二者的统一，这种广义上的庄子美学属于庄子和后世美学家与文艺理论家（含当今的各种庄子美学建构），因此可称庄子美学是后效美学。如若能认为此番论述尚有那么点道理，则幸莫大焉。如或未能达此目的，或反而愈益表明庄子哲学原本就是美学，此番

---

　　① 李建盛：《历史 文化 审美：庄子哲学和美学理解的当代视域》，《求索》1997 年第 4 期。

讨论想必也会成为一个反向的确证，亦倍感欣慰。如或对此等看法都不认同，由此引发了思考，转而提出自己的明见，则正是论者抛砖引玉的初衷所在。总之，于庄子美学研究或有所增益，于己则有爱智之游戏之乐，何乐而不为哉？

第一章

道与美

第一节　道之义蕴

庄子之学，其"要本归于老子之言"①。老庄都推崇"道"，道成为他们思想中最基本的也是最高的概念②，后世将他们合称为老庄道家。庄子思想虽然主要是从老子那里继承而来，但是他在继承老子思想的同时也做了很大的发展，这就是他继承了老子关于道是天地万物的本原和天地万物存在的根据等基本看法的同时，又进一步将道虚无化、内在化了。③

一　老庄之道

道是宇宙天地万物的本原。道在中国文化中是个古老的概念。早在殷

---

① （汉）司马迁：《史记（第七册）》，中华书局1959年版，第2143页。关于庄子的师承，有的认为庄出于儒，如韩愈、姚鼐、章学诚、梁启超等认为出于子夏之流，章太炎、郭沫若等认为出于"颜氏之儒"。但从全书与老子的相契来看，我们还是赞同庄子源于老子。

② 如金岳霖先生认为，"道才是中国思想中最崇高的概念，最基本的原动力。"（金岳霖：《论道》，商务印书馆1985年版，第16页）方东美先生说："'道'之概念乃是老子哲学系统中之无上范畴。"（刘梦溪编：《中国现代学术经典·方东美卷》，河北教育出版社1996年版，第122页）陈鼓应先生说："老子哲学的理论基础是由'道'这个观念开展出来的。"（陈鼓应：《老庄新论》，商务印书馆2008年版，第138页）刘笑敢先生说："道是庄子的最基本最重要的哲学概念。"（刘笑敢：《庄子哲学及其演变》，中国社会科学出版社1988年版，第102页）孙以楷等认为，庄子哲学中"道论是核心和基础"。（孙以楷：《道家与中国哲学·先秦卷》，人民出版社2004年版，第306页）

③ 关于道及体道的基本看法，我们只是在前辈学者的基础上做个简要的梳理归纳。之所以如此，一是为了藏拙，前辈学者的研究卷帙浩繁，见解非常深刻，我们难以推进。一是为了避嫌，因为我们的重心在庄子美学，而我们的相关看法与当下主流观点不尽相同，这样可避免以我们的关于庄子思想的前见来框架庄子美学。

周时期人们就谈论"道"。道字首见于金文，从行从首从辵，已是较成熟的文字。① 道的本义是道路，《说文》云："道，所行道也，从行，从首。"道之含义不断发展，到春秋时各家各派的道之含义并不相同，尤其是天道、人道的说法已较流行，普通的所谓道的看法是人道②。但到了老子，道的意涵为之一新，他把道上升为其哲学的最高范畴概念，这首先就表现在他将道确定为天地万物的本原。③ 老子曰："有物混成，先天地生。寂兮寥兮，独立而不改，周行而不殆。可以为天下母，吾不知其名，强字之曰道，强为之名曰大。"（《老子》25 章）④ 又说，"天下有始，以为天下母"（《老子》52 章）。道先于天地，而且能产生天地万物，是"万物之宗"（《老子》4 章）、天地万物之母。道是先于天地的浑然整一的存在，是产生天地万物的本原、本根。道之生物由潜在到实现的过程，老子述之为"道生一，一生二，二生三，三生万物。万物负阴而抱阳，冲气以为和"（《老子》42 章）。道是"自本自根"的始在，"一"是道之未分时混沌之本然状态，"二"就内质言为阴阳二气，就其存在形态说则是天地，"三"为阴阳二气的相互作用的结果，是（天地）阴阳之气的冲和统一，万物就来自"三"，是阴阳和谐的统一物。道就是如此一层层下落而创生万物，生物并非一次性的，而是周行不殆的，物最后又复归于"根"，整个宇宙万物就处于无尽的循环过程。

庄子继承了道的本原性说法。⑤《大宗师》篇："夫道，有情有信，无

① 《易经》中道字四见，义为道路，《尚书》、《诗经》已发展出道理、方法之义，《左传》、《国语》更提出天道、人道的观念。（张立文：《中国哲学范畴精粹丛书·道》，中国人民大学出版社 1989 年版，第 19—26 页）另可参见唐君毅《中国哲学原论·原道篇》，中国社会科学出版社 2006 年版，《导论》页。

② 张岱年："日月星辰所遵循的轨道称为天道，人类生活所遵循的轨道称为人道。"（张岱年：《中国古典哲学概念范畴要论》，载《张岱年全集（第四卷）》，河北人民出版社 1996 年版，第 475 页）

③ 张岱年："老子是第一个提起本根问题的人。"（张岱年：《中国哲学大纲》，载《张岱年全集（第二卷）》，河北人民出版社 1996 年版，第 50 页）陈鼓应："在中国哲学史上，老子首次把'道'作为哲学范畴而给予系统化的论证，从而建立起以'道'为核心的哲学体系。"（陈鼓应：《老庄新论》，商务印书馆 2008 年版，第 45 页）张立文："在先秦哲学中，老子第一个把道提到本体论高度。"（张立文：《中国哲学范畴精粹丛书·道》，中国人民大学出版社 1989 年版，第 38 页）

④ 文中所引"老子"出自陈鼓应《老子注译及评介》，中华书局 1984 年版。下文不再一一注明。

⑤ "惛然若亡而存；油然不形而神；万物畜而不知：此之谓本根。"（《知北游》）"夫王德之人，素逝而耻通于事，立之本原而知通于神，故其德广。"（《天地》）

为无形；可传而不可受，可得而不可见；自本自根，未有天地，自古以固存；神鬼神帝，生天生地；在太极之上而不为高，在六极之下而不为深，先天地生而不为久，长于上古而不为老。""有情（精）有信"，表明道是实存的；"自本自根"，表明道不是派生的，道是在天地之先的原初存在；"神鬼神帝，生天生地"，表明道能创生天地万物，是宇宙万物的根源。庄子还说："夫昭昭生于冥冥，有伦生于无形，精神生于道，形本生于精，而万物以形相生。"（《知北游》）"昭昭生于冥冥"，曹础基注："意谓天地开辟，万物昭彰的景象是从昏昏暗暗、浑浑沌沌的远古时代演变而来的。"① 实即可见之物是由不可见之道而生。"有伦" 即 "有形"，② 有形之物生于无形之道，不可见之精神亦生于大道，形质则生于精神，万物都以各种形态而互相转化。《渔父》云："道者，万物之所由也。"由，从中产生。天地万物从道中产生出来。宇宙万物的创生历程，《天地》篇也有说明："泰初有无，无有无名；一之所起，有一而未形。物得以生，谓之德；未形者有分，且然无间，谓之命；留动而生物，物成生理，谓之形；形体保神，各有仪则，谓之性。"③ 这是沿袭老子之生成说，并将其推进到万物生成后之各别轨则。

道也是天地万物存在的根据。道不仅创生天地万物，而且也内在于天地万物，成为天地万物存在的根据、本性。老子云："道之为物，惟恍惟惚。惚兮恍兮，其中有象；恍兮惚兮，其中有物。窈兮冥兮，其中有精；其精甚真，其中有信。"（《老子》21 章）"视之不见名曰夷，听之不见名曰希，搏之不得名曰微。此三者不可致诘，故混而为一。其上不皦，其下不昧，绳绳不可名，复归于无物。是谓无状之状，无物之象，是谓恍惚。迎之不见其首，随之不见其后。"（《老子》14 章）道是浑然之物，尽管它是恍惚的存在，却是真实可信的。道也是无形的，且广大无边，并不能为感官所把握，不可见，不可听，不可触，也不可名。正是这勉强称之为

---

① 曹础基：《庄子浅注》，中华书局 2007 年版，第 259 页。另，曹础基注："'伦'，纹理。'有伦'，有纹理结构，即有形。"

② 林希逸说："见而可得分别者，谓之'有伦'。'有伦'，万物也；无形，造化也。精神，在人者也。形，可见者；精，不可见者。"参见（宋）林希逸《庄子鬳斋口义校注》，周启成校注，中华书局 1997 年版，第 335 页。

③ 冯友兰说："天地万物所以生之总原理，即名曰道；各物个体所以生之原理，即名曰德。"（冯友兰：《庄子及道家中之庄学》，载胡道静编《十家论庄》，上海人民出版社 2008 年版，第 23 页）

"道"的不可道之"常道"、"常名"，成为万物的本体。"大道泛兮，其可左右。"（《老子》34 章）道是普遍的。它成为万物存在的共同的一般本质，"天得一以清，地得一以宁，神得一以灵，谷得一以盈，物得一以生，侯王得一以为天下正"（《老子》39 章）。作为天地万物的本性的道，它是"常道"，也是"常"（"知和曰常"，和即道），"独立而不改，周行而不殆"，表明它是永恒的存在，而万物则是有限的。

庄子也继承了老子关于道作为万物存在的本性的一些思想。前引《大宗师》一段文字明显是承老子而来。"有情有信"，表明道是真实的；"自本自根，未有天地，自古以固存"，表明道的存在是原初的，既是自因又是始因；在时间上，自古固存，先于天地长于上古，既不为久也不为老，是永恒的；空间上，在太极之上而不为高，在六极之下而不为深，也是超越的。庄子的道在空间上的无限是对老子观点的发展。道虽能为心灵所领悟，但"不可受""不可见"，超越了语言和感官范畴。这颇有点神秘的道就是万物存在的根据。《大宗师》云："万物之所系，而一化之所待"①，万物的生成变化都取决于道。《大宗师》又云："杀生者不死，生生者不生。"道决定着物的产生与死灭，它本身却并无死生，因此它并不同于万物等具体之物。但是，道与万物却并无界限，作为万物存在的根据，它内在于万物，周行遍在，万物皆有道。《知北游》篇曰："东郭子问于庄子曰：'所谓道，恶乎在?'庄子曰：'无所不在。'东郭子曰：'期而后可。'庄子曰：'在蝼蚁。'曰：'何其下邪?'曰：'在稊稗。'曰：'何其愈下邪?'曰：'在瓦甓。'曰：'何其愈甚邪?'曰：'在屎溺。'东郭子不应。庄子曰：'夫子之问也，固不及质。正获之问于监市履狶也，每下愈况。汝唯莫必，无乎逃物。至道若是，大言亦然。周遍咸三者，异名同实，其指一也。'"蝼蚁、稊稗、瓦甓、屎溺，一如周、全、遍，虽然名称各不相同，但它们的本质是相同的，都是道。万物都不能离道而存在（无乎逃物），道无所不在，"我们可以说万物发展的规律便是道，也可以说万物之所以成为那样的根本特质便是道"②。

---

① 林希逸："一化之所待者，道也。"［（宋）林希逸：《庄子鬳斋口义校注》，周启成校注，中华书局 1997 年版，第 108 页］陈鼓应："一切变化之所依待的，即指道。"（陈鼓应：《庄子今注今译》，中华书局 2009 年版，第 198 页）张默生："万物皆关系于一化，而一化必待命宗师也。"（张默生：《庄子新释》，新世界出版社 2007 年版，第 131 页）

② 陈鼓应：《老庄新论》，商务印书馆 2008 年版，第 379 页。

道的基本特质是自然无为。先看自然。老子说："人法地，地法天，天法道，道法自然。"（《老子》25 章）王弼注："道不违自然，乃得其性，法自然也。法自然者，在方而法方，在圆而法圆，于自然无所违也。"① 河上公注："'道'性自然，无所法也。"童书业说："所谓'自然'就是自然而然的意思。"② 可见，所谓"道法自然"，并非在道之外另有一自然让道去遵守，而是指道本身就以自然为其规定性，"自然"并不完全是指大自然，主要是作为一个状态修饰语而使用来描述道之具体情状的。③ 所以，自然就是道之本性，道与自然的含义是一致的。庄子曰："常因自然而不益生也"（《德充符》），自然也指自然而然、因顺自然之意。

再看无为。老子说："道常无为无不为。侯王若能守之，万物将自化。"（《老子》37 章）王弼注"无为"："顺自然也。"无为即是自然，是道的性格，并且是人坚守或效法的原则。若果，就会产生"无不为"的效果。老子又说："圣人处无为之事，行不言之教。"（《老子》2 章）福永光司说："老子的无为，乃是不恣意行事，不孜孜营私，以舍弃一己的一切心思计虑，一依天地自然的理法而行的意思。"杨兴顺说："'无为'论意味着人在现实性的发展中不去干涉自然。"④ 可见，无为主要是对于人（侯王、圣人）而言的，是指人不以自己的意愿去干预万事万物的自然发展变化，要让事物顺其自然、自然而然。庄子也表达了相同的意思。"无为而才自然矣"（《田子方》），"莫之为而常自然"（《缮性》），将无为与自然相提并论，无为实即自然。无为也可从其对立面去理解，即有为、伪。庄子说："性者，生之质也。性之动，谓之为，为之伪，谓之失。"（《庚桑楚》）成疏："质，本也。自然之性者，是禀生之本也。"不违自然本性的为，是为；如果有违自然本性，那就是有为就是伪（人为），就失道矣。

总之，道的性格就是自然无为，是老庄哲学的基本观念。自然无为虽

---

① 王弼注出自（魏）王弼注、楼宇烈校释《老子道德经注校释》，中华书局 2008 年版。
② 河上公、童书业注，参见陈鼓应《老子注译及评价》，中华书局 1984 年版，第 168 页。
③ 陈鼓应："所谓'道法自然'，是说'道'以它自己的状况为依据，以它内在原因决定了本身的存在和运动，而不必靠外在其他的原因。可见'自然'一词，并不是名词，而是状词。"（陈鼓应：《老庄新论》，商务印书馆 2008 年版，第 150 页）
④ 福永光司、杨兴顺注，参见陈鼓应《老子注译及评介》，中华书局 1984 年版，第 67 页。

说在本性上同质，同为道的本性，但也各有侧重，自然侧重于"天道"，无为则侧重于"人道"，[1] 二者一起构成道的整体。以此观之，道也就是作为整体的世界。[2] 天道自然无为，人道则应效法天道之自然无为，此及天人关系。老子说："天之道损有余而补不足，人之道则不然，损不足以奉有余。"（《老子》77 章）庄子说："无为而尊者，天道也；有为而累者，人道也。"（《在宥》）现实的人道有为是对天道无为之背离，所以应该效法天道复归于道，"圣人无为，大圣不作，观乎天地之谓也"（《知北游》），只有圣人才合乎天道，[3] 圣人就是天道之"道成肉身"，是可效法之具体而微者也。

作为自然无为之道，在庄子常常以"天"来明之。[4] 天在庄子书中使用频繁，[5] 主要有两层意义，一是指物质之天或大自然之天，如"天之苍苍，其正色邪"（《逍遥游》），"天无不覆，地无不载"（《德充符》）等等，一是指自然而然的性状之天，即事物的"自然"状态，如常言的"天然"、"本然"之义。后一用法更为突出，如"知天之所为者，天而生也"（《大宗师》），"尽其所受于天"（《应帝王》），"无为为之之谓天"（《天地》）等等。这一用法的天，徐复观认为即是"《老子》之所谓'道法自然'的自然，亦即是道"，如杨倞注："天谓无为自然之道。"[6] 性状之天即天然，它常与"人"即"人为"相对，天然与人为的关系也实言天人关系。"何谓天？何谓人？""牛马四足，是谓天；落（络）马

---

① 陈鼓应说："'自然'，常是对天地的运行状态而说的；'无为'，常是对人的活动状况而说的。'无为'的观念，可说是'自然'一语的写状。'自然'和'无为'这两个名词，可说是合二而一的。"（陈鼓应：《老庄新论》，商务印书馆 2008 年版，第 152 页）

② 冯友兰："'道'是一切事物的'全'。"（冯友兰：《庄周的主观唯心主义》，载胡道静编《十家论庄》，上海人民出版社 2008 年版，第 53 页）陈鼓应："道为一切存在之大全。"（陈鼓应：《论道与物关系问题（上）——中国哲学史上的一条主线》，《哲学动态》2005 年第 7 期，第 55—64 页）韩林合："道实际上就是作为整体的（现实）世界……作为整体的物化过程。"（韩林合：《虚己以游世——〈庄子〉哲学研究》，北京大学出版社 2006 年版，第 17 页）

③ "不离于宗，谓之天人；不离于精，谓之神人；不离于真，谓之至人。以天为宗，以德为本，以道为门，兆于变化，谓之圣人。"（《天下》）

④ 徐复观："庄子所以用天字代替道字，可能是因为以天表明自然的观念，较之以道表明自然的观念，更易为一般人所把握。"（徐复观：《中国人性论史·先秦篇》，华东师范大学出版社 2005 年版，第 224 页）

⑤ 据统计，在庄子一书中，"天"（不包括合成词）共计使用 174 次。参见王世舜、韩慕君撰《老庄词典》，山东教育出版社 1993 年版，第 517 页。以下凡统计数字皆出于该书，不再注明。

⑥ 徐复观：《中国人性论史·先秦篇》，华东师范大学出版社 2005 年版，第 224 页。

首，穿牛鼻，是谓人。"（《秋水》）成疏："夫牛马禀于天，自然有四脚，非关人事，故谓之天。羁勒马头，贯穿牛鼻，出自人意，故谓之人。"天然之性非关人事，人意之为有违自然。因此，不要以人为去违背天然即"无以人灭天"（《秋水》），要做"入于天"的"忘己之人"（《天地》），最终实现"与天为一"（《达生》）。

二 庄之道变

道是天地万物之本原和根据，其根本特质在于自然无为，这是老庄哲学的基本思想。庄子对道的发展主要是将道虚无化和内在化了。

在庄子，道之虚无化表现在凸显了"无无"概念。在老子，作为本原和根据的道是无与有的统一。道是恍惚之物，"无状之状，无物之象，是谓恍惚"（《老子》14 章），无状、无物，表明道不是具体之物，不可视、不可闻，是一"无"；作为物，有状、有象，有精、有信，表明它又不是空，而是"有"。"无名，天地之始；有名，万物之母"（《老子》1章）。"无"，是天地化成之前的初始阶段的无形状态，"有"，表明它是万物之始祖，是无形之有。道之"无"，表明了其无限性，"有"，表明了其实存性。① 道是"万物之奥"（《老子》62 章）。"天下万物生于有，有生于无。"（《老子》40 章）道之生物，其生成模式从道到物从无到有，道又是"反者，道之动"（《老子》40 章），所以也是"有无相生"。无形而实有，无有而相生，无、有都用以明道体之性，是统一的；道就是无与有的统一。② 在庄子，道虽也是无有的统一，但他将道虚无化了。老子将道称为恍惚混成之物，庄子进而认为"未始有物"，"古之人，其知有所至矣。恶乎至？有以为未始有物者，至矣，尽矣，不可以加矣。其次以为有物矣，而未始有封也。其次以为有封焉，而未始有是非也。是非之彰也，

---

① 陈鼓应："道体之'无'蕴含着这几方面的特点：一是它的无限性；二是它的虚通性；三是它的明觉性。""道体之'有'则蕴含着它的创造性、永续性、充实性。"（陈鼓应：《论道与物关系问题（上）——中国哲学史上的一条主线》，《哲学动态》2005 年第 7 期，第 55—64 页）

② 据朱哲研究，对老庄道家道论的研究，主要有三种看法：一是道无论，认为无即道；一是道有论，认为道即有；一是综合论，即道统有无。道无论者，如梁启超、胡适、冯友兰等；道有论者，如严灵峰等；道统有无论者，如张岱年、詹剑峰、陈鼓应等。朱哲持以无为本的道统有无论。我们认为他的这一看法尤其适合于庄子之道，庄子在有无的基础上更提出"无无"，"无无"是比有"无""有"对举之"无"更进一层的观念，它本身当然还是虚无（无）。（朱哲：《先秦道家哲学研究》，上海人民出版社 2000 年版，第 67—72 页）

道之所以亏也。道之所以亏，爱之所以成"（《齐物论》）。有物相对已落入下一层次了。在道生物的模式上，将老子追问到"无"处推进到"无无"及其前。《齐物论》曰："有始也者，有未始有始也者，有未始有夫未始有始也者；有有也者，有无也者，有未始有无也者，有未始有夫未始有无也者。"从"有"追问到"无"，进而"无无"，进而"无无"之前，如此无穷无尽。《知北游》曰："予能有无矣，而未能无无也。""光曜"还只是"无"，"无有"却是更高层次的"无无"，这样就在"无""有"相对待的基础上将"无"相对化了，拉出了一个"无无"层次，从而也更虚无化了。①

庄子也将道内在化了。老子也有道内在于物的观念，"大道泛兮，其可左右，万物恃之以生而不辞，功成而不有"（《老子》34 章）。道生物之后内在于物是为物之"德"，"道生之，德畜之，物形之，势成之。是以万物莫不尊道而贵德。道之尊，德之贵，夫莫之命，而常自然"（《老子》51 章）。庄子承其道内在于物的观念，但更强调道内在于物而作为其存在根据的一面。首先是强调了道在空间上的无限。老子说道为域中四大之一，庄子却说道"在太极之先而不为高，在六极之下而不为深"，阐明了道的空间无限性。进而是强调了道的普遍性，庄子讲道"无所不在"，这解决了老子道生物似乎道在空间上与物相分离的问题，道不仅存在于天地万物之上，也存在于天地万物之中，是遍在一切。再而是强调了道物无际，庄子认为"物物者与物无际"、"无乎逃物"（《知北游》），在表明道物不离的同时，能更好地说明道内化而为物的存在根据的问题，有限之物既可以结合也可以体现无限之道。②

通过对道的虚无化与内在化，庄子消解了老子之道的至上性格，将其焦点转到物的自身层面，由此，庄子很少谈论道的实存性而更多地谈论道

①　傅伟勋认为"泰初有无无有无名"应读为"泰初有无无，有无名"，庄子的"无无"是超形而上学对形而上学的突破。（傅伟勋：《从西方哲学到禅佛教》，生活·读书·新知三联书店1989 年版，第 393 页）方以智、林云铭、刘文典皆断为"泰初有无无，有无名"。（崔大华：《庄子歧解》，中州古籍出版社1988 年版，第 378 页）陈鼓应认为，老子以"无"为绝对意义，庄子却以"无"为相对意义。"庄子拟借'无'及'无无'，以破有的拘执、局限，若为有所拘执局限，则不能变化。"（陈鼓应：《老庄新论》，商务印书馆2008 年版，第 343 页）王博说："在老子那里，道还是'实'的，有很多内容和规定性。黄老学派已经不同，庄子的道就更是'虚'了。"（王博：《庄子哲学》，北京大学出版社2004 年版，第 157 页）

②　孙以楷等认为，庄子道内在于万物的思想，透露出哲学史上从本原论到本体论的必然发展趋势。（孙以楷：《道家与中国哲学·先秦卷》，人民出版社2004 年版，第 321 页）

的内在化。① 道周遍于一切、内在于万物，当然也存在于人、内在于人；道是万物之本性，当然也是人之本性。庄子更重视道内在于人，这对于人除具有本体论的意义外，更具有价值论的意义，那就是体道得道对于人生所具有的重大意义。② 徐复观说："道家的宇宙论，可以说是他的人生哲学的副产物。他不仅是要在宇宙根源的地方来发现人的根源；并且是要在宇宙根源的地方来决定人生与自己根源相应的生活态度，以取得人生的安全立足点。"③ 这正是道家哲学的本心与初衷，庄子将道家人生哲学大大推进了一步。

　　道内在于人作为人之本性就是人之"德"，庄子说，"物得以生谓之德"（《天地》）。但是，现实中的人已经"离道以善，险德以行"（《缮性》），因为倡导善行却离道失德。在上古之世、人类之初，人们生活在混沌芒昧的状态之中，人虽有心智却无所施用，是一种无为而自然的完满纯一状态。④ 然而，随着人们心智的获得，人们逐渐区分出彼此、是非，有了一偏之见、一己之私，于是制定出"礼义法度"（《天运》）以规范人心，这却戕害了人的本然之性，"待钩绳规矩而正者，是削其性者也"（《骈拇》）。人们离道背德，丧失了其本然之性，只有通过"心斋"、"坐忘"等体道、修道之法，才能够重新"性修反德，德至同于初"（《天地》）。"心斋"等活动是达到心灵虚气的状态，而道也是虚无，以气为中介，两虚无可以相凑泊，因此心可契合于道。"德至同于初"（后文详及）就是人之心性（德）回归泰初之道，即心灵回到自然无为之道的混沌状态，这种心灵状态就是精神或境界，这种德同于道之精神或境界就是得道为德的道德精神或境界，这也就是庄子理想的人生精神或境界。

---

　　① 陈鼓应："庄子以道的内在化来消解老子道的至上性，由此，万物的自性及多样面貌，得以在一个开放的无限可能中展现。这也可以说是庄子存有论层面的道物关系，延伸至价值论上的特殊意义。"（陈鼓应：《论道与物关系问题（下）——中国哲学史上的一条主线》，《哲学动态》2005 年第 8 期）

　　② 陈鼓应："庄子把'道'和人的关系，扣得紧紧的，他不像老子那样费心思、笔墨去证实或说明'道'的客观实在性，也不使'道'成为一个高不可攀的挂空概念，他只描述体'道'以后的心灵状态。"（陈鼓应：《老庄新论》，商务印书馆 2008 年版，第 343 页）

　　③ 徐复观：《中国人性论史·先秦篇》，华东师范大学出版社 2005 年版，第 198 页。

　　④ "古之人在混芒之中，与一世而得澹漠焉。当是时也，阴阳和静，鬼神不扰，四时得节，万物不伤，群生不夭，人虽有知，无所用之，此之谓至一。当是时也，莫之为而常自然。"（《缮性》）

顺此说说"精神"。① 根据徐复观考证,"精神"合用,起于庄子,精与神二字在老子是就道之本身而言,在庄子,则"将老子的客观的道,内在化而为人生的境界",就是说将客观性的"精"、"神"内化为"心灵活动的性格",心是"精",心之精所发出的无穷妙用就是"神",合之为"精神",是心的状态或境界,或曰"精神的境界"。② 这种体道得道的精神状态在庄子也称为"天地精神"。《天下》篇曰:"独与天地精神往来而不敖倪于万物。"成疏:"抱真精之智,运不测之神,寄迹域中,生来死往,谦和顺物,固不骄矜。""智"、"神"者,见《天下》:"神何由降?明何由出?"成疏:"神者,妙物之名;明者,智周为义。""独与天地精神往来"意谓与道通矣,有如神明矣。此意亦同"独与神明居",《天下》曰:"天地并与,神明往与!"成疏:"随造化而转变,故共神明往矣。"亦意谓与大道同为一体,与道为一,此等之人自是抱"天地精神"之神人、圣人、至人。庄子一书亦多有借这些理想人物来描述得道之境界,③这种抱有天地精神的至人、神人、圣人亦成为庄子理想人生的高标。

庄子和老子相较,在道—体道—得道境界的体系之中,庄子将道虚无化、内在化了,体道之法也得到多方面的描述,得道境界则变得尤为明显,成为人生的精神安放之地。庄子的得道境界为很多学者所重视,庄子的哲学甚至被誉为境界的哲学。④ 一些美学研究者当从美学视域出发时,也发现庄子的这种人生境界哲学与美学的密切关联,从而在庄子的哲学与美学之间有了不尽的言说,甚至认定庄子的道是美或庄子的哲学是美学,庄子美学成了庄子研究中的灿烂一维。庄子的美学也正是本书试图探究的鹄的。

---

① 据钱穆考证,庄子内篇精字与神字义,应分别说之,精指用心专一之心境,神是用心专一达到一种很高的(如神人的)心理境界或状态。外杂篇始有精神连用,可当一神字看。(钱穆:《庄老通辨》,生活·读书·新知三联书店 2005 年版,第 196—236 页)

② 徐复观:《中国人性论史·先秦篇》,华东师范大学出版社 2005 年版,第 236 页。

③ 张默生:"《庄子》书,借人物表现'道'的地方最多,几于无篇无之。"(张默生:《庄子新释》,新世界出版社 2007 年版,第 23 页)

④ 徐复观:"到了庄子,宇宙论的意义,渐向下落,向内收,而主要成为人生一种内在的精神境界。"(徐复观:《中国人性论史·先秦篇》,华东师范大学出版社 2005 年版,第 222 页)牟宗三:"道家,从主观讲形而上学,不从存在上讲,是'境界形态的形而上学'。"(牟宗三:《中国哲学十九讲》,上海古籍出版社 1997 年版,第 98 页)陈鼓应:"庄子的哲学可以说是一种境界的哲学。"(陈鼓应:《老庄新论》,商务印书馆 2008 年版,第 402 页)

第二节　道不是美

一　道不等于美

《齐物论》篇曰："予谓女梦，亦梦也。是其言也，其名为吊诡。"何谓"吊诡"，朱骏声曰："诡借为恑"，马叙伦按："吊"当为"憍"，吊诡，憍恑，权变也。① 我说你在梦中也是在梦中，这样的话就是吊诡。牟宗三说，这是辩证的诡词（dialectical paradox），不是逻辑上的诡词（logical paradox）。吊诡实际上就是老子说的"正言若反"（《老子》78章）式的讲法，它不是属于分析（分解）式的知识范围的讲法，而属于智慧型的诡词方式，是一种非分解式的说法。道家就是用这种吊诡的方式将我们引入一个智慧之境，而并不是要给人以知识。② 这种吊诡讲法同样也贯穿在庄子对待审美和艺术的问题上，"厉与西施"，按通常看法原本美丑有分，但是在庄子却要得以超转，即"恢诡谲怪，道通为一"（《齐物论》），恢诡谲怪亦即吊诡。因此，我们在说"庄子的美学"时，也应注意到按照庄子的吊诡方式其实也在说"庄子的美学非美学"，诸如此类，才不会落入"执"。吊诡，是非分解说，但在非分解说前必有分解说为必要条件，这才是"圆而神"的精神。③ 下面就具体看看庄子在美和艺术的问题上的吊诡。

庄子的思想中有两个层次的美与艺术，一是在现实世界中的美与艺术，一是在道的层次上的美与艺术。现实世界中的美与艺术被目为世俗之美而为庄子所否弃。《天道》曰："视而可见者，形与色也；听而可闻者，名与声也。悲夫，世人以形色名声为足以得彼之情！夫形色名声果不足以得彼之情，则知者不言，言者不知，而世岂识之哉！""悲夫"句，成疏曰："夫目之所见，莫过形色，耳之所听，唯在名声。而世俗之人，不达至理，谓名言声色，尽道情实。岂知玄极，视听莫偕！愚惑如此，深可悲叹。"世人以形色名声为贵，是因为他们并不知道"道"的精微玄妙从形

---

① 崔大华：《庄子歧解》，中州古籍出版社1988年版，第101页。

② 牟宗三：《中国哲学十九讲》，上海古籍出版社1997年版，第132—135页。

③ 牟宗三：中国文化系统的基本精神是"综和的尽理之精神"，即是"圆而神"的精神；西方的文化是以"分解的尽理之精神"，即"方以智"的精神为基本精神的文化系统。（牟宗三：《中国哲学的特质》，上海古籍出版社2007年版，第127、152页）

色名声中是无法得到的，因此世俗所重之形色名声并不足贵。也正是如此，"轮扁斫轮"的故事就直接将书籍视为"糟魄（粕）"。《天道》又曰："钟鼓之音，羽旄之容，乐之末也。"曹础基注："歌声舞姿已属于人为造作，失于自然，故说是乐之末。"① 人为之乐是"乐之末"也不是真正的乐。对于形色名声书文歌舞这些世俗之美，庄子当然是持否弃态度的。他说："擢乱六律，铄绝竽瑟，塞瞽旷之耳，而天下始人含其聪矣；灭文章，散五采，胶离朱之目，而天下始人含其明矣。"（《胠箧》）对于感官之类的审美或艺术活动都应加以摈弃，这样才能收视反听，"天机自张，无为之至也"（成疏）。

对于世俗之美的否弃，是因为有更高层次的美，那就是在道的层面的形上之美。"天地有大美而不言"（《知北游》），"朴素而天下莫能与之争美"（《天道》），"澹然无极而众美从之"（《刻意》）等等。"大美"、"朴素"、"澹然无极"都是相对于一般的"美"、"众美"而言的，与"天地"、"天下"、"无极"这样的层面相关联，因此大美等就是道的层面的美，而不是通常的美，大美就应该是绝对的、无限的、超越的、形上的美。至于这种大美具体的规定性如何，先姑且不论，但有一点是明确的，庄子肯定了这种大美。《天道》篇："美则美矣，而未大也。"又："夫天地者，古之所大也，而黄帝、尧、舜之所共美也。"这里明显表现出对一种超越于美的"大"的追求，以"大"为美，表现出大美的取向。

由此可以看出庄子在美的问题上的吊诡，一方面否定世俗之美，一方面肯定形上大美。袭用其吊诡的讲法，当是"大美无美"。在庄子书中已有此种提法，如《至乐》篇提出的"至乐无乐"。《至乐》认为，天下人"所乐者，身安厚味美服好色音声也"，"所苦者，身不得安逸，口不得厚味，形不得美服，目不得好色，耳不得音声"。天下人为"好色音声"等世俗之美（只从审美论）所乐所苦，得之则乐，不得则苦。一方面，"若不得者，则大忧以惧"，对"活身"养生有害。另一方面，"今俗之所为与其所乐，吾又未知乐之果乐邪，果不乐邪?"世俗（审美）之乐，是乐还是不乐呢?"吾未之乐也，亦未之不乐也。"世俗（审美）快乐谈不上快乐不快乐，"此深鄙之之意"②。那么真正的快乐何在?"吾以无为诚乐

---

① 曹础基：《庄子浅注》，中华书局 2007 年版，第 154 页。
② （宋）林希逸：《庄子鬳斋口义校注》，周启成校注，中华书局 1997 年版，第 277 页。

矣，又俗之所大苦也。"成疏："以色声为乐者，未知决定有此乐不？若以庄生言之，用虚淡无为为至实之乐。"以"无为"为乐，所以"至乐无乐"，最大的快乐不是世俗（审美）的那种快乐，[1] 只有达到无为即与道为一的精神状态，才能带来最大的快乐。

庄子"大美无美"的吊诡给中国现代美学的研究带来了困境。中国古代"有美无学"，学科意义的美学是从西方引入的，而西方的文化是"方以智"的精神的文化系统，是以"分解的尽理之精神"为其背后基本精神的，这与中国文化的"综和的尽理之精神"即"圆而神"的精神无疑是有很大的距离。从西方引入的学科美学无疑也具有西方"方以智"精神所成就的"学统"的特点，其"分解的尽理"有两大特征，"一、外向的，与物为对；二、使用概念，抽象地概念地思考对象"[2]，透露出来就是"知性形态"，其讲法即言说方式就是"分解"（指精神非指具体的讲法），而这又恰恰为中国古代"非分解"说的"综和的尽理之精神"所欠缺，也是中国古代"学统"没能转出的缘故。"道家对于超知性境界及对'超知性境'之思维法，皆意识得很清楚。可是对于可道世界以及知性范围内的事，则不能正面而视，不能道出其详细的历程以及其确定的成果。"[3] 因此，要达到"超知性境"与知性领域"两头双彰"，必须要经历"知性领域"的一次"充实"，这就要进行学科体系上的现代转化。现代的美学家在研究庄子美学时正是取了两种态度，一种是讨论美学史上的庄子美学本身是怎样的，一种是想对庄子美学进行现代的发展与转化。但是，一些做现代转化的美学家却常常混淆了两者之间的界限，将现代转化当作了庄子美学本身，这就造成了庄子美学的泛化现象，好像庄子美学怎么讲都行，结果是庄子美学本身失去了规定性，也失去了阐释上的有效性。因此，我们研究庄子美学时要明确两者之间的界限。我们现在要建立现代学术体系下的美学，正如李泽厚、刘纲纪指出的："仅从思想史（美学史是各种思想史中的一种）的研究来说，任何真正有科学价值的研究，都要从现代科学发展的高度对古人的思想作出某种说明，指出它在某门科

---

① "至乐无乐"，陆树芝："至乐则无世俗之乐。"阮毓崧："忘乐而后乐足。"（崔大华：《庄子歧解》，中州古籍出版社 1988 年版，第 492 页）曹础基："最大的快乐就是无所谓快乐。"（曹础基：《庄子浅注》，中华书局 2007 年版，第 206 页）实际上否定的都是世俗之乐。

② 牟宗三：《中国哲学的特质》，上海古籍出版社 2007 年版，第 157 页。

③ 同上书，第 160 页。

学发展史上的意义。"① 研究庄子美学也不例外，应从美学学科的高度对庄子美学本身有所说明，进行一次"知性领域"的充实，但庄子本身在知性领域又是囫囵的，这就造成理解与阐释的障碍与歧异。

如果从作为学科的美学来看，庄子否弃世俗现实的美与艺术，有其非美的一面，是反美学的。如在 20 世纪的 20 年代到 40 年代，从事文艺理论与批评的一些研究者，如郭绍虞、罗根泽、朱东润、朱维之等大多持这种看法，与此同时期的一些日本学者，如铃木虎雄和青木正儿也持相似观点。他们的观点大约归纳如下：其一，庄子思想作为道家思想的重要部分，与儒家思想处于相对立的地位。其二，庄子思想本身并不是针对文艺而发，并无意指导或推动文艺的发展，并无多少关于美和文艺的观念。其三，从庄子的思想倾向看，庄子是否定文学和艺术的，但是却从多方面给后世的谈文论艺者以深远的影响。70 年代末至 80 年代初，施昌东、蒋孔阳等认为庄子是美与艺术的否定论者，其思想在美学上是一种虚无主义与相对主义。

不过，自徐复观在 20 世纪 60 年代的台湾指出庄子的道"不期然而然地"会归于今天所谓的艺术精神，在大陆的 80 年代初，李泽厚、刘纲纪提出"庄子的哲学是美学"之后，人们基本上就不提庄子非美一面了。他们是怎样看待这一问题的？徐复观说："老子之所以否定世俗之美，是因为这只是刺激感官快感之美，是容易破灭之美……在反对世俗之美的后面，实要求有不会破灭的、本质的、根源的、绝对的大美。"这"为庄子所继承"②。李、刘二氏也只论述了老子，"老子对审美观照艺术的活动决没有从根本上完全否定，他只是要求审美和艺术不应产生'令人目盲'、'令人耳聋'这样的有害的后果，而应该同人的生命的自由相一致"。"看来似乎是否定美的老子，其实并不否定一切的美。关键在于老子所肯定和追求的美，不是那种外在的、表面的、易逝的，感官快乐的美，而是内在的、本质的、常住的、精神的美。"③ 这些看法都是很深入的、精微的，指出了老庄的"美"的追求，说庄子或老子完全不要美是不准确的。但问题是，这世俗的、感官快乐的美，难道就不是美吗？人类审美意义上的

---

① 李泽厚、刘纲纪：《中国美学史·先秦两汉编》，安徽文艺出版社 1999 年版，第 13 页。

② 徐复观：《中国艺术精神》，广西师范大学出版社 2007 年版，第 43 页。

③ 李泽厚、刘纲纪：《中国美学史·先秦两汉编》，安徽文艺出版社 1999 年版，第 199—200 页。

美不正是这些世俗之美吗？学科意义的美学难道不正是要面对或基于这世俗之美吗？那种不会破灭的、本质的、根源的、绝对的大美如果没有这世俗之美，它又在哪里呢？① 如果说美是无功利的，那么世俗之美怎么就是只刺激感官快感的美呢，怎么又会造成有害的后果呢？如果说美是感官快乐的，那么哪些世俗之美又不是不易破灭的美呢？如果说庄子只反对那些会产生有害后果的世俗之美，哪些世俗之美又是不会破灭的美？这样的一些问题庄子并没有明确说明，庄子原本也不是要说明什么审美的问题，我们也就不得而知。这个问题也许可以换个角度来看，一般认为庄子是反对儒家的"仁义礼乐"的，《天道》说，"退仁义，宾礼乐"，如果说儒家美乐被当作学科或审美意义上的美乐来理解，那么我们基本上可以推断庄子是反对学科或审美意义上的美乐的，因为儒家所说的美乐也不能脱离世俗之美乐。又，一般认为墨子与儒相对立，是"非乐"的。墨子从功利出发来非乐，是因为"他把审美和艺术活动看作是一种单纯的娱乐，所谓'乐（yue）以为乐（le）也'"②。"'乐'只能'亏夺取之衣食之财'，不能给老百姓任何物质利益。"③ 这与老庄从"活身"、"养生"、得道等出发来否定感官享乐之美乐，出发点虽不同，但态度上却没有分别。所以，郭沫若在《庄子的批判》中批判庄子学派思想中的"矛盾"，说他们在批评墨家时认为"墨家的非乐节用太过"，但他们的相关言论"不是做得更过吗"④？由此可见，老庄"那些看来是否定审美和艺术的言论，是对人类进入文明社会之后早期那种把审美和艺术活动同放肆疯狂的感官享乐追求混而为一的错误做法的批判"⑤。只是，他们在泼洗澡水的时候，将婴儿也一同泼了出去，庄子否弃的正是学科审美意义上的美，这不能说不是一种遗憾。

---

① 徐克谦："这种'大美'到底还能不能算是一种美恐怕就是值得怀疑的了，因为它似乎已经失去了美之作为美的一切规定性"，"脱离了人，脱离了人的意识与感觉去寻找绝对的'美'是荒谬的，也是办不到的。"（徐克谦：《庄子哲学新探——道·言·自由与美》，中华书局2005年版，第213—214页）

② 叶朗：《中国美学史大纲》，上海人民出版社1985年版，第50页。

③ 李泽厚、刘纲纪：《中国美学史·先秦两汉编》，安徽文艺出版社1999年版，第156页。

④ 郭沫若：《庄子的批判》，载胡道静编《十家论庄》，上海人民出版社2008年版，第102页。

⑤ 李泽厚、刘纲纪：《中国美学史·先秦两汉编》，安徽文艺出版社1999年版，第196页。

庄子对道的层面的美的诉求无疑更有价值，因为在理论上人们可以否定审美和艺术，但在现实中却并没有多大的可能性，美与艺术看来确实与人的存在有着内在的关联。当人们在一定程度上有意或无意地悬置或忽视庄子对美的否弃之后，将视野转向庄子的"大美"、"至美"等道的形上之域时，从这里打开了一个广阔的理论空间，庄子哲学似乎对美学有着惊人的预设，二者的亲密关系事实上也在后世的美学中得以一再展现。在三四十年代，方东美曾指出道家的世界是超化到"艺术天地"；日本的竹田复指出老庄的文学思想是以到达"无我之境"为理想，抛弃人为美而寻求自然美；钱穆亦就那些技与道的故事言："盖庄生之人生终极理想，夫亦一适字可以括之。而其所以达此之工夫，则曰无心、曰忘。然而此等境界，其实则是一种艺术境界也。"[1] 20世纪四五十年代唐君毅也提出过"道家之纯粹艺术精神"区别于儒家"统于道德之艺术精神"。[2] 这大约与当时流行人生境界、艺术境界、人生艺术化之说有关。真正将庄子美学提升到中国纯艺术精神王座的是徐复观，他的《中国艺术精神》一书基本上可以看作是研究庄子美学及其影响的专书。

徐复观在论及道与美、艺术精神之关系时，多次指明道的本质就是艺术精神就是美。[3] 这有两层含义：一是指根源上，道是美和艺术之所以成立的根源，他说，"老、庄的道……此最高的艺术精神，实是艺术得以成立的最后根据"[4]，"在人生宇宙根源之地来找美何以能成立的根据"，"西方若干思想家，在穷究美得以成立的历程和根源时，常出现约略与庄子在某一部分相似相合之点"[5]。"庄子为了易于与世俗之美相区别，所以

---

[1]　钱穆：《庄老通辨》，生活·读书·新知三联书店2005年版，第292页。

[2]　唐君毅：《人文精神之重建》，学生书局1974年版，第102—103页。唐君毅："物我之别忘，而游心于万象，与天地之一气，此观天地之大美之艺术境界。物我相忘，而以神遇，不以目视，以游刃于虚，此成人间之大巧之艺术精神。"

[3]　"艺术精神"一词由徐复观所光大，其一义就是艺术的精神境界或艺术的境界，也正因此他常用"最高"、"崇高"之语修饰之。艺术精神之二义就是指艺术精神本质或艺术本质，这主要是由西方美学而来的一种本质主义的表述，即认为不同艺术有一种本质上的普遍共同性。根据中国传统的"工/功夫论"与"境界论"，境界即由工夫对道体之体悟所开显，工夫不离本体、本体不离工夫，所以得道之境界就是把握了道之根本，境界也即本体，如此徐复观才能将道与艺术精神在本质上相等同。顺便指出，徐氏在此谈艺术精神主要是从艺术哲学角度来谈的，可以置换为审美精神或美的本质。

[4]　徐复观：《中国艺术精神》，广西师范大学出版社2007年版，第38页。

[5]　同上书，第40页。

有时称这种根源之美为'大美'、'至美'。"① 二是指本质上，将道与美、艺术精神在本质上相等同，"老、庄的所谓道，尤其是说庄子的所谓道，本质上是最高的艺术精神"。② "道是美"，"道的本身即是大美"。③ 说简单些：道是美的根源，道是美的本质。徐复观的这一发现可以说开创了整个庄子美学研究的新局面，其功甚巨，影响极大。"道是美"成了一些美学家所喜讨论的话题，可能是受了徐氏的影响，当然也可能是独立展开的，因为徐氏的书直到 1987 年才有大陆版。如皮朝纲认为："庄子是把'道'视为美的最高境界的"，"是把'道'这种绝对精神作为审美对象的"。④ 如李、刘二氏："庄子认为那永恒无限、绝对自由的宇宙本体——'道'是一切美所从出的根源。庄子论'道'同时也是论美。"⑤ 又如王向峰："美的根源在于道"，"道是大美"。⑥ 应该说，这种看法发现了道的层面的大美的价值，却又将道的本质简单地等同于美的本质，在创造性阐释的同时未免有些片面化。

严格来说，根源与本质是不能简单等同的，在庄子，道有宇宙论与本体论的双重意义，二者往往混合在一起，因此也可以将二者等同来看。说"道"是美与艺术的根源，为一些学者所乐道，甚至被认为对解决美的本体问题有所助益，实是出于偏爱，其实它并没有太多意义。因为道"神鬼神帝，生天生地"（《大宗师》），道是"造化"、"生生者"，是天地万物的根源，以这种创生论推衍出美与艺术的根源在道，实在是循西方美学的理路所作的创见。把美附着在多少有些神秘的道上，并不能解决什么美与艺术的本源问题，也不能区分出道德、审美与认识，并无多少现实理论意义，因为天地万物都来源于道。一般而论，美是一种属人价值，美必然与人相关。认为道是美的根源，似乎美可以先于人或独立于人而存在。杜夫海纳说："审美对象使我们不得不保留发展'自在—为我们'这一公式的两个命题：一方面，有一种审美对象的存在，它禁止我们把它归结为再现的存在；另一方面，这种存在与知觉挂钩并在知觉中完成，因为这种存

---

① 徐复观：《中国艺术精神》，广西师范大学出版社 2007 年版，第 44 页。
② 同上书，第 42 页。
③ 同上书，第 44 页。
④ 皮朝纲：《庄子美学思想管窥》，《四川师院学报》（社会科学版）1980 年第 4 期。
⑤ 李泽厚、刘纲纪：《中国美学史·先秦两汉编》，安徽文艺出版社 1999 年版，第 196 页。
⑥ 王向峰：《老庄美学新论》，人民教育出版社 1999 年版，第 2—3 页。

在是一种呈现。"① 美有"为我们"存在的一面，没有人的审美知觉也就没有美，也不是任何存在都是美。认为道是美的根源，这种推理的失误在于，将"道—物"的创生模式简单地平移为"道—美"模式，而实际上美的存在并不是完全现成的，它是通过人的中介而存在，是一种"道—人（德）—美"的模式。再说庄子设定道也并不想解决什么美与艺术的根源问题，西方一些美学从根源之地寻找根据大多是基于现实的文艺与审美的，而庄子却并不以此为基础，并割裂了现实之美与形上之美的关系，甚至还表现出非美与反艺术的倾向。

将道在本质上直接等同于美的本质或艺术精神本质，最起码是降低和窄化了道。道的内涵十分丰富②，以陈鼓应为例，他归纳道有六方面内涵：（1）"道为无限性之实存体"，指明了道的永恒性、普遍性与无限性。（2）"道为一切存在之大全"，表明宇宙的统一性。这两方面是"道体"。（3）"道为大化发育流行之过程"，这是道的恒动性。（4）"道为万有生命的泉源"，指道的创生性。这两个方面是"道用"。（5）"道为主体精神所上达之最高境界"，这是道落实为人生境界者。（6）"道蕴含天道与人道"，此为道论之两端。最后两方面是从"天人"关系言道。总之，"道是形而上的终极的实体，也是一个无限流行展示的宇宙历程。"③ 这些内涵显然不是美所能全部涵盖的，尤其是道体和道用方面。

道与美并不居于同一层次，将道与美在本质上直接相等同，错置了道与美的逻辑分位。从道与美的关系看，美顶多只处于道的一个从属层级的

---

① ［法］杜夫海纳：《审美经验现象学》，韩树站译，陈荣生校，文化艺术出版社1996年版，第260页。

② 高亨："道之主要性质十端：一曰道为宇宙之母；二曰道体虚无；三曰道体为一；四曰道体至大；五曰道体长存而不变；六曰道运循环而不息；七曰道施不穷；八曰道之体用是自然；九曰道无为而无不为；十曰道不可名不可说。"（高亨：《老子正诂》，中国书店1988年版，第2—3页）方东美认为道有四大层面：道体、道用、道相与道征。（刘梦溪编：《中国现代学术经典·方东美卷》，河北教育出版社1996年版，第122—128页）傅伟勋认为道的六大层面是：（1）道体；（2）道原；（3）道理；（4）道用；（5）道德；以及（6）道术。从道原到道术的五个层面，又可以合称为"道相"。（傅伟勋：《从西方哲学到禅佛教》，生活·读书·新知三联书店1989年版，第384—385页）唐君毅认为道之六义，一是"通贯异理之用之道"，二是"形上道体"，三是"道相之道"，四是"同德之道"，五是"修德之道及其他生活之道"，六是"事物及心境人格状态之道"。（唐君毅：《中国哲学原论·导论篇》，中国社会科学出版社2005年版，第225—234页）

③ 陈鼓应：《论道与物关系问题（上）——中国哲学史上的一条主线》，《哲学动态》2005年第7期。

分位，是体之用、一之多、本之末。《知北游》曰："天地有大美而不言，四时有明法而不议，万物有成理而不说。"这三句基本上可以作互文来解，都是对道的无为状态的描述，所以大美只是道的众多表现或特性之一，二者在逻辑分位上并不能构成本质上的等同。下文说"原天地之美而达万物之理"，似乎美比"理"还低一个层次。"美则美矣，而未大也"（《天道》），美比"大"也低一个层次。如果"理"与"大"能指称道，美也只是一个附属的位置，与道在逻辑上不可等同。

例如徐复观在做这种道是美的本质等同的推理时，在逻辑上就显得不严密。《天下》言："天下大乱，贤圣不明，道德不一，天下多得一察焉以自好。……不该不遍，一曲之士也。判天地之美，析万物之理，察古人之全，寡能备于天地之美，称神明之容。……后世之学者，不幸不见天地之纯，古人之大体，道术将为天下裂。"徐说，"美"与"理"、"全"、"纯"，"都是对道术本身的陈述"，于是断定"庄子认为道是'美'的，天地是'美'的"。确实，在庄子，道体是完美的，但是美与理、全、纯一样，都是附属于道或天地的，并不具有独立的地位，或者说它们只是道的众多质素与品格中的几种，道在逻辑分位上处于本位、上位。徐氏又根据"圣人者，原天地之美"、"天地有大美而不言"、"德将为汝美"（《知北游》），进一步断言"道是美，天地是美，德也是美"。[①] 原本"天地有美"等，是表明天地具有一种"完美/整全（美、理、全、纯）"特性或品格，[②] 是事实判断，说"天地是美的"，是价值判断，在徐氏更变成本质命题"天地（本体）是美（本质）"，其间是不可混同、无法推理的。而且，《天下》处的"美"，成疏为"两仪淳和之美"，杨柳桥译为"善美"[③]，其他多作"完美"；《知北游》处的"美"，成疏为"二仪覆载，其功最美"，陆西星解作"大美犹言大功"（《南华真经副墨》），曹

① 徐复观：《中国艺术精神》，广西师范大学出版社 2007 年版，第 43—44 页。郑开说："他们（老庄）所称的'美'，与我们所说的'美'迥然不同，仅仅是'物'的属性而已。"他还举例说："庄子所称的'天地之美'，也不过是对天地之形的描述，尚非对无形之道的描述。"（郑开：《道家形而上学研究》，宗教文化出版社 2003 年版，第 262 页）如果是这样，那么徐复观认为美是"对道术本身的陈述"就理解有误。

② 徐氏在第二处省略的是："是故内圣外王之道，暗而不明，郁而不发，天下之人各为其所欲焉以自为方。悲夫，百家往而不反，必不合矣！"这段主要说"道术"的整全被分裂。

③ 杨柳桥：《庄子译诂》，上海古籍出版社 1991 年版，第 698 页。

础基注为"好处、功德",① 杨柳桥亦作"美德",② 其他多解为其美自显而不言（重在"不言"之品性、功德）；可见，这些美多有美德之义（以美德为美，这并非美学意义上的美），这又混淆了审美价值与道德价值。

美虽然可以以道作为本体，但美并不能直接等同于道本身，也不能直接以道的本质来淹没美的本质。存在主义美学家 N. 哈特曼曾指出："如果不把美严格地理解为具有充分美学价值的东西，而暗中划归其他类别（伦理学、形而上学）的理想性，那么，确实也就只能这么想了（按：把美说成是理念本身的附属物）。'美'在严格的意义上根本就不是理念本身，而是——用黑格尔的话来说——'理念的感性显现'。"③ 可见，美以某种方式与道相联系，但并不直接同于道，正如真与善也是如此，如果把美等同于道之理念，美就无以与真、善相分别。庄子的思想中实际上已经暗示了这一规定，就是他指出的"万物殊理"。

道生万物，万物虽同来源于道，有道作为本性之一面，但万物亦各有"殊理"、"仪则"的一面。《天地》篇："留动而生物，物成生理，谓之形；形体保神，各有仪则，谓之性。""性"是人或物之不可更易之先天禀分，道生物后存于物者也，但既生之后，则各有轨则。此处"理"是样态、形式。与形式相通的则是规律，理（形式）即结构之规律。《则阳》曰："万物殊理，道不私，故无名。"成疏："夫群物不同，率性差异，或巢居穴处，走地飞空，而亭之毒之，咸能自济，物各得理，故无功也。"又："依乎天理"（《养生主》），"尔将可与大理矣"、"是所以语大义之方，论万物之理也"（《秋水》），等等。张岱年说，"理""谓是常则或规律"，"皆以分殊言"，"无'一而不二'之意"。④ 可见，万物虽皆禀有道之本性，然各得其理，具有新的规定性。若以此审之于美、真、善者，则宜以"道"加"殊理"论之，而与万物不同的是，美、真、善的"殊理"不是天生与俱的，而是人所赋予的，三者在重新获得各自的独特规定后，则各各明了，亦判然有别。而这正是后世的尤其是魏晋南北朝的

---

① 曹础基：《庄子浅注》，中华书局 2007 年版，第 256—257 页。

② 杨柳桥：《庄子译诂》，上海古籍出版社 1991 年版，第 430 页。"德将为汝美"之"美"，马叙伦作"容"。

③ N. 哈特曼：《体系中的伦理学与美学》，载刘小枫编《德语美学文选》，华东师范大学出版社 2006 年版，第 32 页。

④ 张岱年：《中国哲学大纲》，载《张岱年全集（第二卷）》，河北人民出版社 1996 年版，第 85—86 页。

哲学、美学在体悟庄子的哲学之后所做的创造性转化，庄子哲学本身也正充满了这种"后效于"美学的巨大潜在力量。

当然这并非要否定大美这一观念于美学的价值。从大美等道的层面的形上之美来看，它主要是指道的一种品格，道的特性是自然无为，所以大美实是一种自然无为的品格。对于人来说，可以通过修道而得道为德，它就可以成为德之内的一种精神或境界，可以说是一种自然无为的美的精神，也可以说是一种自然无为的美德精神，因为它是以德为统率的，我们可以把它称为道德精神意义上的美，这与庄子所否定的审美意义上的现实之美相区分。事实上，庄子思想或哲学"后效"于后世的就包含这种道德精神意义上的美，后世的人们不但没有跟从庄子否弃艺术和美，反而将庄子这种道德精神意义上的形上之美拉入（结合进）现实之美，这既让形上之美有了归依，同时也提高了现实之美的境界，也可以说是实现了形上之美与现实之美的统一，这样就从庄子哲学（与老子哲学一起）创造性地转化出具有道家思想特色的广义上的道家美学。

由此，庄子大美无美的吊诡，使得庄子的美学非美学，一方面庄子哲学肯定了一种道德精神意义上的美学，另一方面它本身又并不成为审美意义上的美学。严格来说，所谓的庄子美学只不过是庄子哲学"后效"于美学的一种潜在性与必然性，是广义的道家美学之一部分。庄子哲学本身才是庄子的，而庄子的后效美学则属于庄子与后世美学家与文艺理论家所共有的；庄子的美学是后效美学。这一问题在后文还将进一步说明。

二　自然与自由

在庄子一书中并未出现"自由"一词。"自由"作为复合词大约出现于汉代，汉人郑玄注《礼记·少仪》中"请见不请退"一句曰"去止不敢自由"。① 这里自由意为自己做主、无所限制。"自由"作为现代意义的哲学思想概念来自西方，其含义也是极为博杂含混的，如有政治的自由、道德的自由、审美的自由、宗教的自由；如有精神的自由、行为的自由；如有认识论上的自由、本体论上的自由；如有理性主义自由、非理性主义自由；等等。自由观念传入中国，启蒙思想家纷纷挖掘本土的自由思想资

---

① （汉）郑玄注，（唐）孔颖达疏：《礼记正义》，龚抗云整理，王文锦审定，北京大学出版社 2000 年版，第 1193 页。

源，庄子之道的自然无为本性、逍遥游的状态就成为中国自由思想的启蒙入口。

在庄子美学的建构中也有很多前辈学者把自然无为之道阐释为自由，① 这样庄子以得道为目的就变成了以自由为目标，庄子追求的得道人生就是自由人生，而自由又在西方曾被目为是美的本质，所以庄子的人生是审美的人生或审美的生存，庄子的道就是艺术精神自由之道，庄子的思想也就可以被当作美学了。例如，徐复观说："庄子思想的出发点及其归宿点，是由老子想求得精神的安定，发展而为要求得到精神的自由解放，以建立精神自由的王国。……（庄子）要求得到自由解放……而此种得到自由解放的精神，在庄子本人说来，是'闻道'，是'体道'，是'与天为徒'，是'入于寥天一'；而用现代的语言表达出来，正是最高的艺术精神的体现，也只能是最高的艺术精神的体现。"② 可见，徐复观确是认为道的本质和艺术精神的本质就是"自由"即"自由解放"或"精神的自由解放"。又如，李泽厚、刘纲纪曾不无恰当地指出庄子的"自由"是"一种精神上的虚幻""有致命的弱点"，但仍然坚持说："以反对人的异化，追求个体的无限和自由为其核心的庄子哲学是同他的美学内在地、自然而然地联系在一起的。"③ 又如，叶朗曾明确地指出庄子"只不过在精神生活中，借助'心斋'、'坐忘'，获得一种虚假的自由"，但最终还是认为，庄子"在美学史上建立了关于审美心胸的理论"，"第一次接触到了美和美感的实质"。④ 这些洞见无疑振聋发聩，用心良苦。可见，庄子自然无为之道与自由或人生自由或审美自由有着某种密切联系，但它同时具有某种荒谬的深刻和深刻的荒谬。在学理上，庄子之自然无为只是半截子自由，舍去了另半截子，就走向了其反面，吊诡仍然存在，可以说庄子的自然无为无自由。

---

① 如徐复观："庄子是特别强调'自然'、'自己'、'自取'等观念以强调自由，则是无可疑的。《齐物论》对天籁的解释是'夫吹万不同，而使其自己也。咸其自取，怒者其谁耶'，'自己'即是'自取'，即是'自然'，即是'自由'。"（徐复观：《中国人性论史·先秦篇》，华东师范大学出版社 2005 年版，第 238 页）如李泽厚、刘纲纪："'道'所具有的这种自然无为的特征，从我们今天看来，不是别的，正是自由。"（李泽厚、刘纲纪：《中国美学史·先秦两汉编》，安徽文艺出版社 1999 年版，第 234 页）

② 徐复观：《中国艺术精神》，广西师范大学出版社 2007 年版，第 46 页。

③ 李泽厚、刘纲纪：《中国美学史·先秦两汉编》，安徽文艺出版社 1999 年版，第 228 页。

④ 叶朗：《现代美学体系》，北京大学出版社 1999 年版，第 106—122 页。

自由有不同的层面，我们这里从自由本身、人生自由、审美自由等角度加以分析，它们有共同的本质，但也有不同的表征。

（一）自由无优位

从先秦历史文化语境来看，从孔老时所应对的"周文疲弊"①、礼崩乐坏，到孟庄时，更是时变剧遽、社会动荡，对于春秋战国时的思想家来说，"老子和孔子所寻求的'道'不是别的，而只是谋求整顿世界秩序之'道'"②。"'秩序'是一个很中心的话题"，③一方面要寻求个人的安身立命之道，一方面要寻求理想社会的秩序依据。老庄一系道者所思索出的一套理想的修身治国的方案就落在那个最终根据的"道"上，而"道"无非是道家尤其是老子从人生出发，观察于宇宙自然现象，从中绅绎出的一个形上概念，并最终反过来以之为一形上根据，用以指导人生与社会。日月星辰、阴阳时序，生机运化的自然是那么的和谐圆满，正是道的无言显现，于是，天道自然无为地有序运行才是人道应仿效的根本形态，人生社会也应如"道"那样地自然无为，才能归宗返德，回本复初，扶养性命，匡正社会。因此，对于老庄道家来说，"自由"并不成为一个优先的问题。其实，我们只要想想，在经验的现象世界，最自然无为者莫过于大自然，如那些星辰、那些飞鸟、那些草木、那些土石，但它们并谈不上什么自由与不自由，庄子的理想人生也是回返那种"形若槁骸，心若死灰"（《知北游》）的自然无为的本然状态，这种本然状态被刘小枫称为"石头人"状态，与我们所理解的自由状态无疑是南辕北辙的，无怪乎荀子讥之曰"蔽于天而不知人"。

说道家并不以追求自由为祈向，倒不是要否认其对当时混乱的社会秩序和形式化的价值系统所做的锐意的批评与激进的疗法所具有的突破性贡献，也不妨碍我们理解其在历史上所具有的开创性价值。当人们在阅读庄子文本时，常常为那些生动活泼的形象所感染，常常为那些奇思异想所撞击，确实，那"乘云气，御飞龙，而游乎四海之外"（《逍遥游》）之云游神人，那"水击三千里，抟扶摇而上者九万里"（《逍遥游》）之逍遥大鹏，那"陆居则食草饮水，喜则交颈相靡，怒则分背相踶"（《马

---

① 牟宗三认为，诸子思想起源就应从"周文罢疲"或"周文疲弊"这儿讲起，后详。（牟宗三：《中国哲学十九讲》，上海古籍出版社 1997 年版，第 58 页）

② 胡适：《庄子的逻辑》，载胡道静编《十家论庄》，上海人民出版社 2008 年版，第 10 页。

③ 葛兆光：《中国思想史·第一卷》，复旦大学出版社 2009 年版，第 178 页。

蹄》）之本色骏马……"旧国旧都，望之畅然"（《则阳》）的郁郁深情，"送君者皆自崖而反，君自此远矣"（《山木》）的落落孤寂，"悲夫，百家往而不反，必不合矣"（《天下》）的深深喟叹……无不让人流连忘返，无不令人怦然心动，无不引人感之切切。也许，与其把庄子视作一个哲学或美学的思的文本，不如把它当作一个文学的诗的文本，让我们在其间徜徉浸染从而有会于心。

爱莲心说，庄子的语言技艺和文学手法"都在于使读者的分析的习惯性方式沉默，并同时加强读者的直觉的或总体性的心力功能"从而促成心灵的转化。① 爱莲心只说对了一半，分析的习惯只是西方的习惯，庄子与惠施"濠梁观鱼"时的对话，已经表明中国在分析之外早就有了与之相对的另一种"非分解"的思维方式，而且这种方式先前与后来都是一种主导。这样来看，庄子就并不怎么适合当今重"分解的尽理之精神"所进入的研究，那么，认为道是自然即是自由，道是艺术精神道是美，或与之相左，那都是凿混沌于死地。但是庄子的吊诡是，他确实又有玄思的一面，具体的讲法之中也必经过庄子式"分解"，而这又不可避免地一同进入了今日思辨的分析的研究视域，所以置混沌于死地而后生，又是研究者所必然遭遇的险境与迂回的策略，因此说道是艺术精神道是美，道是自然即是自由，又是应然的创造之举。然而，当我们进入这种玄思之地，庄子的吊诡，自然无为之道，确实不能成为今日所谓自由的镜像。即使今天可以将它创造性地解作自由，但庄子本身不是；即使他真的渴慕自由追求自由，但其理论却并不能指向或达到自由之境。荀子的忠告仍然值得我们玩索和回味。

（二）自由之本身

自由从其本身来看，与约束、限制相对，是从约束限制中解脱出来。人生在世，常常受到约束限制，感到不自由，这些束缚主要来自现实世界中对象及自身的不圆满，是多方面的，主要表现在三大领域：一是社会的约束，二是自然的约束，三是精神的约束。这种束缚与限制是辩证的，一方面，是这些社会的、自然的、精神的现实造成的约束的形态，另一方面，人也会表现出对这些限制形态的抗议或反约束。因此，要实现自由，

① ［美］爱莲心：《向往心灵转化的庄子》，周炽成译，江苏人民出版社 2004 年版，第2页。

就必须对不自由的约束状态予以否定，如伯林所言，"自由意味着摆脱社会或其制度的统治，摆脱某种过分的道德或物质力量所施加的作用，或者摆脱任何关闭行动的可能性的东西"①。不过，伯林的"摆脱"有消极意味。否定也是真实的存在，具有一种存在的力量。② 否定束缚或不自由，一是外在的，就是要否定现实世界的缺陷和不完满所造成的对人的各种束缚，一是内在的，就是否定自身造成的束缚。自由的否定并不是消极的，而是对约束的克服与扬弃，它是积极的，导向的是自由的理想状态。这种积极导向表现为自由的肯定性，自由在否定的同时也表现为肯定，肯定是趋向理想和圆满的存在力量。自由一方面要以现实的对象及自身实在性为前提，没有这前提，自由就无所依凭，一方面又以自身的理想作用于对象和自身以期理想的达成，没有这种理想，自由将无所皈依。因此，自由一方面在否定现实的不圆满，另一方面还有对理想状态的肯定。如果说否定性自由是在现实基础上对约束的解构，那么肯定性自由就是解构的同时所做的理想建设。没有这种建设性的肯定，对现实世界的否定就会变成单纯性的虚无或破坏，从而自由也无法确证对象和自身的存在本性，因为自由作为肯定，必然让对象和自身都趋向理想的存在状态。可见，否定性与肯定性表现为自由之一体二用。

就庄子的思想来说，他似乎有一种解脱的祈求。他看到了儒家式的仁义道德如"黥"、"劓"之刑，是精神的枷锁；他看到当时社会"殊死者相枕也，桁杨者相推也，刑戮者相望也"（《在宥》）的艰难处境，是人间的桎梏；他也看到"人生天地间，若白驹之过隙，忽然而已"（《知北游》）的界限，是自然的命定。他也想从这种种束缚中解脱出来，如何解脱呢？就是依"道"而行。老子说："人法地，地法天，天法道，道法自然。"（《老子》25 章）既然已经设定了"道"为人之先天本质，并非"存在先于本质"，那么本质先行，实际上已经构成了对自由的限制与约束，也谈不上什么否定与肯定，一切都已经决定了的，就不会是什么真正的自由。③

道法自然，道无非就是对自然的仿效，自然正是道的根本特性。把

---

① ［英］伯林：《自由论》，胡传胜译，译林出版社 2011 年版，第 333 页。
② 彭富春：《哲学美学导论》，人民出版社 2005 年版，第 111 页。
③ 参见陈本益《谈儒道佛三家思想的道德性——兼谈道家思想本身并不是美学》，《社会科学战线》2011 年第 1 期。

"自然"阐释为"自由",这是值得商榷的。作为形上的道,落实于现象世界,与人发生联系,有两重义蕴,一是"自然",一是"无为"。已如前述,这两方面是二而一的,前者侧重天地状态,后者是对前者的摹写,侧重于对人的规范。庄子说:"顺物自然而无容私焉。"(《应帝王》)"自然",成玄英疏为自然之本性。"自然"其实就是像大自然那种"天生如此"的本然状态或"自然本性"。刘笑敢说:"庄子所谓自然实含有必然之意。"① 因此很多解释将自然释为天然或自然规律。庄子认为这种自然的本然状态才是理想的存在状态,而社会文化的发展才是对人的存在的束缚。② 庄子的主张是"天而不人"(《列御寇》)、"与天为一"(《达生》),"忘己之人,是之谓入于天"(《天地》),就是要回到人的本然存在状态(天),让人性消融于自然性。他说:"至德之世,不尚贤,不使能,上如标枝,民如野鹿"(《天地》)。这就是让人回归自然本性,如动物一般,其实像野鹿在人看起来似乎自由,但在它自己是谈不上自由与不自由的。庄子固然看到人的自然本性一面,但人之为人,恰恰在于人与动物的告别与分离。按舍勒所指出的人与动物的分别,就在于人能够反抗不完满之现实,对其说"不"。③ 自由正是一方面要尊重自然本性即以自然为基础,但这种自然状态对于已经觉醒的人来说,并不是完美的理想,所以,自由另一方面要对自然中的缺陷与不完满予以否定从而肯定一种理想的存在状态。杨国荣说:"自然本身并不具有自由的属性,只有当人根据自己的目的和理想作用于自然,使之成为人化之物并获得为我的性质时,自然才进入自由的领域。"④ 自然与自由的统一,正有待于自由对自然的理想性建构。如果说自然本身就是自由,就将人的诸多理想、目的排除在存在领域之外,这就让自由完全淹没于自然之中,实际上等于取消了自由。

---

① 刘笑敢:《庄子哲学及其演变》,中国社会科学出版社 1988 年版,第 126 页。

② 钱穆:"在庄周思想中,乃不见人生界有兴教化与立法度之必要。"(钱穆:《庄老通辨》,生活·读书·新知三联书店 2005 年版,第 123 页)刘笑敢:"庄子的错误在于把人类与大自然的矛盾绝对化了,认为自然的一切都是合理的、不应改变的,认为人类的一切活动都是不合理的、都是对自然的破坏。这就取消了人类改造自然、谋求发展的可能性和必要性,是不利于人类社会进步的,因而庄子的天人关系理论是消极的。"(刘笑敢:《庄子哲学及其演变》,中国社会科学出版社 1988 年版,第 127 页)

③ [德] 舍勒:《人在宇宙中的地位》,李伯杰译,贵州人民出版社 2000 年版,第 41 页。

④ 杨国荣:《庄子的思想世界》,华东师范大学出版社 2009 年版,第 259 页。

"无为"作为一种存在的状态，它与自然是一致的。"夫虚静恬淡寂漠无为者，万物之本也。"（《天道》）无为也是万物的本然状态。无为作为一种存在的力量，它不能等同于自由的否定，否定是积极的，无为却是消极的。"《庄子》中对'无为'的论证在于说明，人应该顺任自然而无有作为。"① 无为是不要人为地改变自然，要"顺物自然"（《应帝王》），实际上是一种消极逃避。"无为而尊者，天道也；有为而累者，人道也。"（《在宥》）庄子看到"人道"是"有为"的，却要求放弃"有为"去仿效"天道"的"无为"，他说，"是故圣人无为，大圣不作，观于天地之谓也"（《知北游》）。这就是要任顺自然，既不去否定也不去创造，让"自由"消解在"自然"里。《骈拇》曰："彼正（至）正者，不失其性命之情。故合者不为骈，而枝者不为跂；长者不为有余，短者不为不足。是故凫胫虽短，续之则忧；鹤胫虽长，断之则悲。故性长非所断，性短非所续，无所去忧也。"骈拇枝指、凫胫鹤胫，都是天生本然。对于凫胫鹤胫，保持其自然性，有尊重自然而不妄为的合理的一面。但对于骈拇枝指，与正常情况相比应该算是缺陷了，因是天生如此，亦不能"决之"，否则就有失自然，没有什么对不完满的否定，更谈不上理想的创造，这就不是什么自由。徐克谦说："'道'其实恰恰是在'为'中诞生的。认为行走要沿着路，固然不错；但同时不可忘记的是，路其实恰恰是人走出来的。人在行走中开辟'道'，这正是人的'自由'本质的体现。"② 这正是对无为的有力否定，"为"才是自由的确证，自由的否定与肯定意义都是"为"的表现。无为最终必然导致一种逃避主义的宿命。《养生主》说："适来，夫子时也，适去，夫子顺也，安时而处顺，哀乐不能入也。"《人间世》说："知其不可奈何而安之若命，德之至也。"《秋水》说："无以人灭天，无以故灭命。"安时处顺、安之若命、无以人灭天，看不到任何存在力量的展示，听命于自然的"拨弄"，还有什么自由可言呢？

葛兆光指出："他（庄子）时时以'天'的自在境界来论证'人'的存在状态，而反对人为的道德和伦理原则对这种状态的损伤。"③ 人为，虽然成就了"人性"，但断送了自然的"天性"。但是反向地说，没有人为也就没有人性，人之不在，自由安附？无为作为自由力量的否定，最终

① 崔大华：《庄学研究》，人民出版社 1992 年版，第 238 页。
② 徐克谦：《庄子哲学新探——道·言·自由与美》，中华书局 2005 年版，第 165 页。
③ 葛兆光：《中国思想史·第一卷》，复旦大学出版社 2009 年版，第 185 页。

也必然是取消自由的存在。

（三）自由之人生

从其主体来看，自由始终是相关于人的存在，自由就是人的自由。人作为存在，有其二重性，一是人的自然层面，一是价值理想追求层面。在自然层面人与自然对象一样，也有其自然层面的自身规定性，同样受到自然领域的因果律约束，这种因果律表现为必然性，因此，在这个层面并不涉及是否自由的问题。当然这并不是说人作为自由主体就可以摆脱因果律的环节，人的自由并不是要违背这种必然性，而恰恰是以肯认与尊重这种自然规定性为其前提或基础。以肯认因果必然性为基础，就要通过认知能力寻求对自然必然性的认识。西方的一些思想家就曾认为"自由是对必然的认识"。① 真正的自由当然不可能只是认识必然，它还要求扬弃或超越必然，如果只是囿于对象因果的或必然的限制，就可能导致宿命论的结果。但是，认识必然能够给自由的到来创造准备条件，人类正因为不断广泛、深入地认识必然，其自由的领域才不断得以扩大，自由的程度才不断得以提高。试想，如果没有对必然的认识（包括自然科学的认识），人的自由会少得多么可怜，甚至可以说不会有人的自由，有的只能是自然物那样的必然。庄子倒是很看重这种自然之域，他就是要求人也回到那种"同与禽兽居，族与万物并"（《马蹄》）自然的存在状态，一味地任顺自然，那就不是追求人的自由，而是追求一种必然，只不过庄子把那种必然状态想象成逍遥自在的状态，而事物的必然状态其实不可能是逍遥自在的。而且，庄子所谓的与天为一的逍遥也不是基于对必然的认识，庄子达到这一境界的方法途径避免不了否定知识的嫌疑，"离形去知"（《大宗师》），除去思虑、知识，有如一个"石头人"，才能"同于大通"，若有执于知识领域包括对象的知识，贫富、贵贱、荣辱、夭寿等有事于心，就没有逍遥。如侯外庐所言："我们知道'自由是必然的把握'，庄子的思想却与此相反，他认为必然是不能把握的，不但如此，人们只有放弃对自然的把握，才得到所谓道德的全自由。然而这在本质上却是自由

① 如斯宾诺莎就提出过"自由是对必然的认识"的著名论题。他的学说是建立在人性基础上的。他说的服从必然性既有外在的自然必然性，也有内在的自然本性，认识自然主要指后者。（参见赵敦华《西方哲学简史》，北京大学出版社2001年版，第200页）培根、洛克、谢林、黑格尔等都着重从自由与必然的关系来探讨人的自由。

的否定。"①

　　更重要的是，人同时又是有目的、有意志的存在，有价值理想的追求，人的自由存在于目的性活动之中，"自由不在于幻想中摆脱自然规律，而在于认识这些规律，从而能够有计划地使自然规律为一定的目的服务"②。与自然领域的存在不同，人能够根据现实的可能性，根据自身的需要与愿望，设计出理想的价值目的，自主地选择与目的相应的行为，并能运用意志的自律能力来维护目的的追求与实现。人的这种目的性与自律性，表明人并非于外在自然必然性与自身内在自发性的双重支配下毫无作为，从而仅仅是一个被自然因果律所限定的对象。因此，从这种意义上讲，自由就是在认识必然的基础上的自主选择与创造，自由是主动的、个性化的。存在主义者萨特就认为自由先于人的本质，人的本质出于人的自由创造。人在创造自身、设计人生时，决定论是没有的，人的认识和行动纯粹靠主观性意愿来决断，自由就是选择行为本身，人就是自由选择的存在。萨特甚至还认为人的自由选择是在孤独性中进行的，自由是排他的，人愈孤立、愈有个性，愈摆脱社会与他人，就愈自由。③ 萨特的自由理论尽管将自由推向了绝对主义与极端主观主义的境地，但是他对自由选择的能动性与个体性的突出强调无疑揭示了它对于人的自由的重要性。庄子似乎也有人生的目的或意愿，也讲选择，但是他的选择是"同于大通"即回归道，④ 这就是将现实的个体性的人归于一种先验的既定意志的绝对的普遍之中，既不是向人的目的性领域发展，又妄图取消人的个性发展，这就谈不上真正的自由。如果说庄子所追求的那种自然无为也是一种自由，那么它就只能是一种绝对的和趋同的自由，同时也只能是一种被动的自由。这种自由，对于上述那种主动的和个性化的自由来说，却是一种束缚和否定，仿照庄子正言若反的说法，是"绝对自由无自由"。他将百家诸子斥为一曲之士，认为"天下多得一察焉以自好"（《天下》），不尊重自主选择，甚至要"钳杨、墨之口"（《胠箧》），更欲以其"道"一统

---

　　① 侯外庐：《庄子的主观唯心主义》，载胡道静编《十家论庄》，上海人民出版社 2008 年版，第 124 页。

　　② 恩格斯：《反杜林论》，载《马克思主义经典著作选读》，人民出版社 1999 年版，第 203 页。

　　③ 刘放桐：《新编现代西方哲学》，人民出版社 2000 年版，第 374—377 页。

　　④ 徐克谦："限制有时未必不是必须的和合理的。但是我们不能把限制自由的主张也叫做自由主张，否则就会导致逻辑上的混乱。" 所说甚是。（徐克谦：《庄子哲学新探——道·言·自由与美》，中华书局 2005 年版，第 159 页）

天下，就是一个明证。庄子得道的境界是与物"齐一"的境界，这就要求修道者"心斋"、"坐忘"，忘却功名利禄，忘却荣辱成毁，忘却是非善恶，忘却古今死生，最终是个体的"物化"、"丧我"，[①] 自我个性消解了，主体性消解了，虽然与道同一了，但这种逍遥还是人的自由吗?[②]《齐物论》曰： "圣人不从事于务，不就利，不违害，不喜求，不缘道。"[③] 圣人自然无为，弃绝个体目的，为了不损害道就不要为实现某种个体价值而主动行动，表现出明显的对个体目的性活动的漠视。[④] 如果说自由的效果是个体目的理想的达到，人最终从社会、自然、精神的束缚下解放出来从而自由地存在，而庄子的修道的结果是：人在社会的束缚下丧失主体之我，在自然的束缚下化为自然之物，在精神的束缚下则无所作为，这明显表现出对人生自由的逆反。[⑤]

在诸子之中，庄子确实更多地表现出对个体的生命和精神的关注，如李泽厚所言，庄子的独特性"在于他第一次突出了个体存在"[⑥]，追求一种理想人格。庄子对表现理想人格的至人、圣人、真人有着美妙的描述，但是，如果透过这些美好形象而探究其实，庄子的主张并不能达到对个体生命价值的真正弘扬。庄子关于道的人生论证，是要求以人道来仿效天道，也就是通过"心斋"、"坐忘"等修养工夫而达到与道为一的境界（由此实现个体的全生葆真、内圣外王），其结果是个体的"物化"、"丧我"[⑦]。这是让人回归到自然本性，因此就不可能具有真正的自我个性。

----

① 有人认为，"吾丧我"虽然"丧我"，但"吾"仍然是存在的。这就没有看到"吾"还是要同于"道"的，道也不过是一种先验的既定意志。如果只是依这种普遍的自然天道而行同样会造成一种对自由的限定。庄子循道而行按其逻辑导致的是逍遥，"逍遥，无为也"（《天运》），但并非自由。

② 陈先达、杨耕："人的自由不是消极的纯主观的自由，不是那种'神与物游'的逍遥游的主观境界。"（陈先达、杨耕：《马克思主义哲学原理》，中国人民大学出版社 2004 年版，第292 页）

③ 缘：捐也。捐，弃也。《大宗师》："不以心捐道。"

④ 杨国荣："从个体的行为方式看，'无为'则表现为随人而应、不显己意。"（杨国荣：《庄子的思想世界》，华东师范大学出版社 2009 年版，第 257 页）

⑤ 我们并非说庄子没有理想，而只能说他的理想确实太超越了，以致忘却了人作为存在的本身；我们并非说庄子不要选择，而只能说他的选择实在太玄虚了，以致迷失了人作为自由的方向。

⑥ 李泽厚：《中国思想史论·上》，安徽文艺出版社 1999 年版，第 185 页。

⑦ 儒家和道家的"天人合一"性质的"无我"（庄子称"丧我"、"无己"、"忘己"）与审美观照中的"无我"并不相同：前者是一种世界观和人生观，后者只是审美当下暂时的"非个人化"。

从这个角度言，"道家不是'反对人的异化'，而反倒是对人的一种异化，即让人丧失人的特性而回归自然的物性"①。尽管《骈拇》篇指责儒家"以仁义易其性"、"以物易其性"，但是我们并不能因此就简单地认定儒家在使人异化而庄子则在反异化，因为儒家所主张的人性未必就完全不是人的本性，而庄子所主张的人性未必就是人的本性。儒家与道家的对立，是两种道德思想和处世态度的对立（同时也是互补），而不是自由与不自由、异化与反异化的对立。就自由而言，儒道两家都不追求自由，因为两家的根基都是外在于人的既定的"道"，而不是人的自由意志。就异化而言，儒道两家都表现出一定程度的异化，因为儒道两家都不提倡个体的人格独立和人性的全面发展。

（四）审美之自由

其实，如我们前面所述庄子的自然无为、人生逍遥不可能是人生自由一样，所谓庄子的精神自由也就不可能是审美意义上的自由。如果承认有审美的自由②，那么与之相对的就是非审美的自由，也就是说，审美的自由只是人生自由的一种特殊形式，或者说它是人生自由的表现形式之一，是在审美的活动中所体验到的自由感受，因而是一种自由感而并非人生自由之本身与全部。

根据通常的区分，人作为自由存在的主体，其心理机能主要有知、情、意三大方面，从而人生的基本追求与价值包蕴真、善、美，这些被认为是彰显人作为万物之灵所特有的存在意义与价值取向的属人价值，真正的全面的人生自由就应包括这知性之维、情感之维与意志之维的整合与统一；如果仅彰显某一维度则可能导致片面的存在。真、善、美，一般认为是不同的，如亚里士多德将人的理性区分为理论理性、实践理性和创造理性，与之相应的对象为真、善、美；有的认为是同一的，如古希腊的柏拉图就用一个最高的存在即理式来统摄三者，但既然寻求一个统一者，就意味着它们之间不是绝对同一的或者说还是有差异的；所以一般认为真、善、美之间既有联系又有差异，如果说它们在本质上有

---

① 陈本益：《谈儒道佛三家思想的道德性——兼谈道家思想本身并不是美学》，《社会科学战线》2011 年第 1 期。

② 自由与美是否必然地联系受到一些学者的质疑。如封孝伦先生通过对西方自由概念的系统梳理，认为："美与自由没有必然联系。" 参见封孝伦《美与"自由"关系的反思》，《贵州师范大学学报》（社会科学版）1998 年第 4 期。

某种共性则必定又有各自的个性。因此，审美的自由必然与其他的人生自由有所区别。

从主体的心理机能或状态来看，如果说自由是主体的诸心理机能处于协和一致的状态从而有心灵解放的感觉，那么真、善、美则是分别在各自价值领域的追求中，在或求真或求善或求美中，体验到诸心理机能的协和一致状态。真，包括世界和自身的自然真理，求真的自由，严格地看，它尚是人生自由的前提或基础。善，涉及人的需要与价值评价，求善的自由，是人生自由的实践，目的意志的满足。然而，人作为自由的悖谬就是人在现实中大多数时候恰恰是不自由的，即主体诸心理机能不可能处于那种协和一致的状态：主体必须或者突出理智的认知（求真），或者突出意志的实践（求善），或者突出非理性的信仰（求宗教的至善）。甚或人生如果仅仅是在某一领域中获得单一的自由，那种自由也仍是片面的、短暂的、有限的，从而也就没有达到真正的自由。所以，审美的自由才有现实的需要，以揭示或确证人生自由的本质。黑格尔认为，"美本身却是无限的、自由的"[1]，因此艺术与审美能解脱有限事物的束缚，上升到绝对境界，成为认识真理、追求自由的一种形式。他在谈艺术作为人的普遍而绝对的需要时指出："自然界事物只是直接的、一次的，而人作为心灵却复现他自己，因为他首先作为自然物而存在，其次他还为自己而存在，观照自己，认识自己，思考自己，只有通过这种自为的存在，人才是心灵。"[2]艺术与审美正是人作为自由心灵（理性）的一种确证与表现。从这个角度来看，美，就是自由的外在感性显现，审美的自由，就成了人生自由的象征。真、善、美，分属自然的领域、应然的领域和显相的领域，它们的整合与统一才构成了现实主体的自由价值的完整领域。

如果说审美的自由是人生自由的表现或象征，那么它应该具有与人生自由相同的本质，但既然是其象征，那么它又因与人生自由所处层次不同而具有自身独特的表征。审美自由与人生自由的共性，就在于它与人生自由一样，也有知性认识的基础和意志目的的实现，就是说，审美活动中同样也有某种对自然必然性的认识（对自身或对象的知识）作为前提，同样也表现出通过个体主观选择从而使对象有一种对审美主体的目的的切

---

[1] ［德］黑格尔：《美学：第一卷》，朱光潜译，商务印书馆1996年版，第143页。

[2] 同上书，第38—39页。

合，同样也有人的情感相伴随（更准确地说，审美中情感有其独立自足性）。所不同的是，在一般的人生自由中，其知性认识是确定概念的，其意志目的是具体的；而在审美的自由中，其知性认识却是不确定概念的，其意志目的却是抽象的，例如康德的著名命题"美是德性—善的象征"①，其中德性这种意志目的就是抽象的、普遍的。知性概念从确定到不确定，意志目的从具体到抽象，主体就摆脱了知性概念的思维束缚，也摆脱了目的意欲的功利束缚，从而表现为心理的一种解放，所以审美的自由又有心理解放的感觉。而庄子的自然无为的状态如"离形去知"、"绝圣去智"、"心斋""坐忘"、"不遣是非"、"无己""丧我"等心理状态却对知性认识和意志目的本身以及心理情感加以排斥与否定，所以不可能具有审美的自由。——不过，后世通过转化庄子思想（包括其道德精神意义上的美学思想）而产生的道家美学，却是追求审美自由的，因为它已经是审美意义上的美学了，具有自由的一般共性。

审美活动并不占据人生时间的较多份额，这是生活世界的现实，非审美状态更是人生的常态，这并不是个简单的人生态度问题就可解决的。马克思说，忧心忡忡的穷人对最美的景色也没有什么感觉，因为他根本没有什么心境去审美；即使不是忧心如焚的穷人，他也得在现实中应付处理各种生活的、认识的、功利的、信仰的事务。现实生活中，人的情感大多数时候都伴随着求真、求善、求至善这三种活动（特别是后两种活动），情感独立自足地进行审美（求美）的时候一般是短暂的、脆弱的，因此审美的自由，即主体的诸心理机能不自觉地处于协和一致的高峰体验状态，一般也是短暂的、脆弱的。从根本上说，审美及其自由性需要深广的文化知识（包括科学知识）、丰富的物质基础和高尚的道德情操去维护，去扩展、去提升。审美总是不能脱离一定社会历史条件下的审美，审美的深度无疑受到社会文化的发展总体程度包括个人修养程度的影响。叶朗说："对审美活动产生决定性影响的是社会文化环境，包括经济、政治、宗教、哲学、文化传统、风俗习惯等多方面的因素，其中经济的因素是最根本的、长远起作用的因素。"② 朱立元说："审美活动同其他价值活动一样，都必然要受到社会实践活动的深刻制约，并随着社会实践的发展而发

---

① ［德］康德：《判断力批判》，邓晓芒译，杨祖陶校，人民出版社 2002 年版，第 200 页。
② 叶朗：《美在意象》，北京大学出版社 2010 年版，第 175 页。

展。"① 这表明审美实际上"有待"于社会文化（含个人文化）的发展，而要求美与真、善在现实人生中达到高度的统一，那就更有待于社会文化的高度发展，个人的自由全面发展实有待于自由王国的到来，马克思在这方面的论述更是国人皆知。

这些，却是与庄子思想背道而驰的。庄子的理想社会是回到原始的、朴素的自然状态的"至德之世"，崔大华归纳了这种社会的特色，"第一，物质生活的原始"，"第二，精神状态的蒙昧"，"第三，所处时代的古远"。② 尽管庄子把那种社会描述得很美好，但是它的反文化的色彩是很鲜明的，相当于回到人类历史文化之初始阶段，在那种人类精神或文化的蒙昧时期，审美恐怕尚未成为人们的一种自觉行为（艺术的真正自觉公认为始自魏晋时期），也就谈不上什么审美的自由了；个人处于一种本然状态，更不要说发展出自由的或审美的人生了。张世英将人生之初那种原始的天人合一状态称为"无我之境"，而在"无我之境"是无自觉也无自由意识可言的。③ 庄子的那种至德之世实在是并无自由意识可言的原始阶段。

（五）逍遥与自由

庄子自然之道与自由的关系还可以从其他角度去探讨，如自由作为价值等，事实上，有一些学者已从不同视域出发探究过这一问题，④ 这里因篇幅问题就不再展开。

一般认为，庄子的自由精神集中体现于他的"逍遥游"。其实，《逍遥游》篇的主旨不在于宣扬自由精神，而在于提倡自然无为，即篇中所

---

① 朱立元：《美学》，高等教育出版社 2001 年版，第 90 页。
② 崔大华：《庄学研究》，人民出版社 1992 年版，第 250—251 页。
③ 张世英：《哲学导论》，北京大学出版社 2002 年版，第 132 页。
④ 如谢扬举先生通过对"逍遥"与西方的"自由"的比较分析，揭示了二者间的差异，指出"逍遥地生活的本质在于最大限度地认同自然，也可以说在于自然化精神……按照逍遥的哲学，我们人类根本的精神不在于社会，而在于自然之中，存在于无限的整体的宇宙之中"！（谢扬举：《逍遥与自由——以西方概念阐释中国哲学的个案分析》，《哲学研究》2004 年第 2 期，第34—40 页）如沈顺福先生认为"自由是意志的属性"，他梳理了自由的四个要素即"主体的自我意识、主体对客观现实的必然的遵循、妨碍的摆脱，以及通过现实的权利才能够得到实现"，发现庄子的自然人性是无内涵的、形式化的人性，最后得出结论："庄子的自然仅仅是人性自然，和自由无关。那些称庄子思想代表了自由精神的观点，是站不住脚的。"（沈顺福：《试论自然与自由之异同》，《文史哲》2010 年第 2 期，第 32—39 页。）还有一些学者在其专著或论文中涉及自然无为之道与自由的关系问题，恕不一一列举。

谓的"无己"、"无功"、"无名"。①《天运》曰："逍遥，无为也。"逍遥即无为，出自庄子文本，这无疑更可信。无为即自然，"游"则是以"自然无为"来应世游世，结果就会"无不为"，"逍遥游"以明"无为而无不为"之道理也，亦即效道之自然无为而行也，"逍遥游"为得道者自然无为之样貌的形象化表达，是一种顺任自然、无所事事的闲处闲游状态。《列御寇》篇就说出了这种意思："巧者劳而知者忧，无能者无所求，饱食而敖游，汎（泛）若不系之舟，虚而敖游者也。"无能者即无为者即体道者，虚则虚无宁静，并无任何个体意愿、意向，顺乎自然，安于所安，则无劳无忧，就会逍遥游。抛弃了目的性追求的"无事闲游"，就是逍遥游的特征；"逍遥乎无为之业"（《大宗师》），"逍遥乎无事之业"（《达生》），同样表明逍遥游实即仿效道之无为而游。

该篇的主旨公认地落在"若夫乘天地之正，而御六气之辨，以游无穷者，彼且恶乎待哉！故曰至人无己，神人无功，圣人无名"一句，"乘天地之正，而御六气之辨"，指顺应自然本性，"游无穷者"，即游心于道也，"游神无极之先，则彼且恶乎待哉？"②"至人无己，神人无功，圣人无名"，成疏："一人之上，其有此三"，"其实一也"。今之互文法也，皆指体见至道者也。无己、无功、无名，方潜曰："状大体大用也。无己故无体，无功无名故无用；是为大体大用。"③ 大体当是无为，大用当是无不为，既明体又明用，既明"三无"之工夫又明"三无"之境界，能无为则无不为。"逍遥游"不过是这"三无"的一种表现方式。换言之，"逍遥游"也就是体道、得道的一种表现方式，道即自然无为，所以"逍遥游"的主旨是自然无为，它所指的是无所事事的闲游状态。已如前述，自然无为和闲处闲游（因自然无为而闲处闲游）并不等同于自由，两者不独不等同，其旨趣甚至相反，因为它顺乎自性而缺少自由的目的性价值追求。

张松辉曾撰文探讨过此问题。"逍遥"一词从词源上来说都从"辵"，本义是行走，无情感色彩。在郭象之前，人们一般在"散步"义上使用

---

① 郭象注"逍遥游"时指出："自然耳，不为也。此逍遥之大意。"[（清）郭庆藩：《庄子集释》，王孝鱼点校，中华书局 2004 年版，第 10 页]

② 刘辰翁、罗勉道、陆长庚皆作此解，所引为陆文（《南华真经副墨》）。参见崔大华《庄子歧解》，中州古籍出版社 1988 年版，第 21 页。

③ 钱穆：《庄子纂笺》，生活·读书·新知三联书店 2010 年版，第 3 页。

逍遥一词，义如无所事事地走一走，并无自由自在之意。在《庄子》书中有六处用"逍遥"①，主要是"无事"、"无为"之义，并无"绝对自由"之意。从全文看，写大鹏与小鸟不过以喻俗人与圣人的差距，并非讨论自由与否的问题。圣人无己、无功、无名，才能达无为境界。该篇"三无"后面的寓言也都是点明"无为"的主题。可见《逍遥游》的主旨是"无为"而不是自由。②

这个问题我们还可以从反面来看，如果认为逍遥是自由，势必造成理解上的矛盾。如郭象认为大鹏与小鸟都是"各任其性，苟当其分，逍遥一也"，同样都自由，但大鹏小鸟都"有待"，必然受支道林式批驳，鹏"失适于体外"而鸟"有矜伐于心内"，故大鹏小鸟都不自由，③ 而从情感色彩上来说，庄子明显是褒大鹏而斥小鸟的，于是又或认为大鹏自由而小鸟不自由，但这并不切合庄子以道观之或齐同万物的思想，或如徐复观那样推论出大鹏小鸟是"相对自由"（那么二者就没分别，也不合庄子的情感倾向），而庄子所祈向的是真人式的"绝对自由"，④ 但这种"无待"的与道冥同的绝对自由，缺少内容上的明确规定性，最终趋向的是"无"或"混沌"，要么成为一种自由的"任顺"，要么成为精神上的幻想，最终势必造成对自由本身的解构。《天下》篇中曾批评慎到说，"慎到之道，非生人之行，而至死人之理"，从自由这个角度来看，这话在一定程度上也适合庄子自身，他并没有比慎到走得更远。

（六）徐复观论道是艺术精神自由的失当性

我们已探讨了庄子思想并不以自由为主要祈向，也并不包含真正的自由思想，庄子自然无为之道，虽然重视了人之天然本性的一面，但是极大地忽视了人作为目的本身的一面，所以，庄子之自然无为无自由。庄子只不过追求人生自然无为的心性修养状态，因此徐复观说庄子"要求得到自由解放"、"自然"即是"自由"等命题就并不具有可信性。徐复观又认为庄子的自由精神"不可能求之于现世"，而"只能""在自己的精神

① 除《逍遥游》篇名外，还有："彷徨乎无为其侧，逍遥乎寝卧其下。"（《逍遥游》）"芒然彷徨乎尘垢之外，逍遥乎无为之业。"（《大宗师》）"古之至人，假道于仁，托宿于义，以游逍遥之虚，食于苟简之田，立于不贷之圃。逍遥，无为也；苟简，易养也；不贷，无出也。"（《天运》）"芒然彷徨乎尘垢之外，逍遥乎无事之业，是谓为而不恃，长而不宰。"（《达生》）

② 张松辉：《庄子研究》，人民出版社 2009 年版，第 225—235 页。

③ （清）郭庆藩：《庄子集释》，王孝鱼点校，中华书局 2004 年版，第 1 页。

④ 徐复观：《中国人性论史·先秦篇》，华东师范大学出版社 2005 年版，第 238 页。

中求得自由解放"，也就是说，徐氏认为庄子的自由精神只能体现为一种
精神自由，而这种精神自由"正是""也只能是最高的艺术精神"①，即
艺术精神自由或审美自由。徐复观又说："庄子所追求的道，与一个艺术
家所呈现出的最高艺术精神，在本质上是完全相同的。"② 也就是说，自
然之道＝（精神）自由＝最高艺术精神（本质）＝艺术精神自由（审美自
由）。可见，在徐复观的理解中，实以"自由"来贯穿自然之道、人生、
艺术和审美，这也就是他以道来言艺术精神的原因，严格来说，这几个层
面即使本质上相同但特征上还是有差异的，不宜一概而论。我们在前面已
有说明，这里就徐复观所论道是艺术精神自由再做点补充。

　　把庄子的逍遥或所谓的自由仅仅理解成是精神层面的，必然导致自由
的反面，对庄子思想的理解也就存在不通之处。前述已经表明，庄子的主
张并不能成为自由的思想，自然无为不是自由，它对于人的自由反而是一
种束缚，这其中就包含着社会的、自然的和精神的层面，也就是说它也不
能成为精神上的自由。假使说，庄子的自然逍遥是自由，它也不可能仅仅
是精神层面的解放，因为庄子追求的是与道同一，就其思想设计讲，他是
要全盘解决人生的实际问题，而不是仅仅解决精神的问题。庄子的逍遥也
许确实不能求之于现世，但不能因此而否认其实践方面。思想主张是一回
事，能不能实现是另一回事，而且从庄子的叙述来看，他是在一定程度上
付之于实践的。张世英说的"道家既'知'道亦'行'道"③，就是一个
好的说明。庄子要解决的人生实际问题可概括为"内圣外王"④，内圣方
面有修身、养性等，外王方面有应世、应帝王等。内圣方面主要是精神性
的问题，但也包含身体方面的实践的养生、全生，如《养生主》："为善
无近名，为恶无近刑，缘督以为经，可以保身，可以全生，可以养亲，可
以尽年。""庖丁解牛"就是用以比喻养生之法。外王则主要是实践性的
问题，一方面是"虚己以游世"（《山木》），一方面是无为而治。游世
上，以一种"不谴是非，以与世俗处"（《天下》）的态度与世周旋，以
随顺世俗价值的方式来求得现世的身体解脱。政治上，则提出无为之君与

---

①　徐复观：《中国艺术精神》，广西师范大学出版社 2007 年版，第 46 页。
②　同上书，第 42 页。
③　张世英：《哲学导论》，北京大学出版社 2002 年版，第 301 页。
④　梁启超："'内圣外王之道'一语，包举中国学术之全部，其旨归在于内足以资修养而
外足以经世。"（陈鼓应：《庄子今注今译》，中华书局 2009 年版，第 914 页）

建德之国的理想。也有付诸行动的表现，如庄子曾经做过漆园吏，拒楚王之聘。无为而治的思想是为解决社会政治问题而设的，不过较独特，是无为而无不为，难为帝王所采纳。

也可以换个角度来看，如果只能求得精神上的自由，还缺少外在的解脱，那也不可能是真正的自由，从而也没有现实意义。① 相反，精神如果真的自由了，能不付诸行动吗？或者说，能没有外在的表现吗？如果可能的话，那就会导致一种身心的紧张，从而也不能获得真正解放。庄子似乎没有身心分裂。道家"知"道"行"道，有独立遗世、保持精神的方面，但总的并不弃世；无为逍遥作为一种人生态度在庄子是人生全方位的，是以处世应世为旨归的，而不是以追求精神自由为鹄的，如果说是追求自由，那也是道的层面的绝对自由，涵盖人生各方面，而非仅仅是精神的，事实上不存在这样的绝对自由。② 说庄子的逍遥是精神的自由，有可能将其思想简单化了，尽管庄子思想确实主要体现在精神层面。

审美自由或艺术精神自由倒确实是一种精神上的自由，但是反过来，精神自由是不是就"只能是"审美的自由呢？也即说，（假若）无为逍遥是精神自由，那么它就只能是审美自由，这在逻辑上似乎难以推论。杨径青在分析"体验'道'的人由于自然无为、逍遥无拘，因此在'道'中实现了个体的最大的自由，并因此而获得最高的美"这一观点时说："这个观点暗示，人只有在审美的境界才能获得最大的自由，这就否定了人类还有其它的能解放其精神的境界。于是出现了这样一个推理：美可以使人的精神获得自由；而庄子哲学的目的是在最大限度上使人的精神获得自

---

① 邓联合先生将庄子的"逍遥游"与伯林的"退居内在城堡"相比较分析，认为，从伯林的自由观来看的话，"逍遥游"这种人生精神与真正的自由简直是背道而驰。当然这并非否认庄子作为本土"自由"资源的价值，而是如何运用的问题。（邓联合：《"逍遥游"与自由》，《中国哲学史》2009 年第 2 期）

② 庄子自然无为的人生精神，似乎与伯林否定的"退居内在城堡"式的精神自由旨趣略有所不同，当然二者总的讲都是非自由的。"退居内在城堡"："我希望成为我自己的疆域的主人"，"退回到我的内在城堡——我的理性、我的灵魂、我的'不朽'自我中，不管是外部自然的盲目的力量，还是人类的恶意，都无法靠近。"（［英］伯林：《自由论》，胡传胜译，译林出版社 2011 年版，第 183—184 页）庄子的逍遥，也有向内引退、断弃欲求、保持高尚等等的一面，但庄子自然无为，并不讲求真正自我个性（丧我、物化）；所谓的选择也不是自我的，而是与道同一；内在世界与外在世界也不形成对立，齐物、两行、安时处顺在某种程度上取消了内外的对立，但以内合外。庄子的描述尽管给人以精神自由的假象，但理论层面上不是自由的。

由，因此庄子的'道'就是美，庄子的哲学因此也就具备了美学意义。这样的推理能成立吗？"①

徐复观还将所谓的庄子精神自由与西方的一些美学家的观点相比照。徐氏在这样的一些论述中往往只及一点不及其余，不但难以令人置信，反而给人断章取义、以偏概全之嫌。且看徐氏将所谓庄子的精神自由与黑格尔的"绝对精神"相提并论的一段："卡西勒亦认为艺术'是经我们以用其它方法所不能达到的内面的自由'。而把这一点说得最透、最与庄子切合的，无过于黑格尔。他在《美学讲义》一二三至一四八页中，指明人的存在是被限制的、有限性的东西，人是被安放在缺乏、不安、痛苦的状态，而常陷于矛盾之中。美或艺术，作为可以从压迫、危机中回复人的生命力的东西，并作为主体的自由的希求，是非常重要的。他在《精神现象学》中以人类精神世界的最高阶段为'绝对精神王国。艺术乃在此王国中保有其位置'。假定把黑格尔所说的'绝对精神王国'改称为庄子所说的'道'，则仅就人的生命在此领域中能得到自由解放的这一点而言，实与庄子有共同的祈向。"② 徐氏在这里的推论是混乱的。前面似乎是说人是不自由的，艺术或美对人的自由很重要，艺术或美属于绝对精神领域。所以后面，庄子的道如绝对精神领域，因而人生如能得道就如同进入绝对精神领域（的人生艺术或艺术人生）就能得到自由。这样的推理是难以成立的。这里其实有一个徐复观自行确立的前提"人生即艺术"③，这就致使在论述中不同层次、不同系统间互相错杂，混乱不清。首先，且不说"道"是否能够替换为"绝对精神"④，就是能够等同，也只能说是人生之精神自由，而不能得出"道"或所谓庄子的精神自由是艺术精神的自由。在黑格尔，绝对精神的王国，不仅仅有艺术，还有宗教与哲学，"绝对心灵的这三个领域的分别只能从它们使对象，即绝对，呈现于意识的形式上见出"⑤。艺术是"感性观照的形式"，而且在这三个领域中，艺术还处于绝对精神（心灵）的第一阶段，还远未达到其顶端。如果庄子

①　杨径青：《试论庄子的反美学思想》，《思想战线》1995年第4期，第87页。
②　徐复观：《中国艺术精神》，广西师范大学出版社2007年版，第45—46页。
③　同上书，第26页。
④　刘笑敢："庄子的道不同于黑格尔的'绝对观念'或'绝对精神'。"（刘笑敢：《庄子哲学及其演变》，中国社会科学出版社1988年版，第111页）
⑤　[德]黑格尔：《美学：第一卷》，朱光潜译，商务印书馆1996年版，第129页。

的精神自由是绝对精神，从最高度上看，最切合的恐怕是"绝对心灵的自由思考"即哲学方式（也不太切合，黑格尔是知识论的，庄子是智慧论的或体验论的，可能后世正由此发展出了道家式的艺术与宗教）。不管怎样，有一点是明确的，就是如果所谓庄子的精神自由如同黑格尔的"绝对精神"，在逻辑上它就不可能"只能是"最高艺术精神的体现，这里面一与多的关系是明显的。

其次，如我们曾在前文指出的，徐复观极大地忽视了庄子的自然无为有明显的否弃艺术与审美的倾向，因为庄子的道德修养是无须外求的，西方的那些美学家如徐复观引述的卡西勒、黑格尔则是基于艺术与审美谈审美与自由的，并且西方的美学家大多在艺术与人生之间是分得很清楚的。这一点如果从"有待"与"无待"这一说法上去看，是很明确的。如果庄子的道是精神自由，那么就如徐复观所说的是"绝对自由"即"无待"的自由。而艺术与审美却是"有待"的自由。宽泛地看，艺术与审美必有待于一定的社会文化环境。狭义地看，艺术与审美活动本身也是有待的，即必有待于艺术或审美的对象，如黑格尔说的感性事物的形式，更有待于审美主体，如主体的情感、审美趣味等。因此，艺术或审美的自由，总是基于"有待"的自由，这与庄子的"无待"的自由是不一样的，庄子的体道，是"忘"，忘知识、忘名利、忘天下、忘自身、忘生死，忘掉"有"的东西，"为道日损，损之又损"（《老子》48章），以至于"无"，才能得道，这种所谓的自由，很显然是不能容纳艺术或审美的感性对象及主体的情感、审美趣味之属，这一过程中怎么能"无中生有"地冒出个艺术精神自由或审美的自由呢？换一个说法就是，审美的自由是从有限到无限，是有限与无限的统一，而所谓庄子的绝对自由则是舍弃有限得无限，只剩下无任何规定的无限，这二者的旨趣是不同的。西方美学家之论美与自由就必基于艺术或美，庄子之修道得道就可以不谈艺术与美，若得道则艺术与美也必在被舍弃之列，即使借之以谈道那最终也是得鱼忘筌，而后世受庄子影响的艺术与美学则不同，它们是基于艺术与美来谈道论美，无论怎么"忘"或"无"那都是"忘"掉或"无"掉艺术与美之外的物，所以说，庄子的自然即使是自由也不是审美的自由，后世由之转化的美学则反是。

再次，如果从他们推出的美的本质来看，这差别就更大了。徐复观的定义是"道是美"，"道的本身即是大美"。① 黑格尔推出的"美是理念的感性显现"②，美并非理念本身。如果仿照黑格尔的定义来规定基于"道"的美学的话，庄子的美的定义或可为"美是道之文（显现）"，这是题外话。黑格尔的美本质内涵丰富，包含三个方面，即理念、感性显现和二者的统一。如大家所熟知，抽象的理念绝不是美，"正是这概念与个别现象的统一才是美的本质和通过艺术所进行的美的创造的本质"③。徐氏之美本质是直接来源于道本质，在本质相同的原则下，用道的本质遮盖了美的本质，并未能抓住美之为美的真正内涵所在，也未能区分出美与真与善。因此，即便徐复观认为人生在道的领域得到精神自由，也无从推出这种自由就是艺术或审美给人的自由，它们有层次上的分别，徐氏似乎忽略了其差异。

徐复观还将所谓庄子的精神自由与游戏之"游"相联系，认为这与席勒的"游戏说"相接近。这个问题台湾的孙中锋在其博士学位论文中曾有批驳。孙氏认为："席勒所谓'游戏'与庄子体道之'游'，并非在同一精神层次。"④ 席勒在康德的"想象力"与"知解力"的"自由游戏"的学说上提出"精力过剩"的"游戏说"。过剩精力首先表现为身体器官运动的游戏，再由此提升为想象力的游戏，想象力创造自由的形式，最终飞跃到审美的游戏，艺术就产生于这审美的游戏。席勒认为"游戏"之艺术审美活动必以"情感判断"为内在根据，仍在主观情感作用之层次。这种审美的自由心境，是相对于"概念思维"与"利害计较"的心意状态而言自由，其本质上是一种"相对的自由"，必不离主体主观情感的鉴识、分别作用。而庄子体道之逍遥理境，根植于"心斋"、"坐忘"的修养功夫，是彻底解脱主观情执与知见束缚后的"无限自由"或"绝对自由"境界，这种无限自由的境界必然超越于主观情意审美的境界。席勒的"游戏"之审美的自由属主观情识的"相对自由"，此与庄子之"游"的体道之无限自由境界，有本质性的差别。⑤ 孙氏指出了席勒艺术审美的游戏仍是主观情识的层次这一关键，足以见出其与庄子的区分，很

---

① 徐复观：《中国艺术精神》，广西师范大学出版社 2007 年版，第 44 页。
② ［德］黑格尔：《美学：第一卷》，朱光潜译，商务印书馆 1996 年版，第 142 页。
③ 同上书，第 130 页。
④ 孙中峰：《庄学之美学义蕴新诠》，博士学位论文，台湾东华大学，2005 年，第 13 页。
⑤ 同上书，第 12—14 页。

有说服力。我们在这里仍要强调的是，如果说庄子自然无为之道境是一种自由，它也只能说是一种趋同的、被动的、形式的绝对自由，对于主动的、个性的、有价值的真正自由来说则是一种束缚，庄子的逍遥无自由。庄子自然无为之道，并不以自由为追求的鹄的，也不是真正的人生自由，当然也不是我们通常所说的审美意义上的自由，即并不能成为审美或艺术精神本质的自由。

徐复观等前辈学者将庄子的自然诠释为自由，或者说试图从中发掘出自由的涵蕴，可以说是一次郭象式的"创造性误读"或"转换"。当然也许可以这样认为，他们对庄子自然无为在自由上的缺失、对庄子思想和美学的真正意蕴是心知肚明的，但是想借助庄子思想和美学传达一些积极的于补救时弊有益的信息，或者说想赋予一种现代性于其中，这种用心虽然不可谓不良苦，其文化担当不可不为人称道，然而，这样容易忽视了庄子思想或美学本身的学理，同样也是将庄子思想尤其是其美学工具化、价值化了，让它承担其原本不应承担或难以承担的东西。可以说，这也是中国传统的做学方式的一种表现。① 这样能不能恰当地估价庄子思想及其美学并将其带到现代，能不能传递出正确有效的相关信息，能不能给人以正确的导引，也还是很值得怀疑的。

第三节　德与美

一　得道为德与美学

庄子的时代，社会动荡，战争频繁，世变急遽，人生维艰，庄子叹曰，"方今之世，仅免刑焉"（《人间世》）。庄子的思想就是要在那个大变动、大混乱的社会中求得人生的安顿与解脱。人生与社会的诸多问题如何得以解决呢？庄子理想的解决方式与老子相同，就是以天地万物之根源与本体的道来作为人生的立足点，② 人通过"修道"工夫而回到人生与世

---

① 主要指传统中的那种借"注经"来"注我"的方式，也指传统中的那种重体验而轻分析的方式。牟宗三先生在承儒家传统的"逆觉体证"的方法论时，常强调学术研究的"客观的了解"。"客观的了解"这一方法原则应该对传统经典的现代诠释有所帮助。

② 徐复观："老子的目的是要从变动中找出一个常道来，作人身安全的立足点……他（庄子）的起点，他的骨干，还是从老子来的。"（徐复观：《中国人性论史·先秦篇》，华东师范大学出版社 2005 年版，第 222 页）

界的本原之地的"道"，从而获得人生问题的彻底解决；也就是通过"体道"工夫而达到与道为一（同一）的境界，体道者就将自己上升到与作为世界本原的道同体的得道之人，这样的人就能"应物而不穷者也"（《天运》），"无为而无不为"，① 人性便得以全幅展开，人生、社会诸问题便可得以全面解决。

得道之人是"至人"、"神人"、"真人"、"德人"、"至德之人"、"全德之人"等等理想人格主体②，至人等所体之道，庄子称为"德"或"至人之德"（《达生》），得道的境界就是"得道为德"的境界。

这里有必要先明确"德"的意涵及其与道的关系。"道"与"德"的关系是体与用、全与分（一与多）的关系。道为德之体，德为道之用；道是全与一，德是多与分。具体地看：一是从道本身来看，道是体，德是用。道是天地万物之本原，道透过物的中介而显现其功用，道显现于物的功用即是德。老子曰："道生之，德畜之，物形之，势成之。"（《老子》51章）王夫之《老子衍》曰："道之用曰德。"③ 庄子《天地》曰："通于天地者，德也；行于万物者，道也。"日本福永光司说："天地自然的秩序是所有秩序的根本，存在于天地宇宙间的普遍性的秩序，就是'道'。存在于天地万物中的普遍性的价值，而以'道'为基础的存在方式为'德'。"④ 体显于用，用依于体，体用无间，道德同体。⑤ 二是从人或物来看，道是一、全，德是分、多。老子曰，"万物得一以生"（《老子》39章）。庄子曰："泰初有无，无有无名；一之所起，有一而未形。物得以生，谓之德。"（《天地》）道之创生，是由一而多、由全而分的过

---

① "为道者日损，损之又损之以至于无为，无为而无不为也。"（《知北游》）"正则静，静则明，明则虚，虚则无为而无不为也。"（《庚桑楚》）"无名故无为，无为而无不为。"（《则阳》）老庄的无为观是一致的。

② 对这些不同名号的理想人格的境界，有的认为是同一的，有的认为是不同的。这些看法都有根据，前者主要依据庄子本人的思想，后者主要是依据庄子后学的思想。崔大华先生认为："它是庄子学派或庄子思想在先秦的历史发展中前后期理论观点发生演变的反映。"（参见崔大华《庄学研究》，人民出版社1992年版，第154页）笔者认为，这些理想人格的精神境界在实质上基本相同，可以作互文性理解，除非要在他们之间作专门分梳，一般没有必要琐碎化。

③ 王夫之：《老子衍 庄子通 庄子解》，王孝鱼点校，中华书局2009年版，第27页。

④ 陈鼓应：《庄子今注今译》，中华书局2009年版，第321页。

⑤ 《老子》（21章）："孔德之容，惟道是从。"也是讲德与道的关系。孔，空、大。陆德明说："'德'者，'道'之用也。"苏辙说："'德'者，'道'之见也。"严灵峰说："'德'就是'道'的形式，'道'就是'德'的内容；两者是互相依存的。"陈鼓应说："'道'的显现与作用为'德'。"（参见陈鼓应《老子注译及评介》，中华书局1984年版，第148页）

程。"一"是道创生时下落但仍未分化的状态，一即道，得一即得道，"物得一以生"，就是物得道以生，"物得以生，谓之德"，成疏："德者，得也，谓得此也。"就是得一、得道而生。道是天地万物之本原，德就是道的分有，道内在于各物之中，成为物之所以为物的本性和根据，各物的本性、根据就是德。《徐无鬼》篇曰"德总乎道之所一"，这是说不同的德归结于"道"的浑然同一；又曰"道之所一，德不能同"，这是说"道"是浑然同一的，而德却各不相同。这即是说"道"是一，德是多。詹剑峰说："'德'是道显现于有限事物之共性，亦即一物之所得以为一物之自性。"① 人是自然之一部分，人与万物一样，人亦得一、得道以生，人的本性和根据就是落实于人生层面的道，道在人生中的显现，就是人之德。

老庄理想的人生就是向作为人之本性和根据的德的回归，也是向道的回归，这一回归就是要通过修道工夫达到得道为德的境界。这种"得道为德"的思想从上述德与道的关系阐述中已有表明。王弼注《老子》38章："德者，得也。常得而无丧，利而无害，故以德为名焉。何以得德？由乎道也。"② 上述成疏："德者，得也，谓得此也。"所谓德就是"得"，就是得道，得道为德。得道之人就是有德之人（除"至人"、"神人"、"真人"外，也称"德人"、"至德之人"、"全德之人"等）。③ 庄子《天地》又说："性修反德，德至同于初。同乃虚，虚乃大。合喙鸣；喙鸣合，与天地为合。其合缗缗，若愚若昏，是谓玄德，同乎大顺。"心性经过修养，就可上达回复到德，就是回到刚得到道的作用而产生的境界（未形之一），即复归泰初（无）状态的境界，它就叫"玄德"，同于自然之理（大顺，即道）。"玄德"即"天德"，"'玄德'者，修后之德。无而有，有而复反于无，有无并妙"④。这种得道为德的境界，曹础基称之为"道德境界"："超越个体，超越类属，与万物同，与天地合，进入浑沌玄深的道德境界。"又称"天道的境界"⑤。陈鼓应曾把体道所达的人生境界称

---

① 詹剑峰：《老子其人其书及其道论》，华中师范大学出版社2006年版，第260页。

② （魏）王弼注，楼宇烈校释：《老子道德经注校释》，中华书局2008年版，第93页。

③ 陈鼓应："体'道'、充'德'之人，也就是能体现宇宙精神的人。……宇宙整体就是'道'。所谓'德'，也就是宇宙人生所散发万物的生命。"（陈鼓应：《老庄新论》，商务印书馆2008年版，第47页）

④ 钟泰：《庄子发微》，上海古籍出版社2002年版，第263页。老子曰："玄德深矣，远矣，与物反矣，然后乃至大顺。"（《老人》65章）可互释。

⑤ 曹础基：《庄子浅注》，中华书局2007年版，第138—139页。

为"道的境界"："在庄子，道成为人生所达到的最高境界，人生所臻至的最高的境界便称为道的境界。"① 王建疆认为从道与德的整体性出发用"道德境界"更好。② 套用徐复观"精神"一词的用法也可称为道德精神。从这种意义上看，可以将老庄人生哲学称为得道为德的道德哲学。

从理论上讲，这种道德境界（精神）或道德哲学是广义的，因为得道为德的"德"（得）是广义的。正如上文指出的，人之德是人所禀有的道，是人之本性和依据。人之德就是人之性。《老子》、《庄子》内七篇不言"性"字，至外杂篇则屡言之。徐复观认为，《老子》、《庄子》内七篇的德字实际就是性字③，此言甚是。外杂篇言性，一大特色就是常以德、性连用，可能是庄子后学受当时性字流行影响所致。《天地》言："物得以生，谓之德；未形者有分，且然无间，谓之命；留动而生物，物成生理，谓之形；形体保神，各有仪则，谓之性。"宣颖曰："形载神而合保之，视听言动，各有当然之则，乃所谓性也。"④ 曹础基注："形体中寄寓着精神，而且各有它本身的表现形式，这就叫做它的本性。"⑤ 性就是人或物之所得以生之德之道（未形之一），在生物之后它仍然保持在人或物的形体内，凡后天者都不是性。"枝于仁者，擢德塞性以收名声。"（《骈拇》）"水之性，不杂则清，莫动则平；郁闭而不流，亦不能清；天德之象也。"（《刻意》）"同乎无知，其德不离；同乎无欲，是谓素朴。素朴而民性得矣。"（《马蹄》）这些德、性可以互用。

基于此，当修道者通过工夫达到得道为德的道德境界，其本然之性得以回归，也就实现了"至人"的人格理想，其各种人生问题将得以解决，各种人生价值亦将一并彻底、完满地实现。"古之治道者，以恬养知；知生而无以知为也，谓之以知养恬。知与恬交相养，而和理出其性。夫德，

---

① 陈鼓应：《老庄新论》，商务印书馆2008年版，第390页。陈氏后来又称之为"天地境界"，后详。

② 王建疆："陈先生所言无非道和修道即道与德的整体运行问题，是一个境界的整体实现问题，若用庄子关于'道德'境界的说法来概括之，则不仅符合老庄的原意，符合道德境界的整体性实际，而且与陈先生关于道与德是一个整体的一贯观点相一致。"（王建疆：《澹然无极——老庄人生境界的审美生成》，人民出版社2006年版，第30页）

③ 徐复观：《中国人性论史·先秦篇》，华东师范大学出版社2005年版，第227页。徐氏说："若勉强说性与德的分别，则在人与物的身上内在化的道，稍微靠近抽象地道的方面来说时，便是德；贴近具体地形的方面来说时，便是性。"性"即是在形体之中，保持道的精神状态"。

④ 钱穆：《庄子纂笺》，生活·读书·新知三联书店2010年版，第108页。

⑤ 曹础基：《庄子浅注》，中华书局2007年版，第138页。

和也；道，理也。"（《缮性》）恬，静也。知，读智。和是德，理是道，理，顺也。和理即道德，即和顺。修道者二者交相养，则和顺之道德出乎其本性矣。林希逸说："静定而得其本然和顺之性。"① 人之本性得以显现。得道者的人生问题也得以绝对性地解决。这在至人等理想人格身上描述甚多，此举一例。《知北游》："中国有人焉，非阴非阳，处于天地之间，直且为人，将反于宗。自本观之，生者，暗醷物也。虽有寿夭，相去几何？须臾之说也。奚足以为尧桀之是非！果蓏有理，人伦虽难，所以相齿。圣人遭之而不违，过之而不守。调而应之，德也；偶而应之，道也；帝之所兴，王之所起也。"直且：姑且。宗：本。暗醷，气聚也（成疏）。"果蓏"句，成疏："人之处世，险阻艰难，而贵贱尊卑，更相齿次，但当任之，自合夫道，譬彼果蓏，有理存焉。""调偶，和合之谓也。"（郭注）圣人是返于道的人，面对人生中的诸多问题，如人事是非、生死寿夭等都能调和顺应、相与和合，符合道德要求地处理或消解。正如韩林合指出的："庄子认为，在一个人通过心斋、齐物、安命的途径而最终与道同而为一——即将自己由世界内的一个对象而升格为与世界整体同一的至人——以后，他此前所面临的所有终极的人生问题便可以一劳永逸地获得最终的解决或消解。"②

　　得道为德，德是人之本性，得道者回归到未形之一，得到的是人之本性，成就的是理想人格，并由此可展开全幅人性和全方位的人生价值。傅伟勋列举的人生的十大层面及其价值取向③，皆可因得道而一举解决、一体朗现，因此，这广义的德（得）就包含了人生各个面向的问题与价值。可见，庄子所言说的狭义的道德、政治、养生、美、知等都属广义的德（得），都是道的显现与作用④。也就是说，庄子的人生哲学作为广义上的道德哲学，它涵摄着其伦理学、政治学、养生学、美学、知识学等。从这种意义上，我们可以说，庄子的思想包含着美学，或者说它的广义

---

　　① （宋）林希逸：《庄子鬳斋口义校注》，周启成校注，中华书局1997年版，第253页。

　　② 韩林合：《虚己以游世——〈庄子〉哲学研究》，北京大学出版社2006年版，第166页。

　　③ 傅伟勋先生构想出"生命的十大层面与价值取向"模型，参见本文绪论部分。（傅伟勋：《从西方哲学到禅佛教》，生活·读书·新知三联书店1989年版，第477—481页）

　　④ 牟钟鉴说，老子及其承者所说的"道"，"从价值论的角度突出一个'德'字，指出道兼具真善美的品格，是社会人生的正路"。[参见牟钟鉴《老子的道论及其现代意义》，载《道家文化研究（第六辑）》，上海古籍出版社1995年版，第61页] 可见，"德"、"道"含有真善美，具有逻辑上的优位。

道德哲学里面含有美学，如果坚持以美学称之，可谓道德精神意义上的美学。

不过，应当注意的是，庄子的得道为德，是与道为一，回归的是本体之道，因此得道者的人生是与道体同一的人生，境界上也已上升为道德境界（精神），其人生意义与价值，所获皆是绝对的、超越的、形上的意义与价值。这种绝对的价值正是对经验的现象世界的相对价值的舍弃或超越（这正是庄子修道工夫的内容）。[①] 就道德说，它是"至仁"；就美学说，它是"至美"；就知识说，它是"至真"；就政治说，是无为之治（至德之世）；就终极关怀说，它是永恒（无时间性，"不死不生"）。因此，仅就美学看，庄子的道德精神意义的美学实不能等同于审美意义即学科意义上的美学，甚至正是在消解现实的艺术与审美的基础上建构起对绝对的美的追求。《天地》就说："德人者，居无思，行无虑，不藏是非美恶。""德人"是得道之人，他大约获得了绝对之美，通常的美丑是不入其心的。

在这方面，一些研究者出现了一些逻辑混乱、层次错置。其一，就是将庄子道德精神意义上的美学错误地混同于学科或审美意义上的美学。这个问题前面曾指出过，庄子虽然肯定了道的层面的形上之美，但舍弃了现实的审美之美。一些研究者如徐复观等发现了庄子对"大美"的绝对价值追求，但他将"大美"对应于西方美学的美的本质，将"至乐"对应于西方美学的美感，将"心斋"对应于西方美学的审美观照，将"大巧"对应于西方美学的艺术创造，等等，这就在形上层面按西方美学的模式构建出一种庄子美学（其实论证庄子美学不一定非得证明它是西方那样的美学），却又与现实的艺术与审美相错杂纠缠，造成一定程度的理论紧张。在我们经验世界是没有绝对价值的，也许有这样的追求，但那也是从现实艺术与审美升华上去的，而庄子追求绝对美却妄图取消现实艺术与审美，这就荒谬了。

其二，如果用美而不是用道或德来统摄庄子的人生哲学，就错置了其

---

① 方东美："就价值而言，道体显发出无穷圆满之价值，然而，同时复又将一切争议不决之价值品级，一切争论不已之道德德目，悉化为无谓之谈。"（参见刘梦溪编《中国现代学术经典·方东美卷》，河北教育出版社 1996 年版，第 32 页）葛兆光说，"他（庄子）以为，世界上并没有一种绝对的价值，其实一切都是相对的存在……除了永恒的虚无是唯一的之外，一切都不是绝对的是或绝对的非。"（参见葛兆光《中国思想史·第一卷》，复旦大学出版社 2009 年版，第 186 页）

逻辑层次。例如徐复观说"道是美，天地是美，德也是美"，美从道、德的逻辑下位，变成了与道的本质相同的艺术精神本质，提升了美，却降低了道与德。进而又说，"由道、由天地而来的人性，当然也是美"①，这还是在说"德"也是美，就是徐氏说的得道的人生（德）是艺术人生（美），道（从人生工夫境界看）在本质上就是艺术精神（美的本质）。又如李泽厚、刘纲纪说："庄子的美学同他的哲学是浑然一体的东西，他的美学即是他的哲学，他的哲学也即是他的美学。"② 然则，这样用"美"而不是"德"来统摄和指称庄子的人生哲学，既不合庄子的逻辑，也不合庄子的事实。事实上，无论是老子还是庄子，就"道"落实于人生看，道德都是基本的，政治、养身次之，美更次之。就老子主要关心的问题来看，是狭义的人伦道德和政治；就庄子来说，主要是人伦道德、养生、政治；而美与真尚不是他们所关注的中心问题。③ 它们的重要性是不同的。逻辑上，如前述，德（得）是广义的，统摄道德、政治、养生与美，广义上的人生道德哲学，它涵摄着其伦理学、政治学、养生学、美学、知识学等；德具逻辑上优位，德是体，美等是用，德是本，美等是末；但徐复观却以美来统摄之，就本末倒置、以偏概全了，就如同我们不能说老庄的宇宙论是"美论"一样。所以，像徐氏那样将庄子在人生方面的"道"（德）等同于艺术精神，像李泽厚、刘纲纪那样将庄子哲学等同于美学，都是欠妥当的。艺术精神和美学只是"道"（德）的一种精神，并且不是其基本的精神；只是庄子得道为德的哲学中的一个维度或

① 徐复观：《中国艺术精神》，广西师范大学出版社 2007 年版，第 44 页。

② 李泽厚、刘纲纪：《中国美学史·先秦两汉编》，安徽文艺出版社 1999 年版，第 217 页。

③ 方东美先生说，《庄子》"其微言大义及真谛'可谓一部至人论'"。（参见刘梦溪编《中国现代学术经典·方东美卷》，河北教育出版社 1996 年版，第 130 页）"至人"作为老庄的理想人格，其表现形态就是"内圣外王"。陈鼓应说："它（《天下》）首次提出'内圣外王之道'，作为士人最高理想的人格形态。这一崇高的理念为各家所接受。"（陈鼓应：《老庄新论》，商务印书馆 2008 年版，第 373—374 页）内圣的重点是道德，外王的重点是政治，以内圣开外王是儒道两家的共同特点。钟泰也说："庄子之学，实为'内圣外王'之学。"（钟泰：《庄子发微》，上海古籍出版社 2002 年版，第 756 页）这种看法实际上是一普遍看法。就庄子而言，政治的热情没有老子高，对个人身心修养之养生方面更重视，或者亦可将养生看作其内圣的身体层面。而《庄子》33 篇中没有一篇是专门论美的；整个《庄子》中直接和间接说到美的字句也很少。据李建盛统计："美"这个字在《庄子》全书中出现了四十九次。相当于美丽、漂亮等意义的有十一见。相当于善、好意义的有十八见，其中有七见是善恶对举使用的。作为动词使用的有三见。在《庄子》内篇中，"美"字没有一次是作为当今美学中的"美"的概念使用的。（李建盛：《历史 文化 审美：庄子哲学和美学理解的当代视域》，《求索》1997 年第 4 期，第 76 页）

层面，而且不是其中最重要的维度或层面；况且，这种道德精神意义上的美学也不等同于学科审美意义上的美学，尽管这种艺术精神和美学在后世影响巨大。

二　道德与美学

庄子的思想具有具有宇宙论和本体论意义的道论，又其道论主要是为解决人生问题而设的，学界一般将其思想视作人生哲学。就人生论而言，庄子哲学是得道为德的广义道德哲学。如果认为庄子所肯认的形上之美为美学，则是道德精神意义上的美学，但不是审美意义上的美学。如果继续强行在现代哲学（二级学科）范围下对其哲学思想加以区分，庄子思想就其哲学性而言最切合哪种呢？它主要是（狭义的）道德哲学和政治哲学。这样划分当然还是涉及人生论，[①] 还是基于修养工夫与境界，只不过要求用较严格的现代学科体系去看。也就是说，无论是从广义上还是从狭义上，庄子思想的核心或主体都是道德哲学。从这个意义上，庄子哲学则不是现代学科意义上的美学。

现代哲学，如果以西方为参照，大体上可归为四类：一是形上学，二是认识论，三是价值论，含道德哲学（伦理学）、政治哲学、社会哲学、美学，四是逻辑学。科学哲学、语言哲学可归入形上学或认识论，宗教哲学是特例。[②] 因为老庄的德是人之本性从而兼及人生的各个层面，又有道为其理论张本，所以它涉及大部分哲学问题，目前哲学界在大部分领域都有研究，如科学派的新道家的研究就很有影响。但是老庄思想就其主体内容与核心思想来说，最贴近的还是道德哲学，兼及政治哲学。这从老子书被称作《道德经》也可略窥一二。道家的"道"作为本体有其独特性，它虽然有明确的宇宙论、本体论，但它是要在宇宙根源之处寻求人生之根源，并以之来决定人的生存方式和态度，道最终还是要回到人自身之上，所以道本体主要是为指导人的生活与实践而悬设的，这一点在庄子身上体

---

① 关于人生哲学与道德哲学（伦理学）二者的关系，有的认为人生哲学即道德哲学，有的认为前者是后者的一部分或相反。就老庄而言，我们的看法是，其人生哲学相当于我们所说的广义的道德哲学，用古代所谓"内圣外王学"称之最恰当，其核心和主体是道德哲学，也涉及政治哲学。

② ［美］穆尔、布鲁德：《思想的力量：哲学导论》，李宏昀、倪佳译，上海社会科学出版社 2009 年版，第 10 页。

现得更为鲜明。① "这种 '道' 并不是可认识的世界的普遍规律，它 '自然'、'无为' 的本性意在指导形而下的 '无为' 的道德、政治。所以，道家的哲学本体论并没有开出明确的哲学认识论来。在这种意义上，道家的 '道' 本体主要是道德本体。道家思想的重点正是在这种道德本体所开出的道德论上。"② 徐复观也认为："道家的宇宙论，实即道家的人性论。因为他把人之所以为人的本质，安放在宇宙根源的处所，而要求与其一致。此一方向的人性论，由老子开其端，由庄子尽其致。"③ 史怀哲说得更醒豁："道就是具有某种善性。在道中变化意味着拥有一种更高级方式的善性，它不要求以惯常的方式来行善，而是要求在精神的存在中自我表达并施加影响。" "道家思想家们致力于赋予无为以伦理的特性并最终达到了一种伦理思想。"④

庄子的道德哲学还算不上是现代理论形态的 "规范论" 的道德哲学，而是传统理论形态的 "德性论" 的道德哲学（德性伦理学）。德性论，也即美德论，就是 "我该做什么？应该像一个有德者那样去行动（对于德性伦理学而言，根本问题不是我该做什么，而是我该成为怎样的人）"⑤。德性论的中心主题是把 "我该怎样生活" 建构为 "我应该做一个什么样

---

① 牟宗三说，道家的存有论，"不是西方为标准的存有论，而是属于实践的（practical），叫实践的存有论（practical ontology）"，或 "实践的形而上学"。（参见牟宗三《中国哲学十九讲》，上海古籍出版社 1997 年版，第 89—90 页）李泽厚也说，"他（庄子）讲的 '道' 并不是自然本体，而是人的本体。"（参见李泽厚《中国思想史论・上》，安徽文艺出版社 1999 年版，第 189 页）这些说法是有一定道理的，我们认为老庄的道在本体论上还是明确的，有其 "实有层" 的一面，并不宜完全将其主观化；不过在老子之后，庄子的道确实倾向于内敛，更为 "虚"、"无"（有的认为是 "无无"），也更紧密地与个人的生存相关联。

② 陈本益：《谈儒道佛三家思想的道德性——兼谈道家思想本身并不是美学》，《社会科学战线》2011 年第 1 期，第 30 页。陈本益通过对儒道佛三家思想的比较，具体地采用排除法论证了道家思想主要是道德思想，而不是美学等思想。

③ 徐复观：《中国人性论史・先秦篇》，华东师范大学出版社 2005 年版，第 198 页。

④ ［德］史怀哲：《中国思想史》，常暄译，社会科学文献出版社 2009 年版，第 163、212 页。史怀哲说 "道是善"，在理论上说已经表明道家思想核心在伦理学而不在美学。但是道是圆满体，这就要看其价值的实现方式了。笔者认为，心斋、坐忘等方式是道德修养方式，所以其核心思想是伦理道德。不过，笔者不能同意史怀哲认为道家 "只承认变得更为完美的伦理而不承认行为的伦理"（第 66 页）的说法。道家伦理不仅仅是思想伦理，也是行为的，道家是将他们的思想付诸实践的，如老子被庄子称为 "博大之真人"，即使没完全得道，也是接近了道，庄子的人生故事也表明他们是追求知行合一的。

⑤ ［美］穆尔、布鲁德：《思想的力量：哲学导论》，李宏昀、倪佳译，上海社会科学出版社 2009 年版，第 281 页。

的人"，就是人的自我实现，即以某种人格理想为追求从而实现自我的完善。主要包括两方面，一是目标，即探究和设定理想的人格目标，德性是这种人格理想的根本；①二是方法，即实现人格理想的修养方法。通过修养方法而实现自我完善时，自身之所得就是德性。中国传统的工夫境界论正与此相契。对于庄子来说，人的本性就是道内在于人的自然无为之"德"，理想的人格目标是"至人"、"德人"等等，就是德的本性充分实现的"至德之人"，修养的方法就是"心斋""坐忘"等"体道"工夫，所得就是得道为德，即由工夫而在自身中实现了的德，也就是其道德品格，从境界看就是道德境界。与人格理想相称的就是社会理想，在庄子是"至德之世"、"建德之国"。这种道德哲学在形式上其实与儒家并无二致，只不过对人之本性所解不同而已，一为德，一为仁。

若果庄子的核心问题是德性论、至人论即构成道德哲学的中心问题，以此表明庄子思想主要是道德哲学，则前贤所言甚多。前引方东美言，《庄子》"其微言大义及真谛'可谓一部至人论'"。再引一二资以佐证。太史迁谓，老子五千余言是言"道德之意"，庄子"其要本归于老子"②。唐法师成玄英疏："叹苍生之业薄，伤道德之陵夷，乃慷慨发愤，爰着斯论"，"申道德之根深"。宋儒林希逸说，庄子"其意欲与吾夫子争衡"，"而大纲领、大宗旨未尝与圣人异也"③。当代新儒家唐君毅说："庄子之学自始至终，乃一为人之学，而归于一人之成为真人、至人、神人、圣人之道之陈述者。"④ 蒙培元说："'德'就是人的德性，老子的道德哲学就是德性之学。""如果说，老子哲学是道德哲学，这是没有任何疑问的。"⑤庄子则宗老子。崔大华说，庄子的人生哲学是庄子思想的核心部分，"庄子的人生哲学主要是对人生的理想境界和实践方法的思考"⑥。不再枚举。

这个问题放到先秦历史文化语境中看是最清楚不过的。一般认为诸子思想的出现有个特殊机缘，就是"礼崩乐坏"、牟宗三之所谓"周文疲

---

① 人格是个体的人的内在品质，它实际是人的知、情、意及其价值各方面的统一体，但德性即道德品质是人格之核心，德性论道德哲学探讨的中心即在此。从这个角度看，庄子的美学，也只不过是其道德哲学在探讨理想人格时所衍生的附属品。这实际上也与儒家类似。

② （汉）司马迁：《史记（第七册）》，中华书局 1959 年版，第 2139—2143 页。

③ （宋）林希逸：《庄子鬳斋口义校注》，周启成校注，中华书局 1997 年版，《发题》页。

④ 唐君毅：《中国哲学原论·原道篇》，中国社会科学出版社 2006 年版，第 218 页。

⑤ 蒙培元：《心灵超越与境界》，人民出版社 1998 年版，第 196、204 页。

⑥ 崔大华：《庄学研究》，人民出版社 1992 年版，第 142 页。

弊"。周文是周朝的一套由周公制礼作乐所奠基的文制系统。周公所制之礼主要包含亲亲、尊尊两大纲目，亲亲是确立家庭宗族等级秩序，尊尊则是政治的，也是等级秩序。这就形成一套家国同构的社会等级秩序的文化系统。它的突出特点就是道德性。这主要是因为周人看到夏商两朝之所以亡国就是因为统治者重鬼神、喜巫术，然而却"无德"，"惟不敬厥德，乃早坠厥命"（《召诰》），于是他们提出"敬德"、"明德"的新观念，说，"王其疾敬德"（《召诰》）、"克明德慎罚"（《康诰》）①。于是，周人的观念发生了从重鬼神到重道德的根本变化，相应地，"周人推行的种种制度典礼，如分封制、宗法制、礼制，实质上无不渗透着一种强烈的伦理道德精神，其要旨在于'纳上下于道德，而后天子、诸侯、卿大夫、士、庶民以成一道德之团体'"②。"周初的这种'维新'，就思想文化而言，就是从殷周时期的信奉鬼神的宗教文化转化为崇尚道德的道德文化。"③ 问题不在周文的道德性，而在于老子不像孔子那样"从周"并提出"仁"来复礼，老子是视周文为"虚文"从而否定周文的，而庄子是承老子的（当然有的认为庄出于儒，这倒更表明其道德性了）。有的学者也正是因此而认为老庄是反道德的。如果说"从周"的儒家的道德代表着通常意义的道德，那么可以说老庄是反道德的；④ 但是，儒家之德并不能说就是道德之本身也并非是道德的全部，它不可能等同或取代一切道德。事实上，老庄指出了儒家的那些伦理区分只是相对的人为规定，并提出了自认为更高的道德要求，即"至德"、"上德"、"至仁"、"大仁"等绝对之道德。老子说："大道废，有仁义。"（《老子》18章）"上德不德，是以有德；下德不失德，是以无德。上德无为而无以为；下德为之而有以为。上

---

① 慕平译注：《尚书》，中华书局2009年版，第205、201、166页。
② 张岱年、方克立：《中国文化概论》，北京师范大学出版社1994年版，第82页。
③ 陈本益：《谈儒道佛三家思想的道德性——兼谈道家思想本身并不是美学》，《社会科学战线》2011年第1期，第29页。
④ 这些看法也同样适合老庄美学。有的学者认为老庄是反道德的，却是美学的，这是值得商榷的。重复一下，老庄美学虽然可称作道德精神意义上的美学，但却不是学科审美意义上的美学。另外，应当说明的是，我们应当以学科视域去看待这个问题，老庄的工夫作为一种道德修养在理论和实践上是能成立的（因此他们的道德哲学按学科理解是能成立的），但是作为审美体验来理解则是不适合的。或者说，他们的绝对审美价值并不是由学科上通常说的审美来获得的，而是通过道德修养得道后所获得的附属价值或衍生价值。也可以这样认为，如果老庄的工夫作为一种审美体验或观照能够成立的话，那么他们的道德哲学与（学科审美意义上的）美学是同一的，但这是不可能的，他们的工夫恰恰是排斥艺术与审美的。

仁为之而无以为；上义为之而有以为。上礼为之而莫之应，则攘臂而扔之。故失道而后德，失德而后仁，失仁而后义，失义而后礼。"(《老子》38章)庄子重复说："失道而后德，失德而后仁，失仁而后义，失义而后礼。"(《知北游》)庄子对心目中的"仁"、"义"等重新规定："德无不容，仁也；道无不理，义也；义明而物亲，忠也；中纯实而反乎情，乐也；信行容体而顺乎文，礼也。"(《缮性》)可见，老庄虽然并无意复礼，但是他们将道、德仍置于与仁义相升降的同一纵贯线之序列——德，上接本体，下通各种品德或德行——这是要在仁义之上找到一个更高的不变的根本"大道"、"上德"，来作为人生的本体和行为的依据。可见，这是一次立基于否定儒家仁义道德之上的道德价值重估和理论建构。张恒寿说，"能实事求是地从庄子全书中领会其主导精神，就会在庄子书中看到其深刻的道德理论"，"纯朴而超越的道德生活，就是他的人生理想，也是他的政治理想"，"从某种意义上说，没有比庄子的道德学说更崇高更纯洁的了"。①

庄子的思想是道德哲学（狭义），这基本上得到学界的公认，一些美学研究者如徐复观、刘纲纪等也认可其道德哲学一面。如徐复观说："其实，一部《庄子》，归根结底，皆所以明至人之心。"② 如刘纲纪言："道家虽然反对儒家所讲的仁义道德，但它所追求的个体生命的绝对自由境界在实质上也仍然是一种道德精神的境界，并且是同人性问题不能分离的。"③ 从理论上说，如果认可其为道德哲学，实际上已暗示它不是美学，因为道德是理性的，而美学则是感性的。徐复观就曾指出"德"的"理性"性质，他说："道家依然要假定道或德，是一种'理性'的性质；生要通过此一理性而始彰着明朗，因而才有条理秩序……在《德充符》中，便常常表示德与形的距离，以彰显德的理性的性质。"④ 如果从德的理性性质来看，庄子的人生只是道德性的。

但是在美学界，自徐复观等之后又大多把庄子哲学看作是美学，这不是矛盾吗？如果不矛盾，那就只有一种情况，即庄子的道德哲学与美学是

---

① 张恒寿：《庄子新探》，湖北人民出版社1983年版，第363—365页。

② 徐复观：《中国人性论史·先秦篇》，华东师范大学出版社2005年版，第240页。

③ 刘纲纪：《美学与哲学》，湖北人民出版社1986年版，第307页。如大家所知，道德哲学中，人性问题是道德理论的基石。

④ 徐复观：《中国人性论史·先秦篇》，华东师范大学出版社2005年版，第225页。德形的分离，重德不重形，也表明道家的不重形美的非美学的性质，道德如果没有显相美，很难说它能与美学合一。如康德说，"美是德性—善的象征"，必然要有这"象征"才能构成美的本质命题。

同一的。从理论上说，同一是可能的，那么如何确定呢？徐复观在评论"曾点的人生意境"这件公案上的看法可资借鉴。徐氏认为，朱子虽体会到曾点的人生意境是"初无舍己为人之意"，但是他只能做道德的诠表，从而将曾点的"不关心的满足"的艺术精神误读成是"与实践不可分"的道德精神，"艺术与道德，在最高境界上虽然相同，但在本质上则有其同中之异"①。可见，道德与艺术或审美，是否合一，不仅要看其最高境界是否合一，而且要看它们达到最高境界的道德工夫与审美体验是否合一。徐复观的这一分别是相当准确的，这一点也非常切合用于分析老庄，徐复观也正是从工夫与境界方面来断定老庄的，"只从他们由修养的工夫所到达的人生境界去看，则他们所用的工夫，乃是一个伟大艺术家的修养工夫；他们由工夫所达到的人生境界，本无心于艺术，却不期然而然地会归于今日之所谓艺术精神之上"②。

然则，也正是道德与审美在工夫和境界上的分别，我们不同意徐复观等学者将庄子的道德读作美学。其一，在我们看来，老庄的工夫，如"心斋"、"坐忘"等，是道德修养，不可能是审美体验/观照。这是识别老庄思想主要是道德哲学还是美学的根本所在，徐复观等在这个问题上实有误读，我们将在后面着重讨论。其二，得道境界当然首先获得道德境界，但因道、德作为人之本体，所以在获得道德境界同时也可认为获得了所谓的美的（大美）境界，但它不是由审美所升至的，而是由道德修养达至得道境界时而一体朗现的，这种大美境界是广义道德境界的一部分，是狭义道德境界的衍生物，是道德精神意义上的，而非学科审美意义上的。这在前面已有具述，再引张法的看法以佐之。张氏认为庄子的美学进步仅仅是人格美的进步，是在轻视和否定一切社会审美对象、脱离审美实践的情况下达到的。③ 此见剀切，一些论者似乎并未曾有见于此或刻意避而不谈。例如徐复观说："在《庄子》一书中，凡他所假设出来的残缺丑陋的人物形相，无非借引以反映出其所蕴藏的意味之美、灵魂之美，而意味之美、灵魂之美才是真正艺术的美。"④ 这话放在后来的受老庄影响的美学身上是不错的，就庄子来说，他着意的是人格美，对形相美并不在

---

① 徐复观：《中国艺术精神》，广西师范大学出版社 2007 年版，第 15 页。
② 同上书，第 37 页。
③ 张法：《中西美学与文化精神》，中国人民大学出版社 2010 年版，第 138 页。
④ 徐复观：《中国艺术精神》，广西师范大学出版社 2007 年版，第 52 页。

意，其残缺形相的描绘正是要破除形相美的迷执，更且要达到这人格美是要反对一切艺术等人为的文化，把所谓"意味之美、灵魂之美"与"艺术的美"相接只是后来才有的事，因此可以说庄子重"灵魂之美"，但并不能将之推演到庄子的艺术论和审美观上（庄子恰是反艺术），而认为庄子如此说就"不期然而然地"无意命中了"真正艺术的美"。儒家又何尝不讲"灵魂之美"？另外，这里有一个分别就是，作为一个人，具有道德，从而超越外在的形式束缚（或由行为在一定程度上显现出来），即或如庄子笔下的畸丑之人也会因德有所长的精神气质而超越外在形体，被认为有"人格美"。然而，在艺术中，艺术却并不因为仅凭借道德就会显得美，艺术必须借助于圆满的外在的表现形式才会转化为美，否则艺术中就不会有"平典似道德论"之讥了；相反，有的艺术仅凭自身就可被认为是美的。并且，还有一个区分就是，人格美，严格地说，并不是美学所讨论的美；有人格美，也不一定就有外形美，有外形美，也不一定就有人格美，二者并不必然就是合一的。这些表明徐复观对艺术本身的自律是极其漠视的，他又通过前设的"人生即艺术"的等式将庄子着重的人格美当作了美学研究的对象，混淆了道德与美学。

非常有意思的是，深受徐复观境界论和艺术精神论影响的陈鼓应认为"庄子的哲学可以说是一种境界的哲学"[1]，但是他并没有追随徐氏将庄子的人生境界定位于艺术精神境界，而是先以之为"道的境界"，最近又接冯友兰以之为"天地境界"。陈氏在《老庄新论》中认为，"道即为一种境界，道的境界即人生最高的境"[2]。道与人生的关系，其实就是道与德的关系，道与德就人生来说是二而一的，所以道的境界也就是道德境界（广义的）。而老庄所指称的"德"，按陈氏的考证是"由伦理性的意义提升到世界观的意义"[3]，所体现的是宇宙精神，可见其根本的东西依然是伦理性的，尽管其秩序更宽广。最近，陈氏从冯友兰"境界说"以"道为主体精神所上达之最高境界"，是"天地境界"；[4] 又说"在工夫修为

---

① 陈鼓应：《老庄新论》，商务印书馆2008年版，第402页。陈氏亦受新儒家牟宗三将道家视为"境界形态的形而上学"之说的影响。

② 同上书，第401页。

③ 陈鼓应：《〈庄子〉内篇的心学（下）——开放的心灵与审美的心境》，《哲学研究》2009年第3期。

④ 陈鼓应：《论道与物关系问题（上）——中国哲学史上的一条主线》，《哲学动态》2005年第7期。

上，孟子所呈现的伦理特色与庄子所呈现的艺术精神，正反映出儒道两家
'道德境界'与'天地境界'的不同"。① 很明显，这里是将天地境界与
艺术精神相关，问题是，能否如李泽厚所说的"这'天地境界'实际是
一种对人生的审美境界"②？如若按冯氏的论述，在自然境界中有一种
"恬愉""静的乐"，道家所赞赏的正是此乐（赞赏恰表明不是此中人）；
在天地境界中则有"乐天"之乐，如孔颜觉解治国以礼的道德的事之
乐，③ 这种乐是否为审美之乐尚不确定，即使是审美之乐，它也分布在人
生境界的不同层面；另外，冯氏认为艺术家在艺术活动中的境界是自然境
界，对审美并不高看（这当然值得商榷），这也与天地境界的高位并不相
符。不过，冯氏从"觉解"出发，并未将审美作为一种人生的境界，这
是明确的。如有的学者所言，"不能把冯友兰所说的天地境界理解为一种
审美境界，因为在他看来，天地境界也是人对'理'、'真际'有完全觉
解的结果。也就是说，囿于道德人生视野的冯友兰并没有触及人生的审美
境界问题"④。换句话说，冯氏的天地境界也不过是道德领域的一种。并
且，就冯友兰看来，他的天地境界用道家的说法就是"道德境界"，他的
道德境界用道家的话是"仁义境界"，⑤ 所以天地境界、道德境界或仁义
境界，都是在道德人生范围内的不同层次的境界。就我们看来，审美如果
可作为一种人生境界，那么，它与道德作为人生境界，是分属不同维度
的，它们各有各的层次，二者也可能合一，但并不宜将二者构作一种层叠

---

① 陈鼓应：《〈庄子〉内篇的心学（上）——开放的心灵与审美的心境》，《哲学研究》
2009 年第 2 期。顺此指出，陈鼓应先生受徐复观等的影响，以"审美心"来论庄子心学，但他
所理解的庄子的"审美心境"实际上也是指的"人格美"方面，如"形体丑而心灵美"、"'游
心乎德之和'——审美主体遨游于道德和谐的境界"等等。［陈鼓应：《〈庄子〉内篇的心学
（下）——开放的心灵与审美的心境》，《哲学研究》2009 年第 3 期］
② 李泽厚：《美学三书》（《华夏美学》），安徽文艺出版社 1999 年版，第 302 页。
③ 参见冯友兰《新原人》，载《三松堂全集（第四卷）》，河南人民出版社 2001 年版，第
512、568 页。
④ 崔文良：《审美人生论》，中国人民大学出版社 2002 年版，第 130 页。
⑤ 冯友兰：《新原人》，载《三松堂全集（第四卷）》，河南人民出版社 2001 年版，第
500—501 页。王建疆先生说："关于老庄人生境界的研究方面，冯先生是只有'道德'境界的词
语形式，而无'道德'境界的内容；与此相反，陈鼓应先生却是有'道德境界'的内容而无
'道德境界'的词语形式。"（王建疆：《澹然无极——老庄人生境界的审美生成》，人民出版社
2006 年版，第 33 页）王氏认为"道德"的审美境界是在体道、得道的审美过程中生成的（该书
第 128 页）。我们同意审美境界是生成的，但不认为体道是审美，认为这是人生修养得道之一体
朗现的结果，道家所谓的审美境界也不是学科所说的审美境界。不过，若以王氏的"内审美"
衡之，则有些道理。

的人生境界结构。陈氏最终采用了冯氏之天地境界，亦可说肯认了老庄哲学首要还在其道德性，这倒也与他先前的道的境界的提法一致。这同我们的看法相类，我们将老庄思想做广义与狭义的道德哲学的理解，一方面是为把握老庄思想的整体与主干，一方面是想借此从现代学科体系上更清楚地看出它与学科的美学之间的分际。

做道德哲学与美学的划分，实际上有将老庄思想狭隘化的危险，老庄思想从来都不是以今天所谓的学科形态的面目出现的，它是包含多学科的统一体，是前学科形态的产物。当徐复观等认为道是艺术精神、道是美或庄子的思想是美学时，尽管他们想以此开出中国艺术和美学的坦途，体现了一种文化担当的忧患意识，但如果因此而有曲古人以就己之嫌疑，亦恐未真能达返本开新之愿。

第二章

体道与审美

　　道在庄子哲学中是最高的范畴，但道并不是一个完全悬空的概念。在庄子看来，道不仅是人的存在的原理，道更是一种关乎理想人生的宏旨。在这个凡俗的世界上，人们早已因为各种原因而丧失了至道、背离了至道，从而陷入了种种人生的苦难与困窘之中，如何实现人生的超越，这是一种实践的智慧，就是如何体道得道的问题，庄子曾描述体道的过程，如"心斋"、"坐忘"等等。这种修道工夫无疑并不为一般人所能轻易实践，它具有人生的真正超越性，尽管庄子描述了其间的过程，但是其真意似乎也并非言所能尽，只有少数慧者才能领悟。然则，既然有这样的体道工夫为参照，人们难免会有所启示，或修行，或养生，或审美，或气功，不一而足。

　　从美学来看，庄子心斋坐忘的体道工夫提供了一种直觉的体悟方式，其心理过程与状态和审美感受的过程与状态尤为相似，于是一些美学家发现庄子所谓的体道工夫实质上就是一种审美体验。例如，发现庄子之道是艺术精神的徐复观说，"所谓'心斋'与'坐忘'，这是庄子整个精神的中核，全书随处都流露出此一意味，随处都可以用此种意味加以贯通"，而"达到心斋与坐忘的历程，如下所述，正是美的观照的历程。而心斋、坐忘，正是美的观照得以成立的精神主体，也是艺术得以成立的最后根据"。① 又如，国内很有影响的李泽厚、刘纲纪的《中国美学史》也认为体道涉及审美心理。李、刘认为，庄子"唯道集虚，虚者，心斋也"中的"'虚'也就是自然无为"②，而自然无为"这种态度恰好是一种审美

---

① 徐复观：《中国艺术精神》，广西师范大学出版社 2007 年版，第 53—54 页。
② 李泽厚、刘纲纪：《中国美学史·先秦两汉编》，安徽文艺出版社 1999 年版，第 255 页。

的态度"，① 至于"坐忘""其实它不是别的，主要是一种以审美感知为其特征的心理状态"，"'坐忘'的说法较之于'心斋'更进一步指出了审美感知具有忘怀一切的特征"。② 心斋坐忘在他们的阐释下成了审美观照或感知，既然如此，由这种体道工夫所获得的体验境界自然是审美境界，所以，庄子的道就是一种艺术精神，庄子的人生哲学就是人生审美之学。如徐复观说："老、庄思想当下所成就的人生，实际是艺术的人生；而中国的纯艺术精神，实际系由此一思想系统所导出。"③ 李、刘二氏说："庄子哲学所提倡的人生态度，就其本质来看，正是一种审美的态度。"④他们的这种看法发现了庄子的体道工夫与审美观照之间的类似，这是庄子美学研究的一大贡献，很有影响。然而，这种学界流行的观点是值得商榷的，正如陈本益所揭示的，"这种观点的症结，在于将道家的'致虚极，守静笃'（老子语）和'心斋'、'坐忘'（庄子语）这样的道德修养，简单化地等同于审美体验（以康德为代表的西方美学所说的审美体验）"⑤。当我们从审美体验的基本事实出发，深入地考察心斋坐忘的心理过程与状态，就会发现它与通常的审美体验并不相同，不但不同，从庄子休道得道要求来看，它还要否定或超越通常所说的审美。这是我们不愿看到但又必须面对的事实。不过，可资称道的是，庄子哲学中的心斋坐忘等等体验工夫在后世却进入了美学，从其思想（与老子一起）转化出了不少具有道家精神的美学命题或范畴，这是后世美学得益于庄子之处。

第一节　体道工夫与境界

　　道家哲学被牟宗三称为"境界形态的形而上学"或"实践的形而上

---

　　① 李泽厚、刘纲纪：《中国美学史·先秦两汉编》，安徽文艺出版社 1999 年版，第 249 页。
　　② 同上书，第 255—256 页。
　　③ 徐复观：《中国艺术精神》，广西师范大学出版社 2007 年版，第 35 页。前文曾说过，徐复观在论述曾点的"人生意境"时曾指出，艺术与道德在最高境界上虽然相同，但在本质上却同中有异，艺术是"不关心的满足"，而道德则与实践不可分，也就是说区分艺术精神与道德精神就要看它们的境界由以上升的方式、途径。在徐复观看来，庄子的道之所以是艺术精神，正是因为修道的工夫恰与艺术家的人格修养工夫相契合，从而"道"不期然而然地会归于今日的艺术精神。
　　④ 李泽厚、刘纲纪：《中国美学史·先秦两汉编》，安徽文艺出版社 1999 年版，第 229 页。
　　⑤ 陈本益：《谈儒道佛三家思想的道德性——兼谈道家思想本身并不是美学》，《社会科学战线》2011 年第 1 期。

学"①，道的境界的开显或实现，就寄托在这"实践"上，实践是广义的，是指实践的修养工夫，就是如何实现理想的人生标的或境界的问题。蒙培元说："道家把他们的学问称为'道德'之学，也是讲如何'得道'以成为圣人、真人或神人的学问。由于'得道'从根本上说也是一个实践的问题，因此，他们又称他们的学问为'体道'或'践道'之学。"② 可见，体道在道家哲学中是关系到其哲学的现实意义与价值的基本问题。

庄子《知北游》云："夫体道者，天下君子所系焉。"这就明确地提出了为得道就必然要"体道"的主张。一般认为，"体道"可以从两个角度来看：一是人生论的，得道的境界就是人生的最高境界；一是认识论的，得道的境界就是得到最高认识或道的真理的境界。庄子的认识论也不是西方式的认识论，不是求取自然界的知识，而是一种实践智慧，即体道的智慧。庄子对所谓最高真理或道的真理的认识，也是通过体证达到的，所以认识论是通过人生论的修养工夫得以确认的。③ 其实，二者在庄子原本也无此分别，中国哲学有知行合一的特点。庄子《天地》说，"性修反德，德至同于初"，强调通过心性修养而重回大道、与道为一，"性修反德"就是庄子体道方式的总体表述。宽泛地说，只要是朝向理想人生境界的实践都是体道的工夫，即合乎道本身或道的自然无为的特性的实践行为，包括体证至道的本体体验在内的人生修养与实践的方法，如齐物、安命、逍遥、虚静、心斋、坐忘、游心等等，其实这些概念在本质内涵上有相通性，都属围绕"环中"（道本体）之"环"上的概念，只不过各有侧重而已。狭义地说，体道工夫主要是指具体的体悟至道的本体体验的心性修养方法，如心斋、坐忘等，庄子在文中有比较具体的体道得道的工夫操作上的描述，即对心与道趋于同一的动态过程进行了较为明确的表述。所以体道既含修养的体悟过程又含修养结果的境界开显，是动态工夫与静

---

① 牟宗三：《中国哲学的特质》，上海古籍出版社 2007 年版，第 109 页。
② 蒙培元：《中国哲学主体思维》，东方出版社 1994 年版，第 112 页。
③ 崔大华："庄子认识论中的最高、最后的问题在认识以外的道德或精神修养领域内获得解决，不能被确切把握的认识对象转变成为可为修养达到的道德目标。"（崔大华：《庄学研究》，人民出版社 1992 年版，第 301 页）刘笑敢："中国古代哲学中的认识论与人生哲学是密切相关、甚或合而为一的。"（刘笑敢：《庄子哲学及其演变》，中国社会科学出版社 1988 年版，第 176 页）

态境界的一体化。①

我们具体来看看庄子是如何通过心性修养来体悟至道的。先看"心斋"：

> 回曰："敢问心斋。"仲尼曰："若一志，无听之以耳而听之以心，无听之以心而听之以气。听止于耳，心止于符。气也者，虚而待物者也。唯道集虚。虚也者，心斋也。"颜回曰："回之未始得使，实自回也；得使之也，未始有回也；可谓虚乎？"夫子曰："尽矣。……瞻彼阕者，虚室生白，吉祥止止。夫且不止，是之谓坐驰。夫徇耳目内通而外于心知，鬼神将来舍，而况人乎！是万物之化也，禹舜之所纽也，伏戏几蘧之所行终，而况散焉者乎！"（《人世间》）

心斋与祭祀之斋不同，祭祀之斋不饮酒、不茹荤、沐浴别居，以表虔诚，"心斋"也是"斋"，也有清净自我之意，只是不在形式而在心灵、精神。"一志"是精神专注，是体道的前提条件。"耳"表示感性的活动方式，"心"表示理性的活动方式；体道不能靠耳与心的方式，要以"气"的方式。在庄子，气具有本体的意味，《大宗师》中有"与造物者为人，而游乎天地之一气"，《知北游》中有"通天下一气"，气与道（造物者）相提并论，天下万物是气之聚散变化，在根本上是一体相通的，表明气与道能相通或就是道的具象化。② 以"虚"说气，就是要以一种如气一般的至虚至无的精神状态去体道，气与道相通，这种至虚的境界就能与道相通，心斋者若能出以这种虚无空明的精神境界，③ "道"就能集结于此虚无空明的心境中（唯道集虚），就是得道。此虚无空明的境界

---

① 崔大华："体'道'一方面是精神修养终极的、最高的阶段，一方面也可以说是贯串精神修养的全部过程。"（崔大华：《庄学研究》，人民出版社1992年版，第180页）

② 陈鼓应："庄子将'一气'与道并列，含隐着将道具象化为'一气'的倾向。"［陈鼓应：《论道与物关系问题（下）——中国哲学史上的一条主线》，《哲学动态》2005年第8期］韩林合："可将'听之以气'和'气也者，虚而待物者也'之'气'理解为道。"（韩林合：《虚己以游世——〈庄子〉哲学研究》，北京大学出版社2006年版，第81页）

③ 涂光社认为"心斋"这里的"气"，"指一种至'虚'的空明的精神境界。"（涂光社：《庄子范畴心解》，中国社会科学出版社2003年版，第268页）陈鼓应也说："这里的'气'，即是指空明的心境或清虚的精神境界。"［陈鼓应：《〈庄子〉内篇的心学（下）——开放的心灵与审美的心境》，《哲学研究》2009年第3期］

就是"心斋"的境界，也即得道的境界。"虚室生白"是表明心境的空明状态，是从"心"的一面说，"唯道集虚"是从"道"的方面说，心与道是合一的。①"徇耳目内通而外于心知"，表明体道的活动方式不以外在对象为指向，而是反视内听，不是感性或理性的认识活动，而是一种独特的直觉体验活动。可见，心斋的关键在"斋"，即通过净化培养出一种虚无的境界。"坐忘"的关键则在"忘"，"忘"与"斋"是相通的。《大宗师》曰：

> 颜回曰："回益矣。"仲尼曰："何谓也？"曰："回忘仁义矣。"曰："可矣，犹未也。"他日，复见，曰："回益矣。"曰："何谓也？"曰："回忘礼乐矣。"曰："可矣，犹未也。"他日，复见，曰："回益矣。"曰："何谓也？"曰："回坐忘矣。"仲尼蹴然曰："何谓坐忘？"颜回曰："堕肢体，黜聪明，离形去知，同于大通，此谓坐忘。"仲尼曰："同则无好也，化则无常也。而果其贤乎！丘也请从而后也。"

很明显，庄子在此是针对儒家思想来谈论如何体道的。仁义礼乐是儒家思想的统称，若能忘此，对于儒家来说，当是一切皆忘。"堕肢体，黜聪明"，也是"离形去知"，仁义礼乐是人生在世所受的外在文化观念，肢体聪明则涉及个体自身存在的领域，② 这就不仅要忘掉外在的影响，也要忘掉那些个体自身的感性和知性的影响。其结果是达到形如槁木、心如死灰的状态，这样就"同于大通"了。大通，"其实就是无限隔的造化之途，也就是道"，③"同于大通"也即与道同体了。在与道同一状态中，就没有什么偏好即是非好恶的观念（同则无好），也不执于变化中的事物的界限（化则无常）。

---

① 蒙培元：《心灵超越与境界》，人民出版社1998年版，第216页。应该说，"心境"不仅仅是心的状态，也包括身的状态，在中国古代身心是不分离的，仍习惯地沿用心境统称之。

② 杨国荣："礼乐仁义构成了人存在的社会文化伦理背景，那么，'形'与'知'则更多地与个体存在相联系。"（杨国荣：《庄子的思想世界》，华东师范大学出版社2009年版，第124页）

③ 王博：《庄子哲学》，北京大学出版社2004年版，第99页。徐复观："大通指的即是道。"（徐复观：《中国人性论史·先秦篇》，华东师范大学出版社2005年版，第243页）

　　《在宥》用近似的表述说明了这种坐忘的工夫与境界，是为"心养"："意！心养。汝徒处无为，而物自化。堕尔形体，吐①尔聪明，伦与物忘；大同乎涬溟，解心释神，莫然无魂。万物云云，各复其根，各复其根而不知；浑浑沌沌，终身不离。"（《在宥》）"心养"也通"心斋"，其法在"无为"。"堕尔形体，吐尔聪明"在消除感性的影响，"解心释神"是消除所有精神领域的作用，这样就可达"大同乎涬溟"的状态，"涬溟"成疏为"自然之气"，大同于自然的元气，也就是与自然本体相同一，与坐忘的"同于大通"境界相同。在与道为一的境界中，主体的精神便沦没不存与物相忘［伦（沦）与物忘］，并不以自身感性与心智去支配外物（莫然无魂。成疏：涤荡心灵，同死灰枯木，无知魂也），万物也得以在其本然状态中存在。可见，"坐忘"、"心养"就是要忘掉或消除感性与知性等精神领域活动的外偏和内执对主体产生的影响，从而达到枯木死灰般与道同一的状态。对于这种体道的工夫与境界，庄子还借"闻道"之人自身的体验来加以描述，《大宗师》又曰：

　　　　南伯子葵问乎女偊曰："子之年长矣，而色若孺子，何也？"曰："吾闻道矣。"南伯子葵曰："道可得学邪？"曰："恶！恶可！子非其人也。夫卜梁倚有圣人之才而无圣人之道，我有圣人之道而无圣人之才，吾欲以教之，庶几其果为圣人乎！不然，以圣人之道告圣人之才，亦易矣。吾犹守而告之，参日而后能外天下；已外天下矣，吾又守之，七日而后能外物；已外物矣，吾又守之，九日而后能外生；已外生矣，而后能朝彻；朝彻，而后能见独；见独，而后能无古今；无古今，而后能入于不死不生。杀生者不死，生生者不生。其为物，无不将也，无不迎也；无不毁也，无不成也。其名为撄宁。撄宁也者，撄而后成者也。"

　　这里的关键不仅在一个"外"字，也在一个"守"字，是既外且守的双重过程。"外"是忘、遗，既然能"外"，则不是本己之所有，应坚决舍弃。所外者何，天下、物、生。人世社会、自然事物、个体生命，此

────────────

　　① 据刘文典，"吐"当作"绌"字。陈鼓应据《大宗师》改为"黜"。（陈鼓应：《庄子今注今译》，中华书局 2009 年版，第 312 页）

原本就非吾所有，不可为其所执，当舍弃当扫除。"守"是坚守，是不断地对目标的体验、修持，成疏："非知之难，行之难也。"经过坚持不懈的修持、体悟，心境便呈现出如朝阳初启之时的清明朗彻的状态。① 此后方能"见独"，独者，绝对无待之道也，"见独"，则体见至道矣。"无古今"、"不死不生"，原本是道的状态；得道者已然与道同体，超越了时间与生死的界限。体道者对于物亦如道于万物一般，无不送迎、无不毁成，有如"心养"之无为、与物相忘，这种状态就是"撄宁"②，即体道者在万物的成毁往来的纷扰变化中保持至虚至静的境界。修道至此，虽然有"撄"（扰），亦能持"宁"（静），已成最高境界。

　　庄子关于体道的描述甚多，以上只就数个典型的体道工夫略加勾勒。体道之关键可见是"斋"、"忘"、"外"，以此消解内外一切精神搅扰；同时亦应注重"志"、"养"、"守"，以达到那种虚静明澈的精神境界，二者是同一修养过程的两面。这与老子所说的"为学日益，为道日损"（《老子》48 章）和"致虚极，守静笃"（《老子》16 章）的工夫如出一辙。《知北游》篇亦曰："为道者日损，损之又损之以至于无为。"正是通过"损"与"守"之类的一负一正的工夫修养，体道者才最终有道之空明虚静境界的呈现。

　　在我们看来，这种心斋、坐忘、闻道等体道工夫是庄子独特的道德修养。那么，它是否也不期然而然地切合审美体验呢？我们认为，这种体道工夫与审美体验是不相同的。它确实有摒弃实用的一面，也有否定知识的一面（实际上审美并不否定知识，只是否定确定的概念知识，却有丰富的不确定的概念知识），也确实是凝神专注和直觉体验（并不是为审美），但是它也确实没有落实在人们通常所理解的审美观照之上，它的工夫程度早已大大地超越了审美，或者说把审美也摒除在其范围之外了。在此，我们只从我们学科意义上的审美的最基本事实出发，从大家所公认的审美的最基本的一些规定出发，将审美与体道略加比较，就明白体道工夫并不就是我们通常学科意义上所说的审美。

---

　　① 陈鼓应：《老庄新论》，商务印书馆 2008 年版，第 252 页。

　　② 杨会文："即将、即迎、即毁、即成，合四句为一'撄'字；朝彻、见独、无古今、不死生，合四句为一'宁'字。""撄与宁两门相反，适以相成，所谓八万尘劳即解脱相也。"（张默生：《庄子新释》，新世界出版社 2007 年版，第 136 页）

第二节　体道异于审美

庄子之体道工夫是否契合审美观照或感知，这似乎是难以说明的。不可否认，庄子的体道工夫与得道境界并不为我们一般人所能体会，或者说具有某种神秘性，因此，我们用怎样的话语去诠释，或将它诠释成一种何样的情态，似乎都是没有定评的也无法验证的，标准只在"道"或庄子那儿。但是反过来，当我们用一套并不是完全没有规范没有边界的话语体系去诠释庄子的体道与得道之时，那么它们之间是否契合，它们之间的边界所在，也就不是完全不能把握的了。庄子体道工夫与我们今天所说的作为美学学科的审美之间的关系就是这样。

从古到今，自西至东，美学的中心话题与美学的相关观念都经历了非常大的甚至颠覆性的转变，但是有一点却是美学所不可变更的，那就是：美学必须面对最基本的审美经验或审美现象的事实。如柏拉图要面对现实的艺术（包括技艺与艺术），如亚里士多德要面对悲剧的体验，如康德要面对一朵花的美，如海德格尔要面对梵高的画或荷尔德林的诗，如杜夫海纳要面对艺术的审美经验，如朱光潜谈面对一棵古松的审美态度，如宗白华要面对罗丹的雕像等等，无论怎样的美学，无论该理论走的是何种路线，无论该理论多么有独特性，都必然要尊重最基本的审美体验的实事。从最基本的审美体验的事实出发，我们就会发现庄子的体道工夫与审美体验并不相同。

一　体道目的与审美追求

审美不以"道"之类的形而上东西为出发点和落脚点，不对它做自觉的追求。而庄子的"心斋"、"坐忘"、"心养"、"闻道"等工夫显然是从体道的目的出发，而以得道（得道为德）的境界为落脚点。

金岳霖曾指出："中国思想中最崇高的概念似乎是道。所谓修道、行道、得道，都是以道为最终目标。"① 这可谓中的之语，对道家来说尤其如此。庄子所设定的"道"，虽然有宇宙论与本体论的意义，但是究其实，其意并不在解决什么对外部世界的认识问题，而是意在解决人生的问

---

① 金岳霖：《论道》，商务印书馆 1985 年版，第 16 页。

题。道作为本体，对于自然物来说它们原本就处在那种本然状态，只有人才背离了其本然存在从而远离了道，但人却又能够通过心性修养而重回道体，理想的圣人、真人、至人作为人格理想就是那些得道之人，因此，道作为本体，对于人才有真正的意义。如李泽厚曾指出，"（庄子）他讲的'道'并不是自然本体，而是人的本体"①。从现实层面来看这个说法不无道理。所以，庄子所设定的道，实际就是一种理想的人生目标，他的体道工夫的表述就是企图以此指导人们如何通过修养实践来追求并实现道的人生。这一点早为众多研究者所指出，如徐复观说："老庄所建立的最高概念是'道'；他们的目的，是要在精神上与道为一体，亦即是所谓'体道'，因而形成'道的人生观'，抱着道的生活态度，以安顿现实生活。"② 陈鼓应说："庄子所谈的'道'，和老子比较起来已经有了不同的发展，老子的'道'，重客观的意义；庄子的'道'却从主体透升上去成为一种宇宙精神。庄子把道和人的关系，扣得紧紧的……他只描述体道以后的心灵状态。在庄子，'道'成为人生所达到的最高境界，人生所臻至的最高的境界便称为'道'的境界。"③ 这种看法也得到蒙培元等人的认可，将得道境界称为"道的境界"。冯友兰、曹础基等则直接称为"道德境界"，已如前述。

庄子以体道为目标诉求在文中是非常明确的。"夫体道者，天下之君子所系焉"（《知北游》），"与道相辅而行"、"与道游"（《山木》），"与道徘徊"（《盗跖》），"登假于道"、"与造物者为人，而游乎天地一气"（《大宗师》），等等，都表现出以道为工夫的目标和境界的终点。前述体道工夫的典型无不表明这种对道的追求。从"心斋"来看，体道者培养出的如气一般的虚无状态，就是为了使"道"能集结其中。从"坐忘"看，消除感性作用及知性影响，也是为了能与"道"相通。"心养"之"大同乎涬溟"亦是如此。"闻道"中那种不断的修炼，最终是能"见独"，也是体见至道。无论是负面的"损"还是正面的"守"，都以道本体为鹄的。崔大华说："'体道'之'体'和'闻道'之'守'的意思是相同的，都是对在心目中已经设定的作为体现世界最后根源、最高本质'道'的那种精神境界的体验、归依，这是广泛意义上的道德实践，而不

① 李泽厚：《中国思想史论·上》，安徽文艺出版社 1999 年版，第 189 页。
② 徐复观：《中国艺术精神》，广西师范大学出版社 2007 年版，第 35—36 页。
③ 陈鼓应：《老庄新论》，商务印书馆 2008 年版，第 390 页。

属于确切意义上的认识活动。"① 体道之实践不仅不属于认识活动，它也同样不属于审美活动，因为审美并不必然悬设一个确定的本体的先在的道。康德曾指出过这里的分别："要觉得某物是善的，我任何时候都必须知道对象应当是怎样一个东西，也就是必须拥有关于这个对象的概念。而要觉得它是美的，我并不需要这样做。"②

在庄子，心斋、坐忘等等体见至道的修养方法和境界，体道作为目的，所得为德，具有很大程度的理性性质（见前述），体道作为一种心性修炼，需要用直觉去体悟，更需要用一定的实践意志去支撑。③ 心斋修炼，要聚精会神，要通过系列步骤："止耳"、"止心"、"气"虚、"道"集。坐忘亦是：忘仁义、忘礼乐、忘形体视听、忘智慧知识，才能达于"大通"的道境。涂光社指出："'坐忘'就字面而言是端坐而无思虑的意思。此处的'坐忘'是颜回通过不断的执着精神修养，跨越了几个层次才达到的境界。""达于'心斋'的修养也是一个逐步提升的进程。"④"闻道"的过程更细致一些，"外天下"、"外物"、"外生"，然后，"朝彻"、"见独"、"无古今"、"无死生"，这个学道程序被王孝鱼形象地称为"三关"和"四悟"。⑤ 这些体道程序虽然在最后跃升阶段有些神秘之处，而在初期阶段还是具有很强的可操作性，而其整个修道过程中目的旨趣却一直都是相当明确的，无论是减法式的"忘"还是加法式的"守"，体道者精神境界不断提升的过程都是朝向最终的道的境界，也就是说修道是一种目的性修养活动。

心斋坐忘等等这些修炼过程往往需要通过很长时间的学习体悟，颜回坐忘就经过了长时间的修养。女偊所传的体道经验也是如此，是"守"之又"守"。并且，道好像也不是一般人所能学得的，像卜梁倚那样有"圣人之才"的或许能学得，而南伯子葵则不是学道之人，也许倾其毕生之力亦无以到达道之境界。这倒有点似气功修炼。审美尽管深度有所不同，但是一般人都能够正常进行，而且审美的那种"高峰体验"也是瞬

---

① 崔大华：《庄学研究》，人民出版社 1992 年版，第 301 页。
② ［德］康德：《判断力批判》，邓晓芒译，杨祖陶校，人民出版社 2002 年版，第 42 页。
③ 看来，庄子在此修炼上有神秘处的同时，其体道方法和体道要求亦有矛盾处。既然要不执、要自然，那么也没有必要去持守什么修道工夫。
④ 涂光社：《庄子范畴心解》，中国社会科学出版社 2003 年版，第 72、86 页。
⑤ 王孝鱼：《庄子内篇新解·庄子通疏证》，岳麓书社 1983 年版，第 126 页。

间的，无须长时间操守才等来瞬间的愉悦。斯托洛维奇曾在引用民谚"美到昨天为止，善迄死方终"时说，"美不同于善，它是短暂的"。① 这就指出了美与善的时间形式上的分别。

通过这种修心养性（"修心"是庄子的术语②），得道者就会获得与道的特性一致的人的德性，即获得虚无空明的人生境界或自然无为的人生态度，这样就可全身养生，逍遥游世，内圣外王，与天为徒。这些都是很实际很全面同时也是很高远很超越的人生目的，表现出一种"实用理性"和超越精神的结合，尽管可能不一定能实现，但体现出把形上之道作为人生追求的意趣。顺此指出，道作为形上追求在后世现实生活的最大影响就是发展出了中国本土宗教的道教和隐逸文化（似乎并没有发展出明确的中国式的审美存在论，古人可能有某种程度的自觉或不自觉的理论转化，但都是不甚明确的；今人所做的转化，欲使之明确化，应该说有了某种自觉的意识，值得注意的是这种转化出的审美生存论并非是庄子本身所固有的）。

审美与科学、道德、信仰等需要一样，也是出自人的一种本质需要即审美需要，审美之所以发生，就在于审美能给人以人所需要的审美价值，这首先就表现在审美能给人带来美的享受，即情感体验的愉悦性或说审美愉悦。现象学美学家盖格尔就说："审美经验在审美享受中达到了顶峰；审美经验的意义就是审美享受……审美经验的最终目的是审美享受。"③审美享受当然有别于一般享受，此不具论。那么，审美是否进而有一种形而上的超越性的追求或者说美的享受中是否有超越性呢？一些研究者认为审美具有超越性，审美就是通过有限来追求无限，美是有限与无限的统一。一些美学研究者则并不认同，认为审美如果依严格的自律意识，审美就是人类追求感性精神愉悦的活动，自身并不承担超越的重荷，只有在与其他精神文化活动结合时才具有超审美的文化功能。"审美是什么？审美是人类追求即时性感性精神快感的活动。"④ 在他们看来，审美的超越性

---

① ［爱沙尼亚］斯托洛维奇：《审美价值的本质》，凌继尧译，中国社会科学出版社2007年版，第96页。

② "夫子德配天地，而犹假至言以修心，古之君子，孰能脱焉？"（《田子方》）

③ ［德］盖格尔：《艺术的意味》，艾彦译，华夏出版社1999年版，第226页。

④ 薛富兴：《分化与突围》，首都师范大学出版社2006年版，第355页。美学史上以美感为快感的看法是很普遍的。

也仅是指超越了确定的概念知识和物质功利而已，审美与伦理、哲学、宗教等其他精神活动相比，其超越性并不突出，后三者的超越性更大。人类之所以审美，恰恰在于难以超越感性世界的诱惑，它的那种超越性只是相对而言的。从审美自律来看，这种看法并非没有道理。就现实的审美经验说，审美并不以追求超越为己任，在世界上很多人既需要审美也需要宗教，就是一个好的证明。

如果以这两种审美观念来考诸庄子，庄子的体道并不切合审美。一方面，庄子追求道，道在根本上就是一种"无限"，因此，如果认为审美的目的在于审美享受、精神愉悦，庄子不但不追求世俗的感性愉悦，恰恰他为追求无限之道而反对这种世俗的快感，这种现世快乐只不过是形色声名的"俗乐"，他所追求的是与道相一的"大乐"、"至乐"，而非现实的感性之乐。这在《至乐》篇说得很明确，"至乐无乐，至誉无誉"，至乐是"解心释神，莫然无魂"的槁木死灰状态，现世的感性快乐是在排除之列的。如果仍然坚持得道的"大乐"也是一种乐的话，它就是庄子哲学的那种独特的道德精神意义上的乐，是无所谓乐与不乐的。用道德之乐与审美之乐衡量之，这种至乐也是道德之乐。按康德的说法，善的愉悦"包含有理性对（至少是可能的）意愿的关系，所以也包含对一个客体或一个行动的存有的愉悦"，[1] 就体道至乐来看，它恰是建立在对与道同一的理想人格的追求之上，它的获得方式也是通过修养实践来达到的。所以，这种得道的大乐是一种善的愉悦，而不是美的愉悦。另一方面，道作为无限，体道确实表现出超越有限性的追求，但是它又与审美的超越方式不同，它不是为有限所显现出的无限，而是反对有限直接去追求无限。前文在谈黑格尔的美是理念的感性显现时曾涉及这个问题。从心斋坐忘等等来看，体道就是一种虚无空明的心境与形上之道的对接，体道要"忘"、要"损"，"损之又损，以至于无"（《老子》48 章），要消解外界作用与精神领域的活动对主体的影响，最终是达到与道同体的虚无，有限恰恰是被当作体道的障碍应加以排斥的，[2] 有限是"筌"是"蹄"，是要抛弃的，

———————

[1]　[德]康德：《判断力批判》，邓晓芒译，杨祖陶校，人民出版社 2002 年版，第 42 页。

[2]　例如，王博："简而言之，心斋指的就是心的完全虚静的状态，心里面没有任何的东西。"（王博：《庄子哲学》，北京大学出版社 2004 年版，第 38 页）刘笑敢："在头脑中荡尽一切客观事物的映象，就达到了剔透清澄的新境界。"（刘笑敢：《庄子哲学及其演变》，中国社会科学出版社 1988 年版，第 156 页）

不弃有限就永远无以致"无"。然而，正如张世英所言，"离开了有限的东西，无限的东西是不可见的，而美的特征正在于可见的显现之中"①。所以体道并不同于审美追求的"以有限显现无限"，也不同于"从有限的在场者（包括'永恒的在场者'）超越到无穷无尽的（无限的）不在场者"。②体道从有限超越到无限实得益于后世尤其是魏晋玄学所做的理论转换。③

总之，审美是为满足审美需要获得审美享受，庄子的修道是为回归人的道德本性；审美是以有限显现无限，修道是反对有限以求无限；审美是短暂的，修道是终生的。诚如陈本益指出的："审美体验的目的在于享受一时的愉悦（虽然其中也有潜在的道德教养），它只是人生的一个部分，并且往往是较小的部分（至少至今如此）。老庄的道德修养却不在于追求审美愉悦，而在于追求理想的道德人格。它是一种全方位的人生态度。"④

二　体道直觉与审美直觉

体道有体道者为其主体，审美有审美者为其主体。体道被认为与审美相同，其中的一个重要原因是：体道主体采取的是直觉体悟的方式来体道，而审美主体也采取一种直觉的方式来审美。⑤确实，它们都采取了直觉的方式，但从二者的主体的心理生理的元素构成即体道感官与审美感官来看，其分别却是明显的，就是体道排除了视听等感官外向活动。当然，体道因采取的是直觉方式，确实易转化为审美的直觉方式。

庄子"心斋"中说，"无听之以耳"、"无听之以心"，因为耳止于听、心止于符，耳、心代表了五官的感性活动与心灵的知性活动，有此视

---

① 张世英：《哲学导论》，北京大学出版社 2002 年版，第 165 页。

② 同上书，第 177 页。

③ 王弼"贵无"论，裴頠"崇有"论，郭象提出"独化"说，孙绰提出"山水是道"等，一系列命题使道逐渐下落成为事物本身所具有的特性。

④ 陈本益：《谈儒道佛三家思想的道德性——兼谈道家思想本身并不是美学》，《社会科学战线》2011 年第 1 期。

⑤ 例如，徐复观："'忘知'，是忘掉分解性的、概念性的知识活动，剩下的便是虚而待物的，亦即是徇耳目内通的纯知觉活动。这种纯知觉活动，即是美的观照。""所谓观照，是对物不作分析的了解，而只出之以直观的活动。"（徐复观：《中国艺术精神》，广西师范大学出版社 2007 年版，第 55 页）李泽厚、刘纲纪：审美感受"是一种超功利的直觉。所谓'无听之以心而听之以气'正是对审美的这一特征的素朴说明。"（李泽厚、刘纲纪：《中国美学史·先秦两汉编》，安徽文艺出版社 1999 年版，第 254 页）

听等感知活动，则易与外物相接相合，心灵为"实"所充，则不能"虚"。郭注："遗耳目，去心意。"成疏："心有知觉，犹起攀缘；气无情虑，虚柔任物。故去彼知觉，取此虚柔，遣之又遣，渐阶玄妙。"曹础基注："心停止与外界事物接触，即所谓'对境莫任心，对心莫认境'。"① 涂光社说："庄子以为：关闭耳目接收外部信息的通道，排除难免偏执的心智所带来的干扰，神奇的灵慧将会来驻胸臆。"② "坐忘"之"堕肢体，黜聪明，离形去知"也明确地表达了相同的意思。成疏："聪属于耳，明关于目，而聪明之用，本乎心灵。既悟一身非有，万境皆空，故能毁废四肢百体，屏黜聪明心智。"这有如禅家面壁一般。"心养"与"闻道"同样表明了要排除指向外部对象的五官感性活动与心智活动。所以，体道工夫之首要在于先切断视听等知觉与外界的接触，避免感官能力沉溺于感性世界和心智能力对外物做知识运思而对修道心灵造成消极影响，从而达到闻见与心智双遣。③ 心斋、坐忘等工夫确实要排除知识与欲望，因为知识与欲望关乎耳目心灵等知觉活动，但是，为防止是非好恶的发生却从根本上去取消向外知觉活动，未免消解了问题；同样，审美也离不开耳目等知觉的对象活动，从而理应在一并排除之列。

　　庄子在排除五官和心灵对外做感性与知性等精神领域活动后，提出以"气"体道，"气"也是一种心理活动，我们或可称之为"心气"或"气心"，或按庄子的说法称为"常心"（《德充符》）。④ 心气不同于视听五官与心智之心，心气是虚无的，因此可接虚无之道，心气感官才是体道的真正感官。以心气感官接道时五官与心智的作用就改换了方式，庄子说，"徇耳目内通而外于心知"，这样五官转向了内在世界，心智之心依然被取消。这时的所谓视听就是"自闻"、"自见"，《骈拇》说，"吾所谓聪者，非谓其闻彼也，自闻而已矣；吾所谓明者，非谓其见彼也，自见而已

---

　　① 曹础基：《庄子浅注》，中华书局 2007 年版，第 45 页。
　　② 涂光社：《庄子范畴心解》，中国社会科学出版社 2003 年版，第 96 页。
　　③ 相近的说法："擢乱六律，铄绝竽瑟，塞瞽旷之耳。灭文章，散五采，胶离朱之目。"（《胠箧》）"目无所见，耳无所闻，心无所知，女（汝）神将守形，形乃长生。"（《在宥》）"堕尔形体，吐（咄）尔聪明，伦与物忘。"（《在宥》）"慎女（汝）内，闭女外。"（《在宥》）"去知与故，循天之理。"（《刻意》）"无思无虑始知道。"（《知北游》）
　　④ 陈鼓应："'心'在《庄子》书上有两种不同的意义：一个为具有负面的意义，如'成心'（《齐物论》）……另一个为含有积极的意义，如：'常心'（《德充符》）、'静心'（《达生》）。"（陈鼓应：《老庄新论》，商务印书馆 2008 年版，第 408 页）

矣。夫不自见而见彼、不自得而得彼者，是得人之得而不自得其得者也、
适人之适而不自适其适者也"。在庄子看来，这种内通之耳目也是"聪"
"明"的，只不过它的对象已经转而向内，不"闻彼"而"自闻"，不
"见彼"而"自见"，成为反视内听，此亦是吊诡的讲法，"自闻无闻"，
"实际上等于说令其终止活动"。① 其目的也是"自得"和"自适"，并无
意于对象性活动。应该说，体道似乎并没有否定五官的作用，但是却否定
了五官的外向作用，但说到底还是取消了五官作用。

作为把握道的感官，"心气"感官的运行特点如何？首先，体道的初
始启动条件都应被忘掉。体道时，外在的文化世界、自然万物、个体存在
等等所造成的感性与理性的刺激都要取消。其次，五官停止对外的感性活
动，反身向内，其对象只能是道，"心气"感官也就渗入了一些感性因
素，是一种内在的直觉，但不同于经验世界的感性直观。② 再次，心智之
心的活动是坚定取消的。最后，"心气"感官直接与自然无为之道形成对
接。道具有理性性质，因此"心气"也渗入了理性因素，但又不是理性
逻辑的进路，而具有体验的直接性。可见，"心气"作为体道感官，具有
一定程度上的神秘性。崔大华说，"对'道'的把握是通过超越一般认识
方法（感性、知性或理性）而具有非逻辑特质的直觉和超越认识而具有
实践特质的体验来实现的"，其特点是"直觉、体验：实践性"。③ 应强调
的是，所谓的实践也是向内的单纯的自我精神实践。

庄子的"心气"感官，仅从其摒弃五官的对外感性活动来看，它就
不是用于现实审美的审美感官。现实的美诸如形色声味之类，无疑是经验
世界的对象之物，五官如果沉溺于感性之物，不仅不能体道，而且有害于
五官，《天地》就说："且夫失性有五：一曰五色乱目，使目不明；二曰
五声乱耳，使耳不聪；三曰五臭熏鼻，困惾中颡；四曰五味浊口，使口厉

---

① 韩林合：《虚己以游世——〈庄子〉哲学研究》，北京大学出版社 2006 年版，第 80 页。
这里表现出庄子思想的复杂性，五官作用原本是外向的，但是庄子却转而向内。

② 崔大华："它是一种超理性的理性直觉。"（崔大华：《庄学研究》，人民出版社 1992 年
版，第 295 页）涂光社："庄子所谓'体道'、'体性'和'体纯素'之'体'不是用于分类之
体，也非具体和势态之体，是一种不借助媒介、非逻辑，依靠直觉和悟性的特殊思维方式。"
（涂光社：《庄子范畴心解》，中国社会科学出版社 2003 年版，第 87 页）杨国荣："不同于经验
或感性的直观，在实质上表现为某种区别于单纯理性作用的直觉。"（杨国荣：《庄子的思想世
界》，华东师范大学出版社 2009 年版，第 129 页）这种看法基本上成为学界的共识，这实际上表
明它不同于审美的直觉，因为按一般的看法，审美直觉首先是感性直觉，也是对美的直觉。

③ 崔大华：《庄学研究》，人民出版社 1992 年版，第 303—304 页。

爽；五曰趣舍滑心，使性飞扬。此五者，皆生之害也。"其实，就庄子来说，这些现实的美也不是美，只有体道得道到了道的层面自然会有一种"大美"，五官的指向自然就在这形上的道。换句话说，在心气感官中感觉所具有的感性因素也容不得任何想象的或创造的形声色味，那里只能留下一片神奇的无、明、静。

切断了视听等感官和心灵的外向感性活动和内向的非道的（有物的）精神活动，虽然"心气"也是一种内在的直觉，但也就因此而区别于审美直觉了。例如，受老庄思想影响的宗炳的命题"澄怀味象"，其"味"很明显首先指向了美的对象，其直觉并不是直接更不是仅仅指向道本身的。审美直觉必然是对美的对象的直觉，无论这美的对象是现实事物形成的实象，还是主观想象或创造的虚象（下论），审美的直觉也就不可能断弃视听等感知活动。我们这样说，似乎还不能让人信服，兹引证数例。帕克说："感觉是我们进入审美经验的门户。而且，它又是整个结构所依靠的基础。感受不到感觉的可能的价值的人，也可能是富于同情心的和聪明的，但是，他们不可能成为美的爱好者。"① 帕克并认为视觉、听觉是具有优越性的审美感官，是"一切艺术的基础"，就在于它们是"天然的交际媒介"。在帕克看来，视听由其"交际"的优越性成为主要的审美感官，并且，仅有感觉而没有审美感觉力，感觉很可能导致的是道德感或认知感。庄子既切断了与审美对象等对象物的交流，也没有停驻在美的价值上，现实的美在他根本就不是美。所以，这种"心气"直觉最可能的是道德的直觉。李泽厚说，"内在自然的人化，是我关于美感的总观点"，在"感官的人化"方面，"为什么视觉和听觉能成为主要的审美器官（包括在文学领域，也是与视觉、听觉相关的想象、表象最为发达），就是因为它失去了个体利己主义的性质，更多的是人化了的感觉，在这种感性中，充满了社会性的东西，它们已经成为社会人的主要器官"。② 按李氏的说法，美感必然是社会化或人化了的感官，而庄子的直觉首先要忘掉的就是社会性的影响。审美感官是无利害的，利害必然是关涉对象的利害，这对象就是与视听相关的表象等等，而庄子得道之极是如气一般的"无"，是不可能存有什么表象之类的具体之"有"的，也不能有与表象

① ［美］H. 帕克：《美学原理》，张今译，广西师范大学出版社2001年版，第48页。
② 李泽厚：《美学三书》（《美学四讲》），安徽文艺出版社1999年版，第514页。

相关的视听活动。又如徐复观说："所谓（审美）观照，是对物不作分析的了解，而只出之以直观的活动"，"这是看、听的感官活动，是属于感性的"。[①] 庄子的"心气"倒是直觉的，只是他的看、听，是"自闻"、"自见"，有物的直观体道活动，似乎并没有无物的直觉体道活动来得更容易，因为庄子明确地要"外物"。所谓"收视反听"、"自闻"、"自见"，在形式上讲是有所感知的，但是在实际上却否定了有物的对象性感知活动。[②] 如果审美中有物的"看、听的感官活动"，就有违"目无所见，耳无所闻，心无所知"（《在宥》），这时体道之"心"大约是不能"静"的，因此，审美是有害于体道的。徐复观认为，哈曼（R. Hamann，1879—1961）的审美观照或审美态度的知觉"孤立说"说明了直觉观照的"纯知觉活动"，即是一种"孤立化、集中化"的知觉活动。庄子的"心气"直觉，确实是直觉、孤立、集中，但是与"孤立说"的差距是明显的。首先，"孤立说"[③] 并不能证成审美观照。这一看法早在 1920 年兰菲尔德（H. S. Langfield）的《审美态度》一书中就曾指出过，兰氏认为，孤立确实不是足以产生美感经验的一项充足的条件，只是条件之一。"孤立说"只是审美观照说中的一个自然的结果。[④] 庄子之直觉即使是孤立化知觉也不能表明就是审美的。其次，孤立说是二元对立思维下的对象

① 徐复观：《中国艺术精神》，广西师范大学出版社 2007 年版，第 55 页。
② 杨国荣："尽管'以神遇'、返身'内通'作为直觉的方式内在地渗入了感知、心知，但在自觉的方法论层面，它们似乎并没有获得应有的确认。"（杨国荣：《庄子的思想世界》，华东师范大学出版社 2009 年版，第 131 页）
③ 代表有国内熟悉的闵斯特堡和不熟悉的哈曼。孤立说被认为是观照说的自然结果。观照说之"观照"得益于叔本华的命名，他在《作为意志和表象的世界》中主张美感经验只是一种观照。叔氏的理论又从康德的美学体系中采取了美感经验必须具备无利害性与形式性的主旨。如果继续向上追，则可以一直回溯到毕达哥拉斯的"观看者"的理论。观照说也可能为政治、科学、实践、宗教等所采取，如在叔本华那里"观照"就为审美与宗教所合用。
④ ［波］塔塔尔凯维奇：《西方六大美学观念史》，刘文潭译，上海译文出版社 2006 年版，第 340 页。台湾的高柏园曾论述过这一问题。根据高氏的看法，庄子的心斋、坐忘对实用、认知及道德的反省与超越并不必然就选择了审美，庄子也没有将美的地位优先于真或善，而是凸显出某一相异层次的自觉心灵。高氏更认为，庄子根据此心灵，是为达到齐物、养生、逍遥，甚至达到道术之全而内圣外王。这种看法无疑是较为切合庄子思想实际的。因此，如果心斋与坐忘真的如知觉的孤立化，它也不能充分证明心斋、坐忘就是审美观照。它如果构成审美观照的条件，也只是诸多条件中的一种条件，而不是充分条件。可参见高柏园《庄子思想中的唯美性格——以劳思光、徐复观为中心之讨论》（http://tkuir.lib.tku.edu.tw: 8080/dspace/bitstream/... /2/070346P016. htm，原载《鹅湖》1995 年 7 月总 241 期）

性理论，其孤立是美的对象的孤立，即"意象的孤立绝缘是美感经验的特征"①，意象作为对象的呈现是"有"是"实"。很显然，这不是形上之道的特征，是应忘掉的。再次，孤立说的对象孤立是在感官和心灵作用下的孤立，是由感官和心灵的整体作用形成一种审美态度。"在直觉态度下，心灵和感官都成为美感的主体构成。"② 直觉之时，对象以其形象呈现在主体的感官与心灵中。而体道时，直觉中只允许留存虚无之"心气"，要取消感官和心灵的外向感性活动和内在的有损指向形上本体之道的一切精神活动，从根本上就取消了形象性感性活动，实际上就取消了审美的感官。"心气"感官既不是审美的，也不是知识的，也不是宗教的③，所以最可能的是道德的，就庄子来说原本也是要通过体道来回归人之本性之德的。不过，体道获得人性之至德的同时就能包含这一切，既能获得道德，也能获得非美之大美，既能获得非知性认识之真知，还能招致神明。

与庄子"心气"感官最为接近的是英国夏夫兹博里的"内在感官"。④ 夏氏提出与五官等外在感官相对应的内在感官，用以反拨经验主义的感官快适论。外在感官为人与动物所共有，只引起感官快感。内在感官则是心灵和理性的，它才是天生的判断美丑善恶的直觉能力，"如果你愿意，就用直觉一词。你可以认为直觉是自然的启示，而不是艺术、文化、训练的教导"⑤。庄子与夏氏的感官理论相类在于，一是都是直觉，都不是逻辑的运思。二是都排斥感官的感性快感。三是既有理性因素又有感性因素。四是都具有一定的神秘性。但是夏氏的理论强调两点，其一，内在感官既是道德的，又是审美的，"心灵就会在行动、精神和性情中见

---

① 朱光潜：《文艺心理学》，生活·读书·新知三联书店2005年版，第8页。这是朱先生引用闵斯特堡的孤立说为美感所做的说明。

② 张法：《中西美学与文化精神》，中国人民大学出版社2010年版，第231页。张法："直觉论、距离论、孤立论、内摹仿论、移情论等纷纷登台。它们都主张一种美感主体构成的整体态度转换，认为美感并不在于某些感官或心灵因素，而在一种主体态度，你用审美态度去看事物，感官和心灵都成为美的承担者。"

③ 崔大华："庄子的'体道'本质上不同于宗教的修炼。"（崔大华：《庄学研究》，人民出版社1992年版，第184页）

④ 张法：《中西美学与文化精神》，中国人民大学出版社2010年版，第225页。

⑤ Shaftesbury, *Characteristics of Men, Manners, Opinions, Times, etc*: vol. ii, Edited by J. M. Robertson, London: Grant Richards, 1900, p. 135. 原文：If you will, for instinct, and call instinct that which Nature teaches, exclusive of art, culture, or discipline. —*Moralists*, Pt. III, Sect. II.

出美和丑，正如它能在形状、声音、颜色里见出美和丑一样"①。二者从其施加的对象可见分别。其二，内在感官依然有待于外在感官。"眼睛一看到形状，耳朵一听到声音，就立刻认识到美，秀雅与和谐。行动一经察觉，人类的感动和情欲一经辨认出（它们大半是一经感觉到就可辨认出），也就由一种内在的眼睛分辨出什么是美好端正的，可爱可赏的，什么是丑陋恶劣的，可恶可鄙的。"② 内在感官在审美时仍然要借助对对象的视听等外在感官。在我们看来，其实内在感官只不过是外在感官的理性化，或者说是借助视听等外在感官载体表现出来的感性与理性的统一感觉。因此，庄子与夏氏的区别在于，一是庄子使外在感官向内转，排斥感官和心灵的外向的感知活动和内向的有限性对象的精神活动，夏氏只排除外在感官的欲望性快感活动，并不否认借助外在感官的感知。二是庄子的直觉对象是无限之道，夏氏的是现实世界事物。三是庄子的直觉是实践性的，夏氏的则是一种判断力。从这种区分来看，庄子的内在直觉如果说是内在感官的话，与其说是审美的内在感官，还不如说是道德的内在感官。因为，庄子虽然强调了内在直觉，但是割裂了与外在感官的联系（后世的道家美学却并非如此）——这时把感官外向的感性作用称为外在感官，而把感官向内转所起的作用划入内在感官即"心气"感官，视听等感官向内转实际上等于已经取消了这些外在感官。

说到底，庄子并未能给感官的感知作用以合理的地位（也没给心智以地位）。杨国荣说："对道的把握不仅疏离于感知，而且似乎被隔绝于外部世界。"③ 王博说："最好的选择是从一开始就不进入这个世界。"④ 没有感官感知，审美是如何进行的呢？难以想象。⑤ 杜夫海纳说："美的

---

① Shaftesbury, *Characteristics of Men*, *Manners*, *Opinions*, *Times*, *etc*：vol. ⅰ, Edited by J. M. Robertson, London：Grant Richards, 1900, p. 260. 原文：It must needs find a beauty and a deformity as well in actions, minds, and tempers, as in figures, sounds, or colours. —*Virtue or Merit. Bk.* Ⅰ. *Pt.* Ⅲ. *Sect.* Ⅰ.

② Shaftesbury, *Characteristics of Men*, *Manners*, *Opinions*, *Times*, *etc*：vol. ⅱ, Edited by J. M. Robertson, London：Grant Richards, 1900, p. 137. 中译参考朱光潜《西方美学史：一卷本》，人民文学出版社 2003 年版，第 207 页。

③ 杨国荣：《庄子的思想世界》，华东师范大学出版社 2009 年版，第 131 页。

④ 王博：《庄子哲学》，北京大学出版社 2004 年版，第 40 页。

⑤ 想想贝多芬耳聋之后连自己的乐曲都无以指挥的故事吧，还有海伦假如给我三天光明的故事。美学想要成为一门科学或严谨的学科，最好还是从基本的审美事实出发。

对象首先刺激起感性，使它陶醉。"① 道之内化如果像众多研究者所说的那样主要是一种道、德的理性或是一种精神境界，那么体道就是内在感官直觉道德精神的活动，这倒是可以不假借耳目等外在感官的感知活动，比较切合体道方式的实际，而不像审美直觉那样是对美的事物的"看、听的感官活动"。

三 体道对象与审美对象

美的一个用法就是用来指称作为主体的感觉者在审美体验中的感觉物或意向物，就是作为审美对象存在的美。感觉者与感觉物在审美经验中共同存在共同显现，因此，审美必然有审美对象，或者说正是有审美对象存在才有审美。体道之法能否契合审美还在于有无作为审美对象的美的存在，因为体道毕竟强调了一种内在的直觉，那么体道过程中是否有审美对象存在？这就要明确审美对象有什么样的基本特征。学界公认的一个看法，审美对象的一个基本特征就是其感性形式或形象。

让我们先搁置美学上的理论，从一个简单的审美现象出发。例如，我面对一朵花，我感觉花是美的。这时，花在向我呈现，我也向花呈现。从花的方面说，花呈现出来的首先是它的形状、颜色、气味、温度等等，这些呈现出来的特征都是感性的，能为我的感官所直接感知（没有感性，它是不可见的），在我的感知中，这些感性特征是分散的但更被感知把握成一个整体，因此，它是以感性形式或整体形象呈现在我的感知之中。② 这时还不能指认它是美的（审美对象），这就要看我如何与它打交道，是否能出之以审美方式或审美感知，只有在审美地感知（直觉）中花呈现出的形象才被认为是美的或者说显现了它的存在本身（意义）；同时，也只有花以其形象显现了它的意义世界之时，我才是在审美或者说直觉到了花以其存在本性方式的形象呈现，这时我也呈现了自我的本性。审美体验当然是很复杂的微妙的，但是在审美中主体与其对象物从交流伊始，作为美的感觉物一直都是以其感性形式即形象的方式呈现出来的，这一点是明确的。从这个意义上可以说，没有事物的感性形式就没有美的现象，也就

---

① ［法］杜夫海纳：《美学与哲学》，孙非译，中国社会科学出版社1985年版，第20页。

② 按照朱光潜的看法，在感觉阶段，感觉到的是物的"感觉形象"或"表象"、"物本身的模样"（物甲），进而被审美地体验为"物的形象"（物乙）才是审美对象。参见朱光潜《朱光潜全集（5）》，安徽教育出版社1989年版，第81页。

没有审美。

　　对于审美对象的特征把握主要在揭示它的"结构"特点或"存在方式",① 二者往往结合在一起,无论从哪种角度进行分析大都强调审美对象的感性形式是基本特征。

　　首先,从审美对象的结构入手,其感性形式特征尤为显豁,为一些美学家所喜用。按照通常的分法,一般把审美对象的结构分为形式与内容,二者当然是有机统一的,只是不同的美学对形式与内容及其统一的思考有所不同。② 审美对象的形式主要指感性形式或感觉现象的形式,是与"内容"相对的概念。感性形式指的是感觉的所有实在方面,是相对于审美对象的精神内涵(意义)而言的,即是内容的存在方式。形式与内容,突出的是对象结构的内外关系,形式强调了对象的外在感性层面。感性形式并非是杂乱无章的材料,形式或内容方面的各种构成要素要形成浑然统一的关系。感性形式首先是直接提供给知觉的声音、色彩、线条等的复合体,进而是知觉在内心唤起的想象直观形象。③ 一种特殊情形就是没有外在实在对象的审美,就是说作为审美对象的形象是人们通过自己的想象或记忆所创造的,这种情形与通常的对外在对象的审美其实并没有什么实质性差异,它们都是审美知觉与审美对象的共同行为,只不过无外在实在对象审美是自己创造自己消费而已,这时的形象仍然是感性的形式,只是没

---

　　① 〔日〕竹内敏雄:《美学百科辞典》,刘晓路等译,湖南人民出版社1988年版,第202页。
　　② 或有论者认为,像海德格尔等就反对形式—质料的二分结构,其实,他反对的并不是二分结构本身,更没有反对"形式"问题,他反对的实质是将形式—质料二分对立或割裂及其导致的片面化或绝对化,他自己就有此在—世界、世界—大地、艺术品—艺术家等结构的设定,问题并不在分与不分,而在于分后能否消弭或怎样消弭对立。司有仑主编的一部辞书中对海德格尔的"真理"条解释中指出:"其实'大地'和'世界'的对立统一也就是艺术创作质料与形式的对立统一,只不过海德格尔用他创造的术语赋予艺术创造以更丰富、更神秘的本体论意义罢了。""而对于艺术创造的独特的形式构思方式,以及由此而造成的艺术和美的独特意义和价值却几乎无意涉及。"(司有仑:《当代西方美学范畴辞典》,中国人民大学出版社1996年版,第66—67页)张弘:"在海德格尔看来,……它(强力意志)涉及审美对象(注意这里的'审美对象'是现象学意义上的而不是对象化的)一系列特征(Gezüge)和结构(Gefüge),涉及艺术创作的赋形或格式化(Gestalt),实即一般美学所讨论的形式问题。"(张弘:《海德格尔与尼采在艺术审美问题上的'争辩'及其当代启示》,《学术月刊》2005年第11期,第88—96页)俄国形式派美学同样反对形式与内容的划分,认为形式与内容是水乳交融的,但将内容变成了形式的一个方面,最终吞并了内容,避免不了形式主义的嫌疑。形式派还试图以新范畴如"材料与程序"来取代原有范畴,但并不算成功。
　　③ 〔日〕竹内敏雄:《美学百科辞典》,刘晓路等译,湖南人民出版社1988年版,第211—214页。前者相当于朱光潜所说的物甲,后者相当于物乙。

有客观化或外化。① 姑且不论如此理解审美对象的感性形式是否很准确，但从其结构来看，把感性形式作为审美对象的重要特征无疑是恰当的。

如存在主义美学家哈特曼（Nicolai Hartmann）就强调形象于审美对象的必要性。哈特曼按其"精神存在"理论，认为，审美对象的根本结构的存在方式可分为两个层次："前景"与"后景（或译背景）"，前景是感觉的实在对象（实在物），后景是在那里成为现象的非实在的精神内涵（理念）。但是这还不足以将审美对象与其他精神对象如认识对象区分开来，这一区分的关键就在于审美对象的一个基本特征即形象。哈氏说："审美对象自然也总是同实在物联系在一起的；这一实在物可能同时又是认识对象——然而，只有当这一实在物在形式上具有充分的意义，即能够激发出'因'之而是审美对象的独特行动时，审美对象才是同该实在物联系在一起的。"② 后景是审美对象中的特有物，前景是呈现后景的形式载体，后景在呈现时，其形象也一同呈现，实在的前景正因之而存在，审美对象"是一种理想背景在前景的现实构体之中的'显现'"，③ 也即，审美对象是具有精神内涵的感性形式在实在对象中的呈现。可见，如果没有感性形式尤其是没有形象，也就没有审美对象，实在物可能是一堆杂乱的材料或其他对象物，精神观念也就只是精神观念或与对象结合为其他的精神产品。

其次，从审美对象的"存在方式"看，粗约有审美心理学的分析或审美现象学、存在论的分析两大类型。心理学审美对象理论将审美对象看作是心理对象，是主观与客观浑然融合的产物，是一种"幻象"（schein），即直觉创造出的非实在、非现实的脱离了物质材质性的形式（形象）存在，类似于通常说的情景交融的"意象"。如朱光潜认为："'美感经验'就是直觉的经验，直觉的对象是上文所说的'形象'（独立自足的意象或图形），所以'美感经验'可以说是'形象的直觉'。这

---

① 朱光潜先生关于审美传达的看法可以帮助我们理解无外在对象审美问题。他说："离开传达问题而专言美感经验，我们的学说否认创造和欣赏有根本上的差异。创造之中都寓有欣赏，欣赏之中也都寓有创造……无论是创造者或是欣赏者都必须见到情趣意象混化的整体（创造），同时也都必觉得它混化得恰好（欣赏）。"（参见朱光潜《文艺心理学》，生活·读书·新知三联书店2005年版，第142页）

② ［德］哈特曼：《体系中的伦理学与美学》，载刘小枫《德语美学文选（下卷）》，华东师范大学出版社2006年版，第29页。

③ 同上书，第32页。

个定义已隐寓在 aesthetic 这个名词里面。它是从康德以来美学家所公认的一条基本原则。"① 所谓审美对象就是直觉的"形象"。

现象学美学主张按照现象性质去探究审美对象，存在论美学注重审美对象的结构、存在方式的分析并注重艺术与真理的关系，二者都源出现象学，往往有所交叉。这里且以与存在哲学有所结合的现象学美学家杜夫海纳的理论为例。杜夫海纳认为，审美对象是审美地被感知的客体，就是作为审美物而感知的客体。审美对象，从存在品格看，它是非现实性的、超时空的、超功利的、先验的、有着自己特殊方式的存在，既是自在自为的又是为我们的"准主体"的存在；这种存在有二因素，一是感性，一是意义。杜氏很强调"感性"，审美地感知客体，关心的不再是原来的材料而是"感性"，"审美对象不是别的，只是灿烂的感性。规定审美对象的那种形式就表现了感性的圆满性与必然性，同时感性自身带有赋予它以活力的意义，并立即献交出来"。② 从这个角度看，审美对象就是内蕴意义的感性的形式，一个呈现出的形象（或译形相）世界。

从审美对象的特征的把握来看，尽管对形式的理解不尽相同，但是对于审美对象的形式层面特征的肯定却是相同的。③ 从国内近年来的一些美学原理论著尤其是美学教学方面来看，把审美对象的感性形式作为一个基本特征基本上是个共识。

问题是，对审美对象来说，感性形式作为其特征是必然的吗，或者说感性形式是不可或缺的因素吗？这无疑是个复杂的问题，按李泽厚的说法，要真正科学地解答这个问题，需要心理学、语言学、文化人类学、发生认识论等多学科的相互合作与长期研究才有可能。不过，李泽厚在这方面有所思考，给予了我们一个指引。

李泽厚指出："从'美'等同于具有肯定性价值的审美对象来看，美总是具有一定的感性形式，从而与人们一定的审美感受相联系。……我认

① 朱光潜：《文艺心理学》，生活·读书·新知三联书店 2005 年版，第 4 页。
② ［法］杜夫海纳：《美学与哲学》，孙非译，中国社会科学出版社 1985 年版，第 54 页。
③ 塔塔尔凯维奇将"形式"列为西方美学六大观念之一，并详细地介绍了"形式"的五大含义的流变。（［波］塔塔尔凯维奇：《西方六大美学观念史》，刘文潭译，上海译文出版社 2006 年版，第 340 页）朱立元把"形式"列为美学的八个主干范畴并做了详细考察。［朱立元：《西方美学范畴史（第 2 卷）》，山西教育出版社 2006 年版］中国美学中涉及形式的主要有"象"、"形"、"文"、"色"、"景"等等。可参见成复旺《中国美学范畴辞典》，中国人民大学出版社 1995 年版；王振复、张艳艳《中国美学范畴史》，山西教育出版社 2009 年版等。

为美必须具有感性形式，从而诉诸人的感性。"① 李泽厚认为，这涉及对作为审美对象的美是什么的回答。在他看来，一个事物能否成为审美对象，光有主观条件还不够，还得有对象上的某些东西作为条件。李泽厚说："为什么某些形式规律，为什么一定的比例、对称、和谐、秩序、多样统一、黄金分割等等，就会具有审美性质呢？为什么它们能普遍必然地给予人们以审美愉快呢？亦即这些形式成为美的规律是如何可能的？"② 李泽厚从两个方面做了思考，一是心理学上，一是哲学上。从心理学上，李泽厚认为格式塔心理学派的"同构说"做了些解释。格式塔心理学认为，外在世界对象物的物理的"力"与人的内在世界的心理的"力"在形式结构上有"同形同构"或"异质同构"的关系，因而，当事物的力的形式结构传达到大脑时，与大脑力场中力的形式结构相互对应，引起相同的电脉冲，所以对象的形式与人的情感合拍一致，人产生审美愉悦，对象成为审美对象。李泽厚认为，"同构说"解释对象的形式结构，尚有欠缺，须进一步说明，这就是其哲学上的说明。李泽厚认为："人的这种生物性的同构反应乃是人类生产劳动和其他生活实践的历史成果。"③ 审美感知的形成，从个体来看，个体有文化传统、教育熏陶以及生活经历方面的原因；从人类来看，是通过长期的生活实践（首先是劳动生产实践）的历史成果，包含外在自然的人化和内在自然的人化两方面。"亦即在双向进展的自然人化中产生了美的形式和审美的形式感。"④ 自然事物的形式成为审美的形式和人具有审美的形式感，都是生产劳动或者说是两个（外在和内在）自然的人化的历史结果。可以说李泽厚用"自然的人化说"较好地解释了形式成为审美规律的根源问题，这比用先验的形式去解说可能是个进步。对于感性形式作为审美对象的一个基本或本质特征，是李泽厚的一贯主张。他反复强调说："无论哪一种美，都必须有感性自然形式。一个没有形式（形象）的美那不是美。这种形式就正是人化的自然。"⑤

　　从以上所叙可见，感性形式作为审美对象的一个必不可少的基本特征

　　① 李泽厚：《美学三书》（《美学四讲》），安徽文艺出版社 1999 年版，第 471 页。
　　② 同上书，第 474 页。
　　③ 同上书，第 475 页。
　　④ 同上。
　　⑤ 同上书，第 480 页。

或规律，是学界一大共识。这样我们再来看庄子的心斋坐忘等体道修炼，因为它缺少了审美对象一环，体道就明显不可能与审美感知相契合。

在庄子，道是无所不在的，目击之处都有道之存在，道创生出万物又内在于万物，因此，体道就可以以这些无差别、无选择的万物做启发或刺激，不过，有如此刺激还不如没有外在刺激，如老子云"不出户，知天下；不窥牖，见天道"（《老子》47章），因为体道首先就要排除这些外物，文化的、人为的、自然的，凡是视听感官所能感觉的一切感性之物都应忘掉，进而还要忘掉内心中关于社会文化、自然事物甚至个体生命的内容，最后把所有的感官和心灵集中于内，达到一种如气一般的虚无空明的心境就可以与道为一，从而在纷纷扰扰的世界中保持一种枯木死灰般寂静无为的"撄宁"状态。可见，在庄子的体道过程中，为达到心灵的虚无状态，对于一切有形有象的可感之物都是要忘掉和排除的，如王博等所说的头脑中空无一物，也就是说，那些能够成为审美对象的感觉物在体道的过程都是要予以排除或摒弃的。既然摒弃或排除了审美对象，那么体道就与审美是两码事。以下进一步澄清两个问题。

或说，庄子之体道，以道为终究，"道"能否看作是审美对象呢？

其一，从道作为形上的东西来说，道不可能成为审美对象。道作为万物的本源和本体，它是"无"或"无无"，无表明它本身没有任何规定性，而道创生天地万物之后才是"有"，有作为经验世界的具体现象才具有规定性，审美对象正因为是经验世界中的"有"，才能作为现象为我们所感知。《大宗师》篇云："夫道，有情（精）有信，无为无形；可传而不可受，可得而不可见。"《知北游》："惽然若亡而存；油然不形而神；万物畜而不知；此之谓本根。"《天地》也说："泰初有无，无有无名；一之所起，有一而未形。"这些都表明道是"无形"的，不能为视听所感知。道本身是"无形"之"形形者"，"道不可闻，闻而非也；道不可见，见而非也；道不可言，言而非也。知形形之不形乎！"[1]《知北游》还说："夫昭昭生于冥冥，有伦生于无形，精神生于道，形本生于精，而万物以形相生。"经验世界的有形之物都是由道而生的，道本身并非是有形之物，说它是审美对象不恰当。叶朗说："美（意象世界）不是一个既成的、实

---

[1]　成疏："夫能形色万物者，固非形色也，乃曰形形不形也。"

体化的存在。"① 这明确地指明了具有本源和本体意义的道并不可能成为审美对象。

其二，从道的存在形态来看，它也不是审美对象。道是本原或初始的存在状态，是无形的；同时，道也是整一的。《齐物论》曰："古之人，其知有所至矣。恶乎至？有以为未始有物者，至矣，尽矣，不可以加矣。其次以为有物矣，而未始有封也。其次以为有封焉，而未始有是非也。是非之彰也，道之所以亏也。道之所以亏，爱之所以成。"按杨国荣的看法，在庄子，存在着"两种世界图景：其一为未始有封的本然形态，其二则是分化的世界"②。这两个世界应该是人们所"以为"的世界，作为未分化的世界才体现了道的本真的形态，实际上也就是能够以"道通为一"的观念来看待的世界。现象的存在都是相互对立的，"此"是一现象物，"彼"是一现象物，彼此对立是"有偶"，道却是"莫得其偶"（《齐物论》），也即"道是整体的，没有跟它相对的东西，所以它超出于对立的关系"③。分化的世界则是人们以现实价值来看待事物的世界，事物以有封、分化的现象形式存在，人们出之以种种彼此是非之判断，形成好恶爱憎的情绪，这都是人为的设定。道原本是整体，有了人为的分割，道就会出现亏损。然而，我们称某事物美，正是由我们的爱恶出发对现象物进行价值判断，被称为美的事物也正是分化、有限的存在，它对于整体的道来说是分割的，对于无分化世界来说只是其中的一部分。

其三，从道内化为境界或精神来看，它也不可能成为审美对象。体道的目的是为得道，按徐复观等的说法，就是将道内化为人的一种精神境界。④ 体道就是一种心性修养的过程，是自身精神境界的生成或提高过程，有没有对象物，对象美不美，这些都并不进入体道考虑之列（实是

---

① 叶朗：《美在意象》，北京大学出版社 2010 年版，第 83 页。陈鼓应："道是形而上的终极的实体。"[陈鼓应：《论道与物关系问题（上）——中国哲学史上的一条主线》，《哲学动态》2005 年第 7 期，第 56 页] 李泽厚、刘纲纪："它（道）作为无形的实体，表现在一切事物之中，并赋予一切事物以生命。"（李泽厚、刘纲纪：《中国美学史·先秦两汉编》，安徽文艺出版社 1999 年版，第 227 页）道也曾被一些学者理解为柏拉图式的"理念"。

② 杨国荣：《庄子的思想世界》，华东师范大学出版社 2009 年版，第 61 页。

③ 陈鼓应：《老庄新论》，商务印书馆 2008 年版，第 389 页。

④ 徐复观："庄子的主要思想，将老子的客观的道，内在化而为人生的境界，于是把客观性的精、神，也内在化为心灵活动的性格。"（徐复观：《中国人性论史·先秦篇》，华东师范大学出版社 2005 年版，第 235 页）还有冯友兰、陈鼓应、牟宗三、蒙培元等，参见前文。

不能有对象物）。① 得道就是人获得与道性相同的自然无为的人生态度或心境。从这个角度看，严格说来，体道实际上是非对象化意识活动，道并不能成为对象意向物，如果把道作意向物，也只是一种精神意向。这样，道也很难被称为美，如刘纲纪所言："凡是我们称之为美的东西，都是在我们的意识之外存在着的一个对象，而且是一个感性具体的对象，具有鲜明的形象性和个性。"② 如果把获得的这样的一种自然无为的精神，执意称作是美或大美的话，③ 如前文所述，那也是一种道德精神意义上的美，而不是审美意义上的美，二者的区别是明显的。同时要指出的是，如果把纯粹精神的体验，例如，我体会到了道，我觉得有一种美或大美，把这样的体验也纳入美学，很有可能泛化了美学或取消了美学。因为如果这样的话，一种宗教体验，科学研究体验，对自己的某种情感的体验，对自己的某种行为加以体验，只要是任何感到快乐的体验甚或无利害的体验等等，就都可以称为审美了。尽管这里面有的可能有审美的因素从而与审美有交叉，有的没有交叉就不是审美体验，这还涉及审美对象的价值问题，此不具论。

从以上的情况看，在整个体道得道的过程中，能成为美的事物或说审美对象在体道工夫中是被舍弃被排除的，道作为本体及其存在形态不能做审美对象，道内化成为精神也不可能成为审美对象。杨径青说："如果'道'不能作为审美对象，那么在主体和'道'之间构成的某种境界（即所谓个体达到无限的精神自由的境界）中形成的美也就成了笑谈。"④ 换句话说，体道得道的工夫与境界之中根本没有作为美的审美对象，体道的工夫与开显的境界，就并不是由审美体验所上升的审美境界；在我们看来，这种境界其实就是空无心灵与道德精神相接洽的道德修养境界，一种自然无为的全方位的人生态度。

其实，我们在前章曾论述过道不是美，把道仅仅看作为美的本体实际

---

① 侯外庐："精神是一个绝对的实在，而对象界（所谓'形'）则属于虚假。主观的心或精神是不能和物形相接相藏的，应该是和神帝共生存的。"（侯外庐：《庄子的主观唯心主义》，载胡道静编《十家论庄》，上海人民出版社 2008 年版，第 130 页）

② 刘纲纪：《美学与哲学》，湖北人民出版社 1986 年版，第 151 页。

③ 杨径青："有些学者认为老庄美学中的最高的美便是那种超越形象的美，这显然无视美的基本特征，而将老庄哲学庸俗化。"（杨径青：《试论庄子的反美学思想》，《思想战线》1995 年第 4 期）

④ 杨径青：《试论庄子的反美学思想》，《思想战线》1995 年第 4 期。

上窄化了道；在此，同样可以看到，道也不能看作是审美对象，把道作为审美对象，显然更是降低了道。从道的存在来说，目击道存，道无所不在，大化流行，道从来没有只滞留在美的事物之上。庄子不仅不重视事物或美的事物的形式，反而从道出发表现出对形式或形象的轻视，形象成了被贬损的外在因素。在《德充符》中庄子描述了一些恶骇的人物形象，是为"德有所长而形有所忘"。陈鼓应说："写形体丑，是为了强调心灵的美。内在生命充实圆满的人，外形如何是无关紧要的，哪怕'恶骇天下'，也不会妨害其德行之美。"① 只要德行美，外形怎么样并不重要，庄子甚至以丑陋的外形来反衬德行之美，这被视为重神轻形。斯托洛维奇曾指出："善不取决于对它的感性知觉的可能性。审美价值与道德价值之间的重要区别之一就在于此。"② 考诸庄子，就其文章写法来说，他借助丑的形象成功地凸显了美的德行（尽管是丑的形象，但仍不能离弃形象，这才是艺术方式），但就他流露的思想来说，对形象的贬损只能表明他重视道或德而不重视形象美。虽说都称为美，但是分属两种学科的美，强调德行是属于道德的，没有形象就不是美学的。

　　或说，通过心斋坐忘等工夫得道的人生境界即自然无为的人生态度有如审美态度，以这种心态去看待物，如"乘物以游心"等等得道状态，就如同审美。诚然，得道境界在庄子是很高的人生境界，庄子对它进行了多方位的描述，除上文的心斋坐忘、朝彻见独，还有"游心"、"游"、"虚静"、"丧我"、"无己"等等，都是指向"环中"之道的能相通相容的范畴，但是以此得道工夫境界待物依然不是审美，因为其间依然没有像审美那样合理地对待审美对象及其感性形式。

　　"游心"、"游"是庄子文本中表述境界的重要范畴，③ 笔者以之为例

---

　　① 陈鼓应：《老庄新论》，商务印书馆 2008 年版，第 245 页。

　　② ［爱沙尼亚］斯托洛维奇：《审美价值的本质》，凌继尧译，中国社会科学出版社 2007 年版，第 98 页。

　　③ 例如，钟泰："窃谓《庄子》一书，一'游'字足以尽之。"（钟泰：《庄子发微》，上海古籍出版社 2002 年版，第 4 页）徐复观："'游'之一字，贯穿于《庄子》一书之中。"（徐复观：《中国艺术精神》，广西师范大学出版社 2007 年版，第 47 页）李泽厚、刘纲纪："这种态度不是把物作为满足功利欲望，需要去加以占有的对象来看待，而是'与之为悦'（《则阳》），'乘物以游心'（《人间世》），从人世的利害得失之中解脱出来，得到一种精神的安慰和愉快。"（李泽厚、刘纲纪：《中国美学史·先秦两汉编》，安徽文艺出版社 1999 年版，第 251 页）叶朗："庄子把这种精神境界称之为'游'。"（叶朗：《中国美学史大纲》，上海人民出版社 1985 年版，第 115 页）

略加阐述。首先，"游心"是庄子的体道方式和境界，其目的仍在于得道为德。"游心"的重点是修心，只有虚静无己之心才能有所游。《人世间》云："乘物以游心，托不得已以养中，至矣。"① 曹础基注："心神任外物的变化而遨游"，"保养心性"。② 可见，"游心"在于顺应事物自然无为本性而修炼自己的恒常心性，其目的仍然在于得道为德，而不在于审美地感受对象事物。"乘道德而浮游"（《山木》）、"游心乎德之和"（《德充符》）等对此就说得更清楚。事物的形式并不起作用，重要的是事物的自然本性，事物是应当被忘掉的，事物原本也没有什么选择性，所有事物的本性之德都是一样的，对体道来说并没有差别。其次，"游心"是心灵与道的精神相契合。"游心于物之初"（《田子方》）、"游心于无穷"（《则阳》）、"游心于淡"（《应帝王》）、"游乎四海之外"（《逍遥游》）、"游乎尘垢之外"（《齐物论》）、"游乎万物之所终始"（《达生》）等，说的都是游心于"道"本身或"道"的特性。这与心斋坐忘是一致的，无非是通过"忘"、"守"等方法，使心灵提升到或持守于那种与道一致的精神状态。《应帝王》曰："体尽无穷，而游无朕。尽其所受乎天而无见得，亦虚而已。"释德清说："'体'，言体会于大道，应化无有穷尽。'朕'，兆也。谓游于无物之初。"陈鼓应说："虚，形容空明的心境。"③ 刘笑敢说："这说明'游'与'虚静'是完全一致的。只有心灵虚静，思想才能无一丝牵挂地玄想遨游；反过来说，只有游心于物外，不为外物所动心，才能达到内心的虚静和谐。"④ "游心"并不着意于物或物的感性形式，仍是游于无物之初的道，如果像审美那样的品味那物，则有所执有所动心，非得道之心境，如此看来审美是远未为体道的。不仅如此，庄子认为从物象根本不可能得道，《秋水》篇曰："物之生也，若骤若驰，无动而不变，无时而不移。"⑤ 事物在不停的流转变化之中，"故不可执而守"（郭注），执守物象则不能明"大义之方"即明了大道的方向，认为从物象可通达大道是远为后来的事。再次，主体似乎也能

① 陈鼓应："'游心'，这是最具有庄子思想特色的概念，首出于此。"（陈鼓应：《庄子今注今译》，中华书局2009年版，第139页）

② 曹础基：《庄子浅注》，中华书局2007年版，第50页。

③ 陈鼓应：《庄子今注今译》，中华书局2009年版，第248页。此处释德清注亦出于此。

④ 刘笑敢：《庄子哲学及其演变》，中国社会科学出版社1988年版，第157页。

⑤ 陈鼓应："物象犹如闪电一般，急速变动着。如此，则永恒不变的知识自然难以建立。"（陈鼓应：《老庄新论》，商务印书馆2008年版，第404页）

"游心"于"大美"、"至美"和"天乐"，尽管庄子认为得道就有至美至乐，不过已如前述，"大美"等其实是一种自然无为的道德精神，它所由工夫上升之境界也并非由审美体验所达至，并不能理解为现实的审美境界。最后，从审美事实来看，"游心"的人生心境也不切合审美。游心的状态，说得好听些是虚静是空明，说得不好听就是枯木死灰是头脑中空无一物混沌一片。不知现实中艺术家是否在艺术创造前要经过这样的修心，也不知有多少艺术家在审美创造时是处于这种状态，更不知艺术家是否非得要达到这种状态才能进行创造。苏东坡诗云："作诗火急追亡逋，清景一失后难摹。"诗人作诗中的这种"火急"状态，就是迫于心灵中审美意象的稍纵即逝，没有了这"清景"、"胸中之竹"式的审美对象，何以有现实的艺术佳构呢。

总之，庄子设计的追求理想人生的体道工夫，是一种心灵与道本身或道之特性相接通的修养实践，虽然它强调虚静、直觉、体验，也具有非功利性、非知识性的特点，这在一定程度上与审美有着某些类似之处从而具有后效于美学的潜力，后世的美学与艺术从中获益不少，也为今天的美学家所发现；但是，就庄子思想本身来说，由于体道工夫所追求的与道为一的目的、体道直觉的内在体验的独特性和体道排除物的感性形式等等要求，致使它根本上不可能契合于美学意义上的审美体验，也可以说它连审美都超越了。这种对审美的超越，从美学的角度来看，实在是包含着"非美"或反美学的因素，这一点，从其对道的践行来看更为明显，也即从广义上的体道修养上，庄子的那些与道为一的人生态度和实践方法多方面地表现出明显的"非美"倾向。

第三节　体道必然非美

庄子哲学是为应对那个动荡的社会而为人生从根源之地找一个根据，此最后根据就是道，人生问题的解决就是要通过修道方式向道回归、与道为一，人生的价值实现也就是在践道的行为中与道本身或其特性持守一致，这样修道得道就为人提供了一种可资逍遥游世的全方位人生态度。庄子的体道得道的修养与实践，从今天学科意义的美学来看，它无疑具有多方面的"非美"或反审美的倾向。说庄子非美，不是说庄子不懂得美和审美，也不是说庄子从根本上不要美和审美，而是说庄子反对的或否弃的正是今日学科意义上的美和审美，庄子的大美无美，"至乐无乐"，其体道修心同样必然反对美和审美，这正是庄子的吊诡。那么，庄子具有非美的必然性吗？其非美有什么具体表现吗？

一　非美之必然

庄子为什么要非美？这首先与他所面对的时代问题相关。哲学思想总是时代精神的折射，总是与那个时代的社会文化问题相勾连，诸子面对的特殊时代问题就是"周文罢疲"，礼崩乐坏。

大约自春秋时起，"周文"就逐步成了挂空的"空文、虚文"。牟宗三说："周文之所以失败，没有客观的有效性，主要是因为那些贵族生命腐败堕落，不能承担这一套礼乐。因为贵族生命堕落，所以他们不能够实践这一套周文。"[①] 原因可能是复杂的，但周文之礼乐成了无内容规定性的空洞形式却成为不争之事实。这样，在那时，礼如果说还有某种程度的社会制度的象征意义；乐却与礼相分离，不再是西周时那种"无礼不乐"[②]（《左传·文公七年》）之乐，而成了没有伦理或政治内涵的单纯的享乐之乐。这种以乐为乐（"乐者，乐也。"《荀子·乐论》）的享乐追求，据张法研究，主要表现在两个方面，"由于诸侯们既无天的威吓（天的神性也消失），又无天子管辖（周天子已无权威）而拼命追求享乐。一方面，他们沿用旧的享乐方式，但采用与自己的身份地位不应有的规模和形式，如季氏八佾舞于庭，晋侯用天子享元侯的乐来招待穆叔；另一方面，他们用旧的礼制所没有的方式享乐，如爱好俗乐新声"[③]。如此，乐逐渐脱离了伦理或政治的羁绊而独立出来成为单纯的感性形式。从美学来说这种分离在某种意义上也是走上了一条自律之路，但在当时看来，乐主要为上层社会以奢靡的方式所专享，以乐为乐所代表的美和审美因脱离了旧的礼制的规范而被视作专供感官享乐的感性刺激。

对于礼崩乐坏的颓势，先秦诸子对周文之礼乐表现出两种态度，儒家是肯定的，墨家、道家、法家是否定的。[④] 从美学来看，面对美和审美的享乐化的倾向，儒家虽然没有否定美和审美，但相对于善也比较看轻美和

---

① 牟宗三：《中国哲学十九讲》，上海古籍出版社1997年版，第58页。
② 杨伯峻：《春秋左传注》，中华书局1990年版，第564页。凡引《左传》皆据此本。
③ 张法：《中西美学与文化精神》，中国人民大学出版社2010年版，第218页。
④ 牟宗三：《中国哲学十九讲》，上海古籍出版社1997年版，第58—65页。

审美；墨家、道家和法家则是贬损或否定美和审美。孔子试图以"仁"来填充和改造变成空洞的感性形式之"乐"。《论语·八佾》云："子谓《韶》，'尽美矣，又尽善也'。谓《武》，'尽美矣，未尽善也。'"① 虽然理想的乐是尽善尽美的，但是缺少了善的价值的乐就不是最高的乐。又说，"人而不仁，如乐何"（《八佾》），似乎是把善看得比美更高、更根本。② 老子则从自然之道出发，提出"大音"、"大象"等来替代现世中的色、音、味。老子说："五色令人目盲，五音令人耳聋，五味令人口爽，驰骋畋猎，令人心发狂。"（《老子》12 章）现世的美与审美只是在戕害人的本性，要得到真正的美必须回到道的层面。"大音希声，大象无形"（《老子》41 章），无声之音，无形之象，才是无限的、绝对的、真正的美，现世的色、声、形等，落入了有限、相对、感性，只是失性的享乐。这种大音、大象，虽然指出了美的一种无限性追求，但因为割裂了与具象的美的联系，只能是一种梦呓。所谓的大音、大象就其实质来看，也只是与道同一的一种无人之情的精神，但其向道回归，抛弃现实的感性之美，则明确地断弃了美学上的美和审美的根基。至于墨、法之非美为众所公认，无须多言。"墨子的《非乐》标志着整个社会的美学观都把审美对象看作是纯享乐的东西了。"③ 审美享受如奢靡之享乐因而受到诸家的轻视与舍弃也就不难理解了。在一个战乱频仍、政治板荡、经济落后、生命如草、生活困厄的社会，审美对于一般人来说远远不是人生中值得重视的事，更遑论审美人生了；孔子没有否定美与审美，无非是借其为一政治伦理之工具而已，并没有赋予美与审美太多独立的价值与意义。

　　孟子比孔子更轻视美和审美，他在通常的感性之美的基础上提出了一种更高的"人格形相美"。《告子（上）》云："口之于味也，有同耆焉；耳之于声也，有同听焉；目之于色也，有同美焉。至于心，独无所同然乎？心之所同然者何也？谓理也，义也。圣人先得我心之所同然耳。故理义之悦我心，犹刍豢之悦我口。"④ 在孟子看来，味、声、色等，都是人们所共同喜好的美，同时，儒家的"理义"也是人们所喜爱的"美"，这

---

　　① 杨伯峻：《论语译注》，中华书局 2006 年版。凡引《论语》皆据此本。
　　② 李泽厚、刘纲纪："对于孔子说来，美同善相比，善是更根本的东西。"（李泽厚、刘纲纪：《中国美学史·先秦两汉编》，安徽文艺出版社 1999 年版，第 131 页）
　　③ 张法：《中西美学与文化精神》，中国人民大学出版社 2010 年版，第 219 页。
　　④ 杨伯峻：《孟子译注》，中华书局 2008 年版。凡引《孟子》皆据此本。

就把道德人格也作为与感性之美相提并论的一种美，实际上也是一种道德精神或美德。相形之下，孟子抬高人格之美而贬斥感性之美。《告子（上）》说："饱乎仁义也，所以不愿人之膏粱之味也；令闻广誉施于身，所以不愿人之文绣也。""生亦我所欲也，义亦我所欲也，二者不可得兼，舍生而取义者也。"愿：羡慕。有仁义之声名，生命也可舍弃，美和审美又何足道？《尽心（下）》说："养心莫善于寡欲，其为人也寡欲，虽有不存焉者，寡矣；其为人也多欲，虽有存焉者，寡矣。"为保存善性而"养心"，就要减少"欲"，这是包括审美在内的，是把审美与享乐一视同仁而要尽量地排除之。如张法所言，"孟子摈弃了色声味纯正的审美意义，却弘扬了人格美的领域"①。不过，孟子同时也赋予了这种人格美以感性的"形相"。《尽心（上）》云："君子所性，仁义礼智根于心，其生色也睟然，见于面，盎于背，施于四体，四体不言而喻。"睟然，杨伯峻译：纯和温润。内在的人格美可以显现于外在的形貌，此即由"养吾浩然之气"而至之"充实之谓美"的命题，② 这就将美德与审美的感性形式联系了起来，成为一种道德基础上的美学。

　　庄子正是在战国这种把审美视作享乐而加以轻视或舍弃的时代主潮之中表现出更为彻底的"非美"态度。③ 庄子与老子相近，他也从自然之道出发，认为形色名声之类的现世感性之美是有限的、相对的、具象的、形而下的美，不是真正的美，真正的美是无限的、绝对的、无形的、形而上的"大美"。在庄子，审美不是对感官之美的感性愉悦，而是对道体或道性的体验与追求。已如前述，所谓大美，只是一种自然无为的道德精神，是道德人性之美，非美学之美，实质上一如孟子的心存仁义的人格美，是一种心存自然无为的人格美。不过，庄子比孟子更彻底，并没有给自然人格美留下"形相美"的地盘，《人间世》和《德充符》中写了很多丑骇天下的人物形相，这无疑使人更注重人之内在美，但也更利落地切断了与

---

　　① 张法：《中国美学史》，四川人民出版社 2008 年版，第 48 页。

　　② 李泽厚、刘纲纪：《中国美学史·先秦两汉编》，安徽文艺出版社 1999 年版，第 172 页。

　　③ 在中西文化的"轴心时代"，都有很明显的把审美当作感官快感而加以排斥的反美倾向。在美学史上美感与快感的争论也一直不绝于耳。据《尚书》，有周公作《无逸》"以诫成王"，反复教导成王不可贪图安逸和溺于逸乐。（慕平译注：《尚书》，中华书局 2009 年版，第 233—241 页）如西方柏拉图氏也表现出非美倾向。（［美］吉尔伯特、［德］库恩：《美学史：上卷》，夏乾丰译，上海译文出版社 1989 年版，第 72—76 页）从柏氏可见，不一定说反美学的其理论对美学就没价值，把反美的说成是美学的也未必就见其高度。

美学的关联。

　　庄子把审美混淆作诸种享乐之一种，其"非美"正是看到包括审美在内的感性享乐所造成的众多损害。其一，审美如享乐造成了对人和事物的本性的双重戕害。《天地》云："且夫失性有五：一曰五色乱目，使目不明；二曰五声乱耳，使耳不聪；三曰五臭薰鼻，困惾中颡；四曰五味浊口，使口厉爽；五曰趣舍滑心，使性飞扬。此五者，皆生之害也。"成疏："总结前之五事，皆是伐命之刀，害生之斧，是生民之巨害也。"在儒家看来，形、色、声、味等的追求，是人之本性，"有同美焉"；但在庄子看来，这些审美或享受，却导致了人的天然本性的丧失，"皆生之害"。审美不仅造成人的本性的损害，同样也是对事物本性的损害，"百年之木，破为牺尊，青黄而文之，其断在沟中。比牺尊于沟中之断，则美恶有间矣，其于失性一也"（《天地》）。牺尊、断木，在世俗看来美丑有分，但对木的本性的摧残来说是一样的。《马蹄》更说："故纯朴不残，孰为牺尊！白玉不毁，孰为珪璋！道德不毁，安取仁义！五色不乱，孰为文彩！五声不乱，孰应六律！夫残朴以为器，工匠之罪也。"美器美物，文饰乐律，这些现实之美的追求都是对物性的损害。为了保持人和事物的本性，最好的办法就是，"擢乱六律，铄绝竽瑟，塞瞽旷之耳，而天下始人含其聪矣；灭文章，散五采，胶离朱之目，而天下始人含其明矣；毁绝钩绳而弃规矩，攦工倕之指，而天下始人有其巧矣。"（《胠箧》）痛快倒是痛快，但未免取消了问题，他自己就没有做到这一点。

　　其二，审美如享乐也是造成社会堕落的原因之一。庄子的理想社会是文明化之前的"至德之世"与"建德之国"。《胠箧》曰："子独不知至德之世乎？""当是时也，民结绳而用之，甘其食，美其服，乐其俗，安其居，邻国相望，鸡狗之音相闻，民至老死而不相往来。""美其服"被认为是追求服饰之美，这是不切合老庄（《老子》81 章有过相同表述）的本意的。蒋孔阳说："那就是说，人民要安于现状，有什么吃什么，有什么穿什么。……如果不是这样，而要去追求'声'、'色'、'味'的享受，那么，根据'反者道之动'的原理，事物将会走向自己的反面。"①这听起来似乎有些悲观，但符合老庄"无欲"、"安命"的思想。《至乐》

------

　　① 蒋孔阳：《评老子"大音希声"和庄周"至乐无乐"的音乐美学思想》，载蒋孔阳编《中国古代美学艺术论文集》，上海古籍出版社 1981 年版，第 121 页。

中说："夫天下之所尊者，富贵寿善也；所乐者，身安厚味美服好色音声也；所下者，贫贱夭恶也；所苦者，身不得安逸，口不得厚味，形不得美服，目不得好色，耳不得音声；若不得者，则大忧以惧。其为形也亦愚哉！"成疏："凡此上事，无益于人，而流俗以不得为苦，既不适情，遂忧愁惧虑。如此修为形体，岂不甚愚痴！"庄子明确地表示，"身安厚味美服好色音声"是天下之俗乐，对于此种追求的结果是"忧以惧"，是愚蠢的想法。相反，对礼乐的讲求正是导致道德堕落、社会动荡的渊薮。《缮性》云："礼乐遍行，则天下大乱矣。"仁义礼乐的实施，人们有了美丑、尊卑、贫富等等观念，就导致了人们的争夺、欺诈、伪善、残害，朴素整一的原始状态被破坏，这里面还涉及政治伦理的原因，但乐却是与美和审美紧密相关的。《胠箧》云："削曾史之行，钳杨墨之口，攘弃仁义，而天下之德始玄同矣。彼人含其明，则天下不铄矣；人含其聪，则天下不累矣；人含其知，则天下不惑矣；人含其德，则天下不僻矣。彼曾、史、杨、墨、师旷、工倕、离朱，皆外立其德而以爚乱天下者也。"成疏："以前数子，皆禀分过人，不能韬光匿耀，而扬波激俗，标名于外，引物从己，炫耀群生。天下亡德而不反本，失我之原，斯之由也。"这些美的事物的创造者成了天下失德的根源。故为回归至德之世，庄子强烈要求否弃美的事物的同时还要毁弃美之所由出即美的创造力，这与他的无为观倒很是一致。

庄子之非美也是其思想架构的必然要求。这在我们的前文论证中反复申述过。中国现代哲学思想方法主要借助西方传过来的方法，但中国古代有着自己的一套哲学思想方法，台湾的杜保瑞和海外的成中英及国内的一些学者等挖掘出一套期望与西方会通的中国哲学方法论。[1] 对中国传统哲学来说，"心性本体论"、"气化宇宙论"、"功夫论"、"境界论"等方法是对人类哲学思维的贡献，具有一定的普世性，[2] 但要走向世界，还必然要与西方的理论方法相打通，有一段距离要走。美学在这方面是有卓越贡献的，这大概与中国的功夫境界理论和美学的审美体验理论存在着某种程度的相似有关。例如发现并全面论述了庄子美学的徐复观，正是发现庄子的心斋坐忘等工夫与境界和审美的体验与境界不期然而然的契合，从而发

---

[1] 参见杜保瑞《功夫理论与境界哲学》，北京华文出版社 1999 年版；成中英《本体与诠释》，生活·读书·新知三联书店 2000 年版；潘德荣《文字·诠释·传统：中国诠释传统的现代转化》，上海译文出版社 2003 年版；赖贤宗《道家诠释学》，北京大学出版社 2010 年版等。

[2] 赖贤宗：《道家诠释学》，北京大学出版社 2010 年版，第 43 页。

现道实是一种艺术精神，开辟了庄子美学研究的新天地。但是这里面也潜伏着某种陷阱，就是人生哲学与审美哲学毕竟是两个不同层面的有分别有交叉的系统，庄子哲学美学本身与其后效于后世美学所成就的广义道家美学也无以完全等同，如果对它们不加以区分，就有可能混淆了不同思想系统的边界，泛化了美学或取消了美学，刘纲纪曾指出，"他（徐复观）忽视了庄学的艺术精神与玄学的艺术精神之间的差别，往往把两者看作是一个东西"，① 就是一个明证与警醒。

回到庄子本身，从其哲学的本体、工夫与境界来看，庄子思想不仅不是学科意义上的美学，而且还具有反审美性。在道论上，庄子的道本体是无，准确说是以"无"为本的有无统一体。体道，从本体上看实际上就是体无，从道性上看就是达到一种自然无为的精神，因此，体道做的是一种"忘"或"损"的功夫，得道的境界是一种虚静空明、枯木死灰的状态。体道得道就是要摒弃有限、具象、相对，不为此所执，不以此为待，从而游于逍遥无为的绝对、无穷、无形之域。体道的工夫与境界对于现象的"有"（有限）是漠不关心的，更不会去关心它美不美丑不丑，连自己的生死都应忘掉还会关心美丑是非的问题吗？庄子的这一思想，曾明确落实于其"至乐无乐"的命题。乐（yue）与乐（le）相通，现世之乐是用来享乐的，现世之美是用来享乐的，以道观之，这根本谈不上什么美不美，乐不乐，只有大美才是真美，至乐才是真乐，这就是庄子的吊诡：大美无美、至乐无乐。但是，从学科意义的美学来看呢？美学首先要面对的无疑正是现世之乐或世俗之乐，庄子否定了现世之乐实际上也就是否定了美学，这样说也许有些残酷，但它是事实。当然，这并不是要否定庄子思想于美学的价值所在，只是要划清庄子美学本身的边界，探讨其复杂性。说庄子思想已经是美学了，后世发展出来的道家美学又是什么呢，真是庄子的注脚吗，对于他们来说这又是公平的吗？庄子思想已经提供了审美的人生态度，直接按庄子的方式去生存就是了，对于今天的审美生存论的倡导来说又该如何看待？也许我们不应谈论庄子的美学，按照庄子破执的态度，说庄子的道是一种艺术精神，说道是美，无疑已经违背了庄子无执的本意。按照庄子吊诡的方式，说庄子的思想是美学，无异于说庄子的思想

① 刘纲纪：《略论徐复观美学思想》，载李维武编《徐复观与中国文化》，湖北人民出版社1997年版，第512页。

不是美学。庄子原本是"游方之外者也"①，其美的追求也是"方外"之事，所以，如果说庄子有美学也许是方东美所言的"太空人"②的美学或宇宙美学，而不是吾等"方内"俗子执于事物美不美的审美意义上的美学所能考究者也。

为美学所执，我们只好说，庄子将美和审美归为享乐之举而欲除之而后美后乐，其体道工夫必然是一种要求超越或摈弃美和审美的心性修养，这种反审美性在庄子的理论中是有其确切表现的。

二　非美之表现

人生在世，庄子要求通过体道或践道来与道为一，从而实现"逍遥游"。此种朝向人生理想的人生修养或实践的态度与方法，与审美的态度与方法尽管表现出很大程度的相似性，但是相似是表面的，相斥却是深层的，这种"非美"倾向，举其荦荦大者，表现在庄子反对审美的情感体验、不辨美丑与齐同美丑、反对文艺和美的创造以及非审美的天人合一等方面。

（一）反对审美的情感体验

审美体验包含着情感因素，这在美学中大约是个不言自明的问题。对于情感，美学研究一般不去考虑审美中有无情感的问题，而是去探究审美情感的结构、功能等问题。但是，庄子之体道或践道却反对审美的情感体验，这无异于否定了美学。

美学之产生与命名得益于对主体心理所做的知、意、情的划分。塔塔尔凯维奇认为："三种心灵的机能与生活方式，无论是在过去或在现在，都被区分为：理论、行动与创造。"③ 这种划分被认为肇始于亚里士多德，其中"创造"指艺术（广义）活动。18 世纪中，鲍姆嘉登发现，研究知或理论（理性）的有逻辑学，研究意（善）或行动的有伦理学，但是却缺少一门相应的学科来研究情感，于是他提出建立一门研究情感或感性认识的新学科，并用"美学"给新学科命名，"美学是研究感性知识的科

---

① 《大宗师》："彼，游方之外者也；而丘，游方之内者也。外内不相及。"

② 方东美："夫道家者，'太空人'之最佳典型也。"（刘梦溪编：《中国现代学术经典·方东美卷》，河北教育出版社 1996 年版，第 385 页）

③ ［波］塔塔尔凯维奇：《西方六大美学观念史》，刘文潭译，上海译文出版社 2006 年版，第 2 页。

学"①，由此美和艺术就划归入"情感"领域。康德则以其三大批判阐明了三大哲学领域即逻辑学、伦理学和美学与人类活动的知、意与情三大领域的对应关系，他说，"美没有对主体情感的关系自身就什么也不是"②，审美判断的根据就在于审美情感，审美判断就是一种情感的判断。塔氏说："应当感谢康德：不只是他的追随者，甚至连他的反对者也同样在使用他那三分的规格。"③心理学也区分出思想、意志与情感，显示出其三分法及可与之对应的学科关系：逻辑学、伦理学与美学，或科学、道德与艺术。如苏珊·朗格认为，艺术是表达人类情感的符号形式，"艺术品本质上就是一种表现情感的形式，它们所表现的正是人类情感的本质"④。艺术创造出来是为了表现情感或供人欣赏。她还探究了"情感"问题，艺术家表现的不是个人自己的现实情感，不是发泄或刺激情感的生理"征兆"，而是他所认识的人类普遍情感。对于审美中情感的见解，根据不同的立场有种种区别，但是，无论是心理学美学或哲学美学，"如在这些学说中看到的那样，以感情本身作为意识之根本的、特有的主要因素者居多"⑤。

在中国传统的理论中，对审美体验中的情感的重视丝毫不逊于西方。《尚书·尧典》中记载舜的话说："诗言志，歌永言，声依永，律和声。"《左传·襄公二十七年》记有赵文子对叔向所说的"诗以言志"。"志"就包含着"情"、"情志"。南北朝时，陆机提出"诗缘情而绮靡"⑥的命题，明确地把诗的本质归结为情感。陈望衡称："诗缘情的提出，具有重要的意义，它不仅是诗的觉醒的标志，也是整个时代美的觉醒的标志。"⑦钟嵘《诗品序》云"气之动物，物之感人，故摇荡性情，形之舞咏"⑧；

---

① 北京大学美学教研室编：《西方美学家论美和美感》，商务印书馆 1980 年版，第 142 页。

② ［德］康德：《判断力批判》，邓晓芒译，杨祖陶校，人民出版社 2002 年版，第 53 页。康德还区分了作为审美判断根据的审美情感与作为其后果的审美快感。康德审美先天原则的主观合目的性的"想象力与知性协和一致"，就是一种审美情感状态。

③ ［波］塔塔尔凯维奇：《西方六大美学观念史》，刘文潭译，上海译文出版社 2006 年版，第 3 页。

④ ［美］苏珊·朗格：《艺术问题》，滕守尧、朱疆源译，中国社会科学出版社 1983 年版，第 7 页。

⑤ ［日］竹内敏雄：《美学百科辞典》，刘晓路等译，湖南人民出版社 1988 年版，第 176 页。

⑥ 张少康：《文赋集释》，人民文学出版社 2002 年版。文中所引陆机《文赋》皆据此本。

⑦ 陈望衡：《中国美学史》，人民出版社 2005 年版，第 202 页。

⑧ 钟嵘著，曹旭笺注：《诗品笺注》，人民文学出版社 2009 年版。文中所引钟嵘《诗品》皆据此本。

刘勰亦有"人禀七情,应物斯感"、"情以物迁,辞以情发"等陈述,如此等等,都把情作为文艺的本质来看。现代美学大家朱光潜在《文艺心理学》中认为,"美就是情趣意象化或意象情趣化时心中所觉到的'恰好'的快感"①,提出了以"情趣"为本体的美学主张。李泽厚曾提出"建立新感性","所谓'建立新感性'也就是建立起人类心理本体,又特别是其中的情感本体"②,也明确地表明以情感为本体。

情感于审美的这种重要性在国内的一些美学理论著述中亦得以强调。如叶朗等认为:"审美情感并不是审美活动的某一阶段所独有。在审美感兴的整个过程中,始终伴随着、弥漫着审美情感。没有审美情感,也就没有审美感兴活动。"③ 朱立元等认为:"审美经验则以情感活动为主,并弥漫、渗透、贯穿审美活动的全过程。在一定的意义上,可以说情感体验是审美经验的核心和动力。没有情感活动,就没有审美经验。"④ 由此可见,情感作为审美体验的一个必然性、本质性的要素得到中西美学的普遍肯认。没有情感活动,就没有审美。但是,庄子在情感上同样表现出"大情无情"或"至乐无乐"之吊诡,明确地反对主体现实的心理情感。

先秦由于普遍地把审美看作享乐之一种,对审美或限定或轻视或否弃是有其理由的。在美的事物上,如果说儒家是用仁义道德来限定的话,道家则是否认现世事物有美丑的分别。与之相应,在审美的情感上,如果说儒家承认审美是人的情感之必需,但同时又以人的道德本性来约束或规范审美的情感的话,道家则认为审美的情感(广义上含快感)是导致"失性"的欲望,为复归人之自然本性必须否弃之。⑤

庄子一书中,据统计"情"字共 50 见,主要有四种意涵,用于表述

---

① 朱光潜:《文艺心理学》,生活·读书·新知三联书店 2005 年版,第 141 页。
② 李泽厚:《美学三书》(《美学四讲》),安徽文艺出版社 1999 年版,第 509 页。
③ 叶朗:《现代美学体系》,北京大学出版社 1999 年版,第 183 页。
④ 朱立元:《美学》,高等教育出版社 2001 年版,第 245 页。
⑤ 劳思光在其《新编中国哲学史》中认为,庄子否定了"形躯我"、"认知我"与"德性我",旨在显现"情意我"。[劳思光:《新编中国哲学史(一)》,广西师范大学出版社 2005 年版,第 191—215 页]这一观点是值得商榷的,高柏园在其论文《庄子思想中的唯美性格》中对其做了辨识。参见高柏园《庄子思想中的唯美性格——以劳思光、徐复观为中心之讨论》(http://tkuir. lib. tku. edu. tw: 8080/dspace/bitstream/... /2/070346P016. htm,原载《鹅湖》1995 年 7 月总 241 期,第 14—22 页)庄子的情,不是"情意我"之情,而是"情意天"之情,不是"人情"而是"天情"。

心理的有两种：一是感情、情绪，一是本性。① 按照中国传统思想，前者一般称"情"，如"有人之形，无人之情。有人之形，故群于人，无人之情，故是非不得于身"（《德充符》），"其知情信"（《应帝王》）；后者称"性"，如"皆物之情也"（《大宗师》），"致命尽情，天地乐而万事销亡。万物复情，此之谓混冥"（《天地》）。庄子对"情"与"性"作了区分，并为修"性"而主张"无情"。《德充符》曰：

> 惠子谓庄子曰："人故无情乎？"庄子曰："然。"惠子曰："人而无情，何以谓之人？"庄子曰："道与之貌，天与之形，恶得不谓之人？"惠子曰："既谓之人，恶得无情？"庄子曰："是非吾所谓情也。吾所谓无情者，言人之不以好恶内伤其身，常因自然而不益生也。"惠子曰："不益生，何以有其身？"庄子曰："道与之貌，天与之形，无以好恶内伤其身。今子外乎子之神，劳乎子之精，倚树而吟，据槁梧而瞑。天选子之形，子以坚白鸣！"

此是庄子与惠施的"无人之情"的论辩。其一，庄子区分了两种情即情与性。在庄子，以"是非"、"好恶"为情，徐复观称之为"由欲望心知而来的是非好恶之情"。"常因自然而不益生"，罗勉道："不益生者，人生有自然之天，不可加一毫人力也。"② 涂光社说："此处'生'与'性'同；'不益生'就是与'性'比较无多余，也即'无情'。"③ 可见，性即人所禀而生的自然本性，如徐复观所称的"情"字之另一义即"与'性'同义，是指由人之所以生的德、人之所以生的性的活动而言"④。又如，"不失其性命之情"、"任其性命之情而已矣"（《骈拇》），"今吾告子以人之情"（《盗跖》）等等，这里的情都是指没有经人为改变的自然本性。可见，情与性有以下四点不同：第一，情是好恶是非等情感心理，性是天生自然的本性之心。第二，情是一种人为的追求，性是无为的态

---

① 王世舜、韩慕君：《老庄词典》，山东教育出版社 1993 年版，第 421—422 页。另有复合词 10 个。

② 崔大华：《庄子歧解》，中州古籍出版社 1988 年版，第 212 页。

③ 涂光社：《庄子范畴心解》，中国社会科学出版社 2003 年版，第 172 页。

④ 徐复观：《中国艺术精神》，广西师范大学出版社 2007 年版，第 68 页。又见徐复观《中国人性论史·先秦篇》，华东师范大学出版社 2005 年版，第 226 页。

度。成复旺说："庄子以有为与否区分情与性。"① 因此，情是动态的，性是静态的。第三，情是后天的，由与外部世界相接而产生，性是先天的，"性者，生之质也"（《庚桑楚》），与后天环境无关。第四，从存在状态看，情展示的是自为的存在，性展示的是自在的存在。因此，前者是人性的存在表征，后者是物性的存在表征。成复旺说："'情'与'性'的差别的实质，就在于前者是主体性的感性心理，后者是非主体性的感性心理。"② 前者是人的存在，后者是物的存在。

其二，庄子主张"无情"以复"性"。庄子看到了情与性之间的冲突，是非好恶等情感伤生伤身，也即《天地》所云追求形、色、声、味等"五者"造成人之"失性"，故庄子主"无情"，"无"首先可理解为动词"去掉"或"否定"，然后可理解为存在的没有，无情是否定掉情感后开显出的一种心理状态或精神。③ 庄子之"无情"就是要否定伤生伤身等好恶之情感，把情与性推到对立地位，并割裂了情与性，是无"情"以复"性"。明朝杨慎《性情说》云："合之则双美，离之则两伤。举性而遗情何如？曰死灰。"④ 此可谓中的之论。槁木死灰的心理状态，正是庄子心斋坐忘等功夫所孜孜以求的心态，也即无情的心理。王博说："这种用心就是不以人灭天，不因自己的好恶来改变事物的自然。"⑤ 从存在状态来说，无情就是要否定掉情感心理的人性方面的内容，回归到自然无为的物性心境。葛瑞汉说："如果所有人事都被免除，那么，除了动物性以外还有什么留给'天'呢？"⑥

庄子把情视作使人失性之"欲"，因此要"无欲"，无欲也就是无情。《徐无鬼》云："盈嗜欲，长好恶，则性命之情病矣。"《马蹄》云："同乎无欲，是谓素朴；素朴而民性得矣。"把"嗜欲"看作与"好恶"相同，而与"性命之情"和"性"相反，此欲即"情"。有了欲望之情，则有损自然本性，故应去欲。《缮性》开篇即云："缮性于俗，俗学以求

---

① 成复旺：《中国美学范畴辞典》，中国人民大学出版社1995年版，第463页。
② 同上书，第465页。
③ 牟宗三讲"无为"就认为"无"先作动词来看。参见牟宗三《中国哲学十九讲》，上海古籍出版社1997年版，第89页。
④ （明）杨慎：《升庵全集（2）》，商务印书馆1937年版，第76页。
⑤ 王博：《庄子哲学》，北京大学出版社2004年版，第70页。
⑥ ［英］葛瑞汉：《论道者——中国古代哲学论辩》，张海晏译，中国社会科学出版社2003年版，第231页。

复其初；滑欲于俗，思以求致其明；谓之蔽蒙之民。"缮，治也。滑欲于俗，滑，乱也。成疏："欲，谓名利声色等可贪之物也。言人所以心灵暗乱者，为贪欲于尘俗故也。"曹础基注："欲，情。"① 世俗之修性实是以欲情乱性，蔽矣。故修性，必去欲去情。牟宗三说："如要做'正德'的修养工夫，必先冲破肉体的藩篱，斫断一切欲锁情枷。"② 对于庄子来说，斫断的不仅仅是情欲枷锁，同时斫断的也是情欲生命。庄子反对情感，也是看到了儒家以仁义道德来控制情感的恶劣，认识到儒家仁义规范下的情感成了一种"伪"情，相对于此，庄子否定情感有某种程度的解放的意义，也表现了对本然生命的重视，但庄子却错误地把问题推向了极端，毁弃了人之为人的一切正常情感，走向了反面。

庄子其实不仅仅是否定情，在其心斋坐忘等体道工夫中，情与知、意一同都在排除之列。排除耳目感官而"外于心知"，外天下，外物，外生，"忘乎物，忘乎天，其名为忘己"（《天地》），"离形去知"，如此等等。《庚桑楚》曰："彻志之勃，解心之谬，去德之累，达道之塞。贵富显严名利六者，勃志也。容动色理气意六者，缪〔谬〕心也。恶欲喜怒哀乐六者，累德也。去就取与知能六者，塞道也。此四六者不荡，胸中则正，正则静，静则明，明则虚，虚则无为而无不为也。"荡，动也。知情意活动都会危害人的道德，因此都应取消。敏泽说："不仅排斥人的知性思考，而且连人的所有情感（例如前面提到的'四六'）和生理、心理活动，都要排斥净尽，使人心同死灰等等。"③ 崔大华说："庄子几乎把属于知、情、意的任何一种心理活动和社会行为，都看作是对人的本性的破坏，是人的本性的丧失。"④ 韩林合说："一个没有任何认识活动、感受活动的和意志活动的心可以说有如死灰一般。"⑤ 在知、情、意中，庄子首先否定与排除的就是情。池田知久说："作者第一批判的对象是与'小成'、'荣华'相伴随的'爱'等感情判断，在作者看来这是最下一级的判断。"⑥ 从庄子心斋等体道工夫来看，首先要排除的确实就是与外界相

---

① 曹础基：《庄子浅注》，中华书局 2007 年版，第 184 页。
② 牟宗三：《中国哲学的特质》，上海古籍出版社 2007 年版，第 11 页。
③ 敏泽：《中国美学思想史·上卷》，湖南教育出版社 2004 年版，第 243 页。
④ 崔大华：《庄学研究》，人民出版社 1992 年版，第 238 页。
⑤ 韩林合：《虚己以游世——〈庄子〉哲学研究》，北京大学出版社 2006 年版，第 80 页。
⑥ ［日］池田知久：《道家思想的新研究——以〈庄子〉为中心》，王启发、曹峰译，中州古籍出版社 2009 年版，第 172 页。

接时的感性活动方面，体道之心是一层层地向内收，从耳到目到心，从天下到物到生，最后退驻在本然之心上。在庄子，首先否定情感，大约是看到情感心理最易与外物所接为外物所动，导致本性迷失。《齐物论》云："道之所以亏，爱之所以成。""情有所偏而爱有所成"（郭注），但却造成道的亏损。《刻意》云："悲乐者，德之邪；喜怒者，道之过；好恶者，德之失。故心不忧乐，德之至也。"喜怒哀乐好恶的情感是导致道德邪僻与丧失的原因，故应"心不忧乐"即无人之情。庄子"无人之情"在《至乐》篇中有一次典型的展示，如下：

> 庄子妻死，惠子吊之，庄子则方箕踞鼓盆而歌。惠子曰："与人居，长子老身，死不哭亦足矣，又鼓盆而歌，不亦甚乎！"庄子曰："不然。是其始死也，我独何能无慨然！察其始而本无生，非徒无生也而本无形，非徒无形也而本无气。杂乎芒芴之间，变而有气，气变而有形，形变而有生，今又变而之死，是相与为春秋冬夏四时行也。人且偃然寝于巨室，而我噭噭然随而哭之，自以为不通乎命，故止也。"

冯友兰说："庄子始亦不能'无慨然'，此情也。后'察其始'云云，即以理化情也。以理化情，则'哀乐不能入'矣。"① 此"理"在庄子可理解为自然之理。庄子妻死，原也悲哀，当他意识到生死不过是气的流变，如四季更替一样自然，于是不再"遁天倍（背）情"（《养生主》）地执于悲哀了，是以"天情"化遣"人情"。顺此指出，庄子妻死鼓盆而歌之典，为魏晋人士多所诟病，如孙楚《庄周赞》云："妻亡不哭，亦何所欢？慢吊鼓缶，放此诞言。殆矫其情，近失自然。"② 可见，魏晋时人对庄子的接受已经有所转变，其一，在情感上是基于人之情；其二，对自然的理解也不同，认为庄子鼓盆而歌反失自然。这种转变自然有其新的哲学基础即魏晋玄学，也正是这种转变推动了庄子哲学向美学的转化，促进并形成了广义上的道家美学。

由此可见，庄子"无人之情"的主张，否定和排除了人的情感，审

---

① 冯友兰：《庄子及道家中之庄学》，载胡道静编《十家论庄》，上海人民出版社 2008 年版，第 31 页。

② （清）严可均：《全晋文（卷六十）》，商务印书馆 1999 年版，第 630 页。

美活动也就无从开展。审美的情感是什么样的情感？它只能是人的情感，而不是庄子所用心的自然本心，其自然本心是物性心理，尽管它在反"伪"情上不无意义，但却不能成为审美的情感。李泽厚说，"美感就是内在自然的人化"①，"内在自然的人化，是指人本身的情感、需要、感知、愿欲以至器官的人化，使生理性的内在自然变成人。这也就是人性的塑造。""（内在自然的人化）使主体心理获有审美情感。"② 内在自然的物性心理，如果没有经过自然的人化演进为人的情感，它就不是审美的情感，而庄子却割裂了人化的情感与自然的心理，将人之情斥之为欲，要求退回到人化之前的无情的物性心理，这正是对审美情感的逆反。李泽厚说："如果说儒家讲的是'自然的人化'，那么庄子讲的便是'人的自然化'；前者讲人的自然性须符合和渗透社会性才成为人；后者讲人必须舍弃其社会性，使其自然性不受污染，并扩而与宇宙同构才能是真正的人。"③ 庄子的工夫刚好是自然的人化的悖逆过程。成复旺说："否定了人的情欲也就是否定了人从动物性的个体感性生命需要出发，所进行的超动物性的对客观的自然与社会环境的能动的改造，也就否定了人的本质和美的本质。"④ 是否否定了美的本质姑且不论，但否定了审美所必不可少的审美情感，也就是对审美的否定。张世英说："无景之情和无情之景皆不能形成审美意象。"⑤ 可以说，庄子对情与景都是否定的。没有审美意象，也就谈不上审美。同样，否定了情感，只出之以自然心性，也不可能是审美人生。朱光潜在《谈美》中说，"艺术是情趣的活动，艺术的生活也就是情趣丰富的生活"，"情趣愈丰富，生活也愈美满，所谓人生的艺术化就是人生的情趣化"。⑥ 审美的人生是有情趣的人生，"情趣本来是物我交感共鸣的结果"⑦，因此，情趣必然要有"情"，要有感物之情，而且情感要丰富，而庄子的工夫用心却在无情，对外物根本上是不动心，⑧ "喜怒

---

① 李泽厚：《美学三书》（《美学四讲》），安徽文艺出版社1999年版，第516页。
② 同上书，第510页。
③ 同上书，第292页。
④ 成复旺：《中国美学范畴辞典》，中国人民大学出版社1995年版，第473页。
⑤ 张世英：《哲学导论》，北京大学出版社2002年版，第122页。
⑥ 朱光潜：《无言之美》，广西师范大学出版社2005年版，第308页。参见《朱光潜全集》第二卷《谈美》。
⑦ 同上书，第301页。
⑧ 王博："不动心就是冷漠，冷漠意味着没有恨，也没有爱。"（王博：《庄子哲学》，北京大学出版社2004年版，第72页）

哀乐不入于胸次"（《田子方》），这与审美人生是背道而驰的。

尽管庄子认为与道同一时将有一种"至乐"，但是这种至乐是回到本然心境，是回到人类文明或自然的人化之前的心性活动状态，前多有述，它不是审美情感，也不是审美的快乐。如果把它作为感性心理，也只能说是庄子独特的得道之乐。《至乐》篇说得清楚，世俗之乐无所谓乐不乐，又说："果有乐无有哉？吾以无为诚乐也，又俗之所大苦也。故曰：'至乐无乐，至誉无誉。'"这就表明：自然无为才是真正的乐（"无为诚乐也"），这显然是得道之乐，亦即无乐之乐。这样的乐却是世俗之人的大痛苦（"俗之所大苦也"）——这种使一般人感到大痛苦的至乐，显然不是审美意义上的快乐。

庄子所谓的至乐，是指回归与道为一的自然存在时的心理状态，也即修性复性时的与"性"同义的"情"。对于这种"情"，徐复观称之为"大情"，并认为它是艺术精神中的"共感"，此种看法是值得商榷的。徐复观认为："庄子之所谓无情，乃是去掉束缚于个人生理欲望之内的感情，以超越上去，显现出与天地万物相通的'大情'，此实即艺术精神中的'共感'。"对于庄子《大宗师》篇之"若然者，其心志（忘），其容寂，其颡頯。凄然似秋，煖然似春，喜怒通四时，与物有宜而莫知其极"，《德充符》篇之"使之和豫通而不失于兑，使日夜无隙而与物为春，是接而生时于心者也"，徐氏将之与西方李普斯等美学的共感相比较后，亦云："庄子的共感，乃从整个人格所发出的共感，其中实有仁心的活动，所以感到'与物有宜'、'与物为春'，这是最高的艺术精神与最高的道德精神自然地互相涵摄。"①

在我们看来，其一，所谓大情如果是指与"性"同义之情，如上所述，它并非审美情感。其二，大情在句中的含义也并非指某种情感心理。"大情"出现在《大宗师》中，"若夫藏天下于天下而不得所遯，是恒物之大情也"。"大情"，据崔大华归纳，主要有两义：一为"至理"，如林云铭："大情者，实理之大归也。"陆树芝："大情犹言至理，谓此乃万物之至理也。"一为"大概情形"，如陈寿昌："寻常物理，大概如是。"②当然，大情在此处也可宽泛地理解为"本性"，以与"性"之情相附会。

① 徐复观：《中国艺术精神》，广西师范大学出版社 2007 年版，第 69 页。
② 崔大华：《庄子歧解》，中州古籍出版社 1988 年版，第 238 页。

其三，庄子的大情、至乐是"大仁"所显发的道德精神，但是否涵摄艺术精神呢？如徐复观所言，这就要看它是否是由审美所升至的。庄子体道得道的工夫与境界中，既不着意于物的感性形式，又不对物产生什么情感，只是一味地回到自在的本然状态，那么这样的道德精神就不可能同时是艺术精神。所谓"与物有宜"，林希逸曰"随事而处，各得其宜"①，是指得道真人具有大道之仁德能如四时运行般的自然。"与物为春"，释德清曰"应物之际，春然和气"，林希逸曰"随所寓而皆为乐也"，或如章炳麟说"与物相推移也"，②实指"才全"之人能安于所在，保持本性之平和。此种精神之究竟仍在回到本然之性时的那种无人之情的状态。其四，把大情释为共感不太恰当。台湾的孙中锋对此做了些辨识，他认为，西方美学中的"共感""原是主体之主观情意笼罩作用下的结果，其本质处不同于庄学中通合天地万物之'大情'"，"在由主观情执之化遣而朗现的灵觉本心中，方能开显出浑然与万物同体的'大情'；此'大情'之本质，固有别于审美移情或艺术'共感'中缩合主客物我的主观性情感"。③我们要补充说明的是，徐复观认为庄子的共感比康德等的共感"更能得共感之真，保持共感的纯粹性"④，但恰恰相反，康德的审美上的共感（共通感或共同感觉力）其实是与庄子之大情相对反的。康德的审美的共通感，是一个设定的调节性先天原则，是指"应当"的"每个人的情感与每个他人的特殊情感相汇合的客观必然性"⑤。简单地说就是"人同此心，心同此情"。审美鉴赏力可以用审美共通感来表示，鉴赏就是"对于那样一种东西的评判能力，它使我们对一个给予的表象的情感不借助于概念而能够普遍传达"⑥。共通感表明的是人们的情感的相互一致的可能性，审美实际上就是对这种主观的可普遍传达（主观普遍性）的情感的判断。因此，审美鉴赏并不是"一种原始的和自然的能力"，而是"一种尚需获得的和人为的能力"，也就是说，它不是一种天生的心理能力，而是后天"文化"培养的结果。⑦庄子的大情是经文化洗礼前的自

---

①　（宋）林希逸：《庄子鬳斋口义校注》，周启成校注，中华书局1997年版，第102页。

②　三者皆自陈鼓应：《庄子今注今译》，中华书局2009年版，第176页。

③　孙中锋：《庄学之美学义蕴新诠》，博士学位论文，台湾东华大学，2005年，第53页。

④　徐复观：《中国艺术精神》，广西师范大学出版社2007年版，第69页。

⑤　［德］康德：《判断力批判》，邓晓芒译，杨祖陶校，人民出版社2002年版，第77页。

⑥　同上书，第137页。

⑦　同上书，第76页。

然心理，把它等同于审美的共通感是一种南辕北辙式的误读。

总之，庄子因为用心于复性，回归的是一种自然的心理状态，所以他主张"无人之情"，但审美却基于人之情感，这样他的大情无情就否定和排除了审美的情感，表现出明显的反审美倾向。

（二）反对文艺和美的创造

庄子思想对后世的文艺与美学有很大的后效性，启发出具有道家审美趣味和审美范畴的美学，是不争的事实。但是庄子思想本身却反对文艺乃至文化也是不争的事实，① 在这个问题上我们其实是无须为智者讳的。历史上有很多伟大的思想家都反对艺术与审美，但这并不削减其光芒。

最早一批中国文学批评史家如郭绍虞、罗根泽、朱东润等都认为庄子是文艺的否定论者。如郭氏认为，"不用立言，言也不求其美。所以由道家的态度言，视'文学'为赘疣，为陈迹，为糟粕"②。"书文糟粕论"出自"轮扁斫轮"的故事。《天道》篇载：

> 世之所贵道者书也，书不过语，语有贵也。语之所贵者意也，意有所随。意之所随者，不可以言传也，而世因贵言传书。世虽贵之，我犹不足贵也，为其贵非其贵也。故视而可见者，形与色也；听而可闻者，名与声也。悲夫，世人以形色名声为足以得彼之情！夫形色名声果不足以得彼之情，则知者不言，言者不知，而世岂识之哉！……轮扁曰："臣也以臣之事观之。斫轮，徐则甘而不固，疾则苦而不入。不徐不疾，得之于手而应于心，口不能言，有数存焉于其间。臣不能以喻臣之子，臣之子亦不能受之于臣，是以行年七十而老斫轮。古之人与其不可传也死矣，然则君之所读者，古人之糟魄已夫！"

林希逸说："形色则可见，名声则可闻，道岂有形色名声哉！以不可见不可闻之道，而世人欲以见闻得其实，可悲也哉！"③ 曹础基说："道在虚无之间，凡形色名声，书中言语，都不足以表达。"④ 可见，为什么形

---

① 庄子不仅仅是反对文艺，他反对的是整个文化。庄子欲回到的理想社会就是一个文明之前的社会。这一点早为众多研究者所指出。

② 郭绍虞：《中国文学批评史：上卷》，百花文艺出版社 1999 年版，第 34 页。

③ （宋）林希逸：《庄子鬳斋口义校注》，周启成校注，中华书局 1997 年版，第 224 页。

④ 曹础基：《庄子浅注》，中华书局 2007 年版，第 162 页。

色名声书文都是糟粕？因为这些文艺或美的事物都是可闻可见的，并不足以传达不可闻见的虚无之道。这种思想是符合庄子的言不尽意论的。《秋水》篇亦云：“可以言论者，物之粗也；可以意致者，物之精也；言之所不能论，意之所不能察致者，不期精粗焉。”“不期精粗”指的正是道。文艺等美的事物既然无以达道，庄子当然要弃之如糟粕了。顺此指出，从这个角度看，那种认为从美的事物可以得道的观点似乎与庄子的看法相扦格。

　　除了认为文艺等美的事物不能达道之外，庄子否定文艺等同样也因为文艺往往表现情感，甚至表现强烈的情感，对文艺的喜好如享乐是导致失性的渊薮。《在宥》篇曰：“说明邪，是淫于色也；说聪邪，是淫于声也；……说乐邪，是相于淫也。”“说”通“悦”。《天运》篇曰，“五色乱目，使目不明”，“五声乱耳，使耳不聪”。于是便出现了《胠箧》篇提出的“擢乱六律，铄绝竽瑟，塞瞽旷之耳。灭文章，散五采，胶离朱之目”这种消灭文艺和文艺创造力的荒谬主张。

　　与文艺等美的事物会导致人丧失本性相通的是文艺活动同样会导致道的亏损，因为文艺活动是“有为”，是人的一种创造性活动，至少是人的一种能动表现，它显然有违庄子所提倡的自然无为之道和体道工夫，所以庄子激烈地反对文艺创造。《齐物论》曰：“道之所以亏，爱之所以成。……有成与亏，故昭氏之鼓琴也；无成与亏，故昭氏之不鼓琴也。”成疏：“夫昭氏鼓琴，虽云巧妙，而鼓商则丧角，挥宫则失徵，未若置而不鼓，则五音自全。亦（由）〔犹〕有成有亏，存情所以乖道；无成无亏，忘智所以合真者也。”昭氏之鼓琴，虽有成但必有亏，成就了此必有亏于彼，其所得决不是全，不若不鼓琴，不鼓琴则无所亏。文艺创造虽然抒发了情感，有所小成，但造成了对道之大全的乖离，故为求道之全，宁可不要文艺。① 这也是为什么庄子所论的技艺都是非现实的技艺的缘故，所谓的至乐必然是无乐，至画必然是无画，现实的文艺最终都是要取消的。

　　庄子是否如某些论者所说的那样，只是反对世俗文艺呢？不，庄子也反对高雅文艺——儒家的高雅文艺难道他不反对？实际上，庄子反对一切

────────────────

① 《齐物论》又曰：“道隐于小成，言隐于荣华。”“大辩不言……言辩而不及。”大道为文艺等小成所遮蔽，至言为华美之言所遮蔽，文艺或言辩并不能达到大道的本质，所以要取消之。

文艺，因为一切文艺都不是自然无为的。例外也许有一个，那就是后世受老庄影响而产生的、具有道家美学意味的文艺——那种文艺虽然也是人为的，但是其自然、素朴的特征最为接近自然无为的精神。不过，那是庄子死后数百年才产生的文艺，所以我们只能说庄子理应不会反对它。

庄子否定文艺为众所认同。或说，庄子虽然否定文艺，但庄子并不否定美和审美。我们认为这种看法是不恰当的。除了前文所做的众多论述外，我们在这里还可以从美是人的一种创造这个维度来做些说明。艺术美是心灵的创造，这是无疑问的，但自然美好像是现存的，人并没有去创造什么；其实，无论是艺术美还是自然美，美之为美，其实质都是相同的，从创造之维言，美都是人的创造成果，审美都是人的创造性活动。

朱光潜指出："世间并没有天生自在、俯拾即是的美，凡是美都要经过心灵的创造。"[①] 他认为，在审美体验中，须"见"到一个意象，"见"即是直觉也就是创造，意象须表现某种情趣，见到意象恰好表现情趣，就是审美。他说："创造是表现情趣于意象，可以说是情趣的意象化；欣赏是因意象而见情趣，可以说是意象的情趣化。美就是情趣意象化或意象情趣化时心中所觉到的'恰好'的快感。"[②] 他解释说，美作为形容词，它所指的对象是由动词变成名词的"表现"或"创造"。在对自然物的审美中，觉得自然物美时，自然物就已经成为表现情趣的意象。他举例说："比如欣赏一棵古松，古松在成为欣赏对象时，绝不是一堆无所表现的物质，它一定变成一种表现特殊情趣的意象或形象。这种形象并不是一件天生自在、一成不变的东西。……各人所欣赏到的古松的形象其实是各人所创造的艺术品。"[③] 用其"物甲"、"物乙"的理论就很好理解，自然状态的存在物的感觉形象是"物甲"，它是物的表象，只是构成美的条件的感觉材料；在审美体验中体验到或直觉到的是"物乙"，它已经是经过创造而成的审美意象。没有经过审美的创造，就没有被指称为美的审美对象即"物乙"，也没有审美体验到的快感即美感。事实上也正是如此，当我们不用审美的态度，而以实用的态度或科学的态度去"见"那自然物时，那自然物对我们的价值与意义是不相同的。陈本益在探讨审美的知觉特性时曾具体指明自然美的创造因素与过程，他说："当自然物的自然形式被

① 朱光潜：《文艺心理学》，生活·读书·新知三联书店 2005 年版，第 140 页。
② 同上书，第 141 页。
③ 同上。

我们知觉为美时，那形式便超脱了它原来所包含的自然属性和实用功利等客观实在性内容，而具有了审美主体所赋予的主观情感内容，并与后者融合一体而成为自然美。可见自然美已经不是自然物，而是在自然物基础上的一种创造。我们若不去创造，就只有自然物，而没有自然美。"① 也就是说，所谓有自然美其实是我们以审美知觉来看待自然物时所创造的结果。用存在论来说就是，通过人的创造，自然物敞开了其本真的存在。② 陈氏还追究了这种创造的心理特性，"那创造的实质是：当我们对自然物进行审美的时候，我们对自然物的一般知觉形象在一定程度上体现了或者说符合了我们潜在的想象形象"③。自然美的创造中知觉是不脱离创造性想象活动的。总之，世界上只存在现成的自然素材，而不存在现成的艺术美或自然美，美是人的精神创造，审美是一种创造性事件。

如果说朱光潜从一个横断面指明了美是人的心灵创造物，李泽厚等则试图从一个纵贯线上指出美的本质或本源在于人的实践创造。在李泽厚看来，所谓美的本质问题即是美的根源问题，也就是从根源上、从最后的充要条件上去追究美的问题。他认为，"美是人类实践的产物，它是自然的人化"④。李泽厚认为他的实践创造了美的看法与朱光潜等的看法不同，他的实践是物质生产、劳动实践，是指人类制造和使用工具的劳动生产实践，这种改造客观世界的物质活动才是美的根源。他说："不是个人的情感、意识、思想、意志等'本质力量'创造了美，而是**人类总体的社会历史实践**这种本质力量创造了美。"⑤ 因此，在李泽厚看来，朱光潜等探讨的只是美的现象层，也就是说是审美对象的创造或构成问题，他探讨的才是美的本质或最终根源的问题。对于物质生产实践即劳动创造了美的命题，刘纲纪在其《艺术哲学》等论著中做了具体深入的阐释。不久前，他还把他的美学观概括为一个明确的公式："实践——创造——自由——自由的感性表现——广义的美——艺术"。⑥ 在刘氏看来，人类的实践活

---

① 陈本益：《审美知觉的特性：知觉即想象》，《西南大学学报》2008 年第 1 期。

② 叶朗："一方面是人的创造，一方面是存在的敞亮，这两个方面是统一的。"（叶朗：《美在意象》，北京大学出版社 2010 年版，第 77 页）

③ 陈本益：《审美知觉的特性：知觉即想象》，《西南大学学报》2008 年第 1 期。

④ 李泽厚：《美学三书》（《美学四讲》），安徽文艺出版社 1999 年版，第 477 页。

⑤ 同上书，485 页。加黑为原文所有。

⑥ 刘纲纪、李世涛：《我参与的当代美学讨论——刘纲纪先生访谈录》，《文艺理论研究》2009 年第 4 期，第 48 页。

动也就是一种有意识、有目的的改造客观世界的创造性活动。"美就是人在改造世界、创造生活的实践中取得的自由的感性表现，是人的生活的实践创造的产物。人从自己的实践创造活动及其产品上看到人的智慧、才能、力量的表现，看到人从自然和社会所取得的自由，这才产生了美感。"① 刘氏还突出强调了其理论对自然美的适用性。② 实践在其美学中具有本体论意义，创造则是实践的根本特性，可见创造于美和美感有重要作用。

　　尽管朱光潜与李泽厚、刘纲纪等关于美是如何创造的见解并不相同，此不具论，但在强调美是人的创造物上则是一致的：世界上并不存在天生的所谓美，没有人的审美创造也就没有美。日本的竹内敏雄等考察了"美的法则性"即美的价值法则问题，他们认为，美是一种与真、善不同的价值，美的价值不能离开主观的美的效果和美的体验的特殊性；而对美的价值的整体性体验，按照现象学美学家奥德布雷奇特的看法，由于存在于人的意识中的综合机能具有自身创造的性质，所以这种对美的价值体验就具有意识本身固有的创造性。因此，"美的法则性本质在于主观的'创造性'"③。这就从价值论的角度指出了美和审美的创造性特征。美学史家塔塔尔凯维奇在其《西方六大美学观念史》中专门考察了"创造性"这一概念的演变，他认为在 20 世纪，"创造性"变成了一个很宽泛的概念，"大体而言，凡是人类的作为，只要出于主动状态而非被动的地位，一概是'创造性'所指的对象。""它是一个特别在我们这个时代当行的信念，海德格尔、卡西尔和凯斯特勒都曾经表示出这种见解。我们借助创造性以补充从外界获得的资料，这是一个不争的事实，它发生在每一个人生的活动之中，所以是普遍而必然的。"④ 这里有两点是值得我们注意的，

① 刘纲纪：《传统文化、哲学与美学》，广西师范大学出版社 1997 年版，第 412 页。又，刘纲纪："所谓的'美'，就是那通过人类生活的实践创造所取得，感性具体表现了人的自由的各种对象。"（刘纲纪：《艺术哲学》，湖北人民出版社 1986 年版，第 406—407 页）

② 刘纲纪：《艺术哲学》，湖北人民出版社 1986 年版，第 436—440 页。刘纲纪："以人改造自然的实践为基础，自然的合规律的形式和人的目的达到了统一，并且达到了一种超越物质生活需要满足的自由的统一，这就是自然美。"（该书第 436 页）这是从合目的与合规律的角度对于美的本质分析。

③ ［日］竹内敏雄：《美学百科辞典》，刘晓路等译，湖南人民出版社 1988 年版，第 162 页。

④ ［波］塔塔尔凯维奇：《西方六大美学观念史》，刘文潭译，上海译文出版社 2006 年版，第 267 页。

从最宽泛的意义上，创造是一种人类的主动作为，创造也是人的必然性的活动。

　　既然美和审美具有创造之维，庄子从其自然无为之道出发，主张无为，势必将美和审美置于否定之列。庄子之自然无为，是二而一的，自然侧重言"天"，无为侧重言"人"，人所效法者在天。无为作为一种存在状态，它与自然的意涵相契同，是指人的天生的本然存在状态，此种状态也是与自然事物相同的状态。《秋水》云："号物之数谓之万，人处一焉。"人是万物之一，其存在与万物一样也是无为。如崔大华说："人的无为来自人的自然本性的根源。"① 因为庄子割裂了自然本性与社会人性的关联，并且要求通过体道回归此本然状态，这样，属人的美与审美领域就是必然应被超越或摈弃的。

　　无为作为一种存在的力量，它不是一种对象性与目的性力量，相反，它向内收，无就是否定，无为就是要否定或摈除掉人改变事物自然状态的有为；在体道中则要求人通过修养工夫来取消向外的目的性力量，如体道中要"自闻"、"自见"就是向内转，并以之为原则来要求人的行为，也就是要求人不要有什么主动的目的性的创造活动。师旷、离朱、工倕算是在文艺和技艺方面很有创造力的代表，但从无为出发，却要毁弃这些创造力，不去创造文艺或手工艺，天下的人就不失其自然无为的本性。② 《秋水》篇河伯在聆听了北海若的关于"齐物"的"道"教之后，有些茫然失措，不知该如何行动，说，"然则我何为乎？何不为乎？吾辞受趣舍，吾终奈何？"北海若先是说："以道观之，何贵何贱，是谓反衍；无拘而志，与道大蹇。何少何多，是谓谢施；无一而行，与道参差。"③ 道有其自身运动的法则，因此你不要固守心志、行为，否则就会与大道相抵牾。接着讲了一番"大义之方"后得出结论："何为乎？何不为乎？夫固将自化。"万物会自行变化，根本不需要你有什么固守心志的行为，也即"处无为而物自化"（《在宥》）。很明显，这是要顺其自然，根本上不去主动

---

　　① 崔大华：《庄学研究》，人民出版社 1992 年版，第 238 页。
　　② "擢乱六律，铄绝竽瑟，塞瞽旷之耳，而天下始人含其聪矣；灭文章，散五采，胶离朱之目，而天下始人含其明矣；毁绝钩绳而弃规矩，攦工倕之指，而天下始人有其巧矣。"（《胠箧》）
　　③ 无拘二句："不要固守你的心志，否则，与大道会相抵触的。"无一二句："不要固执你的所为，否则与大道是不相符合的。"（曹础基：《庄子浅注》，中华书局 2007 年版，第 195—196 页）

改变什么，是对目的性活动的取消，更不要说创造了。①

无为从其心理机能来看，表现出一种自我的约束力量，它主要切合的是以意志为基础的行动心理，而非以情感为基础的创造机能。不过，这种意志也很有限，只体现在自我心性上，并不支撑目的性的创造活动。庄子把这种心理状态称为"用心若镜"，《应帝王》篇曰："至人之用心若镜，不将不迎，应而不藏。"王博说："至人的用心也就是无所用心，这是最大的用心。"② 这种用心如镜子一般，于对象而言既不选择什么更不改变什么，可以说是一种真正绝对的"客观性"。从镜子之喻看，它只是一种被动的心理状态，除了固守本身的无为外，与最广义的创造即那种主动的行为也是相背离的。《天道》篇也表明了同样的看法，"圣人之心静乎！天地之鉴也；万物之镜也。夫虚静恬淡寂寞无为者，天地之本而道德之至"。陈本益指出："这种状态实际上是不辨是非、贵贱、美丑、生死而只求物各自然、浑然为一的状态，它并无审美体验那样的主观创造性。"③

庄子的无为不能说没有意义，他看到了人性中的自然一面，但在反对儒家以仁义易性之时，过度地推举这种自然存在方式，导致对人之为人的"有为"本性一面的极大忽视，冯友兰说，"庄周完全否定了人的主观能动性"④，任继愈也说，"庄子不能给人们的主观能动作用以任何地位"⑤。这无疑指出了庄子无为论对人的创造性的否定，美和审美作为人的一种创造，在庄子无为的方式下也就被理所当然地取消了。

（三）不辨美丑与齐同美丑，取消了审美

《齐物论》居内篇第二，它是被很多研究者目为"庄之为庄"的一篇

① 《天地》篇记有汉阴丈人抱瓮灌畦的故事。子贡为挈水之槔，丈人笑之，丈人有曰："吾闻之吾师，有机械者必有机事，有机事者必有机心。机心存于胸中，则纯白不备；纯白不备，则神生不定；神生不定者，道之所不载也。吾非不知，羞而不为也。"一般认为，这是主张去功利机巧而要保持内心纯和真朴。这样解释当然不错。但实际上，汉阴丈人之"瓮"（在道家有象征意义）与子贡之"槔"不过是五十步与一百步的关系。从创造的角度看，"槔"与"瓮"无疑更有创造性，丈人之"不为"是站在现有状态上反对创造。

② 王博：《庄子哲学》，北京大学出版社 2004 年版，第 139 页。

③ 陈本益：《谈儒道佛三家思想的道德性——兼谈道家思想本身并不是美学》，《社会科学战线》2011 年第 1 期，第 32 页。

④ 冯友兰：《庄周的主观唯心主义》，载胡道静编《十家论庄》，上海人民出版社 2008 年版，第 59 页。

⑤ 任继愈：《庄子的唯物主义世界观》，载胡道静编《十家论庄》，上海人民出版社 2008 年版，第 146 页。

要文，如冯友兰说，"庄之所以为庄者，突出地表现于《逍遥游》和《齐物论》两篇之中"①。"齐物论"之读解主要有三，或"齐物/论"，或"齐/物论"，或"齐/物//论"，②在文中几种讲法都有依据，都讲得通。其实，关键中的关键并不在齐"什么"，而在"齐"。因为事实上庄子的最终目的是要达到"齐"，其方法也在"齐"，而所"齐"的内容是比较明确的，即齐一世间所有的事物及对其理解。从价值层面来说，则主要是是非、善恶、美丑等价值判断的齐一，从存在层面来说，主要是物我齐一或说天人合一。③《齐物论》内涵丰富，在此只就美的问题略加陈述。

《齐物论》曰："道行之而成，物谓之而然。恶乎然？然于然。恶乎不然？不然于不然。（可乎可？可于可。恶乎不可？不可于不可。）④ 物固有所然，物固有所可。无物不然，无物不可。故为是举莛与楹，厉与西施，恢诡谲怪，道通为一。其分也，成也；其成也，毁也。凡物无成与毁，复通为一。唯达者知通为一，为是不用而寓诸庸。……是以圣人和之以是非而休乎天钧，是之谓两行。"一切现象事物人们都要区分其"可"或"然"，但是，事物都自有其所然，都自有其所可，庄子把问题推向绝对，"若从然的方面去然它，则无物不然；若从可的方面去可它，则无物不可。以此类推，若从不然的方面去不然它，从不可的方面去不可它，那又无物是然的，无物是可的了"⑤。事物本身并没有什么"可"与"不可"或"然"与"不然"，那都是人为设定的，也就是说事物的差别区分是人为的，只是事物的假象。曹础基注："言外之意是说没个定准的，反正都是一样。"⑥ 冯友兰说："这种相对主义的思想推到最后，就认为一切

---

①　冯友兰：《庄周的主观唯心主义》，载胡道静编《十家论庄》，上海人民出版社 2008 年版，第 40 页。

②　崔大华：《庄子歧解》，中州古籍出版社 1988 年版，第 36—37 页。

③　牟宗三："依照《齐物论》、是非、善恶、美丑、一切比较性的、相对性的、价值性的判断都要平齐。"（牟宗三：《庄子〈齐物论〉演讲录》，台湾《鹅湖》2002 年第 1 期、2003 年第 2 期）池田知久认为，庄子否定和排除了感情判断、价值判断、事实判断，进而达到了对存在判断的否定与排除。（［日］池田知久：《道家思想的新研究——以〈庄子〉为中心》，王启发、曹峰译，中州古籍出版社 2009 年版，第 172—173 页）

④　据严灵峰，刘文典、王叔岷等补正。参见陈鼓应《庄子今注今译》，中华书局 2009 年版，第 70—71 页。

⑤　张默生：《庄子新释》，新世界出版社 2007 年版，第 72 页。

⑥　曹础基：《庄子浅注》，中华书局 2007 年版，第 20 页。

事物之间的分别也都没有了。"① 故小与大、丑与美、恢诡谲怪、分与合、成与毁等事物的各种差异，从道的观点来看，都是没有什么分别的，可以通而为一。② 通达之士明白通而为一的道理，就不用小或大、丑或美、成或毁等观点去看待事物，而把它寄寓在循环往复的变化之常上。③ 圣人对待事物的态度叫"两行"，即调和是非而依顺自然之理。④ 从审美来说，就是美丑两行。可见，在庄子，事物的美丑等差异都是人为的规定，都是虚假的现象，从道来看，美丑等并没有什么本质上的不同，是通而为一；圣人的方法或态度是不去分辨事物的什么美与丑，而是能从道的方面来平齐美丑。在此，庄子固然看到了美丑是与人的主观判断分不开的，也看到了美丑的相对性，应该说是很有意义的，但他把美丑的相对推向了极端，并进而用道从本质上来取消美丑的判别，这就走向了反面。⑤

美丑出于世人的主观固执，它其实是不可靠的，也是没有定准的。《齐物论》又曰："毛嫱丽姬，人之所美也；鱼见之深入，鸟见之高飞，麋鹿见之决骤，四者孰知天下之正色哉！"《至乐》亦曰："咸池九韶之乐，张之洞庭之野，鸟闻之而飞，兽闻之而走，鱼闻之而下入，人卒闻之，相与还（环）而观之。"人所认为美的，但在鱼、鸟、兽则并不认为美，谁又更能懂得天下真正的美呢？"类与不类，相与为类"（《齐物论》），通过不类之间的类比，人并不一定比鸟兽更能审美，"人作为审

---

① 冯友兰：《庄周的主观唯心主义》，载胡道静编《十家论庄》，上海人民出版社 2008 年版，第 46 页。

② 陈鼓应："'道'通为一，即是从'道'的观点看来并无分别。……所谓'一'，就是指事物的本然状态。但当它蒙上了人的主观认识活动，于是一如的、无分别的事物上，产生了分歧、多样相。"（陈鼓应：《老庄新论》，商务印书馆 2008 年版，第 218 页）

③ 曹注："寓诸庸，托付于循环往复的变化。"庸，常。参见曹础基《庄子浅注》，中华书局 2007 年版，第 21 页。

④ 陈鼓应："天钧：可作两解，一为自然的运转，另一解为自然均衡的道理。""两行：两端都可行。"（陈鼓应：《庄子今注今译》，中华书局 2009 年版，第 72—73 页）曹础基："两行，任由是与非两方面各自发展，意即任之'是亦一无穷，非亦一无穷'，而最后'复通为一'。"（曹础基：《庄子浅注》，中华书局 2007 年版，第 21 页）

⑤ 施昌东："他（庄子）就完全抹杀了'美'与'恶'（丑）彼此之间质的规定性及其差别和矛盾。"（施昌东：《先秦诸子美学思想述评》，中华书局 1979 年版，第 52 页）罗宗强："是非两行却就根本否认了美与丑的存在。"（罗宗强：《读〈庄〉疑思录》，载复旦学报编辑部编《庄子研究》，复旦大学出版社 1986 年版，第 267 页）蒋孔阳："这样庄周就否定了审美对象的质的规定性。"（蒋孔阳：《评老子"大音希声"和庄周"至乐无乐"的音乐美学思想》，载蒋孔阳编《中国古代美学艺术论文集》，上海古籍出版社 1981 年版，第 132 页）

美主体的审美能力也被否定了，从而取消了审美主体的存在"①。人没有能力分辨美丑，人所谓的美丑并不一定是真正的美丑，所以又说，"恶能知其辨？"辨，分别。根本上不可能知道美丑之间有什么分别。美丑无以分别，也表明美丑是没有什么判定标准的。《山木》篇也表达了同样的意思："阳子之宋，宿于逆旅。逆旅人有妾二人，其一人美，其一人恶，恶者贵而美者贱。阳子问其故，逆旅小子对曰：'其美者自美，吾不知其美也；其恶者自恶，吾不知其恶也。'"美与丑对于逆旅人来说，他不认为美就不美，他不认为丑就不丑，完全忽视了审美中"对象的所与性"，审美完全只是他主观上的事。这同样是泯灭美丑的分际，否定美丑的质的规定性。任继愈曾指出，庄子"把事物之间的差别性完全看成人们强加到事物上的，而不承认它是事物自身所固有的。这种观点就违反了事物的实际情况"②。审美原是人与对象之间建构的一种特殊关系，庄子确实有失偏颇，当然庄子原本就不是为审美的。

庄子"齐"的工夫境界也就是要做到在主观上不去分辨美丑，在对象上齐一美丑。庄子认为美丑是非善恶是分辨不清的。《齐物论》提出"辨无胜"的命题，"既使我与若辩矣，若胜我，我不若胜，若果是也，我果非也邪？我胜若，若不吾胜，我果是也，而果非也邪？其或是也，其或非也邪？其俱是也，其俱非也邪？我与若不能相知也，则人固受其黮暗。吾谁使正之？使同乎若者正之？既与若同矣，恶能正之！使同乎我者正之？既同乎我矣，恶能正之！使异乎我与若者正之？既异乎我与若矣，恶能正之！使同乎我与若者正之？既同乎我与若矣，恶能正之！然则我与若与人俱不能相知也，而待彼也邪？"辩论是没有结果的，"一切人的见解和主张虽然都是一偏之见，但都自以为是，以别人为非。既然认识都是相对的，也很难说哪一方面的意见是正确的"③。庄子认为共同的标准是没有的，各人都以主观之见或说成心来判断，最后就没有什么客观的美丑是非善恶判定。既然如此，还不如"和之以天倪，因之以曼衍"。因，

---

①　蒋孔阳：《评老子"大音希声"和庄周"至乐无乐"的音乐美学思想》，载蒋孔阳编《中国古代美学艺术论文集》，上海古籍出版社1981年版，第132页。

②　任继愈：《庄子的唯物主义世界观》，载胡道静编《十家论庄》，上海人民出版社2008年版，第149页。

③　冯友兰：《庄周的主观唯心主义》，载胡道静编《十家论庄》，上海人民出版社2008年版，第46页。

任。曼衍，变化。冯友兰说："'天钧'、'天倪'皆谓万物自然之变化；'休乎天钧'，即听万物之自然也。圣人对于物之互相是非，听其自尔。"①陈鼓应说："'和之以天倪'——用自然的分际来调和它，即顺任事物本然的状态，而不加以主观意念去分辨。"②两者的意思大体相同，也就是说根本不要去分辨事物的美丑是非善恶，根本上不要有这些主观的判别。《天地》篇说，"德人者，居无思，行无虑，不藏是非美恶"。末句就包含不辨美丑的观点。

与不辨美丑相联系的理想的看待事物的态度就是要"道通为一"，也就是"以道观之"，从道来看，事物在本质上都是相同的，美丑是非善恶也是齐一的。《秋水》曰："以道观之，物无贵贱；以物观之，自贵而相贱；以俗观之，贵贱不在己。"从道看来，事物是平齐的，并没有差别；世俗的看法，要么从己出发，要么从世俗立场出发，看法都是没有标准的，是相对的。又曰："以道观之，何贵何贱，是谓反衍。"反衍，向相反方向发展，即转化。贵贱等是没有标准，而且是互相转化的。又曰："万物一齐，孰短孰长？"万物都是齐一的，哪里有什么短长等分别？冯友兰说："以道之观点观物，即见物无不齐矣。"③曹础基说："以道的观点看来，根本就不存在什么大小、贵贱、是非，万事万物都是齐一的。"④以道观之，美丑自然也是齐一的。《知北游》篇曰："故万物一也，是其所美者为神奇，其所恶者为臭腐；臭腐复化为神奇，神奇复化为臭腐。故曰，'通天下一气耳'。圣人故贵一。"郭注："各以所美为神奇，所恶为臭腐耳。然彼之所美，我之所恶也；我之所美，彼或恶之。故通共神奇，通共臭腐耳，死生彼我岂殊哉。"成疏："夫物无美恶而情有向背，故情之所美者则谓为神妙奇特，情之所恶者则谓为腥臭腐败，而颠倒本末，一至于斯。然物性不同，所好各异；彼之所美，此则恶之；此之所恶，彼又为美。故毛嫱丽姬，人之所美，鱼见深入，鸟见高飞。斯则臭腐神奇，神奇臭腐，而是非美恶，何有定焉！是知天下万物，同一和气耳。"二者在

① 冯友兰：《庄子及道家中之庄学》，载胡道静编《十家论庄》，上海人民出版社 2008 年版，第 29 页。
② 陈鼓应：《老庄新论》，商务印书馆 2008 年版，第 225 页。
③ 冯友兰：《庄子及道家中之庄学》，载胡道静编《十家论庄》，上海人民出版社 2008 年版，第 29 页。
④ 曹础基：《庄子浅注》，中华书局 2007 年版，第 197 页。

这个问题上有一致性。世俗上，我所美、彼所恶，或相反，是无有定准的；圣人知道"'整个天下就是通于一气罢了'，所以圣人珍贵（无分别的）同一"①，圣人抛弃或超越了美丑，能通而一之。

不辨美丑和美丑同一的观点，是庄子的万物齐一的"齐"的工夫与境界在美丑问题上的体现。这样的观点为庄子美学所独有。朱光潜指出："美丑是相对的名词，有比较然后有美丑。如果把自然全体都看成一样美，就没有分别美丑的标准，就否认美丑有比较，那么'美'也就漫无意义了。"② 庄子无疑走得更远，把现象界的美丑看作只是主观任意的，并将其相对性无限夸大，最后从道的层面来齐同美丑，这就取消了美丑的分别。这种观点最后只能是反审美的，因为审美的出发点就是分别美丑。如果美丑同一，审美就没有必要，一切审美意义上的美学也没有必要。

有论者认为，庄子的美丑同一观就是美学上化丑为美的观点。并非如此。化丑为美的实质，是将丑描绘得美，或者说美丽地描绘丑，也就是将那描绘的技巧美、色彩美、音律美等增添到丑的东西上。这一点，已为中外某些美学家和文艺家所洞见。兹将他们的观点摘引若干如后。亚里士多德说："经验证明了这样一点：事物本身看上去尽管引起痛感，但惟妙惟肖的图象看上去却能引起我们的快感，例如尸首或最可鄙的动物形象。"③ 布瓦罗说："一枝精细的画笔引人入胜的妙技／能将最惨的对象变成有趣的东西。"④ 康德说："美的艺术的优点恰好表现在，它美丽地描写那些在自然界将会是丑的或讨厌的事物。"⑤ 闻一多说："'丑'在艺术中固有相当的地位，但艺术的神技应能使'恐怖'穿上'美'的一切底精致，同时又不失其要质。"⑥ 显然，庄子的美丑同一观与上述观点大异其趣。

---

① 陈鼓应：《庄子今注今译》，中华书局 2009 年版，第 601 页。

② 朱光潜：《文艺心理学》，生活·读书·新知三联书店 2005 年版，第 123 页。有论者以庄子持"自然全美"的看法，是值得商榷的。庄子根本无意于分辨现象界的美丑，在庄子，对于现象，说它美也行，说它丑也行，从道去看所谓的美丑是齐一的，都是事物自然的发展。这与"自然全美"应该不同。况且，按朱氏，"自然全美"说有无意义也还是值得怀疑的。

③ ［古希腊］亚里士多德、贺拉斯：《诗学·诗艺》，罗念生、杨周翰译，人民文学出版社1982 年版，第 11 页。

④ ［法］布瓦罗：《诗的艺术》，载伍蠡甫编《西方文论选（上卷）》，译文出版社 1979 年版，第 295 页。

⑤ ［德］康德：《判断力批判》，邓晓芒译，杨祖陶校，人民出版社 2002 年版，第 156 页。

⑥ 闻一多：《冬夜评论》，载《闻一多全集（第 2 卷）》，湖北人民出版社 1993 年版，第86 页。

（四）并非审美的天人合一

最后，顺此说说庄子"齐"的最高人生境界即"天人合一"。庄子的天人合一虽然也是一种天人合一形式，但还算不上是审美生存的天人合一，这一点其实早在荀子那句庄子"蔽于天而不知人"的断语里就已经被揭示了。天人合一是中国古代哲学的核心话题，主要有两类，一是儒家"天"与人合一的思想，一是道家"道"与人合一的思想。① 但是并不是说只要具有天人合一的形式就真正实质上达到了那种生存状态，古代这种天人合一都还不是审美生存式的天人合一。张世英曾把人的精神发展分为三大阶段，即原始的天人合一阶段、主客二分阶段和高级的天人合一阶段，而"人的精神意识发展的最高阶段是审美意识。它是高级的'天人合一'境界"②。也就是说，审美生存的天人合一是高级阶段的天人合一，但是，"老庄的'天人合一'是未经'主—客'式思想洗礼的原始的'天人合一'"③。很清楚，老庄的天人合一虽然与审美的天人合一表面相似，但还缺少本质上的飞跃。

庄子的天人合一，也就是前述的那种与道为一、以道观之、通而为一的泯灭差异的齐一境界，在《齐物论》中具体表述为"天地与我并生，而万物与我为一"。文曰："有始也者，有未始有始也者，有未始有夫未始有始也者。有有也者，有无也者，有未始有无也者，有未始有夫未始有无也者。俄而有无矣，而未知有无之果孰有孰无也。今我则已有谓矣，而未知吾所谓之其果有谓乎，其果无谓乎？天下莫大于秋豪之末，而大山为小；莫寿于殇子，而彭祖为夭。天地与我并生，而万物与我为一。"首先庄子对事物做了本源式追溯：始→未始→未始之前，有→无→无无→无无之前，事物追溯到最后根源是本无之道，万事万物的本源与本体就是道。由此，现象界所谓的大小、寿夭等差别都是相对的，它们有着共同的本源即道，尽管现象的具体形态千差万别，但都是道的一气所化，都是道的体现，本性并无分别。曹础基说："一切对立、分歧，如果溯源到它的本原，都属于'无'，因而是同生同体的，那还有什么不齐呢？"④ 陈鼓应说："庄子从认识主体的局限性，说到事物的相对性，进而取消质的差

① 张世英：《天人之际：中西哲学的困惑与选择》，人民出版社 1995 年版，第 14 页。
② 张世英：《哲学导论》，北京大学出版社 2002 年版，第 27 页。
③ 同上书，第 11 页。
④ 曹础基：《庄子浅注》，中华书局 2007 年版，第 25 页。

别。因而他说：'天地与我并生，万物与我为一'。"① 所以，"天地与我并生，而万物与我为一"的具体内涵就是：天地万物与我同生于道，齐一共存，浑然一体。② 作为存在状态，它就是天人合一；作为精神境界就是与道为一；作为认识方式就是以道观之。在庄子这些都是相通相融、没有分别的，都是体道得道所指所系。

之所以庄子的天人合一还不是审美的天人合一，是因为在这种合一状态中人不是以人的存在方式而是以物的存在方式去与物合一。在心斋坐忘等功夫中，修养主体所要回归的状态是自然无为的本然状态，是自在的存在状态，而不是作为自为的存在状态。"齐"也是如此。我与万物齐一，是在道之下贯于人与万物的本性上齐一，此本性是从道所禀的本性、是天生的，人与物同质。《大宗师》曰："若人之形者，万化而未始有极也。"大道所化生的如人之形的万物多无止境。万物皆由道所生，其本质相同，其不同只是存在的形相不同（本质先于存在）。《秋水》曰："道无终始，物有死生，不恃其成；一虚一满，不位乎其形。年不可举，时不可止；消息盈虚，终则有始。是所以语大义之方，论万物之理也。"侯外庐说："道不位乎形，或者'油然不形而神'，物则位于形，其死其生，即位于死生之形，而形又是幻变的东西。"③ 在庄子，现象界的万物存在只是造化之变幻不定的形相或幻象，世人所把握和争论的正在这千差万别的存在幻象，而圣人则可从本质上把握万物一齐。因此，庄子的荒谬在于"他把自然与自然的关系和人类与自然的关系视同一律"④；池田知久亦指出，"通过反复的、彻底的批判，最终达到了'一之无'即'齐同的非存在'的境界，'无'之我直接和'无'之世界相融合，成为一体。"⑤ 也就是说，我与万物的齐一，并不是以现实存在的姿态而是以非存在的姿态

---

① 陈鼓应：《老庄新论》，商务印书馆 2008 年版，第 221 页。

② 冯友兰："这个'一'就是没有分别的混沌，也就是'我'的幻想中的'无差别境界'。"（冯友兰：《庄周的主观唯心主义》，载胡道静编《十家论庄》，上海人民出版社 2008 年版，第 49 页）曹础基："天地万物都和我们同生于'无'，都同为一体。"（曹础基：《庄子浅注》，中华书局 2007 年版，第 25 页）涂光社："我与天地万物一起化生，且同构、齐一、共存。"（涂光社：《庄子范畴心解》，中国社会科学出版社 2003 年版，第 261 页）

③ 侯外庐：《庄子的主观唯心主义》，载胡道静编《十家论庄》，上海人民出版社 2008 年版，第 127 页。

④ 同上书，第 125 页。

⑤ ［日］池田知久：《道家思想的新研究——以〈庄子〉为中心》，王启发、曹峰译，中州古籍出版社 2009 年版，第 185 页。

（本然状态）出现的齐一，也即把"我—物"的关系变成了"物—物"的关系，这是原始的天人合一状态。张世英指出，在人与世界相遇时，原始的天人合一状态中，人无主客区分、无自我意识，人与世界打交道的方式是本能活动，这种关系可以说是"物—物"关系，而主客二分中的关系是"我—它"或"人—物"的关系，审美的高级天人合一中则是"我—你"（世界/他人他物）或"人—人"关系。① 在审美的天人合一中，"我"与"你"都是"个体化"原则下的互为主体的存在，而在庄子的天人合一中，"我"与"物"都为大道所规定的本性所泯灭、所吞噬，都是道化之无差别之物。

《齐物论》开篇即云："南郭子綦隐机而坐，仰天而嘘，苔焉似丧其耦。颜成子游立侍乎前，曰：'何居乎？形固可使如槁木，而心固可使如死灰乎？今之隐机者，非昔之隐机者也。'子綦曰：'偃，不亦善乎，而问之也！今者吾丧我，汝知之乎？'"形如槁木、心若死灰是体道得道的精神状态，之所以如此，是因为"吾丧我"。"吾"者即与道为一的得道者，即无我的本然状态的存在。"我"呢？陈鼓应注："指偏执的我。"②曹础基注："指没有忘己、忘功、忘名的我。"③ 王博："'我'其实就是一种对于自我的意识"，"'我'就是一种执着于自我的心，一颗有'己'的心"。④ "我"，也就是有成心的我，一个做是非、善恶、美丑判断的我。这个成心之"我"来自哪里？来自后天社会中的习染、积淀、塑造，"我"正是一个有着社会性的知、情、意的主体性或个体性的自为的存在。因此，"吾丧我"就是丧失了自我意识的我，丧失了社会性的知、情、意的我，丧失了个体性的我。蒋锡昌说："所谓'丧其耦'，'丧我'，'坐忘'，'忘己'，'忘其肝胆'，'无无'，总而言之，无非将人之意识完全消灭净尽，而入于一切寂灭之状态也。圣人之修养，如能至此境界，至矣、尽矣，不可以加矣。"⑤ 因此，庄子以形而上学的道为先行，向内收、往后退，消灭人的意识，与万物混沌齐一的方式，与审美的天人合一虽表面上有类似但其实是不可同日而语的。

---

① 张世英：《哲学导论》，北京大学出版社 2002 年版，第 22、256 页。
② 陈鼓应：《庄子今注今译》，中华书局 2009 年版，第 41 页。
③ 曹础基：《庄子浅注》，中华书局 2007 年版，第 14 页。
④ 王博：《庄子哲学》，北京大学出版社 2004 年版，第 76 页。
⑤ 蒋锡昌：《庄子哲学》，上海书店 1992 年版，第 31 页。

　　与"吾丧我"相呼应的是篇末的"物化"说。"昔者庄周梦为胡蝶，栩栩然胡蝶也，自喻适志与！不知周也。俄然觉，则蘧蘧然周也。不知周之梦为胡蝶与，胡蝶之梦为周与？周与胡蝶，则必有分矣。此之谓物化。"庄周梦蝶或是蝶梦庄周，其实原本也没有什么分别或无从分别；是周还是蝶，是我还是物，在物象上是有分别的，但这分别在梦境中被打破了，梦境与梦觉到底哪是梦哪是觉呢？所以，梦与觉，周与蝶，我与物原本也没有分别。在"物化"中，世界中的一切原本没有分别。何谓"物化"？主要有两解：其一，"谓万物皆一源之所化"，如陈景元、褚伯秀、王敔（物化有分，天钧自一）等；其二，"谓万物变化而相通"，如郭象、成玄英、林希逸（物化者，言万物变化之理）。① 前者主要是从本源上来解释，后者则重在本性上相通，二者其实并无冲突，因为本性由本源而来而定。从故事看，庄周与蝴蝶作为物象，二者是有分别的，物象的分别是变幻不定的，时而作为庄周，时而化为蝴蝶，但是，无论是庄周还是蝴蝶，都是道之化生的物象。于是，在不尽的流变之中，庄周与蝴蝶的物象虽然在变化但二者仍能相通无隔。曹础基说："各种现象，表面看来是各不相同的，但本体上是一致的，都是道的物化现象罢了。"② 指明的是本体上的一齐。涂光社说："'物化'说的要义是，宇宙万物在永恒的运动变化中，万物以至各种生命个体虽然各具形质，但都是互相转化的某个阶段的一种暂时的存在形态。"③ 指明了事物的变动不居。所以，"物化"表明：事物都是由道变化而来的具体现象，事物的现实存在状态都是变化不定的，但事物在本体上是相同相通的。

　　可见，"物化"说与"吾丧我"及"天地与我并生，万物与我为一"都是相通的，它谈的根本不是审美或审美生存的问题。从存在方式来看，物与我的齐一或合一，并不是现实的存在状态的齐一，而是以本然状态的存在去齐一，这种合一中的人与物的关系仍然是"物—物"关系式而并没有升华为"人—人"关系式。所以，说它是审美的天人合一或审美生存只是一个美好的愿望罢了。

　　另外，还可补充的是，其一，审美的天人合一同时也是一种审美"意境"。张世英指出："我们说'意境'或'心境'、'情境'，这些词里

---

　　① 崔大华：《庄子歧解》，中州古籍出版社1988年版，第108—109页。
　　② 曹础基：《庄子浅注》，中华书局2007年版，第33页。
　　③ 涂光社：《庄子范畴心解》，中国社会科学出版社2003年版，第277页。

面都既包含有'境'，也包含有'心'、'情'、'意'，其实都是说的人与世界的交融或天人合一；审美意识正是一种天人合一的'意境'、'心境'或'情境'。"① 而庄子的天人合一，庄子的体道得道对情与境是否定的、至少是不用心的。其二，审美的天人合一必然是天与人或人与物的共在，是共时性的。而庄子的"物化"中，现实的存在形态与本然的存在形态是可以分离的，相当于一物的神与其不同之形的关系；② 本然的存在形态是不变的，但现实的存在形态是不断变化的，可以化为不同的物象，时而是人形如庄周，时而是物形如蝴蝶。"此庄子亲临'物化'之境，而明'不同形相禅'之意。"③ 这里指庄周与蝴蝶之间不同形态的转化，并非像一些论者所说的那样是庄子与蝴蝶之间成为审美的物我两忘。其三，人现实的存在形态可能会毁灭或化为物的形态，这是无所谓的，但对审美生存来说就不同了。涂光社说："对于人来说，'化'常指由生而死化为他物的变异过程。死是自然'大化'，不由自己支配也不可避免，若从'化'的角度来认识，则知自己的生命从他物'化'来，又复'化'为他物，如此而已。可见，提出'物化'之说首先是为了帮助人们超越世俗的生死观念。"④ 也就是说，生与死是一样的，人形与物形也没分别。但是人的现实的存在，人以活生生的生命形态出现、以"人"而非"物"的此在方式存在，对审美的生存来说才是有意义的。

总之，庄子对"齐"的追求，尽管张扬了人的自然本性，表达了人与自然的亲和关系，但不辨美丑与齐一美丑最终只能是反审美的，而忽视人之所以为人的现实存在，把人与物的关系齐一于物与物的关系，与所谓人的审美的生存只能是背道而驰的。

---

① 张世英：《哲学导论》，北京大学出版社 2002 年版，第 122 页。

② 又《齐物论》："指穷于为薪，火传也，不知其尽也。"曹注："一切现象都是道的物化，是暂存的，终会消失，而道却是永存的。"（曹础基：《庄子浅注》，中华书局 2007 年版，第 38 页）《大宗师》："浸假而化予之左臂以为鸡，予因以求时夜；浸假而化予之右臂以为弹，予因以求鸮炙；浸假而化予之尻以为轮，以神为马，予因以乘之，岂更驾哉！且夫得者，时也，失者，顺也；安时而处顺，哀乐不能入也。此古之所谓县解也，而不能自解者，物有结之。且夫物不胜天久矣，吾又何恶焉！"化成什么则安于什么，物只不过是个"形"而已，明显的重神轻形。

③ 张默生：《庄子新释》，新世界出版社 2007 年版，第 32 页。

④ 涂光社：《庄子范畴心解》，中国社会科学出版社 2003 年版，第 278 页。

第三章

神技与技艺

　　庄子文本中有不少关于技或艺的故事。如果从庄子思想的体系来看，这些技艺故事并没有自身独立的意义，是庄子诠释其思想的一个例证、言说其思想的一种方式。这些技艺故事本身尽管是为证成道的思想的，但由于庄子道的思想（作为道家一部分）构成与儒家的对立互补，所以它们往往表现出一种与儒家的艺术价值取向迥异的旨趣或意味。如果说从儒家思想发展出了儒家的艺术及其理论，那么，后世的接受道家思想的艺术家与理论家必然会发展出道家旨趣的艺术及其理论。而在庄子时代，艺术与技术还处于一种原始的混然未分状态，相较于道和体道思想，这些技艺故事往往更易成为后世道家一系进行艺术创造与欣赏时直接的思想源泉，立基于艺术与审美的事实，以道家思想为本的艺术家或理论家逐渐创造性地转化出具有道家意味的艺术及其理论形态。但是，就庄子思想本身来说，这些技艺故事尚未能真正成为对艺术或审美的理论揭示。在庄子那里，"吊诡"依然存在，合道之技艺并非现世的技艺，合道之技艺与现世之技艺的结合统一远远是后来的事，因此，对合道之技的展示并不等于对现世之艺的揭示。

　　关于庄子的技艺故事，在美学研究中成为寻绎或阐释庄子艺术理论所青睐的对象。公认的看法是庄子的这些技艺故事是为论道而并非是为论艺术而发的，但是，由于艺术与技术天然的亲和性，流行的看法则又认为，这些技艺故事深刻地揭示了艺术的本质或特征，从而以之作为庄子的艺术理论。例如徐复观认为，庄子的这些技艺故事是"技中见道"，而道是一种艺术精神，也就是说庄子的技艺故事所体现的正是艺术精神本质。[①] 又

---

① 徐复观：《中国艺术精神》，广西师范大学出版社 2007 年版，第 39、100 页。

如李泽厚、刘纲纪说："庄子学派讲'道'与'技'的关系，本意是通过'技'来使人明白'道'……又恰好深刻地揭示了艺术创造活动所具有的根本特征"①。如果肯定说庄子的道是自然无为的，从庄子思想本身出发，现世的艺术也好技术也好，它们都是人之智慧实践的体现，都是人从主观目的出发的有为之作，都不可能是无为的，那么，认为技艺故事体现了艺术的本质或特征的看法就与庄子本身的思想相抵牾。

第一节　技艺能否见道

庄子的这些技艺故事是为喻道的，故道与技的关系成为此处关注的一个重要问题。

关于此问题，一种非常有影响的说法就是道是本、技是末，但技中可见道或技进乎道，这种看法在庄子美学研究中最典型的代表是徐复观。②

徐复观的基本观点是道是艺术精神道是美，之所以如此，是因为修道的工夫与境界和艺术家的修养工夫（或创造中工夫）与艺术精神境界是相契合的。③ 徐氏特意强调说，"庄子之所谓道，有时也是就具体的艺术活动而升华上去的"。④ 也就是他所说的"技中见道"或"由技进乎道"。为了说明这个问题，徐氏举了三个例子。第一个例子是"庖丁解牛"，徐复观的论述有如下要点：第一，在道与技的关系上，庖丁"所好者道也，进乎技"，是"技中见道"，不是"技外见道"；第二，庖丁解牛是艺术性的，因为他所得是超出了技术物质性享受的艺术性享受，这种精神享受实

---

① 李泽厚、刘纲纪：《中国美学史·先秦两汉编》，安徽文艺出版社 1999 年版，第 263 页。

② 宋《宣和画谱》曰："道子解衣磅礴，因用其气，以壮画思，落笔风生，为天下壮观。故庖丁解牛，轮扁斫轮，皆以技进乎道；而张颠观公孙大娘舞剑器，则草书入神：道子之于画，亦若是而已。"（潘运告：《宣和画谱》，湖南美术出版社 1999 年版，第 40—41 页）此中已提出"以技进乎道"，是通过画技来传神或传道，这已经是转化庄子的"道进乎技"的思想了。冯友兰也有过"技进乎道"的说法，他把根源溯到庄子，但他主要是就哲学与艺术的关系来说的，并不怎么依据庄子本身的理论，也可视作是对庄子理论的转化。（参见冯友兰《新理学》，《三松堂全集（第四卷）》，河南人民出版社 2001 年版，第 150 页）

③ 由徐复观的相关表述（在前文我们曾有些引用与论述，也可参考该书第 2、35、37、42、44、47 页），我们不难寻觅出徐氏论道是艺术精神实包含以下主要看法：（1）道［本质］＝艺术精神［本质］＝（大）美＝自由；（2）修道工夫＝艺术家修养工夫［人生修养］＝艺术创造/欣赏工夫［审美观照］；（3）道［体道境界］＝人生境界＝艺术精神［境界/状态］＝自由；（4）心斋之心＝艺术精神的主体。

④ 徐复观：《中国艺术精神》，广西师范大学出版社 2007 年版，第 38 页。

质上是从技术中得以解放出来的那种自由感，其表现是"心—物"与"手（技术）—心"的对立的消解；而这种精神自由感也正如同道落实在精神上所得的自由感（即逍遥自由），也就是说庖丁解牛的艺术精神状态与得道的精神状态是一致的，都是一种自由感；第三，庖丁"初始解牛→方今解牛"所用的工夫过程，既是"技→道"（技进乎道）也是"技术→艺术"的工夫过程。可见，庖丁的艺术性解牛所用的修养工夫（艺术修养工夫）与所得的精神境界（艺术境界），与庄子所说的修道的工夫与精神境界是一致的，所以"道的本质是艺术精神"。① 第二个例子"女偶论学道"与第三个例子"梓庆削木为鐻"是对比着论述的，其要点是：女偶所说的学道的"心斋"工夫与梓庆所说的造鐻的修养工夫是相同的；学道所得到的是得道的人生艺术，造鐻所得到的是作品艺术；二者的修养过程与功效也是完全相同的，只是人生艺术与作品艺术范围的广狭不同。这是对该问题的进一步说明。

　　对于徐复观把道等同于艺术精神的看法，张节末指出徐氏实是出于对"庖丁解牛"等故事的误读。张氏的论述要点如下：第一，庖丁的"道进乎技"被错误地翻转为"技进乎道"，"进乎"被误解作"升华"，虽合常识却有违庄子本意；第二，庖丁"初始解牛→方今解牛"所用的工夫，以及女偶与梓庆心斋的工夫，三者都是用于"守"（心斋）的工夫，而非艺术训练或创作的工夫；第三，心斋工夫是一种忘却和排除的过程，其中就包括艺术训练，它真正是"技外见道"，而非"技中见道"。另外，张氏还从徐复观关于"心斋"与现象学纯粹意识理论、拟想理论、象征理论等方面指出"技进乎道"说的失误。进而，张氏认为，徐复观虽然已经把"道"与审美观照相挂钩，但是却颠倒了心斋经验中的自然对艺术的优先关系，因此，"以'体道'为目的，以'以天合天'为最高境界的心斋经验，就它为纯知觉活动，超越于经验的性质而论，以审美观照而非艺术精神来定义之，是更为恰当的"②。也就是说，把庄子的心斋经验中那种向自然回归所获得的自然或自由的精神境界也即"天地精神"解作审美精神才是更切合庄子思想本身的。③

---

① 徐复观：《中国艺术精神》，广西师范大学出版社 2007 年版，第 37 页。
② 张节末：《徐复观对庄子美学的发明及其误读》，《浙江社会科学》2004 年第 5 期。
③ 同上。

应该说，张节末所作的"技外见道"的分析是合乎庄子思想事实的。在中国古代美学史中审美体验优先于艺术经验，在庄子的心斋坐忘的神秘体验中自然对艺术处于优先地位，这些都是值得肯定的观点。但是，具体到把心斋这种向自然回归的"天地精神"定位为"审美精神"，在我们看来，仍然是值得商榷的。庄子心斋坐忘的工夫与境界并不能成为美学学科意义下的审美体验，当然更不是艺术经验（有反艺术倾向），这是我们在上一章中曾着重论述过的。如果说修道得道的向道回归中所把握的那种"大美"之类的东西或所达到的那种精神境界也是一种美或美的境界，那也只不过是一种道德精神意义上的美或美的境界，实际上是一种道德的理想化或乌托邦，这是两种不同的价值表现。因为，道家的向道回归中，它是一种向先定的理念的回归，它首先的也是最根本的是向人的自然本性回归（性修返德），是向一种理想化道德品性的回归；而在这种回归中，其体验表现出众多的与审美体验不相合甚至相排斥之处。

其实，张氏看到心斋这种经验与审美体验的差异，指出"以天合天"的体道活动只是"回归自然的混沌"，类似于现象学本质直观那样的纯粹的审美经验是经过玄学的转化直到禅宗那儿才达到。他在分析庄子的自然理念优先规定审美经验而非艺术经验时指出：第一，庄子的自然是自发的存在，而"艺术至少必须存在或默认一个赋予作品生命的创造者"；第二，庄子的时空意识是混沌的，而"艺术精神却必须有明确的创造者的主体意识"；第三，体道通向自然之和，庄子是以自然之和来规定艺术的，而非相反。[1] 这些都是非常有力的见解，指出了心斋等修道心理与艺术经验的实质性差异。问题在于，第一，向自然回归的"以天合天"的混沌状态，人作为自然本性的存在而非自为和为他的存在，此种状态能不能称得上是审美状态，这是大可怀疑的。我们曾引用过张世英的见解以说明这种原初的天人合一还算不上是审美，如婴儿的那种混沌体验恐怕就算不上是审美体验。第二，艺术有创造者及其主体意识，在对自然的审美中要不要创造者及其主体意识？我们曾论述过，自然物如果没有人去审，它就只是自然物还不是自然美，人就是自然美的创造者，没有主体意识的审美性创造也就不存在什么自然美。心斋没有清晰的主体及其意识，能否形成对自然的审美关系也是值得怀疑的，审美是

---

① 张节末：《徐复观对庄子美学的发明及其误读》，《浙江社会科学》2004年第5期。

超越主客关系而不至于连主体意识都分不清。第三，心斋的回归自然体验是一种"混沌"，又如何区分它是审美体验，还是道德体验与认识体验，这也是个问题。它作为审美的独特价值表现在哪里？在那种体验中，心性得到了修养从而与道为一、与万物为一，这是精神状态或人格的"提升"，这种心性修养甚至可以无关乎外物，此其间美的价值是无以体现的，也没有价值的高下之分，这与美学中的美的价值问题是相背离的。我们的看法是，心斋坐忘等体道修养表现的不是艺术精神，也不是审美精神，而是道德精神。

　　以上表明"技中见道"并不是庄子本身固有的思想，"技外见道"是切合庄子的，但它的那种心斋体验的见道方式也不同于审美体验。进一步要问的是，道与技之间到底有无关联？关系究竟如何定位？在庖丁解牛的故事中，徐复观认为庖丁解牛是"技"，此技可升华为"艺"（道）；张节末认为，庖丁解牛已不是"技"，而是"道"。那么，庄子描述的庖丁解牛这一行为是什么？如果是一种"技"，那不就是"技进乎道"？看来对"技"的理解也不一致。这些都有待深入分析。

　　我们首先看庄子所表明的技。庄子《天地》篇曰："能有所艺者，技也。"艺最初的本意是"种植"，①是一种实践操作行为，此种行为为达到一定的目的与效果，所以它需要行为者具有一定的技巧能力。"技"就是由艺而来的，是于某方面具有技艺能力的目的性行为活动。②在庄子书中"技"单独出现12次，是"技术、技艺"的意思，③如"胥易技系，劳形怵心"（《应帝王》、《天地》），"是相于技也"、"不如众技众矣"（《在宥》），"犹百家众技也"（《天下》）。与"技"相当的还有"艺"、"巧"等，如"是相于艺也"（《在宥》）、"而天下始人有其巧矣"（《胠箧》）、"百工有器械之巧则壮"（《徐无鬼》）等。这种技艺是"百家众技也，皆有所长，时有所用"（《天下》），大约是现实生活中在某一领域有所专长能为世所用的技艺。庄子笔下的那些尚未得道的各种工匠式人物的技艺应该属于此列，如为宋元君作画的众画者、为庄公驭马的东野稷、

---

　　①　艺，《说文》作"埶"："种也。从坴丮，持亟种之。"段注："齐风毛传曰：艺犹树也。树、种义同。"《说文》："巧，技也，从工丂声。""技，巧也，从手支声。"
　　②　林德宏："概括说来，技术的主要因素有技能、知识、工具、方法和活动。技术是这些因素的综合体。"（林德宏：《科技哲学十五讲》，北京大学出版社2004年版，第220页）
　　③　王世舜、韩慕君：《老庄词典》，山东教育出版社1993年版，第293页。

解牛的庖丁，还有师旷、工倕、离朱等等，所能施展的都是世俗的技艺。与这种技艺相应的，就是那些得道者如方今解牛的庖丁、削木为鐻的梓庆、宋元君之画史之类的那种合乎道的疑似技艺的行为。这些合道的疑似技艺行为应该不是世俗之所谓技艺，庖丁说他所喜好的是道而不是技，梓庆认为他不是用什么术在做鐻，画史则根本没有什么具体技艺表现，对此种技艺行为庄子称之为"大巧"（《胠箧》："大巧若拙"），或许可称为"神技（艺）"。庄子常把这种合道的"大巧"与"神"相连接，如庖丁解牛"以神遇而不以目视"（《养生主》），痀偻丈人承蜩时"用志不分，乃凝于神"，津人操舟"若神"，吕梁丈人蹈水被误以"为鬼"，梓庆"疑神"之鐻"见者惊犹鬼神"（《达生》），因此我们且以"神技"称之。庄子的态度非常鲜明，"所好者道也，进乎技矣"，对合道之"神技"赞誉有加，谓之"刻雕众形而不为巧"（《大宗师》），而对具体现实的世俗之"技"则鄙薄不已，谓之"劳形怵心"，这就是庄子的吊诡。

庄子为什么反对技艺，这当然是因为现世的技艺从根本上是有违大道的。我们曾从文艺创造的角度有所述及，现在从技艺整体来看看。

首先，从道的维度来看。第一，道是全，而技是偏，执于技必然损于道。道是一种绝对的、超越的、无限的、无所不在的、不可言状的终极性的存在，可以说道是作为世界整体存在的大全。而技艺是现实世界中的一种实用的工具性的"小成"。"道隐于小成"（《齐物论》），大道与小技完全不在一个层面，世俗之人执着于小成的追求，会造成对大道的遮蔽。"天下多得一察焉以自好。譬如耳目鼻口，皆有所明，不能相通。"（《天下》）百家众技亦如此，虽然各有所长各有所用，但是它"不该不遍，一曲之士也"（《天下》），技艺只有某一方面的作用，这就会导致对全纯该遍之道的分裂。第二，道是无为，而技艺是有为，有为必然违逆于无为。道的根本特质是自然无为，自然无为既是道的本然存在状态，也是道"无不为"的力量之源。道"无名故无为，无为而无不为"（《则阳》），而技艺恰恰是为了实现某种目的效果而采取的实践活动，是典型的与天道对反的"有为"，是目的性力量。"无为而尊者，天道也；有为而累者，人道也。"（《在宥》）人道应仿效天道，就应该去"有为"从"无为"，圣人、至人、神人就是这方面的代表。无为则能获得在世间的逍遥之游，"人能虚己以游世，其孰能害之"（《山木》）。"有为则亏"（《山木》），有所作为包括技艺之作为就会导致其他方面亏失，最终必为之所累，这也是对道之无为原则的背离。

其次，从技艺的维度来看。第一，技艺会造成对人性与物性的双重损害。一方面，技艺会导致人的天然本性的丧失。《骈拇》篇云："待钩绳规矩而正者，是削其性者也；待墨索胶漆而固者，是侵其德者也。"技艺主体在技艺的实践活动中并不是出于一种天然的本性去行动，而是要借助外在工具，但在工具的使用中，天生道德本性只能受到侵害甚或丧失。同时，技艺的成果也是造成人丧失天然本性的原因。技艺的成果是为满足人们某方面的价值需要而被创造出来的，但这些需要只是实用的或享乐的需求甚至还不是人之天生本性的需要，这既是对道全的损害也是导致失性的渊薮。《天地》篇中的汉阴丈人明知道机械的使用能"用力甚寡而见功多"，但他却坚决不用，其理由是"有机械者必有机事，有机事者必有机心。机心存于胸中则纯白不备。纯白不备则神生（性）不定，神生不定者，道之所不载也"。技术的使用是为满足人的功利需要，但会衍生"机心"，使人的纯洁天性迷失。可见，技艺并不是大道所容许的。《天地》又说："且夫失性有五：一曰五色乱目，使目不明；二曰五声乱耳，使耳不聪；三曰五臭薰鼻，困惾中颡；四曰五味浊口，使口厉爽；五曰趣舍滑心，使性飞扬。"技艺的成果虽然满足了人的享乐需求，但都是对天生本性的残害。另一方面，技艺也会导致对事物的本性的戕害。技艺必然要将主体的目的诉求施加于对象，使用工具去改造对象，这也是伤生害性的。人们用木造成"牺尊"，比之弃于沟中的断木，同样都是对本性的摧残。因此，庄子指责具有技艺能力的工匠说："故纯朴不残，孰为牺尊！白玉不毁，孰为珪璋！道德不毁，安取仁义！五色不乱，孰为文彩！五声不乱，孰应六律！夫残朴以为器，工匠之罪也。"（《马蹄》）为了保持人或物的由道所赋予的天然纯朴本性，毁弃技艺成为庄子的决绝式选择。毁绝技艺的成果，摒弃技艺的工具，摧毁技艺的创造才能，一了百了，没有了技艺，人们就都可以处于那种原始的本然状态。①

第二，技艺作为一种目的性的实践活动，它必然有待于知性认识，这

---

① "擢乱六律，铄绝竽瑟，塞瞽旷之耳，而天下始人含其聪矣；灭文章，散五采，胶离朱之目，而天下始人含其明矣；毁绝钩绳而弃规矩，攦工倕之指，而天下始人有其巧矣。"（《胠箧》）

也是为庄子所反对的。① 知性意义的"知"在庄子看来是"小知"或
"俗知"，是"世俗之所谓知者"（《胠箧》）。②《人间世》曰："德荡乎
名，知出乎争。名也者，相轧也；知也者，争之器也。二者凶器，非所以
尽行也。"知性之知是争夺之工具，其产生原本也是出乎相互之争夺，实
为处世之凶器。对于这种知识，庄子反复申述要"绝圣弃智"，其中当然
包括技艺所需要的关于对象和工具、手段的知识。

一方面，修道的心斋坐忘要求"离形去知"，知性认识是修道过程中
应排除的东西。自然无为的心性修养是靠一种内在的直觉方式去体悟的，
而不可以知性认识的方式去寻得，"无思无虑始知道"（《知北游》）。
"象罔得玄珠"的寓言就表明了这一点。"黄帝游乎赤水之北，登乎昆仑
之丘而南望，还归，遗其玄珠。使知索之而不得，使离朱索之而不得，使
吃诟索之而不得也。乃使象罔，象罔得之。黄帝曰：'异哉！象罔乃可以
得之乎？'"（《天地》）。"知"喻知觉、"离朱"喻聪明、"吃诟"喻言
辩，此三者都无以得"道"（玄珠），只有"象罔"（无心）才能得之。
林希逸曰："求道不在于聪明，不在于言语，即佛经所谓'以有思惟心求
大圆觉，如以萤火烧须弥山'。"③ 认识能力对个体心性修养来说是无用
的。《庚桑楚》曰："知者，接也；知者，谟也。知者所不知，犹睨也。"
前"知"为感性认识，后"知"为理性认识，知性认识是极为有限的，
如斜视者所见极少。④ 并且，庄子认为知性认识是阻碍得道的原因之一，
"去就取与知能六者，塞道也"（《庚桑楚》），因此，应该"去知与故，
循天之理"（《刻意》），在体道过程中摒弃知性认识也就理所当然了。

---

① 艺术美的创造与欣赏明显离不开潜在的知识的支撑，其实自然美的欣赏也是离不开知识
的，只不过审美中的知识是不确定的知性概念认识，技术使用的一般是确定的知性概念认识。并
不像有的研究者所说的二者分别在是否有精神上的享受，科学研究与道德行为中都可能得到某种
精神的愉悦，但它们并不一定是审美。按照康德的说法："审美的判断力在评判美时将想象力在
其自由游戏中与知性联系起来，以便和一般知性概念（无须规定这些概念）协调一致。"（［德］
康德：《判断力批判》，邓晓芒译，杨祖陶校，人民出版社2002年版，第95页）一般知性概念是
指不确定的知性概念。

② 涂光社："'知'有两个读音，阴平之'知'（先秦或作'智'）是感知、觉察、认知、
理解和知识的意思；去声的'知'（古籍中与'智'通），指见识和睿智而言。两种意义是有联
系的。""在认识论领域对习惯认知方式和知识、智慧进行了深刻的反思。"（涂光社：《庄子范畴
心解》，中国社会科学出版社2003年版，第206、208页）

③ （宋）林希逸：《庄子鬳斋口义校注》，周启成校注，中华书局1997年版，第198页。

④ 曹础基：《庄子浅注》，中华书局2007年版，第282页。

　　另一方面，知识也是与其"至德之世"的理想相冲突的，这是道在社会领域的反映。至德之世、建德之国，小国寡民，人们安居乐业，民性纯朴，人心安定，同与物居，处于一种原始的生存状态之中，"同乎无知，其德不离"（《马蹄》），这种美好的社会并不需要什么知识与智慧，自然地就保有道德本性。相反，导致这种理想社会堕落的罪魁祸首就在于"好知"，"天下每每大乱，罪在于好知"，"甚矣，夫好知之乱天下也！"（《胠箧》）。庄子把"爝乱天下"的罪责推到"曾、史、杨、墨、师旷、工倕、离朱"等身上，就是因为他们显露其知识及技艺，为天下人所效法、关注。技艺之知在此间大约充当了重要的角色，① 《在宥》篇说："说明邪，是淫于色也；说聪邪，是淫于声也；说仁邪，是乱于德也；说义邪，是悖于理也；说礼邪，是相于技也；说乐邪，是相于淫也；说圣邪，是相于艺也，说知邪，是相于疵也。"这八者都与知性认识有关，也与某种技艺相连，但却是惑乱人心扰乱天下的祸害。故庄子疾呼"绝圣弃知而天下大治"（《在宥》），反知之心，昭然若揭。②

　　应当指出的是，庄子反对知性认识的"小知"，也是因为他有其所追求的"大知"或"真知"。《齐物论》曰："大知闲闲，小知间间。"成疏："闲闲，宽裕也。间间，分别也。夫智惠宽大之人，率性虚淡，无是无非；小知狭劣之人，性灵褊促，有取有舍。"《逍遥游》曰："小知不及大知。"《外物》又曰："去小知而大知明。"成疏："小知取舍于心，大知无分别，遣闲夺之情，故无分别，则大知光明也。"③ 庄子明显表现出对"大知"的赞赏。"小知"是有局限的、执于是非的、不真实的、世俗的人为之知，是只能在现实中起某方面作用的小智慧，而"大知"当是超越现实分别的、无限的、恬淡无为的圣人之知，是能逍遥游世的大智慧。《大宗师》曰："有真人而后有真知"，什么样的人才是真人呢？"知

---

　　① 《胠箧》中以技艺之知对自然所造成的破坏比喻知性之知对社会造成的损害："夫弓弩毕弋机辟之知多，则鸟乱于上矣；钩饵罔罟罾笱之知多，则鱼乱于水矣；削格罗落罝罘之知多，则兽乱于泽矣；知诈渐毒、颉滑坚白、解垢同异之变多，则俗惑于辩矣。"这是一个具体反对技术之知的实例。

　　② 《胠箧》亦云："绝圣弃知，大盗乃止；擿玉毁珠，小盗不起；焚符破玺，而民朴鄙；掊斗折衡，而民不争。"《应帝王》提出："无为名尸，无为谋府，无为事任，无为知主。体尽无穷，而游于无朕。"《天下》中惠子"其书五车""日以其知与人之辩"，颇受指责；而慎到"弃知去己"，则受到肯认。相关的例子很多。

　　③ 《秋水》："是故大知观于远近，故小而不寡，大而不多，知量无穷。"《知北游》："彷徨乎冯闳，大知入焉而不知其所穷。"

之能登假于道者"，就是能把自己的智慧提升为与道合一之人，即"知"能通大道之人。可见，庄子所赞赏的大知、真知，是对大道的"知"，或得道之人所拥有的"知"，也就是能体悟并践行自然无为之道的智慧。此种大知或真知，究其实无非是"不知"，对于未知的不去认识，对于已有之知则忘掉不用。① 心斋坐忘的心性修养中反复要求忘知。《德充符》亦要求"诚忘"，曰："故圣人有所游，而知为孽，约为胶，德为接，工为商。圣人不谋，焉用知？"智慧是灾祸，是思虑的孽根，圣人任天而游是无须用"知"的，圣人亦无用谋虑所以也是无须用"知"的，知识对于修道之德来说应予忘却。《知北游》篇写"知"问道的故事，"无为谓"是三问三不知，"狂屈"则忘知，此种连"道"也不知或忘却的人才是真正知晓大道的"真知"者，而自以为知的则是浅薄之辈，这种对"知"的否定是非常彻底的。下文"泰清"问道也表明了相同的意思，"弗知乃知乎！知乃不知乎！孰知不知之知？"成疏："不知乃真知。谁知不知之知，明真知之至希也。"② 刘笑敢把庄子的这种"真知"称为"以不知为真知的怀疑主义"，认为"体道必须摒除一般的知觉思虑，所以真知对于常识来说实为无所知，用庄子的话来说就是'不知'"③。这是很有见地的。"不知之知"就是所谓的"大知"或"真知"，真是很吊诡的说法，不要说对事物的认识，最后连对道的认识也一齐扫掉了。这种遵循自然无为原则的"不知之知"对于主体心性修养来说可能不无意义，对于技艺活动而言，其中也包含有一定程度的尊重客观对象物的规律的意味，但是其无为之"不知"却否弃了主体的目的性意图和技巧能力、否弃了技艺活动对外在对象以及工具、方法的知性认识，最终必然是对技艺活动的一种否定。

从上述情况看，世俗之所谓技艺，在庄子恰好是悖逆于道的，只有"大巧"或"神技"才是合乎于道的。笼统地说"技中见道"无疑是很混乱的说法，如果执意借用这种说法，当是"神技见道"，如果这种神技

---

① 庄子反复强调"忘"，那"忘"并不是审美中不自觉的、暂时的忘，而是自觉的、永远的忘。审美中仍然有不确定性的知在活动，庄子的去知则是彻底的。

② 《徐无鬼》亦云："人之于知也少，虽少，恃其所不知而后知天之所谓也。……则其解之也似不解之者，其知之也似不知之也，不知而后知之。"成疏："不知而知，知而不知，非知而知；故不知而后知，此是真知。"

③ 刘笑敢：《庄子哲学及其演变》，中国社会科学出版社 1988 年版，第 167 页。

在现世存在的话。

其实，与"技中见道"有所类似的不是道家思想而是儒家思想。《述而》中说："志于道，据于德，依于仁，游于艺。"孔门不太讲"天道"，其所重之道在"人道"，其核心为"仁"。"艺"指的是礼、乐、射、御、书、数这六种"艺事"。这些艺事在孔门不过是些"鄙事"或"小艺"，其中礼、乐似乎稍微高级一点，也稍显重视一些，所谓"兴于诗，立于礼，成于乐"（《泰伯》）。之所以还重视"游于艺"，子夏的说法大约透露了其中的秘密。子夏说："百工居肆以成其事，君子学以致其道。"（《子张》）百工用其技艺无非是完成实用之事，君子学习技艺是为了用技艺来实现"道"。很明显，孔门把技艺当作是通向"道"的一种工具或手段，看重技艺的是技艺的中介性、操作性。也正因如此，孔门多强调技艺的运用应合乎道、从于道，强力反对"紫之夺朱"、"利口之覆邦家"（《阳货》）。陈良运指出，孔儒以体现"人道"为目标的精神生产，对待"艺"的态度是"把'艺'看成是'道'的载体，是体现'道'、实现'道'的一种技术手段"[①]。可以看出，孔儒思想从这种实用功利观出发，借助技艺的功效以"致道"，是更看重也更切合那种"由技而进乎道"的观点的。这一点在后来唐代古文运动中倡导的"文以明道"理论上表现得更为清晰。

从美学史或文艺理论史看，老庄道家特色的"技中见道"的命题是后世艺术家或理论家从其思想转化出来的一种理论，可以说也是儒道会归的结果，此时所通达的道也在暗中被替换为天道了。如宗炳"澄怀味象"的命题，将"味象"与"观道"看作是同一过程，艺术的审美过程也就是借助艺术体道的过程，是真正的"艺（技）中见道"。这个时候，已经把庄子的那种遵循自然无为原则的神技"下落到"庄子所反对的世俗的有为技艺的层次上了，或者说把世俗之技与大巧神技统一在一起了，"神技见道"也就变成了"技中见道"，同时还表现出一种对达道之技的追求。之所以能做这样的统一，与魏晋玄学对儒道所做的统合是分不开的。又如刘勰，他以自然之道来规定文学的本原，"文"是"道之文"，但在讲文章之用时却又沿袭了儒家的功用观，体现出明显的儒道融合的痕迹。又如苏东坡曾提出"技道两进"的命题。他在《跋秦少游书》中说秦少

---

① 陈良运：《文质彬彬》，百花洲文艺出版社 2001 年版，第 245 页。

游的草书是"技道两进"，其书"兼百技"，但如果仅是"技进"还不行，还要"道进"，此强调有技还要有道。在《书李伯时山庄图后》中则说："居士之在山也，不留于一物，故其神与万物交，其智与百工通。虽然，有道有艺。有道而不艺，则物虽形于心，不形于手。"① 这里则强调了"艺"，没有艺术技巧，则无可赋形，只有道同样不能成就高超的艺术。可见，苏氏"技道两进"的命题，把艺术技巧提高到与道同样重要的程度，这对庄子排除技艺以合道的思想做了大转化。

那么从技艺出发就不能体道吗？庄子既然认为道无所不在，体道就不能从任何物开始吗？应该说体道是可以从任何"物"包括从技艺出发去体见至道的，例如庖丁可以从初始解牛之技出发最终体见了至道。但关键是，从这个技艺出发后所采取的方式方法是怎样的。笼统地说由技"升华"到道或技通于道，也是一种想当然的含糊说法。

其一，按照"道—物"模式去直接框套"道—技"，这是误解庄子。在庄子，道是天地万物的本原与本体，道生万物，道在万物，于是，有的学者就据此移之于技艺，简单地以为"道本技末"或"道体技用"。粗略地说，此种观点是成立的；但是，这里忽视了一个问题，就是技艺并不是直接由道创生的，技艺是人的创造（实际上这一点也适合前文关于美的问题），其模式是"道—人—技"。道创造天地万物，此所生之天地万物实为"第一自然"，尽管道并没有上帝神的意涵，但在造化物为"第一自然"这一点上实并无二样。而在道技之间，因为有了人，人并不是像自然物那样的纯粹性的本然存在，人同时也是目的性存在，技艺正是人的目的性活动的最突出的表现，技艺创造必然是人为改变"第一自然"的"第二自然"。为什么庄子反对世俗之技，正是因为技艺是人为小巧，是人按意志目的的创造，其成果是失性的第二自然，而道之创生万物是无为的，是大巧，其成果是保有本性的第一自然。此间的悖逆是显然的。如果要说道本技末或道体技用，那应是道与神技之间的关系，神技才体现了道之"无为而无不为"的特性，道与技之间只会是"技必失道"。

其二，从具体的技艺出发体道的过程，将是"遗技合道"的过程。而不是从技升华为道或技通于道。技是不可能与道相通的，技之为技，就

① 苏东坡：《书李伯时山庄图后》，载俞剑华编《中国古代画论类编》，人民美术出版社2007年版，第629页。

是因为它是人为，道之为道，就是因为它是无为，此二者怎么可能相通？如果是技就不可能是道，反之亦然。庄子的主张是以"人道"效"天道"，去"有为"从"无为"，那么对于技艺来说，就是去"小巧"合"大巧"，这在庖丁解牛、梓庆为鐻等技艺故事中是明示了的，所谓"道外见技"，无非就是通过心斋坐忘等心性修养工夫，排除有为之技，最后通达于无为之道的过程，此实是"遗技合道"的过程，并不存在一种不去除现实的技艺就能通达于道的过程。《天地》篇曰："通于天地者，德也；行于万物者，道也；上治人者，事也；能有所艺者，技也。技兼于事，事兼于义，义兼于德，德兼于道，道兼于天。"① 这个技"兼于"道的过程，常常被解释为技与道相通，关键是"兼于"是怎么样"兼"的。这里指出几点，第一，技并不是直接"兼于"道的。其间要有由"事"、"义"、"德"的环节组成的过渡，而这些环节无一例外都是由"人"来实施的，也就是"技—人—道"模式。也就是说，技能否最终合乎道，取决于施技之人。第二，"兼"的理解。"兼"的一种理解是"统属"、"带"，相当于以本摄末。如成疏："兼，带也，济也，归也。夫艺能之技，必须带事。不带于事，技术何施也……是故示本能摄末。"另一种理解是"贬"，如吴汝纶、朱骏声等认为应训为"贬"，意为"损"。② 作"贬"时，是指技有损于道，对技是否定的。作"统"、"带"时，是说技应该为道所统摄，即技之要在"无为"，也就是技之实施者要将技"无为"化后从而合道。可见，从技出发的体道，实际就是排除有为之技以合道的过程。这其实与从物出发，最终也要"忘物"以合道是相类似的，此为"遗技合道"。

　　最后，大巧之神技是可以合乎道的，神技是效道而行的，能与道相通，但神技是无技之技。庄子的看法，世俗的技艺是小巧，是有损于或背离于道的，因此，要将世俗技艺通过心斋坐忘的修养或"无为化"而使之成为合乎道的神技。我们必须要说，在排除了世俗技艺之后，这所谓的大巧神技并不是现世之技艺，或者说，现世中并不存在一种大巧神技般的技艺。这就意味着，神技只是一种想象。这也是我们下面要论述的。

---

　　① 曹础基："道与天分开，而且道统属于天的说法是内篇中没有的。"（曹础基：《庄子浅注》，中华书局2007年版，第130页）
　　② 崔大华：《庄子歧解》，中州古籍出版社1988年版，第365页。

第二节　神技不是技艺

庄子的吊诡在于，一方面他彻底地否定了世俗之技，视之为小巧，另一方面，又描绘了一幅神技的大巧图像。世俗之技是人为的，它与自然无为之道是悖反的，故"技必失道"。如果要将世俗之技变为合乎大道的神技，其途径是通过心斋等工夫修养"遗技合道"，只是此时神技已经不是现世之技了，即"神技无技"或"无技之技"，这也就是"大巧若拙"。

神技无技的第一种含意是，神技不具有现世技艺的特征。这一点在上文"技—道"关系论述中实已体现得相当清楚，因为神技作为活动它是效道而行的或是得道之士的活动，它体现的就是道的特征。神技是合乎道的行为，它与现世之技是相违背的。首先，从技艺的规定性来看，在现实世界中，最广泛的技艺其规定性就在于它是某种目的性的实践行为，① 而神技是合乎道的行为，其特性就应该是无为而无不为；也就是说，技艺是有为，神技是无为。人们种植谷物，是有目的性的行为，无非是为了得到果实，而神技则要求像道一样造化万物而不是出于某种刻意的目的。《应帝王》中"无名人"告诉"天根"治国之技，曰："汝游心于淡，合气于漠，顺物自然而无容私焉，而天下治矣。"治国之神技就在于，心平气和，顺其自然，无私无欲，清静无为，不要有什么治天下的"有为"想法，这样才能"功盖天下，而似不自己"。因此，技艺是出于私意，是失德之举，而神技如道，自然无为，并不为私，是其德不离。如果说技艺是人的小巧活动，神技则是得道神人的大巧活动。

其次，从技艺的工具或手段看，技艺就是要借用某种工具、施行一定技巧；神技则无须外待、出乎本性。"待钩绳规矩而正"、"待绳约胶漆而固"，是一种有待之巧为；但是神技则不然，它纯粹是出于天然的本性，"曲者不以钩，直者不以绳，圆者不以规，方者不以矩，附离不以胶漆，约束不以纆索"（《骈拇》），完全是无所待的，如道之大巧一般却并"不为巧"。"工倕旋而盖规矩，指与物化而不以心稽，故其灵台一而不桎"（《达生》），内心纯一而通达，根本不用思虑考校，完全是随顺自

① 拉普认为最广泛的技术的定义是指"把一切有目的的活动（个人的和社会的）都归结为技术活动"。（［德］F. 拉普：《技术哲学导论》，刘武等译，辽宁科学技术出版社1986年版，第29页）

然，哪里还用得上心智机巧？

再次，从技艺的对象而言，技艺为达到主观目的必然要改变对象，创造出新的成果；神技的成果并不改变对象物本性。在庄子看来，技艺创造损害对象本性，做"牺尊"必伴随着"断木"，成就了此却损害了彼；但神技是合道的，它是合乎对象自然本性的，梓庆之为鐻，是"以天合天"，自己的心性自然与鐻的天然形态两相凑合，似乎并没有破坏木的天性。"东野稷"为庄公御马（《达生》），技艺非凡，走直线如用绳墨画过的一般，走圆圈如用圆规画的一般，但是他的马精疲力竭了，他为了显示技巧仍然勉力为之，结果必然败退，因为他违背了马的天性。当然，如果马力竭了就不去御马，或者从来就不去御马，自是不会违背马的天性，也就不会有技巧上的失败了。如果说技艺创造的成果因体现了人的目的从而是第二自然，神技则根本不破坏第一自然本性，因此其产物还是第一自然状态的，神技并非为技艺所能相提并论，它是"神人"的技艺。

在庄子思想中有"雕琢复朴"、"既雕既琢，复归于朴"的命题。这种雕琢其实也不是用于技艺意义上的雕琢，而是做的心性上的工夫，一如解牛之神技、治国之神技。《应帝王》曰："列子自以为未始学而归，三年不出。为其妻爨，食豕如食人。于事无与亲，雕琢复朴，块然独以其形立。"这里"雕琢复朴"是摒弃所受的世俗的浮华的影响，回归本真的纯朴心性，也就是回归自然的道德心性。这与现世的技艺无涉。《山木》曰："北宫奢为卫灵公赋敛以为钟……王子庆忌见而问焉，曰：'子何术之设？'奢曰：'一之间，无敢设也。奢闻之，"既雕既琢，复归于朴"。侗乎其无识，傥乎其怠疑；萃乎芒乎，其送往而迎来；来者勿禁，往者勿止；从其强梁，随其曲传〔傅〕，因其自穷，故朝夕赋敛而毫毛不挫，而况有大涂者乎！'"此处讲的是北宫奢的赋敛之技，而非造钟之技。即使是赋敛加造钟之技，亦非有什么技巧之"术"，技巧行为是北宫奢明确反对的（"无敢设"）。"一之间"是指执守纯一自然之道，① 自己方面则是无识无虑、纯朴无心、暗昧不明，百姓方面则是听其自便、顺其自然、毫不勉强。成疏："惟不敢设术以求，而纯任自然，民亦以自然应之。今之赋敛，任术多矣，而固无如民巧遯于术何也！故曰，既雕既琢，复归于

_____

① 陈寿昌："纯任自然，言此外别无方术。"林希逸："'一'，纯一；循自然。"（陈鼓应：《庄子今注今译》，中华书局 2009 年版，第 544 页）

朴。"也就是说北宫奢之"既雕既琢，复归于朴"，雕琢去除的是自己的有为之心，回归的是纯朴无为之心，赋敛也根本没有使用任何世俗巧术，这实际上也是对技巧之术的摒除。①

神技无技的第二种含意是，神技只是一种对技艺的虚构。我们还是先看看庖丁解牛的故事。一些解释者把庖丁解牛的活动坐实为一种艺术性的活动或其比拟，这是值得商榷的，因为庖丁解牛这种行为不可能是现世中存在的技艺活动或其比拟。庖丁在叙说他解牛的三个阶段时说："始臣之解牛之时，所见无非全牛者。三年之后，未尝见全牛也。方今之时，臣以神遇而不以目视，官知止而神欲行。依乎天理，批大郤，导大窾，因其固然。技经肯綮之未尝，而况大軱乎！良庖岁更刀，割也；族庖月更刀，折也。今臣之刀十九年矣，所解数千牛矣，而刀刃若新发于硎。"（《养生主》）此三阶段是由世俗之技的低端、高端进而跃升为神技的过程：从角色上是"族庖→良庖→庖丁"的转换，从时间上是"始→三年后→方今（十九年）"的转换，从感官上是"所见全牛→未尝见全牛→以神遇不以目视（不见）"的转换，从工具上是"月更刀→岁更刀→不更刀"的转换，从技能上是"折→割→解"的转换。这种跃升与转换是如何可能的？

在我们今天看来，这是由于庖丁经过长期的实践操作后获得的，这自然不谬；但是，就故事本身的寓意来看，却并非如此，事实上无论怎么实践在现实中都不可能达到庖丁的神技水准，或者说，其实庄子的着眼点也根本不是要谈论什么技艺。当文惠君问曰："嘻，善哉！技盖至此乎？"庖丁对曰："臣之所好者道也，进乎技矣。"成疏："进，过也。所好者养生之道，过于解牛之技耳。"② 这里面传达了两个信息：第一，庖丁所喜好的是道，而非技。第二，庖丁解牛用的是道，而非技。道对于人来说具有根本性的意义，道是超越于技术的，庖丁所追求的是道，是对一种根本性的东西或是对人的本体性的追求，而道无为而无不为，其作为本体可以

---

① 方勇说，"既雕既琢，复归于朴"，"借入艺术领域，它就表现为'损之又损'，以至于无艺术品。经过'雕琢'，使艺术品复归于自然状态，即通过各种手段，最后取消艺术品。"取消艺术品，并非毁弃现成的艺术品，而是不去创造艺术品，从技艺上看，也就是取消艺术创造的技巧。（方勇：《庄子崇尚自然朴素之美说质疑》，《中州学刊》1987 年第 3 期）

② 《齐物论》篇中有"德之进乎日者"（德行胜过太阳的光亮）的说法。

显发为遍在一切之大用，庖丁方今解牛所用者无非是大用之一种体现而已。① 可见，庖丁方今解牛之神技已经不是技术了，而是得道之大用的一种体现。技艺是某方面的目的性有为，只是取得某方面的实际效用，然而，得道了虽无为却可获致方今解牛活动式的无用之大用。因此，庖丁从现世之技跃升或转换为神技的过程，就是通过心性修养而得道或效道而行的过程。

这一点鲜明地体现在庖丁对其解牛活动的描述上。从主体感官上看，俗技解牛时，依靠的是"见"，是视觉类的外在感官，而神技解牛时是"以神遇而不以目视，官知止而神欲行"。② 成疏："官者，主司之谓也；谓目主于色耳司于声之类是也。既而神遇，不用目视，故眼等主司，悉皆停废，从心所欲，顺理而行。"这种精神状态也就是心斋坐忘中的那种不用外在感官只凭内向直觉的状态，也是梓庆削木为镱中所描述的那种斋以静心的状态。外在感官的作用完全摒弃了，只是凭借心神的运用，也就是"凭与'道'合一的主观精神来指挥，就能神妙莫测地解好牛"③。从神技的操作来看，解牛"依乎天理"、"因其固然"是遵从对象的天然本性，"以无厚入有间"、"动刀甚微，諜然已解"④ 是指持守虚无的工夫和无为的行为准则，这些描述表明其行为是一种遵循道之自然无为的原则的活动。另外，还要注意解牛之"解"字，它不是用的杀、宰等词语，因为"解"字最初有"自然的脱落"的意义。据叶舒宪考证，"《吕氏春秋》和《礼记·月令》中都有'鹿角解'之说，好像不是人为的剖解，而是自然的脱落"⑤。也就是说，牛之解并非是庖丁人为的结果，而是牛

---

① 道是无为而无不为的，道体能发为大用。得道之士亦如是。在庄子书中有很多关于得道之士的神奇描述，远非现世某些一用之技艺者所能寄望。如，"藐姑射之山，有神人居焉，肌肤若冰雪，绰约若处子，不食五谷，吸风饮露，乘云气，御飞龙，而游乎四海之外。其神凝，使物不疵疠而年谷熟"（《逍遥游》），"至人潜行不窒，蹈火不热，行乎万物之上而不栗"，"圣人藏于天，故莫之能伤也"（《达生》），"儿子动不知所为，行不知所之，身若槁木之枝而心若死灰。若是者，祸亦不至，福亦不来。祸福无有，恶有人灾也？"（《庚桑楚》），等等。

② 又《在宥》："神动而天随。"

③ 张少康：《先秦诸子的文艺观》，上海文艺出版社1981年版，第120页。

④ "动刀甚微"，应该说是最大程度地接近"无为"了，或是"不得已"。也可以说，庄子要表明"无为"就必然要涉及现实的"有为"，而在现实技艺活动中完全的、彻底的"无为"又是不可能的，故在"有为"与"无为"间造成一定矛盾。

⑤ 叶舒宪：《庄子的文化解析——前古典与后现代的视界融合》，湖北人民出版社1997年版，第485页。

自身自然地解，这也是切合无为之道的。可见，所谓的庖丁方今解牛的神技已经不是现世的具体的技术了，而是庖丁得道的自然无为的精神状态所显发的大用之体现。庖丁从现世之技转换为神技，实际上就是做修道的心性工夫，现世之技在这个工夫过程中被摒弃了，而主体的心性状态也与道为一（此即"遗技合道"）。也就是说，现世之技已经按照道的自然无为的原则被改造或转化了，即它已经"自然无为化"了（即技"兼于"道），此时再不复存有一现世解牛之技。因此，庄子对庖丁所谓神技的表述，也就是将解牛这种人为技艺加以"自然无为化"后的情景虚构，而现世中并不存在这种无为的神技，或者说，它只能发生在想象中，是理想化的东西。

　　从技艺的角度来理解庖丁解牛的故事，它无疑显出其神秘性的一面。史华兹说这些"神秘主义"技术看来"不太像是真的"。[1] 事实上神技原本就不是现世之一技，庄子描述神技的神奇性，其指向也不是什么技艺，而是"养生"。养生的关键当然是"养性"，"性者生之质"（《庚桑楚》），"性"像是"道派在人身形体中的代表"，就是"德"，也就是虚静、无为，形体中所持守的道的精神状态。[2] 因此，神技是对人为技艺予以"道德理想化"的虚构结果，也即上面说的"自然无为化"。而按前引哈特曼的看法，一种道德的理想化是易被误当作美学来对待的。这种道德理想观念在"纪渻子为王养斗鸡"故事中体现得甚为明确。纪渻子经过数十日的训练，其斗鸡由方始的有好斗意气，到犹有斗志，到最后的完全没有争斗之志，"望之似木鸡矣，其德全矣"（《达生》），此时如木鸡般自然无为，处于得道之精神淡寂状态，则"德性"完美，不用争斗却无往不胜。可见，神技就是当主体通过工夫修养回归于本然的道德精神状态，此时就能显发"无不为"之效用。于解牛言，无须用具体技术行为去解牛而牛将自解，于斗鸡言，无须去争斗就已经取得了胜利。或者可以理解为一种在精神中实行解牛或斗鸡的活动，是对一种神妙的解牛或斗鸡活动的想象。这大约有些如现代武侠小说中的功夫大侠，只需要一发内功或发出意念（或不发），对象就自行解体或败退。神技的这种神秘性，并不是技艺所具有的，它是由道的神秘性所赋予的。由现世技艺向神技的转

____

　　① ［美］史华兹：《古代中国的思想世界》，程钢译，江苏人民出版社 2004 年版，第226页。

　　② 徐复观：《中国人性论史·先秦篇》，华东师范大学出版社 2005 年版，第228页。

化，它的最后阶段的一跃是神秘的，这也是体道工夫中最后的神秘的一跃。① 神技如果把它作为技术来理解是神秘的，是现世中所不可能存在的，作为一种自然无为的道德精神状态来看（此时不复存在什么人为技艺），则可能在现世中存在，如老庄之所谓婴儿状态，但是自然无为的道德主体何以能显发如此大用，则仍然是神秘的，是在理论上将道之无为无不为之大体大用平移给得道主体的结果，也许只不过是一种精神上的虚幻。

对神技的描述也不可能是对具体艺术活动的比拟。庖丁解牛的活动"莫不中音，合于桑林之舞，乃中经首之会"，"提刀而立，为之四顾，为之踌躇满志"，这被认为是庖丁解牛之艺术性的体现。其实，此处用以比喻庖丁解牛的"桑林"、"经首"两种传说中的古乐，在庄子，并不是现实的美的音乐，那种"踌躇满志"的快乐也不是世俗的快乐。"经首"自向秀以来众多注家都解为《咸池》之一乐章，② 而《天运》篇中将《咸池》之乐称为"天乐"。何谓天乐？它"听之不闻其声，视之不见其形，充满天地，苞裹六极"，此天乐并不是现世可听可闻的人为之乐。其听之感受也不是世俗之快乐，而是"无接"（不可捉摸）之"惑"。郭注："此乃无乐之乐，乐之至也。"成疏："知至乐与二仪合德，视之不见，听之不闻，故心无分别，有同暗惑者也。"这是一种没有世俗快乐的"荡荡默默"、"惑故愚；愚故道，道可载而与之俱"的得道状态，也就是与道浑然同体的那种心神恍惚不定、茫然愚昧无知、混混沌沌的状态。这与前文所说的那种"至乐无乐"（yue 与 le 通）是一致的，现世的音乐不过是"乐之末"，现世的快乐也无所谓乐与不乐，而真正的音乐是道的层面的至乐，真正的快乐是得道层面的大乐。庖丁方今解牛所引以为比的就应该是这种"至乐无乐"，"桑林"、"经首"的音乐就不是现世的"乐之末"，"踌躇满志"的快乐就是超越现世快乐的大乐。因此，如果要把它也理解为是庄子理想化的一种艺术与快乐，那么它就应该是超越了现世艺术与快乐的、用以体现道的自然无为特性的道德精神的艺术与快乐，而庖丁方今

---

① 庄子哲学具有"神秘主义"色彩，这为很多论者所述及。崔大华认为，庄子体道中进入最高境界的"这最后的、跳跃的一步，也是最重要的一步，使庄子留下了一片难以把握的、给人以某种神秘感的空间"。（崔大华：《庄学研究》，人民出版社 1992 年版，第 184 页。）

② 参见（清）郭庆藩《庄子集释》，王孝鱼点校，中华书局 2004 年版；崔大华《庄子歧解》，中州古籍出版社 1988 年版，第 114 页。

解牛就是这种道德精神的想象物。

庄子文中所叙的其他技艺故事的美学实质也大体如此。《达生》篇中梓庆削木为镶更是强调梓庆在心斋坐忘半个月之后才"以天合天"地将镶制成，显然也是庄子对人为技术的"自然无为化"，亦即"道德理想化"。《田子方》篇中为宋元君画画的"真画者"的故事，则是庄子对文艺创作的"自然无为化"，亦即"道德理想化"。梓庆造镶，"成见镶，然后加手焉"，此"加手"与庖丁解牛"动刀甚微"类似，已经最大限度接近"无为"了。事实上，这只是虚写而已，庄子也语焉不详。如果真的如具体技艺般的"加手"或"动刀"，那必然是"有为"了，如邹元江指出的，"并不仅仅只是顺应自然，而是要偏离自然，以产生新的创造物（非自然物的'作品'）。这也就是以技离天"①。当然也可理解为是庄子不可克服的"有为"与"无为"之间的二律背反。这个问题从画史的身上看得很清楚，画史"解衣般礴臝"，率性任达、意定神闲，根本没有作画，"无为"才是彻底的，一旦他进入作画的情景，无为的状态必然被打破，无疑，只有"无画之画"的画史才是最具有道德理想性的。总之，这种为"道"所自然无为化亦即道德理想化了的技术和文艺创作，只能是想象的，而不可能是现实的；其间透露的美学意义，只能是庄子道德精神上的美学意义，而不可能是通常审美上的美学意义。

神技无技的第三种含意是，神技是无技之技，是对技艺的取消与否定。所谓的神技，我们虽如是称之，但它实并无一技，是自然无为的道德精神状态，是庄子对人为技艺的道德理想化或自然无为化的想象情态，其最终的结论必然是对现实技艺的取消与否定。从本体的角度来看，技艺是形下之"有"，是有限的、具体的、现世的，而道则是形上之"无"或"无无"，是无限的、绝对的、抽象的，因此，从具体技艺出发，体道的过程就是通过心斋坐忘、齐物安命等工夫去"遗技合道"，也就是，从现象之有去追寻本体之无，要想达到与虚无之道的冥合，必弃尽实有之技。从实践的角度看，技艺是主体按照目的意图进行的人为活动，是典型的"有为"，而神技则是要求按照道的无为原则进行的活动，是"无为"。因此，对现世技艺的改造就是要"技兼于道"，也就是要按照道的自然无为

---

① 邹元江：《必极工而后能写意——对"中国艺术精神"的反思之一》，《文艺理论研究》2006 年第 6 期，第 77 页。

原则去改造有为之技艺，"损之又损之以至于无为"（《知北游》），最终必是抛弃技之有为，也就取消了现世之技。

"无技之技"的思想，除了画史"无画之画"外，还体现在很多的技艺故事当中。《田子方》载有"其钓莫钓"的故事："文王观于臧，见一丈夫钓，而其钓莫钓；非持其钓有钓者也，常钓也。"钓鱼，现世之技也，其目的在鱼。而臧人钓鱼，"其钓莫钓"，并无心于鱼，"不是执持钓竿而有意在钓（喻无心之钓），为上乘之钓"，① 可见其内心是虚静无为的，其钓鱼是圣人之钓，亦是"为无为的具体化"②。故事的寓意在于无为治国，治国之神技亦在无为。无为是否能治国姑且不论，仅就钓鱼而言，此上乘钓技自不是现实钓鱼之技。又有"不射之射"的故事：列御寇为伯昏无人演示射箭之技，他拉弓搭箭，还能在臂肘处放上装满水的水杯，射箭时有如木偶般镇定自若、精神专一，射箭接二连三，均能中的。"伯昏无人曰：'是射之射，非不射之射也。尝与汝登高山，履危石，临百仞之渊，若能射乎？'于是无人遂登高山，履危石，临百仞之渊，背逡巡，足二分垂在外，揖御寇而进之。御寇伏地，汗流至踵。"列御寇是"射之射"，其射固然巧妙却终是世俗的技巧，是"有心之射"（成疏），追求的是射中箭的。伯昏无人则是"不射之射"的神技，能够"忘怀无心"（成疏），并不以射中箭的技巧为追求目标，而是追求至人般的凝神静寂的得道心态。当外在环境发生改变时，如身处高山深渊之间，临危处险之时，"射之射"的技巧根本就无以施用（"尔于中也殆矣夫"），其心恐惧不安、神色紧张（"御寇伏地，汗流至踵"、"怵然"）；而"不射之射"则根本不需要射技，只需以其无心淡定的心态（"挥斥八极，神气不变"）就足以显示出射技追求所不可比拟的优越性。这真是奇怪的推理。可见，"不射之射"一如《达生》中关尹之所言"是纯气之守也，非知巧果敢之列"，③ 这里对"射之射"的技巧追求明显地表示出否定的态度。

《齐物论》曰："有成与亏，故昭氏之鼓琴也；无成与亏，故昭氏之

---

① 陈鼓应：《庄子今注今译》，中华书局 2009 年版，第 586 页。据王念孙，"古人谓'钩'为'钓'也"，书多以"钓"为"钩"，亦多谓"钩"为"钓"。

② 曹础基：《庄子浅注》，中华书局 2007 年版，第 249 页。

③ 吕惠卿："不射之射，则所谓纯气之守，非知巧果敢之列。"（崔大华：《庄子歧解》，中州古籍出版社 1988 年版，第 474 页）

不鼓琴也。"郭注："夫声不可胜举也。故吹管操弦，虽有繁手，遗声多矣。而执龠鸣弦者，欲以彰声也，彰声而声遗，不彰声而声全。故欲成而亏之者，昭文之鼓琴也；不成而无亏者，昭文之不鼓琴也。"冯友兰说："照郭象所解释的，声音的'全'就是一切的声音，可是他所说的一切声音实际上是无声音，因为，照他说，一有声音，它就是偏而不全了"，"无声就是大音，大音必须无声。"①昭氏鼓琴，虽技艺高超但亦不过是世俗之技艺耳，其技所能彰显的只不过是部分的琴声，此其"成"，但是它却同时遮蔽了更多的琴声，此其"亏"。因此，不若放弃鼓琴之技，尽管没有成就某种琴声，但是却也不至于造成琴声之全的亏损，虽然无声，但是却保有无声之大音。②于是，虽然无鼓琴之技可言，成就的却是能保全无声之大音的"不鼓琴"的无技之技。不仅昭文应放弃鼓琴之技，师旷亦应放弃击节之技，惠子亦应放弃辩论之技，诸如此类的炫耀于人、钓誉现世的小成之技，都是应当一并摒弃的。③《天运》中描写黄帝奏《咸池》之乐，一共有三奏，如果说其前二奏还表现出人间世的一些内容，还停留在世俗的演奏技艺，第三奏则是演奏出"道可载而与之俱"的"天乐"的合道神技了。此神技之奏，是以"自然"（"调之以自然之命"）为其特性的，其乐"若混逐丛生，林乐而无形，布挥而不曳，幽昏而无声"，是一种混然无形、寂然无声、无可视听的"无乐之乐"（郭注）。此时所谓的演奏神技，说白了，就是停止了演奏，取消了任何实际演奏的无技之技。

在美学和文艺理论史上，庄子关于无技之技的神技描述在艺术创造技巧方面产生了后效力量，后世由此转化出了一些关于创造技巧的命题，如"妙造自然"（司空图）、"拙规矩于方圆"（黄休复）、"文无定法"（叶燮）、"无法之法"（朱庭珍），等等。且以石涛为例，其提出的著名命题"无法而法"云："又曰：'至人无法。'非无法也，无法而法乃为至

①　冯友兰：《庄周的主观唯心主义》，载胡道静编《十家论庄》，上海人民出版社 2008 年版，第 53 页。

②　又《天地》："大声不入于里耳。"成疏："大声，谓咸池大韶之乐也，非下里委巷之所闻。"

③　《齐物论》："是故滑疑之耀，圣人之所图也。"陈鼓应："迷乱人心的炫耀，乃是圣人所要摒去的。"（陈鼓应：《庄子今注今译》，中华书局 2009 年版，第 79 页）

法。"① 石涛提出 "一画" 作为其绘画美学的本体原则，但是有人却宣扬 "至人无法" 的便宜主义观点，对此，石涛认为这并不是说不要法，自古以来的绘画都是讲求法的，即 "古之人未尝不以法为也"，绘画大家（至人）表面上是 "无法"，实则是 "无法之法" 的 "至法"。他解释说："凡事有经必有权，有法必有化。一知其经，即变其权；一知其法，即功于化。"绘画与其他的事情一样，要讲究法度也要讲求变通，不可墨守成规、死守成法，要在掌握法度的基础上灵活地变化运用。所以，"无法之法"，首先是要掌握法，尤其是 "一画" 之大法；其次要对法进行灵活变通地运用，不能死守成法；再就是要创造性地运用，有所突破，达到自由的化境。可见，这种 "无法之法" 的至法已经是文艺创作的技巧论，实际上是如何高超地运用人为技法的问题，而不是像无技之技那样的完全 "无为"、不要人为的技法的问题，也不是着重于什么心性修养的问题。这里对庄子思想的转化是很明显的，不能说 "无法之法" 的艺术创造思想在庄子那里就已经有了，其间的界线是不可模糊的。

第三节　技艺故事还原

在导论部分，我们曾从诠释学的角度对庄子的理解问题提出了一些自己的看法。面对庄子这样一个复杂的历史文本，对其解读既要追寻文本的原意，注意解释的有效性，又要讲求理解的新意，注重解释的开放性。我们所说的对历史文本理解的创新，是指在有效性基础上的创新，而不是指脱离或违背历史文本原意的引申、发挥、改铸式的创新，更不是指借助庄子来实现解读者的思想的创新。必须说明的是，我们并不反对后者之类的创新，它们都具有创造性，而只是主张在两种情况之间划出一个相对明晰的界分，以显现哪些才是作为历史文本本身所固有的思想，哪些并不是。

这一点在理解庄子的技艺故事方面尤其值得重视。这是因为：

首先，技艺故事是些寓言，本身具有多义性。庄子书 "寓言十九"，寓言既是其借以表达思想的一大方式，也是其为文的一大风格，也是技艺

---

① 原济：《苦瓜和尚画语录》，载俞剑华编《中国古代画论类编》，人民美术出版社 2007 年版，第 148 页。

故事的文体形式。寓言者，"寄寓之言"（宣颖）也，"意在此而言寄于彼"，① "寄托寓意的言论"②，所指之意并非由所言直陈而来，而是有所寄托、暗示、隐喻、象征。"藉外论之"（《寓言》），郭注："言出于己，俗多不受，故借外耳。" 有如生父不亲自为其子说媒，必有待于他人。由于寓言的寄寓特性，其思想情感表达所采取的方式往往是间接的、曲折的甚或隐晦的，故寓言的形象往往表现出一种朦胧感，其含意也常常是不确定的，从不同的角度去看完全可以得出不同的意义。因此，对于寓言，我们很容易读出超出作者本意的"新意"。如狙公分芧于猴，"朝三暮四"或"朝四暮三"，猴则喜怒两异。③ 故事在文中是用以证明人们往往以一管之见为是非，因此要破是非、齐万物。现在的理解是，"原比喻聪明人善于使用手段，愚笨的人不善于辨别事情，后来比喻反复无常"（《现代汉语词典（1979）》），意义发生了惊人的变化。纪渻子为王所训练的斗鸡，"呆若木鸡"，被理解为具有了"鸡的艺术主体性"④，读来难免让人开颜解颐。因此，如果把这些寓言故事从庄子的文本语境中抽离出来，很容易获得形色各异的理解。

其次，技艺故事本身所指的观点与其实际表述意义有一定的距离，这是一个盛行的看法。⑤ 例如，庄子是主张自然无为的，但是在技艺故事中，人们往往会看到庄子对达到出神入化的技艺境界的实践工夫的重视与强调，那么，技艺故事的客观意义正好表明了在艺术创造中实践工夫的重要性。这是庄子在"有为"与"无为"之间存在的不可弥合的矛盾，庄子讲"无为"还必须从现实中的"有为"说起。⑥ 这在庄子文本中是实际存在的，如我们前面所说的，庄子尽管主张言不尽意，道不可言，但是他如果要将道的意蕴传达出来，还必须借助于言。不过，庄子同时还要求

---

① （清）王先谦：《庄子集解》，中华书局 1999 年版，第 245 页。宣颖解也可参是书。

② 陈鼓应：《庄子今注今译》，中华书局 2009 年版，第 775 页。

③ 这不属于技艺故事，只是引以说明寓言理解的多义性。

④ 徐复观：《中国艺术精神》，广西师范大学出版社 2007 年版，第 96 页。

⑤ 如张少康："庄子在论这些技艺创造故事时，他的主观意图与故事的客观意义又有矛盾的一面。"（张少康、刘三富：《中国文学理论批评发展史》，北京大学出版社 1995 年版，第 71 页）刘绍瑾："我基本上同意一种流行的看法，即寓言故事本身所藏之意与故事所服务的那个观点不大一致。"（刘绍瑾：《庄子与中国美学》，广东高等教育出版社 1989 年版，第 192 页）

⑥ 王建疆："无为的道与有为的人就必然处在永恒的矛盾对立中。"（王建疆：《澹然无极——老庄人生境界的审美生成》，人民出版社 2006 年版，第 280 页）

得意而忘言，不可胶执于言，也就是说，他要求我们的是要领会他此处所传达的确定观点。庄子中的技艺故事本身并没独立性，一个故事置于某一个语境中是为该处的观点服务的，其时所服务的观点才有确定性，故事才体现其价值，脱离了此处语境或观点，故事可能会走向反面。例如，庄子从自然之道出发，反对"穿牛鼻"、"络马首"等有损自然之性的行为，但是，我们是否会因为庄子在"庖丁解牛"之中将"解牛"的杀戮场面描绘得如诗如画，就认为庄子实赞同宰牛杀马之"有为"呢？或者质问，杀牛宰马难道就不违牛马的天性吗？事实上，如果从庄子在某处意足地传达了其观点来说，庄子并不是那么矛盾的。不管是否矛盾，最重要的还是要明确庄子说的是什么，而不是把我们读出的什么混认为是庄子想说的是什么。

再次，技艺故事确实在后世转化出一些关于艺术的见解、范畴。以魏晋南朝为例，以老、庄、易为根本的玄学风靡一时，深刻地影响了人们的思想观念，这自然也渗透、浸染于文艺和审美领域，直接影响甚至决定了人们关于文艺和审美的思想或趣味；于是，庄子（与老子等一起）的那些关于技艺的神奇描述经过艺术家与理论家创造性的转化或改铸，便与现实的艺术（庄子是反对现实的或学科意义的艺术的）结合在一起，成为艺术的一种理想境界追求，形成了具有道家自然无为（转化后的自然无为）意味的艺术及理论。唐君毅就曾说，"言文学之所以成为文学之理，亦恒是玄理之一种"[1]，这就指明了魏晋南朝的文艺理论根源于玄学思想的事实，它已经是发展变化后的老庄思想，尽管其中可能仍包含了部分老庄思想。例如山水田园诗画及其理论是魏晋时的产物，在此前并没有严格意义上的山水田园诗画，更不要说有老庄道家意味的山水田园诗画与理论。相同的一个术语、表述或范畴，在一个反对现实艺术（能够感知的艺术都是现实的，学科意义上的艺术是现实的）的思想家那里，与在一个基于现实艺术的思想家那里，它们的意蕴绝不可能是相同的，这在转化部分的讨论中可以看得很清楚。例如，宗炳"澄怀观道"命题认为对山水画的欣赏可以观道，这相当于技（艺）中见道，但在庄子，现实的艺术都是无所谓美或不美的，它们都是使人失性的事物，有损于体道，二者的分别是显然的。

---

① 唐君毅：《中国哲学原论·原道篇》，中国社会科学出版社 2006 年版，第 590 页。

　　另外，技艺故事本身描述的是某些技艺方面的实践或智慧，与艺术有很大的亲和关系，很容易被移植作庄子对艺术的理解，更容易被接受者平移、引申为对现实艺术的理解，而实际上庄子并不赞成现世的有为之艺术，庄子所赞赏的那种技艺实是自然无为的"神技（艺）"，把神技与现实之技结合起来也是经魏晋理论转化的结果。庄子一书也出自多人之手笔，其中难免有些参杂，未能保持思想的一致，因此也不能排除或许有个别寓言故事确实与艺术见解相通，此时则要按"庄之所以为庄者"的原则加以甄别，绝不可以个别来遮蔽庄子的核心思想。总之，如果不在技艺故事的本意与其衍生义、引申义、发挥义等等之间划出一条相对清晰的界线，其本义就会湮没不闻，而这往往是我们解读历史文本时在创造性的诱惑下容易迷误的，此时就可能将那些本非"庄子的"技艺思想冠以"庄子的"之名。

　　通过划分边界来还原这些技艺故事的原意，这于理解庄子而言，并不完全是可望而不可即的事，因为，庄子在讲述这些技艺故事时，已经相对明确地指出了统辖它们的观点所在。庄子除以"寓言"为言说的方式外，还采用"重言"与"卮（巵）言"的方式，是为"三言"。"重言十七，所以已言也。是为耆艾，年先矣，而无经纬本末以期来者，是非先也。人而无以先人，无人道也。人而无人道，是之谓陈人。"（《寓言》）林希逸曰："已，止也，已言，可以止其争辩也。借重于耆艾之人，则闻者不敢以为非。"[1] 年耆艾之人，一为有道之人，一为无道之"陈人"（郭注：陈久之人），因此，"重言"所借重的是可以用来止世俗争辩的有道之先哲或时贤的言论。重言之所以能占有十分之七，是因为重言与寓言在文中互有交错。[2]"卮言日出，和以天倪，因以曼衍，所以穷年。"（《寓言》）"卮"为漏斗式器物，"卮言"，成疏为"无心之言"，所以卮言是合乎自然之分际的无心流露出的言论。《天下》篇云："以卮言为曼衍，以重言为真。"曼衍，表明卮言在文中散漫流衍、零星穿插的存在形式。真，本真的话。又云："不离于真，谓之至人。"重言是能代表得道之人的本真之言。可见，重言是得道者之真言，卮言是自然所出之言，亦是能合道之

---

　　① （宋）林希逸：《庄子鬳斋口义校注》，周启成校注，中华书局1997年版，第432页。
　　② 张默生："寓言既占十之九矣，何以重言尚有十之七乎？答曰：《庄》书中或寓言容重言，或重言容入寓言，故有此交互错综之情状。"（张默生：《庄子新释》，新世界出版社2007年版，第409页）

言，它们都是可以直接透露庄子思想要旨的言论，因此，我们可以倚重于这两种言论并结合文意语境来追溯技艺故事较为确定的原意。

"庖丁解牛"故事出自《养生主》篇，大家都知道，其原意是在揭示"养生"之道。文惠君在倾听了庖丁的一席话后叹曰，"善哉！吾闻庖丁之言，得养生焉"。庖丁从世俗眼光看是一个社会地位低下的普通劳动者，但却是一个好"道"之人，文惠君作为一个君主，是社会的主宰者，其言论大约能为社会所重，颇具权威性，从庖丁对解牛之技的议论中指出所获在"养生"，是点明此番话的寓意在借解牛喻"养生"。其主旨显然与艺术或审美的事情无关，那么，这样的"养生"是不是审美的人生修养呢？也不是。何以"养生"？曰"依乎天理"、"因其固然"，也即按照自然之理。又曰"以无厚入有间"，必然是游刃有余，成疏为"养生之士，体道之人，运至忘之妙智，游虚空之物境"，意为以心斋坐忘之法达体道之境界，不如直解为以至无至虚之精神进入人间社会之中空处，实即以虚处虚，必能逍遥无为以游世。此也即本篇之宗旨"缘督以为经"所揭示的养生原理，就是要把顺守自然之理、处以虚无之法的应世原则作为"养生"的根本原理。[1] 所以，"养生"之道根本上即遵从自然无为之道，固如前述，此种人生修养是为道德精神的修养，而非审美的人生修养也。

《达生》篇是载技艺故事较多的一篇，常被引以说明艺术创作或欣赏的有："痀偻丈人承蜩"、"津人操舟若神"、"纪渻子养斗鸡"、"吕梁丈夫游水"、"梓庆削木为鐻"、"工倕旋盖规矩"等。这些技艺故事如果不做些转化，仅就其本身而言并不是直接就契合于艺术创造或欣赏的。《达生》篇一般被认为是《养生主》篇的演绎，二者旨意相若，都在讲心性精神修养之法。[2] 达生，畅通生命或性命，也就是指养生。《达生》曰："达生之情者，不务生之所无以为；达命之情者，不务知（命）之所无奈何。"畅达生命之情理的人，不去强求生命中无可奈何之物事，实即要安时处顺、自然无为。世俗之人养生重在养形，重视的是资财、名声、地位、权势等身外之物，做的是劳形逐物的无益之事，结果反为这些外物及世事所累，精神生命荡然无存。又曰："弃事则形不劳，遗生则精不亏。夫形全精复，与天为一。"真正的养生在于，抛弃世事，忘怀人生，也就

① 陈鼓应："缘督以为经：顺虚以为常法的意思。'缘督'，含有顺着自然之道的意思。"（陈鼓应：《庄子今注今译》，中华书局 2009 年版，第 105 页）

② 钱穆：《庄子纂笺》，生活·读书·新知三联书店 2010 年版，第 157 页。

是要在精神上做到忘物忘己，这样才能形体健全、精神旺盛，达到与自然融合为一体的境界。这一段话是《达生》篇的纲领。① 因此，以下的技艺故事无非也是在谈论如何做到"形全精复"的精神修养之道，其要也在安时守顺、忘物忘己、绝圣去知，让自然的心性精神与天道自然相与为一，这实际也就是体道修养。这种体道修养的心态如果单独把某一点（如精神集中、忘却功利、顺应规律等）抽离出来孤立地看可能是契合艺术审美心理的，但是，这种修道心理从根本上从整体上来说不仅不合学科意义上的艺术与审美心理，甚至有很明显的反艺术反审美倾向，这是我们曾论证过的。

以"痀偻丈人承蜩"为例，其寓意借孔子之口说出，"用志不分，乃凝于神"。"凝"作二解，一以为"凝固"，"乃凝于神"指精神凝定、凝神贯注；一以为作"疑"，其意为比拟，"乃凝于神"意为可与神相比。② 二解都可通，全句无非是说：精神极其集中，心志极为纯一。这种"用志不分，乃凝于神"的状态在后世进入艺术或审美语境，以说明艺术或审美中的精神集中的心理状态，这无疑是有意义的。但在庄子来说，此处只强调的是性命修养中的一个点，即精神集中，也就是"心斋"中的"一志"，使心志专一、排除一切外在干扰，其下就是要以精神去合道。"唯蜩翼之知"，在这里"蜩翼"寄寓为自然之道、道德本性，精神修养的宗旨是"性修反德"即回归自然本性，其对象是内化为精神的道或道德精神，因此其精神专一的对象是不可以艺术意象来索解的。退一步说，即使认为"蜩翼"是具体对象，精神集中于对象也并不就是如艺术或审美中的精神集中于艺术或审美对象，它可以是实用对象也可以是知识对象。将此故事抽离出来，"承蜩"似乎也只是一个实用功利活动，没有理由认为它是艺术或审美活动，因为根本没有任何迹象表明它把"蜩翼"当作艺术或审美对象来看。

又如"工倕旋盖规矩"："工倕旋而盖规矩，指与物化而不以心稽，故其灵台一而不桎。"这段话常被一些学者独立出来，认为是透露了艺术创造中超越了有法的无法的最高技巧或主客合一的精神状态，或者是揭示了艺术创造中无规律的合规律性的问题或规律与自由合一的问题，二者在

---

① 陈鼓应：《老庄新论》，商务印书馆 2008 年版，第 319 页。
② 崔大华：《庄子歧解》，中州古籍出版社 1988 年版，第 514 页。

内涵上是一致的。这自然是非常深刻的创见。艺术或审美中，规律与法是自然所既有的，自由与无法体现人的目的性创造，是对规律或法的适应与超越，仅有适应还算不得自由或对成法的突破。按照康德的说法，就是无目的的合目的性，合目的是指合乎"人"的主观目的；准确来说，艺术或审美中的所谓合目的性同时也应是"形式"的合目的性。① 但是故事后面的一席提示寓意的话却被有意或无意地忽略了，如下："忘足，屦之适也；忘要，带之适也；知忘是非，心之适也；不内变，不外从，事会之适也。始乎适而未尝不适者，忘适之适也。"那么，这段话体现的是怎样的主客合一呢？就是要忘足忘腰忘是非忘外物，忘掉外物忘掉自己忘掉一切，也就会达到无所不适的状态。换句话说，也就是要以人的自然去合外在的自然，忘人合天；人完全泯灭人的主观目的，无所用心地去合乎自然的规律，就是无所不适。排除了人的目的性领域，这里还有什么自由创造吗？这到底是合什么样的目的呢？这种合一对人来说还有什么意义吗？我们到底是要足与腰之适，还是要屦与带之适？不是不要合一，而是以怎样的方式合一。只见规律不见人，缺少了人的一维，就不是真正的合一，而是遮蔽与湮没。移之于艺术创造，取消了人的目的行为，它也不可能期望有什么艺术创造；实际上庄子恰恰要取消艺术创造，这倒是个明证。

　　其余的技艺故事就不一一枚举了，我们且以曹础基的解读为例有个大概了解："津人操舟若神"的故事意在说明"能排除精神上外加的负担，做事才易于成功"，"纪渻子养斗鸡"的故事寓意是"无好胜之心则无所不胜"，"吕梁丈夫游水"的故事则说明"顺于自然而不应有个人的作为"，"梓庆削木为镰"的故事寓意为"做事要排除杂念，顺于天然，就能事易工巧"。② 这些故事都是围绕《达生》篇的总纲从某一方面来予以说明的，如果未经转化，它们本身并不具有直接解释艺术创造的有效性。

　　另外还有《天道》篇的"轮扁斫轮论书"，《田子方》中的"画史解衣般礴"，《知北游》中的"大马之捶钩者"，《徐无鬼》中"匠石运斤成风"，等等；这些技艺故事如果不违背庄子道的自然无为的根本特性，或

---

　　① 康德：审美中的合目的性是"使对象的形式与为了将直观和概念结合为一般知识的那些认识能力协和一致"。（［德］康德：《判断力批判》，邓晓芒译，杨祖陶校，人民出版社 2002 年版，第 28 页）

　　② 曹础基：《庄子浅注》，中华书局 2007 年版，第 219—225 页。

者说不违背心斋坐忘、齐物安命等体道修养的基本方法，它们是难以切合学科意义上的艺术创造与欣赏的规律的。当然，如果将故事中的某一点抽离出来加以引申、发挥、改造、转化，它是容易切合艺术活动的，这正是庄子具有后效于艺术与美学的潜力的表现，也正是后世的艺术家或理论家以庄子为基础所做的发展与转化。我们从不否认这种发展的重大意义，但认为，这已不是庄子本身固有的艺术思想，而属于广义上的庄子美学或文艺理论。

第四章

庄子思想后效于美学

　　庄子思想本身充满了"后效于"美学的潜在力量，后世尤其是魏晋南北朝的美学、文艺在体悟庄子（与老子）的思想之后创造性地转化出具有道家思想特色的美学或文艺思想，可称为广义的庄子（道家）美学。为什么用"后效"而不用"影响"？一是在功能学上，庄子哲学有后效于美学的潜在性与必然性。一方面，庄子思想作为道家思想重要部分与儒家思想构成一种对立与互补，儒家思想有其相应的美学，从道家思想也必然会衍生或演化出一种相应的美学，因此，从思想的发展逻辑来看有其历史性、互补的必然性。另一方面，庄子思想具有本体论意义，同时其思想也是对儒家功利性美学的一次反动，相较于儒家思想确实在相当多的方面更接近文艺和审美之实，对于文艺和审美走向自律必然产生积极效果，因此，从美或艺术自律性发展要求来看也有其必然性。二是在解释学上，影响似乎是单方面的，后世美学和文艺思想在接受和解读庄子思想时，并不只是被动地受影响，同时更是做了创造性的转化或诠释，是一次次"效果历史"事件。正如今天把庄子创造性地诠释为美学一样，从庄子来说是后效的，从后世来说既是影响更是转化。另外，用"后效"一语，也是试图对美学史上像庄子这种本身并无什么美学，但是讲美学史时又绕不开他们的思想的一类现象进行描述，以便能够较清晰地在他们本身的思想与由其后效所转化出的思想之间划界。

庄子思想后效于美学与文艺理论是多方面的。① 庄子思想的核心是道
与体道。道具有本体论意味，道是万事万物的本性，由此道的后效潜力就
主要体现在本体论方面；道在后世美学或文艺理论中从庄子的万事万物的
本体被转化为美或文艺的本体，那些美的事物或文艺也因其以美的特质体
现了道，从而也就区别于庄子的内存有道的无差别相的万事万物。体道是
人在远离了本性之德后为"性修反德"而采取的修养工夫，它以心斋坐
忘、齐物安命等诉诸内在直觉的方式来追求与道同一，由此体道后效于美
学或文艺理论就体现在审美体验或艺术创造的心理方面，后世的美学或文
艺正是将庄子的道德修养的方式转化为审美体验方式，道德修养的主体也
因之转化为审美体验的主体。这其中也可以说包含有庄子的道德修养内
涵，也就是体道中所获得的道德精神意义上的大美也包含在后世的审美意
义上的美之中了。而在庄子思想中有一些为了论述道与体道的技艺故事，
这些技艺故事因其与技艺的亲和性从而直接后效于后世文艺与审美，其表
现主要在道与文艺的关系及文艺创造的心理方面，从美学来看，它属于道
与美的关系及审美体验心理之一种（下文论述实也是以文艺为例举），因
此不再单独申论。② 庄子思想后效于美学与文艺理论，在后世转化出广义
上的道家美学，这其中魏晋玄学（也是庄子思想后效表现的一部分）及
其美学与文艺理论起过关键作用。

第一节　道后效于美

在庄子，道创生万物又内在于万物，成为万物的本性之德，因此万物

---

① 学界做了相当多的研究，大多从庄子思想对美学和文艺理论的影响入手，明确庄子思想
之转化情形的并不多。笔者所做的是从庄子思想的基本方面出发，将重点放在后效或转化前后的
分别上，呈现的焦点在庄子本身。影响或转化的具体脉络及相关情形可参考：漆绪邦《道家思想
与中国文学理论》，北京师范学院出版社1988年版；刘绍瑾《庄子与中国美学》，广东高等教育
出版社1989年版；李生龙《道家及其对文学的影响》，岳麓书社2005年版；孙中峰《庄学之美
学义蕴新诠》，博士学位论文，台湾东华大学，2005年；李春青《道家美学与魏晋文化》，中国
电影出版社2008年版；高起学《道家哲学与古代文学理论》，中国社会科学出版社2009年版；
易小斌《道家与文艺审美思想生成研究》，岳麓书社2009年版；侣同壮《庄子与中国现代美
学》，博士学位论文，暨南大学，2007年；赵东《自然之道与美学——论庄子哲学的美学转化》，
博士学位论文，西南大学，2010年，等等。
② 另外，技艺故事所涉及的转化还应该有创造技巧方面，第三章中已略有述及，限于篇
幅，此不具论。

中皆有道。《知北游》说，"物物者非物"，所以物物者是道，"物物者与物无际"，道与物并没有分际，道不离物，物中有道，这也即道"无所不在"，道周遍一切，遍在天地万事万物，甚至在蝼蚁、稊稗、瓦甓、屎溺。道原本也在人，也是人之本性之德，但是自从人有了"成心"、"是非"之心之后，人就背离了道，丧失了人的本然之性即德，也就失去了人生的价值和意义。为了重获人生的价值和意义，人必须通过心斋坐忘等道德修养即修道工夫重新回归于道，与道为一。"道"是体现人生价值和意义的目标所在，也就是道德修养的目标；体道修养就是实现道德目标的方式。

道作为道德修养对象，它遍在世间万事万物之中，即道德修养以天地万物为修道的感性对象，并不格外地倾向于某些特殊的物如自然山水或美的事物，因为得道之士是齐物的，要得道必然要齐同万物。《秋水》说，"万物一齐，孰短孰长？""以道观之，物无贵贱"，从道的观点来看，世界上的万物在本性上并没有什么区分。① 对于世俗通常所认为美或丑的事物，如"厉与西施"，对于体道来说，也是"道通为一"的，也没有什么本质上的区别，并且在修道工夫之中最终它们都是要被否弃或被超越的。可见，目击道存，大化流行之处都是体道的对象，体道对象并没有什么差别性和选择性；反过来说就是，庄子并没有自觉地、普遍地、突出地将自然山水和美的事物作为道德修养的感性对象，更没有将它们作为审美的对象。不过，从庄子思想也可推理出，道也可以在美的事物或自然山水之中，而且如果得了道，还可以得享道境里的精神大美。这就很顺理成章地为后世的哲学和美学将道落实或转化到自然山水或美的事物埋下了伏笔。后世的美学正是从体现道的无差别的万事万物创造性地转化到体现道的现实的美的事物（自然美与艺术美）上来，也可以说是精神大美与现实的美统一了起来；与之一同转化的就是心斋坐忘等体道修养转化为审美体验，从而逐渐构成了广义上的道家美学，从庄子美学来说则是后效的。其间魏晋玄学首先在哲学上起到了转化的建基作用。

我们在此处只就"道"后效于"美"的关键性转化做个简单的勾勒，

---

① 冯友兰："以道之观点观物，即见物无不齐矣。"（冯友兰：《庄子及道家中之庄学》，载胡道静编《十家论庄》，上海人民出版社 2008 年版，第 26 页）韩林合："对于'世界中根本不存在任何形式的区分'这个断言，庄子从多种角度进行了论证。"（韩林合：《虚己以游世——〈庄子〉哲学研究》，北京大学出版社 2006 年版，第 52 页）

基本上可以从中窥见庄子德性之道及其现象与后世美学之道及其现象在这个问题上的分际。大约分两个方面，一是玄学之道，一是美学之道。

一　玄学之道

魏晋玄学使庄子哲学之道（与老子一起）向后世美学之道的转化起了过渡作用，为魏晋美学提供了哲学基础。

魏晋玄学是魏晋时代的思想主流。① 魏晋时代的思想主题是会通儒道，其思想依托从儒转向为道，② 玄学之"玄"，就出自老子"玄之又玄"（《老子》1章），玄学"三玄"是老、庄、易，思想也主要通过解、注老庄的形式表现。魏晋玄学，按照汤一介的说法，是指"魏晋时期以老庄思想为骨架企图调和儒道，会通'自然'与'名教'的一种特定的哲学思潮，它所讨论的中心为'本末有无'问题，即用思辨的方法来讨论有关天地万物存在的根据的问题，也就是说表现出为远离'世务'和'事物'形而上学本体论的问题"③。魏晋玄学的主要论题也围绕有无之辩、言意之辩、名教与自然之辩等问题展开。④ 这些方面的探讨对于老庄哲学向美学的转化起了重大的促进作用，奠定了美学的哲学基础。从美学角度来看，对这种转化起了关键作用的人物是王弼与郭象，"王弼是当时人所推崇的玄学主帅"，郭象则是"王弼之亚"。⑤

王弼是正始玄学乃至整个魏晋玄学杰出的代表。"其形上之学在以无为体。其人生之学以反本为鹄。"⑥ 其玄学本体论主要奠基于老子，标志着从汉代宇宙发生论探讨向本体论探讨的转变，其自然人性论和言意之辩则吸纳了庄子的思想，这些论述为庄子（道家）哲学向美学转化扫平了实质性障碍。

---

① 汤用彤："普通又多称这个时代（魏晋）我国思想的主潮是'玄学'。"（汤用彤：《魏晋玄学论稿》，生活·读书·新知三联书店2009年版，第125页）

② 葛兆光："当它的话题由具体的天象和世间的道德转向玄虚的'道'和'无'时，它的依托门径就从儒转向了道。"（葛兆光：《中国思想史·第一卷》，复旦大学出版社2009年版，第323页）

③ 汤一介：《郭象与魏晋玄学》，北京大学出版社2009年版，第11页。

④ 许抗生对诸家魏晋玄学研究进行总结后认为，魏晋玄学"以辩论'有无'问题为中心"。"以解决名教与自然的关系问题为其哲学的目的。""以'得意忘言'为哲学的方法。"（许抗生：《魏晋南北朝哲学思想研究概论》，天津教育出版社1991年版，第47页）

⑤ 汤一介：《郭象与魏晋玄学》，北京大学出版社2009年版，第160页。

⑥ 汤用彤：《魏晋玄学论稿》，生活·读书·新知三联书店2009年版，第49页。

　　其一，王弼"以无为本"的体用如一观强调了事物"有"的重要性。

　　老庄哲学最高的范畴是道，亦可称"无"，王弼舍"道"取"无"，建立"以无为本"的本体论。王弼曰："道者，无之称也，无不通也，无不由也，况之曰道，寂然无体，不可为象。"（《论语释疑》）① 此以老释孔。道是对"无"的称谓，道无所不在却又无体无象，本体之无并没有什么规定性，是绝对的无限的。王弼《老子指略》说："夫物之所以生，功之所以成，必生于无形，由乎无名。无形无名者万物之宗也。"万物的根本（宗主）是"无形无名"之无，有（有形有名的万物）则生于无，无是有具体规定性的万物的存在根据，此则"以无为本"。又说："四象不形则大象无以畅，五音不声则大音无以至。"只有通过象音等具体形象即有规定性的事物，大象大音等本体之无才能得以呈现，本体不能脱离现象，"本末不二"。这对于美学来说很重要，因为如果说美是有限与无限的统一，美之无限必然要借助有限才能显现，也就是说必须以具体的美之存在（或实或虚）即"有"为依托，如果没有具体的美的形象，超越的美也就无可欣赏。王弼强调了这一点，弥补了老庄轻视具象的不足。

　　不过，他依然为老子所拘限，认为不能受有限事物所限制，他接着说："四象形而物无所主焉，则大象畅矣，五音声而心无所适焉，则大音至矣。"也就是说要不为那些有规定性的事物所执，才能通达本体之无。从其"崇本息末"言②，他这是要回归本体之无而抛弃规定性之物，他注老说，"将欲全有，必反于无也"（《老子》40章注），要使具体事物都得以保全，必须回到无规定性之无，回归无则必弃有，不弃有就是有。李泽厚、刘纲纪说："王弼虽然认为'无形'、'无名'亦即无限不能脱离有形、有名亦即有限，但要达到无限却必须抛开有限。"③ 这就又有异于审美了，审美虽然也要求不为具体规定物所限，但是审美超越并非全然抛弃

----

　　① （魏）王弼：《王弼集校释》，楼宇烈校释，中华书局1980年版。此节王弼文非特别注明皆引此本。

　　② 王弼是矛盾的，王弼提出"崇本息末"的主张，又提出"崇本举末"的主张，实际上是还没有完全会通好儒道所致。就其主要观点来说，笔者认为还是"崇本息末"的，这也与他的言意论之"得意忘象"相一致。（可参见汤一介《郭象与魏晋玄学》，北京大学出版社2009年版，第129—134页；孙以楷、陆建华等《道家与中国哲学：魏晋南北朝卷》，人民出版社2004年版，第58—61页；许抗生《魏晋南北朝哲学思想研究概论》，天津教育出版社1991年版，第59—60页，等等）

　　③ 李泽厚、刘纲纪：《中国美学史·魏晋南北朝编》，安徽文艺出版社1999年版，第115页。

象音等具体有限物。这是王弼"从本体论落实到人生哲学和道德伦理"的要求，① 即"执大象则天下往，用大音则风俗移也"（《老子指略》）。除了以有明无、从现象明本体之外，王弼还从一与多、体与用、母与子、动与静等多种角度论证了无是万物的存在本体。这些论述基本上贯穿了"体用如一"、"本末不二"的思维方式，是对中国哲学的重要贡献。②

王弼"以无为本"的体用如一观，强调了现象与本体的统一，强调了通过具体之形象又不拘于形象以通达本体之"大象"，将道（无）落实于具体的事物上来，突出了具体事物于本体的重要作用，是对老子哲学的深化与发展，同时也促进了道家哲学向美学的转化。袁济喜说："王弼的玄学本体论，奠定了魏晋南北朝哲学和美学的基本框架，它摧毁了两汉的神学目的论，……改变了汉代审美崇尚模拟的状况，大大拓展了魏晋南北朝人的审美视野。"③ 指明王弼哲学对人的解放、美的解放起了重大作用，奠定了南北朝美学的哲学基础。

其二，王弼"言—象—意"结构将"象"纳入了道家哲学和美学。

王弼之言意论是与其本体论相一致之认识论。④ 其建立的"言—象—意"结构是庄、易融合为一的结果。《周易·系辞传》曰："书不尽言，言不尽意"，"立象以尽意"。庄子《外物》曰："筌者所以在鱼，得鱼而忘筌。蹄者所以在兔，得兔而忘蹄。言者所以在意，得意而忘言。"王弼在《周易略例·明象》中则曰："夫象者，出意者也。言者，明象者也。尽意莫若象，尽象莫若言。言出于象，故可寻言以观象；象生于意，故可寻象以观意。意以象尽，象以言著。故言者所以明象，得象而忘言；象者所以存意，得意而忘象。……是故，存言者，非得象者也；存象者，非得意者也。象生于意而存象焉，则所存乃非其象也；言生于象而存言焉，则所存乃非其言也。然则，忘象者，乃得意者也，忘言者，乃得象者也。得意在忘象，得象在忘言。故立象以尽意，而象可忘也。"王弼此论，一方面是"出意"法，言→象→意，重一"观"字；一方面是"得意"法，意→象→言，重一"忘"字。其落处在为"得意"而超言绝象。此

____

① 汤一介：《郭象与魏晋玄学》，北京大学出版社 2009 年版，第 121 页。
② 同上书，第 129 页。
③ 袁济喜：《六朝美学》，北京大学出版社 1999 年版，第 129 页。
④ 汤用彤："王弼用忘象得意之原则以建立玄学。而其发现此原则实因其于体用之理深有所会。"（汤用彤：《魏晋玄学论稿》，生活·读书·新知三联书店 2009 年版，第 93 页）

"言—象—意"结构，其作用一是横扫了汉人之象数说，二是影响了中国美学之意境论。

王弼此结构的重要在于它强调"象"为言意之中介，这对美学来说贡献尤甚。一方面，它承《系辞》"言—象—意"结构，但指明象可以"存意"（象者所以存意），而王弼之意与其玄学本体相关，实同本体之无、是道，象则是宇宙本体的显现。就其对美学的影响而言，"这就推动了美学领域中'象'的范畴向'意象'这个范畴的转化，意味着人们对艺术本体的认识已不再停留在抽象的笼统的阶段，而是已经深入到了一个更为内在的层次"①。这一转化在形式上是儒家《系辞》的，但在骨子里则是老庄道家的。

另一方面，强调象作为言意之中介，更是推动了老庄哲学向美学的转化。庄子的言意论是在其道论中提出的，道作为本体之意义并非是语言所能直接把握的，语言不过是指向意义的一个工具，道本身才是修道者的目的。庄子要求"得意而忘言"，认为修道不能为语言等工具所拘限，要得道必然要超越有限之言。庄子的言意论还是"言—意"结构，尚只论及言与意的关系，并没有论及"言—象—意"的关系，并不能直接应用于美学本体论问题，它本身更不是谈论美的本体与美的对象。因为就审美而言，美的对象并不是像"言"那样的直接作为物的对象，而是渗透了人的因素的意象。例如，王弼说"重画以尽情，而画可忘也"（《明象》），这是基于现实之画而论，而庄子则只能论"无画之画"②。王弼在庄子的"言—意"结构中纳入了"象"，这样就沟通了处于两端的绝对性的言与意，言是不能尽意的，而象是可以明意的，经由象就可以得意。如此就既解决了言不尽意的问题，也解决了如何由言得意的问题；而且他提出"观象"以得意的方式，类似于审美体验活动方式。③ 这就非常契合审美的规律了，庄子哲学向美学的转化有了"象"的介入也就成了魏晋文艺和审美的题中之义。

就庄子哲学和美学来说，"得意忘言"，修道体道之对象无所不在，

---

　① 叶朗：《中国美学史大纲》，上海人民出版社1985年版，第192页。

　② 按庄子《天地》篇，"象罔"可以得"玄珠"，表明"言"（有限的具体的象）是不可能得"意"（道、玄珠）的。"象罔"大约相当于象之无限、无形的"象外之象"。

　③ 陈望衡："'观象'或'味象'类似审美体验。这样，王弼的重象论就通向审美了。"（陈望衡：《中国美学史》，人民出版社2005年版，第168页）

所有的具体对象作为得道工具都是齐同的，都不可能尽意，也无须选择，在目的达到后最终都要被抛弃。而对于后世由其转化出的美学来说，作为能够体现道的审美对象就有选择性与差异性了。王弼说，言可明象，象可出意，寻言可观象，寻象可观意，而"尽意莫若象，尽象莫若言"；可见，言和象虽说只是得意的工具，但是如果有最佳的最有利的尽意的象与言，这对于达到目的来说无疑是更优更有效的选择。对于老庄和玄学自然之道而言，能够最好地体现自然之道的当然首先落在自然山水，于是魏晋修道之士寄情山水，对自然的审美意识觉醒了，自然山水成为道家审美对象的代言，山水诗山水画之属之大炽也势在必然，最终促成了一种有着道家思想特色的美学即广义的道家美学的真正出现。

顺此指出的是，王弼与庄子的大框架相同之处在于：依然最终要超言绝象。王弼之玄学整体上毕竟还是落实于人生论而非美学，其"得意忘象""得象忘言"与其"崇本息末"是一致的，其本在"无"，若不摈弃象与言，则无以"体无"。汤用彤认为，王弼"得意忘言""终主得意废言也"。① 葛兆光说："荀粲、何晏、王弼一流把'言'的指称意味越看越轻，而把'意'的本质意味越看越重，引出了玄学蔑视语言的倾向。"② 这与美学略有不同，如后来的宗炳之"澄怀味象"，"味象"才是美学的，并不"忘象"。这是王弼"以无为本"的玄理所无法克服的，到后来郭象"崇有"，就弥补了这个欠缺。

其三，王弼"圣人有情"的人性论将"情"引入了道家哲学和美学。

老子未直接言人性。庄子认为人性自然，人性就是内在于人之形体中的自然之道或德，人性实是自然之性或本然之性。王弼亦主人性自然即"自然之性"，此显然是承继庄子。③ 王弼曰："夫明足以寻极幽微，而不能去自然之性。……而今乃知自然之不可革。"（刘劭《王弼传》）"道不违自然，乃得其性。"（《老子》25 章注）"万物以自然为性"，"圣人达自然之性，畅万物之情"。（《老子》29 章注）可见，王弼与庄子在人性上主张人性自然、人性永恒等方面是一致的。不过，王弼与庄子不同之处是，庄子主张圣人"无人之情"（《德充符》），即无喜怒哀乐之情，而

---

① 汤用彤：《魏晋玄学论稿》，生活·读书·新知三联书店 2009 年版，第 28 页。
② 葛兆光：《中国思想史·第一卷》，复旦大学出版社 2009 年版，第 328 页。
③ 孙以楷、陆建华等：《道家与中国哲学：魏晋南北朝卷》，人民出版社 2004 年版，第 63 页。

王弼则明确将"情"纳入人性领域，提出"性其情"的"圣人有情"说。而此一"情"字，正关涉美学之要。

"圣人无情乃汉魏间流行学说应有之结论，而为当时名士之通说（故王弼之说实为立异）。"① 刘劭《王弼传》载："何晏以为圣人无喜怒哀乐，其论甚精，钟会等述之。弼与不同，以为圣人茂于人者神明也，同于人者五情也。神明茂，故能体冲和以通无；五情同，故不能无哀乐以应物。然则圣人之情，应物而无累于物者也。今以其无累，便谓不复应物，失之多矣。"何晏直承庄子，以喜怒哀乐之"情"来区分圣人与凡人，就释义言更切庄子。王弼与何晏同主"贵无"，但在"情"上则反之。二者原委，兹不具论。王弼认为：第一，圣凡之异在"神明"。神明即智慧（楼宇烈注），圣人"智慧自备"，能够体验"冲和"而通达本体之"无"的境界，而凡人不具备。第二，圣凡之同在有"五情"。圣凡与外物相接都有喜怒哀乐之情，圣人并非无情。第三，圣人有情但接物能不为物累，凡人有情而不能到达此端，圣人并非不以情应物，更非无情。性与情的关系也是体用一如的，性是体情为用，情乃人之自然之性。"不性其情，何能久行其正……利而正者必性情也。"（《周易·乾卦注》）"性其情"谓性能制情统情，情则从性顺性，"达性""畅情"，则性情合一而互不相碍，能久行其正。

王弼之"圣人有情"论是用道家自然之道来论证儒家伦理合理性的儒道会通的产物，五情出于自然之性，情之动自有其合理性，是为其"名教"本于"自然"的思想张本。袁济喜认为，王弼的情性观"从本体论意义上推翻了董仲舒的性善情恶论，论证了人的情感乃是自然之道的体现，对魏晋南北朝士大夫的情性观影响很大，成为他们放纵情性而又以神明自高的伦理依据"。② 如果从道家美学的发展看，王弼将"情"纳入老庄思想，解决了老庄思想中无"情"的虚无与缺憾，是对老庄思想的一次突破性转化或改造，为老庄哲学思想向美学转化与发展铺平了道路。因为情的重要性对美学来说是根本的，在某种意义上，没有情就没有美学；而老庄思想恰恰驱逐了通常审美应有的喜怒哀乐之情。

魏晋玄学思路的发展，从"贵无"趋向"崇有"，从依托"老"到

---

① 汤用彤：《魏晋玄学论稿》，生活·读书·新知三联书店 2009 年版，第 74 页。
② 袁济喜：《六朝美学》，北京大学出版社 1999 年版，第 247 页。

重借"庄"，前者以王弼为代表，后者则数郭象集大成。他们在无与有形式上的对立，并不遮盖本质上的不冲突，"王弼与郭象之不同，在于其入手之点不同，王从'无'入手，郭从'有'入手"。① 他们在融会儒道的根本目标一致的大前提下，各有其重地发展出一套理论，不过郭象幸运地拥有更多的学说资源，终综合成一个偌大系统，② 理论显得更为圆融精致，也更落实于尘世而易为时人所实践，自此大行于世。择其要者略述之。

其一，"独化于玄冥"将道之自然落实为物的自然本性。

"独化于玄冥之境"（郭象《庄子注》序）是郭象哲学的核心思想。郭象反对"无"作为"造物主"，曰："夫庄老之所以屡称无者，何哉？明生物者无物，而物自生耳。"（《在宥注》）"无"不能生"有"，"无"并不是万物存在的根据，"无"只表明万物"自生"。又："无既无矣，则不能生有；有之未生，又不能自生。然则生生者谁哉？块然而自生耳。"（《齐物论注》）"有"也不能生"有"，有之未生不是有，也不是无，万物都是"块然"（突然）自生的，有偶然性。否定了主宰，但也落入了神秘。

万物自生及其后的存在的状况，郭象称之为"独化"。独化表明万物的存在是自然而然、独立自足的。郭象说："是以涉有物之域，虽复罔两，未有不独化于玄冥者也。""万物万情，趣舍不同，若有真宰使之然也。起索真宰之朕迹，而亦终不得，则明物皆自然，无使物然也。"（《齐物论注》）独化即是自然，"物皆自然"也就是物有"自性"，"物各有性，性各有极"（《逍遥游注》），事物各有各的"性"，且能达到一定程度。"不知其然而然，非性如何"（《则阳注》），"性"是天生如此的、自然而然的，事物的存在有其必然性，不是可以改变的。事物就是按照其"自性"独立地生化的，其境域则为"玄冥"之域，"卓尔独化，至于玄冥之境"（《大宗师注》）。玄冥之境是指混沌深幽的境域，是万物"有之未生"、未有而不无的无分境域。事物各自独立自足地按自性发展变化，事物之间则无待而相因。郭象说："物各自造而无所待焉，此天地之正也。故彼我相因，形景俱生，虽复玄合，而非待也。""若责其有待，

---

① 汤用彤：《魏晋玄学论稿》，生活·读书·新知三联书店 2009 年版，第 253 页。
② 参见汤一介《郭象与魏晋玄学》，北京大学出版社 2009 年版，第 161—186 页。

而寻其所由，则寻责无极，卒至于无待，而独化之理明矣。"（《齐物论注》）事物就现象看是有待、彼此互相联系，但是在实质上，在其"自性"之内，则可以无待，自生自化、独立自足。①

郭象的独化说，取消了存在于万物之前超越于万物之上的造物主，万物的存在都可从其自身找到其根据，把老庄道的自然的特性落实为万物自然的本性②，将王弼体"无"用"有"之"有"转化为本体之"有"，万物的存在都独立自足、自然而然、无待相因，完全将道（有）落实到现实的自然万物之中。如果人能从事物体会到"独化于玄冥之境"也就是体证到事物的自然之道或与物为冥，如果人能"独化"亦是得道境界，这就更完满地为魏晋人士率性自然的人生态度提供了理论依据。移之于艺术与审美，也为魏晋艺术和审美用自然山水等对象作为艺术和审美对象来表现"道"提供了哲学基础。

其二，"足性则逍遥"实现了道家超越精神与世俗领域的统一。

万物都各有各的性分，它是天生的必然的，性分都有其限度，如果事物能根据自己的性分，充分地发挥到极限，满足于天生的本性，这在郭象看来就是逍遥。郭象曰："夫小大虽殊，而放于自得之场，则物任其性，事称其能，各当其分，逍遥一也，岂容胜负于其间哉！""苟足于其性，则虽大鹏无以自贵于小鸟，小鸟无羡于天池，而荣显有余矣。故小大虽殊，逍遥一也。""皆不知所以然而自然耳。自然耳，不为也。此逍遥之大意。""故举小大之殊各有定分，非羡欲所及，则羡欲之累可以绝矣。"（《逍遥游注》）又："苟足于天然而安其性命，故虽天地未足为寿而与我并生，万物未足为异而与我同得。"（《齐物论注》）大鹏与小鸟，或形大或质小，或高飞或跳跃，或远或近，或天池或树林，这都是有区分的，但是它们是彼此独立而不受对方限制的，只要充分展示了自己的天然性分，就没有高贵与低贱、荣显与辱没、胜与负之分，能安于性命，不羡慕非自身定分之物，就不会有欲累，都能在自己的既定场域自得其乐，就是一样

① "郭象的物之'独化'来源于庄子的物之'自化'，只是独化之'化'指生化，亦即指'生'，'自化'之化指变化。"（孙以楷、陆建华等：《道家与中国哲学：魏晋南北朝卷》，人民出版社 2004 年版，第 114 页）

② 汤一介："魏晋玄学中，往往有把'自然'等同于'道'的倾向。"（汤一介：《郭象与魏晋玄学》，北京大学出版社 2009 年版，第 112 页）"自然"在老庄哲学中是"道"的性质，而非作为本体的"道"。

的逍遥。简言之，逍遥＝足性＝自然＝不为＝安命。

郭象的足性逍遥，现在多解为一种精神自由。如孙以楷等认为："郭象的目的是：证明逍遥不是承认差别，战胜外物，获得形体上的自由；而是漠视差别，混同物我，在精神上超越形下困境，求取内在的心灵自由。"① 如果是这样的话，郭象之逍遥才是中国式精神自由的滥觞。这里涉及对庄子逍遥的理解，郭象是在对庄子之逍遥加以改注的基础上才达到这种中国式精神自由的。第一，郭象去掉了加于人之外的真宰。庄子之道是"生生者"、"物物者"，道有本原与本体性质，有存在于万物之前之上的"非物"的道。郭象则认为万物自生独化，万物的存在根据在其自身，这对庄子形上学（途经王弼等）进行了实质性改造，庄子的本体是道（无无无），郭象的本体是有（自然）。第二，郭象的"自性"概念更易引向现实个体性含义。郭象的自性是自生的，是每个事物各自的天生如此的性分，甚至把某些人为加给事物的成分也称为自性，如"落马首"、"穿牛鼻"等；庄子的"自然之性"是天生的本然之性，如马之"龁草饮水"。但是，郭象的自性，是突然自生的，每个事物有其独立性，有必然性（命，自性决定的）但又有偶然性，各各性分有别，有具体内容，是个体性存在（独化）②；而庄子的自然之性是道生的，道是本然之性，道通为一，道虽然无具体规定性，但依然是确定的本质，逍遥必归于道，统一于道。因此在现象层面，郭象的自性逍遥，足性而为、率性而动，更容易导向个体性领域，也更容易操作或被利用。当然，二者的缺陷都十分明显。第三，郭象的无为包含着"自为"。庄子之无为，是反对有为，要求无伤于事物的本性，是无所作为。郭象也讲无为，但包含一种特定的"有为"，如庄子认为"穿牛鼻"是有为，郭象则认为是无为。郭象说："夫无为也，则群才万品各任其事，而自当其责矣。"（《天道注》）万物在其"事""责"之范畴内的行为都是"无为"，也就是说在其性分之内的有为都是无为，这种无为即"自为"："用其自用，为其自为，恣其性内，而无纤芥于分外，此无为之至易也。"（《人间世注》）自为就统一了无为与有为，只要"止乎本性"（《齐物论注》）、"率性而动"（《天道

① 孙以楷、陆建华等：《道家与中国哲学：魏晋南北朝卷》，人民出版社2004年版，第58—61页。

② 汤一介："郭象所注意的是事物的'个性'，事物的差别性，但他忽视了事物的'共性'。"（汤一介：《郭象与魏晋玄学》，北京大学出版社2009年版，第342—343页）

注》）之为，都是无为。这就有了一些主动性的意味，当然是有限的。第四，郭象的逍遥伴随着精神上的"欣然自得"。"无小无大，无寿无夭，是以蟪蛄不羡大椿而欣然自得，斥鷃不贵天池而荣愿以足。""凡得真性，用其自为者，虽复皂隶，不顾毁誉而自安其业。故知与不知，皆自若也。"（《齐物论注》）足性逍遥，在情感上则获得"欣然自得"、"自若"的心理愉悦。庄子主张"无人之情"，他的逍遥状态不可能有一种现世情感。"逍遥"的含义，据张松辉考证，"一直到郭象之前，人们都是在'散步'这一意义上使用'逍遥'一词"，"并非描写自由自在、悠闲自得的样子"①。是郭象赋予了"逍遥"一种精神自由感。②

可见，郭象的足性则逍遥，通过消解万物的真宰，突出事物的个体性，肯认性分之内的有为，强调心意的自得其乐，改造并超越了庄子的无为而逍遥，向自由跨越性地迈进了一步。不过，郭象的足性逍遥仍然是虚幻的，因为有个"安命"的前提。郭象《寓言注》："不知其所以然而然谓之命。""不知其所以然而然"，就是"自性"，"命"就是"自性"规定的事物之所以如此的必然性。郭象认为"安命"就会逍遥，他说，"夫安于命者，无往而非逍遥矣"（《人间世注》）。这种命定论无疑让郭象的逍遥限于精神性领域，最终"退居内心的城堡"，庄子的人生虚构变成了郭象的精神超越。

从这个层面来看，如果对郭象的理论加以推衍，真就是事物按其自生本性的本然存在，美就是事物自生本性的充分显示，善就是事物率性而动的行为，它们是统一的。而按照庄子来说，现实的事物是无所谓真、美、善的，真正的真、美、善在事物之前之上的道的层面，都是绝对的、超越的。从美的角度看，以下几点可资注意。一是，郭象的"玄冥之境"也是一个超越的领域。"玄冥"出自《大宗师》："于讴闻之玄冥，玄冥闻之参寥。"郭注曰："玄冥者，所以名无而非无。"玄是深远，冥是没有，玄冥之境是"'未限定'、'无分'、'平等'的世界"③。这就与庄子的超越性境域有相似之处。因此，对于郭象来说，现实事物的美，如果达到了极致（足性逍遥、独化玄冥），它同时也可认为是"大美"，或者说"大

---

① 张松辉：《庄子研究》，人民出版社 2009 年版，第 228 页。
② 后世诸多注释家以庄子之"逍遥"为精神自由，大约是受郭象之影响，当然不是说他们不知道郭象对庄子的改造。
③ 汤用彤：《魏晋玄学论稿》，生活·读书·新知三联书店 2009 年版，第 260 页。

美"就是美的超越性一面，将形上大美落实到现实事物之本身，美就是现实与超越的统一。但是，庄子认为现实事物是无所谓美丑的，美丑是齐一的。二是，郭象认为事物"各美其所美"。《齐物论注》："虽所美不同，而同有所美。各美其所美，则万物一美也。"事物只要"足于其性"就展示了其美，万物各有各的美，虽不是相同的美，但都同样是美。郭象这是从事物的"自性"出发得出的必然结论。如果说庄子是"以道观之"，现实事物无所谓美，那么郭象就是"以自性观之"，现实事物同样地美，都是绝对的相对主义。仅就审美而言，二人都缺少"以人观之"的视角，而美是一种属人价值，没有人就没有美；如果事物进入人的审美（价值）视域，有个合目的性问题，就不存在同样都美的问题。如果在以人观之的前提下，即对于已肯认为美的对象，则各美其美是有道理的。三是，郭象肯定"自为"的无为，相较庄子的自然无为，无疑更适合解释艺术与审美，艺术与审美都是有为的，是遵循艺术与审美的规律（自性）的有为，这种合规律的有为才是无为（自然），而不是庄子式的纯无为。① 从某种意义上，与其说庄子的哲学是美学，还不如说郭象的哲学是美学。

其三，"名教即自然"推动了时人"任自然"的普遍风尚。

魏晋玄学面对着"名教"与"自然"的问题，推崇自然是从玄学出发的必然，但对待名教则因不同的哲学而看法不同。王弼企图融合二者，主名教出于自然，但此一看法留下"息"名教与"举"名教的歧解。② 阮籍、嵇康沿前一思路，提出"越名教而任自然"（《释私论》）③，向秀、郭象则从后一思路主张名教与自然合一。

郭象的名教即自然也就是"内圣外王"的"外内相冥"。郭象认为庄子旨在"明内圣外王之道"（郭象《庄子序》），也就是"游外冥内之道"。他说："宜忘其所寄以寻述作之大意，则夫游外冥内之道坦然自明，

---

① 袁济喜："郭象对自然的解说，在解释艺术创作上，要比王弼更加圆通一些，也避免了老庄自然说的绝对化，因为一切艺术创作，都是作家的人为造制，如果真的自然无为，艺术也就无从谈起。所以，审美及其艺术创作的自然，并不是要人们寂然无为，而是要顺应审美和艺术创作的客观规律，自然而作。同样，讲究审美风趣的天真自然，也不是说不要人工修饰，而是极炼如不炼，'绚烂之极归于平淡'。"（袁济喜：《六朝美学》，北京大学出版社 1999 年版，第180 页）

② 此一问题至今仍为一公案，因为王弼有"崇本息末"与"崇本举末"两种看法，王弼就本体论而言必然是前说，而其政治论欲调和本末必选后说，参前注。

③ （清）严可均：《全三国文（卷五十）》，马志伟审订，商务印书馆 1999 年版，第517 页。

而庄子之书，故是涉俗盖世之谈矣。"（《大宗师注》）在他看来，道家的本自然的神人就是儒家的信名教的圣人，"夫神人即今所谓圣人也"（《逍遥游注》）。又说："夫圣人虽在庙堂之上，然其心无异于山林之中，世岂识之哉！徒见其戴黄屋，佩玉玺，便谓足以缨绂其心矣；见其历山川，同民事，便谓足以憔悴其神矣；岂知至至者之不亏哉！"（《逍遥游注》）圣人虽然身在庙堂（游外、外王、名教），但其心与在山林（冥内、内圣、自然）并无二致，都是足性逍遥、无累于心。又说："夫理有至极，外内相冥，未有极游外之致而不冥于内者也，未有能冥于内而不游于外者也。故圣人常游外以冥内，无心以顺有，故虽终日挥（见）形而神气无变，俯仰万机而淡然自若。"（《大宗师注》）游外则必冥内，冥内则必游外，游外与冥内相一致。圣人能"无心顺有"，无心即无为，顺有则顺物之性率性而动，所以能外内相合，俯仰万机而淡然自若，外王亦如内圣，名教即是自然。

庄子有"内圣外王"（《天下》）的思想，庄子的圣人是抱道之士，是"游方之外者也"，超越了"游方之内"的儒家所笃信的名教，而且其中的界限是分明的，即"外内不相及"①。庄子之外王，是以"无为"来"应帝王"。他说："无为名尸，无为谋府，无为事任，无为知主；体尽无穷而游无朕，尽其所受于天而无见得，亦虚而已。至人之用心若镜，不将不迎，应而不藏，·故能胜物而不伤。"（《应帝王》）这是真正的出世间的无为之君，应帝王也只是如应世。而郭象的内圣外王，一方面是笃信名教的有为（自为）之士，"戴黄屋，佩玉玺"，一方面又是钟爱山林的无为之士，"历山川，同民事"，不离俗而任自然，游外而冥内，既出世间又入世间。所以庄子拒楚王之聘，嵇康死得惨烈，而郭象则权位显赫。郭象明显远远超出了庄子的思想界域，是他以道为体以儒为用而调和儒道两家的结果。

郭象的名教即自然在理论上较何晏、王弼显得圆通，有自己的贡献。汤用彤评价郭象说："虽然不废名教，但'名教'为末，故《庄子注》仍是'大畅玄风'，而儒墨之治天下，有用无体。徒有其迹而忘其所以迹，故《庄子注》出而'儒墨之迹见鄙，道家之言遂盛'了。"② 叶维廉从诗

---

① "彼，游方之外者也；而丘，游方之内者也。外内不相及，而丘使女往吊之，丘则陋矣。"（《大宗师》）

② 汤用彤：《魏晋玄学论稿》，生活·读书·新知三联书店 2009 年版，第 131 页。

学角度亦指出："郭象注的南华真经不仅使庄子的现象哲理成为中世纪的思维的经纬，而且通过其通透的诠释，给创作者提供了新的起点。"① 可见，郭象虽然在主观上要为名教合理性找理论依据，但客观上推动了道家哲学（老庄、玄学）的发展与流行。

魏晋玄学经由王弼奠基到郭象的融合，玄学之风散播，不仅成为那个时代的一种盛行的哲学思潮，而且反过来会影响、深化、巩固当时的社会文化心理，当然也会影响到时人的审美心理。如葛兆光言："在那个时代，'玄'、'清'不仅已经成了士人言谈追求的境界，也成了士人生活追求的境界，'自然'不仅成了文人哲理思索的对象，也成了文人高雅情趣的标志。"② 就道家思想来说，玄学一方面提供了老庄道家哲学向美学转化的理论基础，一方面推动了具有道家趣味的审美意识的形成，于是具有道家思想情调的文艺与审美的实践与理论借此勃兴并逐渐蔚为大观。

二　美学之道

魏晋玄学提供了道家哲学向美学转化的理论基础，尤其是王弼将"象"与"情"引入道家思想，扫除了道家哲学向美学转化的障碍，郭象的独化玄冥与足性逍遥，将道家的形上自然之道落实为现象的内在本质，为道家哲学与世俗领域的结合做了会通，而"任自然"的普遍风尚展示了一种可直接引入实践的超越而自由的精神境界，则激励了自然率性的人生态度和纵情山水的怡情赏会，如此等等，无不促进了一种广义的道家美学的成形。汤用彤言："魏晋南朝文论之所以繁荣，则亦因其在对于当时哲学问题有所解答也。"③ 此语表明魏晋文论（广义）实为魏晋玄学的一支脉，而其主要讨论内容则在美之为美（"文之性质为何"）的问题。唐君毅说得更明确："文学艺术之事之本身，何以存在，或其存在依何而可能，则属文学艺术之根本问题，而属于哲学。对此一问题之解答，则人可说此文学艺术之何以存在而必求美善，原于天地万物之原有其大美，而人效之……此类之言，亦同可用以说文学艺术之存在之根据，而亦未尝不是。然于文学艺术之存在或其如何可能之根据之核心，则皆尚未能及，而

---

① 叶维廉：《中国诗学》，人民文学出版社 2007 年版，第 87 页。
② 葛兆光：《中国思想史·第一卷》，复旦大学出版社 2009 年版，第 339 页。
③ 汤用彤：《魏晋玄学论稿》，生活·读书·新知三联书店 2009 年版，第 270 页。

必待乎以魏晋之玄理为说，以指出此核心之所在也。"① 也就是说，庄子（道家）哲学，只有待发展到魏晋玄学，才真正解决美之为美的核心问题。

此种转化，就"道"与"美"的关系而言，是从哲学中体现道的无所不在的事物转化为美学中体现道的成为美的对象的诸如自然山水之类的事物，也即从体验道的无差别的道德对象转化为体味美的显现了道的有选择性的审美对象。换成现在本质与现象的关系表述，就是，在庄子，德的本质是道，德的现象是内化有道的无处不在的事物；在魏晋美学，美的本质是道的形象显现，美的现象是显现了道的事物形象。② 这种转化是儒道会通的结果，并非全然由老庄哲学而来，其方式就是以道为体以儒为用，粗略地说，美就是超越的大美（道德精神意义上的美）与现实美的事物的融合。这种转化在魏晋并未形成一种普遍性理论，而是分散在文艺与审美的实践与理论的各具体部门，如实践的有人物品藻、山水赏会、诗文书画等等，如理论性的有乐论、画论、诗论、文论、书论等等。因此，我们只选取有代表性的宗炳和刘勰的相关理论略以明之。

（一）宗炳：美是道之象

宗炳（375—443），字少文，南阳涅阳人。《宋书》、《南史》等有传。《宋书·宗炳传》曰："（宗炳）以疾还江陵，叹曰：'老疾俱至，名山恐难遍睹，惟当澄怀观道，卧以游之。'凡所游履，皆图之于室。"③ 其高情雅趣如是。

宗炳善书画，其最有影响的却是山水画论《画山水序》，它被视为真正最早的山水画论。庄子曾写过"宋元君画史"故事，不过，如唐君毅言："庄子田子方篇之言画者之解衣般礴，不过言其全神贯注，以为画。非画论也。"④ 至顾恺之乃有画论，其主要在论人物画，其《画云台山记》

①　唐君毅：《中国哲学原论·原道篇》，中国社会科学出版社 2006 年版，第 581 页。

②　就老庄哲学来说，其道论原本有宇宙论与本体论的意义，从魏晋玄学对道家哲学的发展来看，主要是一种本体论的发展。汤一介说，"从思想发展来看，它是老庄思想在新的历史时期的新发展，是对汉朝的学术的一种扬弃，它用本体论取代了汉朝的'宇宙论'（宇宙构成与发生问题）。"（汤一介：《郭象与魏晋玄学》，北京大学出版社 2009 年版，第 50 页）现在有一些研究用西方的存在论来对接老庄哲学，忽视了道有本体论的形上性质，忽视了思想产生的时代语境，也忽视了思想史的发展事实，在我们看来有所偏颇，只能说是在新的条件下对老庄的新转化。

③　（梁）沈约：《宋书（八册）》，中华书局 1974 年版，第 2279 页。

④　唐君毅：《中国哲学原论·原道篇》，中国社会科学出版社 2006 年版，第 596 页。

则为画法技术之论，非美学意义上之画论。宗炳之所以得其先机，一是因为宗炳乐游山水、好画山水，有现实审美体验。"每游山水，往辄忘归"（《宋书·宗炳传》），卧游山水画也是其一大风度。顾恺之尚属以人物为主，山水不过为人物之背景。一是，对山水自然的审美意识真正觉醒时期是在魏晋。此前儒家以"比德"的方式欣赏自然山水。道家如庄子"是从自然天道观出发来看待天地之美，同样算不得真正的自然审美观"①。只有有了自觉的山水审美、有了山水画之后，才会出现真正的山水画论。再一是因为宗炳深受玄学浸染，传载其"精于言理"，有深厚理论基础。宗炳信仰佛教，不过所受有限。徐复观说宗炳在理论上只为佛教争地位，所信佛教注重的是死后的问题，生前修养依然归之道家，而"他的《画山水序》里面的思想，全是庄学的思想"②，准确地说，应该是玄学或庄学转化后的思想。这与当时佛学尚处在借助玄学中国化的初期因而还未跳出玄学的藩篱有关，此期佛学尚是玄学支流。③

　　《画山水序》开篇即云："圣人含道应物，贤者澄怀味象。"④ 唐君毅释："固不以绘事为圣人之业。盖圣人含道应物，故不可留迹，如何晏、王弼、郭象之言圣人，皆应迹而不留迹也。然贤者则必由澄怀味像，即谓不味像，则亦不能希贤，更何能至于圣？"⑤ 圣人者，当是合儒道为一之圣人，圣人既是体道者，且是"仁者"。圣人是有道之士，可借内心之道以应世间物事，此为一"道—物"结构。贤者则澄怀味象，要经由一"象"之中介，庶几亦能体道，此为一"物—象—道"结构。圣人是一种道的人生实践，贤者则是一种品山水、画山水之审美活动。⑥ 宗炳在论画，但亦可推及于一切艺术与审美。"澄怀味象"，"澄怀观道"，"味象"

————————————

　　① 李春青：《道家美学与魏晋文化》，中国电影出版社 2008 年版，第 173 页。叶朗："魏晋士大夫文人对自然美的欣赏，已经突破了'比德'的狭窄的框框。"（叶朗：《中国美学史大纲》，上海人民出版社 1985 年版，第 187 页）陈望衡："在魏晋前，自然山水的美学价值并没有独立。"（陈望衡：《中国美学史》，人民出版社 2005 年版，第 177 页）

　　② 徐复观：《中国艺术精神》，广西师范大学出版社 2007 年版，第 176 页。

　　③ 汤用彤："玄学是从中华固有学术自然的演进……佛教非玄学生长之正因。反之佛教倒是先受玄学的洗礼……魏晋时代的佛学也可说是玄学。"（汤用彤：《魏晋玄学论稿》，生活·读书·新知三联书店 2009 年版，第 133 页）

　　④ 凡此文引自：（清）严可均：《全宋文（卷二十一）》，商务印书馆 1999 年版，第 191—192 页。

　　⑤ 唐君毅：《中国哲学原论·原道篇》，中国社会科学出版社 2006 年版，第 596—597 页。

　　⑥ 叶朗说，圣人句"这是哲学的、政治的、实用的关系"，贤者句"这是审美的关系"。（叶朗：《中国美学史大纲》，上海人民出版社 1985 年版，第 208 页）

与"观道"是同一过程，味与观皆感性活动，审美非能直接由物（山水）到道，而是由物到象（山水之象）到道，此王弼之"言—象—意"之所明，象中存道，象可明道，味象可得道，味象也是审美，象就是道的感性显现，这就是美，即可谓，美是道的感性显现，或曰，美是道之象。此一总论。

又曰："至于山水，质有而趣灵。"山水，是质实，是有；但山水亦有趣有灵，此则虚则空。趣多解作趋，则趋于空灵，都可解。趣灵者，或曰，山水已渗入人之主观情意，无人观之赏之（味），山水不过是质是实，并无趣灵可言；或曰，山水原具此种轻灵品性，召唤人之赏会；此二者原本是同一过程，不进入观赏视野，山水只可供资用或弃之不顾，也不知其趣灵不趣灵。同样，山水不具此种品格，则亦无以进入观赏之视野，二者共生共在。总之，山水者，实有而灵虚，此时已不再是自然物之山水，是澄怀观赏下的山水，是作为审美对象的山水，是山水之象，是实与虚、有限与无限之统一。空灵无限则通于道（灵："玄牝之灵"），贤者由品味山水之象而通达于道。因此古之圣贤多有山水之游之乐，"是以轩辕尧孔，广成大隗（鬼），许由孤竹之流，必有崆峒、具茨、藐姑、箕首、大蒙之游焉，又称仁智之乐焉"。"仁智之乐"实一赘言，欲弥合道儒，或亦涵有儒家之乐未可知，从文中所知此乐在"畅神"，而"神本亡（无）端"，此乐之本当在道家之道，是"以玄对山水"（孙绰）之乐，非"比德"之乐。

又曰："夫圣人以神发道，而贤者通，山水以形媚道，而仁者乐，不亦几乎。"圣人"含道"，凭其心神自然能体合于道，而贤者则由"澄怀味象"来通达于道，也即通过象这一中介。"山水以形媚道"，此与"山水质有而趣灵"意同。这也是一"物—象—道"结构，由山水到形象到大道，对于山水来说，是由其形象来呈现道的，对于贤者来说，是由山水之形象来体悟道的，形象是道的显现，没有形象，贤者无以体道，圣人高明些，可直接由山水来合道。对于贤者言，这既是审美活动，也是体道活动。从审美看，美并不是山水本身，而是山水之象，美也不是道本身，而是道在山水形象中的显现。从体道看，道在山水，道只有借助山水之象才显现出来。审美与体道的统一，得益于"象"的中介，又因道的本体内涵，加深了审美的形上意蕴。

又曰："余眷恋庐、衡，契阔荆巫，不知老之将至。愧不能凝气怡身，伤跕石门之流。于是画象布色，构兹云岭。"不能游山玩水，则画山水"卧以游之"。"原来，山水画在宗炳生活中的地位类似于山水。"[①]"画象布色，构兹云岭"，画山水者，亦在取"象"。"夫理绝于中古之上者，可意求于千载之下。旨征于言象之外者，可心取于书策之内。况乎身所盘桓，目所绸缪，以形写形，以色貌色也。"人之心意，可上通千载，言象之外有微旨，或可谓道。书策者，言也，媒介也，人之心意也可借此而明言外之旨，达道而矣。所游所观之山水，绘之于画，则取其"形""色"，出之为画，一如书策，有此为媒，自可逆之而得"意"，"澄怀观道"是也。徐复观说："独立性的山水画，至此而始成立。"[②]

宗炳此序涵蕴甚丰，此处只明：美是道之象。美非物，美亦非道，美是道在物的显现，被指认为美的物，是以其形象显现了道的物。宗炳在此文中透露的观念，实得益于魏晋玄学的发展[③]，并非直接由庄子得来，更非就是庄子思想。可与庄子做一比较：第一，在庄子，体道是一种人生实践，具有理想性、虚构性。在宗炳，审美、体道是精神活动，是切实的、可行的。第二，庄子体道的对象一是道本身，一是无所不在的无差别物。宗炳审美与体道的对象则是自然山水或山水画。庄子认为现实的物无所谓美丑，而艺术等人为的东西则有害于修道。宗炳却认为由山水、山水画都可体道，山水赏会、绘画味画首先就是审美过程。第三，庄子是"言—意"结构，宗炳是"物—象—道"（言—象—意）结构。庄子的圣人的人生修道实践，由物即可得道，并且得道后舍弃物。宗炳的审美与体道，由物经象得道，观道过程也是味象过程，象也并不被舍弃。第四，庄子的大美在道的层面，是无限。宗炳的美既是现实又通向道，是有限与无限的统一。庄子的画是无画之画，宗炳的画是实实在在的人为创造。第五，庄子得道之乐是大乐，"无人之情"。宗炳之乐是"怡身"、"畅神"，是世俗人之情感，同时也是体道之乐。另外，他们的体道、得美的体验过程也不一样，庄子在心斋坐忘，宗炳在澄怀味象。

可见，庄子的哲学如果没有魏晋玄学的转化，并不能直接就认为是一种美学，美也不能直接就等同于道，美必然是"道"加"殊理"才成其

---

① 陈望衡：《中国美学史》，人民出版社 2005 年版，第 187 页。
② 徐复观：《中国艺术精神》，广西师范大学出版社 2007 年版，第 177 页。
③ 唐君毅："此宗炳之论山水之画，其所用之名辞，所论之义理，咸本于魏晋以来之玄理。"（唐君毅：《中国哲学原论·原道篇》，中国社会科学出版社 2006 年版，第 598 页）

本质，这殊理就是"象"。美是道之象，是道的感性显现。当然，庄子哲学本身也有后效于美学的潜在力量，道提供了一种本体论意义，体道是一种体验活动，审美也是体验活动，大美提供了美的无限性的一面，大乐提供了一种纯粹的情感，等等。宗炳就是得时代风气之先，借其良好的艺术与审美的理论与实践之工夫，建立起了具有道家意味的山水审美观与山水绘画美学。推而广之，美是道之象，亦不失为一种普遍性命题。

（二）刘勰：美是道之文

刘勰（约465—约532），字彦和，祖籍莒县，世居京口。《梁书》有传。其《文心雕龙》被章学诚评为"体大而虑周"，是中国美学史上空前绝后的有宏大体系的巨著。《文心雕龙》涉及文之为文（美之为美）的看法主要在其《原道》篇。①

《原道》篇开宗明义曰："文之为德也大矣，与天地并生者何哉？"这句话的大意并不难，指文与天地是并生的。"文之为德"的理解却歧异。"文"的含义很多，广义的指天地万物的表现形式，狭义的可指文明、文化，包括学术、典章、制度、文学、艺术等。刘勰在广义与狭义上都有运用。② "德"的看法，一种认为指文的功用或作用。如杨明照说："'文之为德'者，犹言文之功用或功效也。"③ 一种认为指文的属性或性质。如周振甫注："德：文本身所具有的属性，即文的形、声、情。像天地的颜色形状就是文。"④ 一种认为德就是"得"、"得道"，即德是道在具体事物中的内化。如冯春田说："'德'指的是'道'在具体事物中的存在或体现，'德'表现出'道'在具体事物中的个性或特点。"⑤ 一种认为德有禀性之意，但该句式强调的是事物而不是德。如杨明认为，在"之为

---

① 范文澜：《文心雕龙注》，人民文学出版社1958年版。《文心雕龙》引文、注解未特加注明的皆出自此书。

② 例如，陆侃如、牟世金："一般来说，刘勰用这个字来指文学或文章，但有时也用来指广义的文化、学术；有时指作品的修词、藻饰；有时则指一切事物的花纹、彩色。……第一句中的'文'字是泛指，包含一切广义狭义在内。"（陆侃如、牟世金译注：《文心雕龙译注》，齐鲁书社1995年版，第96页）王运熙："本篇所谓文，有广狭两义。广义的指天地间万物所表现的形态色泽和声韵之美；狭义的指人们用文字写作的文章（包括具有文学性的作品和实用文章）。"（王运熙、周锋撰：《文心雕龙译注》，上海古籍出版社1998年版，第2页）

③ 杨明照、黄叔琳、李祥补：《增订文心雕龙校注》，中华书局2000年版，第5页。

④ 周振甫：《文心雕龙今译》，中华书局1986年版，第10页。

⑤ 冯春田：《文心雕龙阐释》，齐鲁书社2000年版，第259页。

德"句式中重点在"表示禀性所体现的该事物的存在",可译为"文真伟大呀"。① 其实以上看法,从根本上并不冲突,而是各各强调了某一方面。认为德指文的性质与功用,强调了文与德的关系,德的一基本含义就是指事物所禀有的德性即事物的本性,功用是从本性而来的效能。认为德即得道,是强调德与道的关系,强调德来自于道。而强调"文之为德"句的重点在"文",指出了此句句意的重心所在,很有必要,但并不妨碍对于德的单独解释。因此,释"德",同时涉及"文"与"道","文(德)—道"二者是关联在一起的,文有德,而德是文之德,德又是道所赋予的,德之动又表现出功效。这几层意思在文中都有体现,是多义的。之所以各有强调,还与他们对刘勰之道的看法相关,可以说对道的看法直接决定了对德的理解。

刘勰接着明确"文":"夫玄黄色杂,方圆体分,日月叠璧,以垂丽天之象;山川焕绮,以铺理地之形。此盖道之文也。"日月山川天地所显现出来的形色光彩,是天地之文,是"道之文"。"傍及万品,动植皆文。龙凤以藻绘呈瑞,虎豹以炳蔚凝姿。云霞雕色,有逾画工之妙;草木贲华,无待锦匠之奇。夫岂外饰,盖自然耳。至于林籁结响,调如竽瑟;泉石激韵,和若球锽。"龙凤虎豹、云霞草木、林籁泉石,或色泽、或形姿、或华彩、或韵律和谐,是万物之文。天地万物之文都是"自然"(道)的显现,无待外在修饰,其文亦如画工锦匠所作之奇妙。这说的都是自然之美,自然之美就是"道之文"。"形立则章成矣,声发则文生矣",通过其形与声的确立(形式显现),自然万物呈现出自身的美,都是"自然"的。而人呢?"夫以无识之物,郁然有彩;有心之器,其无文欤?""无识之物"是自然之物,有道之文,"有心之器"则指人,人也应有文。人文也是合"自然之道"的,"心生而言立,言立而文明,自然之道也"。人与天地并而参,所以人文(这里主要指广义文学)也属"自然之道"之文,② 而且人"为五行之秀,实天地之心",所以人文之美不下于自然之美。可见,在刘勰,自然美、文学美的本质就是道之文。刘若愚在对"文"的概念进行分析综合之后,也认为可以得出"文学即宇宙原

---

① 杨明:《〈文心雕龙·原道〉"文之为德"解》,《上海大学学报》2007年第5期。
② 唐君毅:"此有诸内者,当形诸外,以成文,是人之道,亦天地之道。"(唐君毅:《中国哲学原论·原道篇》,中国社会科学出版社2006年版,第591页)

理之显示与文饰之言的表象"这样的概念①，扩展之，美就是道之显示。

刘勰在此所论的主要是文（美）的本源与本体，但并不是说文（美）就是道本身，而是道的显现。所以他说，"文之为德也大矣"，而不说"文也大矣"。"德"一是强调了文之为文的本性，二是强调了这本性是由道而来，所以用"文之为德"这个句式开篇是很有深意的。文（美）本自于道，是道之文，道是自然之道，对道的理解就决定着对德即对文（美）的本性的理解。对刘勰之道，一般有几种看法，罗宗强曾概括为五种：（1）儒道说；（2）佛道说；（3）自然之道说；（4）既有儒家内容，又有道家内容；（5）《易》道说。②从释"德"的角度看，一般主儒道说的强调德为功用；主佛道说的不大受认可，似乎有悖论"文"语境；主道家之道或自然之道的强调了"文"之性质或来源；主《易》道说的更注重刘勰道的直接渊源。其实就诸家的论述来看，真正认为刘勰所原之道单纯为儒道佛某一家之道的只是个别，他们的歧异在于他们所侧重的是刘勰所本的文学立场、所依据的主要理论或理论来源等的不同方面。此不具论，只简略说说我们的看法。第一，刘勰所原之道，是文之道。就《文心雕龙》整体来看是探讨如何把握审美对象（主要是骈文）或说其规律③，而从《原道》篇来看，它探讨的主要是文的本体问题。④《序志》云："盖文心之作也，本乎道，师乎圣，体乎经，酌乎纬，变乎骚，文之枢纽，亦云及矣。""本乎道"可见"道"在著作中是根本性的，有本体论意义。《原道》说天地人之文都来自于道，都由道规定其本性。从这种"文（德）—道"的关系看，最适合充当本原与本体的自然之道应该是道家之道的特色。第二，既然刘勰称道是"自然之道"，因此，可以"自然之道"来称刘勰之道。这自纪昀提出刘勰"标自然以为宗"以来，为很多学者如黄侃、牟世金、蔡钟翔等所沿用。第三，刘勰称道为"自然之道"，多次用"自然"来替代道，可见，在刘勰道就是自然，自然就是道。这与魏晋时期对道的理解是相一致的。前述汤一介就认为魏晋是把老

① 刘若愚：《中国文学理论》，杜国清译，江苏教育出版社 2006 年版，第 36 页。
② 罗宗强：《古代文学理论研究概述》，天津教育出版社 1991 年版，第 97—98 页。
③ 张法："《文心雕龙》的体系，是从写好骈文，把骈文写美这一宗旨上去讲的。"（张法：《中国美学史》，四川人民出版社 2008 年版，第 122 页）
④ 张少康："刘勰对文学本质的看法，集中表现在《文心雕龙》的第一篇《原道》中。刘勰认为文学的本质是：道是其内容，文是其表现形式。"（张少康、刘三富：《中国文学理论批评发展史》，北京大学出版社 1995 年版，第 225 页）

庄的道的自然特性当作了本体，即说魏晋谈自然之道是以自然为本体的。可见，这道虽来自老庄，但是经过转化后的玄学之道，因此"自然之道"与玄学之道最近。第四，玄学自然之道主要是老、庄、易的融合结果。所以这道主要是儒道的融合物，不仅仅是道家的。《易》道说认为刘勰之道是王弼融合老、易的结果，实际上是探讨得更细化而已。说完全没有受佛道的影响也不准确，但佛道思想在文中很有限，只有一些具体作用。第五，刘勰在论文的功用方面，沿用了儒家的文道观。"道沿圣以垂文，圣因文而明道"，"'道—圣—文'这个公式就把儒家经典纳入了'自然之道'的范畴，把道家思想与儒家思想协调起来了"①。圣人可以将道变成文章，圣人也可通过文章来明道，经圣人之手，此时文则是儒家经典，所明之道则是"炳耀仁孝"的教化之道。因此，从这个角度说，刘勰是站在儒家的立场来论文的。这与郭象类似，郭象是在政治社会生活领域论证了名教即自然，刘勰则在文论领域证明了儒家的合理性，为儒家之文找到了本体论依据。所以，总体上，刘勰自然之道主要是玄学之道，是以道为体以儒为用的，与魏晋时流一致。②

刘勰在著作中贯穿了美（文学）的本质是道的显现即道之文这一基本观念，对作为对象的美之结构、特点等问题还做了许多具体论述，如"隐秀"、"情采"、"风骨"等，著作中还第一次出现了对中国美学有重要影响的"意象"概念，兹不详述。美是"道之文"，与宗炳的美是道之象一样，也是道家思想之新发展的玄学影响下的产物。从本体与现象来看，自然之道成了那些艺术和美的事物的本体，那些能够以其形象呈现道的艺术和事物才能成为审美的对象，这得益于老庄哲学亦是对老庄哲学的美学转化。前述宗炳"美是道之象"的相关看法同样适合于刘勰。盖魏晋之时各门艺术与审美皆有承借老庄哲学而加以转化之，如嵇康之论音乐是"自然之和"（道）的体现，陆机之论文为虚无之道的表现（"课虚无

---

① 漆绪邦：《道家思想与中国文学理论》，北京师范学院出版社 1988 年版，第 181 页。

② 王运熙："生活在齐梁时代的刘勰，接受玄学影响；本篇中圣人之道源出自然之道的言论，就是这一时代思潮的产物。"（王运熙、周锋：《文心雕龙译注》，上海古籍出版社 1998 年版，第 2 页）漆绪邦："以道为体，以儒为用，才是刘勰论文学的基本指导思想。"（漆绪邦：《道家思想与中国文学理论》，北京师范学院出版社 1988 年版，第 177 页）张少康："他就把老庄哲理性的自然之道具体化为儒家的社会政治之道，又把儒家的社会政治之道上升为普遍的自然规律之道的体现，使老庄之道和儒家之道熔为一炉。"（张少康、刘三富：《中国文学理论批评发展史》，北京大学出版社 1995 年版，第 227 页）

以责有，叩寂寞以求音"）等等，均从艺术实际出发以自家所论之艺术取代老庄之无所不在的对象，最终成就了自己的美学新论。[①]

美是道之象，美是道之文，美是道的感性显现，这一对艺术与美的认识是魏晋时代哲学思潮的沃土中结出的美学奇葩，达到了一个时代对艺术与美的认识的最高峰。之所以如此，实因魏晋时人对老庄所做的发展或转化之功。玄学之道为老庄哲学向美学转化开辟了道路，美学之道则是这种转化的具体果实，老庄之大美在现世艺术与美的事物中有了着落。从此，美再也不单纯是某种善的化身或附属，美有自己的独立领域，美是道的形象显现，那些被指称为美的事物因成为显现道的载体而非某种观念的附属物或实用对象从而也具有了自身的独特价值，人们的审美意识真正觉醒了，一种具有道家思想特色的广义上的道家美学终于出现了。

第二节　体道后效于审美

庄子的体道工夫与境界是为实现与道为一的心性修养方式，尽管这种修养方式与审美体验在表面上不无类似之处，但深究其实，二者却是背道而驰的。庄子的心性修养不仅与审美体验表现出明显的不相契，更令人遗憾的是那种体道修养还表现出明确的非美倾向。不过，由于魏晋玄学的兴发，儒道在一定程度上得以会通与融合，一种以道为体以儒为用的思想成为时代的主潮，为庄子哲学进入美学奠定了基础，庄子的体道工夫与境界也逐渐被创造性地转化为审美的方式与心境。事实上，当后世（我们着重谈魏晋）的文艺理论与美学在基于文艺与审美的实际去理解和接受庄子思想之时，他们的实践与理论已经不再是原原本本的庄子，而是对庄子做了转换与改造，庄子原本非美的倾向也一扫而光，庄子那些与审美相类之处转而成了他们实践与理论的源泉。此情形在庄子那里其实就有所表现，只不过是吊诡的表现。当庄子一面说"道不可言，言而非也"（《知北游》），一面却又著述十万余言之时，他难免造成

---

① 唐君毅："其（宗炳）所论大体，同于陆机、刘彦和之论文，阮籍、嵇康之论乐，皆显而易见。"（唐君毅：《中国哲学原论·原道篇》，中国社会科学出版社 2006 年版，第 598—599 页）

自身的紧张，① 也就是说，当庄子以言论道时，庄子也不得不通过借助有限去显现本体之无限，不说他已经背离了道，但也至少是在降低了一个层次或后退了一步的情况下去言道。而魏晋的理论家（有的本身还是文艺家）之谈艺论美，已经创造性地把道与体道（这时已是审美了）坐实在"有"（有限）上，无论如何虚无最终也不可能仅仅是"无"或"无无"。

庄子的体道思想后效于审美是多方面的，从魏晋文艺与审美来看，主要是将庄子的体道工夫与境界转化为审美的方式与心境。大体上来说，就是将"心斋"、"坐忘"这样的修养工夫转化为"澄怀味象"之类的审美关系，将"游心"这样的道德主体境界转化为"神思"之类的审美主体心境。

一 从心性修养到审美关系

庄子的根本目标就是要通过心斋坐忘这样的一些心性修养工夫将体道主体提升至与道同一的精神状态。这种修养过程要不断地排除外物对心灵的各种影响，最终忘物忘己，只剩下虚静之心与本无之道的相契相合。因此，在体道过程中，物只不过是被抛弃的筌，"心—物"关系变成了"心—道"关系，事物的美不美是不被关注或否弃的。但是，魏晋的文艺与审美却创造性地将这种体道中的主体与客体的道德关系转化为审美中的主体与客体的审美关系，也就是由道德修养方式转化为审美关系方式。

在绘画中，与庄子的心斋坐忘较为相似的，是宗炳提出的"澄怀味象"的命题。宗炳的"澄怀味象"、"澄怀观道"，是同一过程，既是审美观照又是体道活动。所谓"澄怀"，即澄清其情怀，虚静其心灵，是使主体排除干扰"味象"的杂念，相当于排除对山水的实用性与认识性的态度。"澄怀"是为了"味象"，是"味象"的心理准备与前提。"象"，唐君毅说："'味像'之像，在文学为意象，在音乐为音声之大小抑扬之象，

---

① 蔡钟翔："在理论上他彻底地否定文艺，在实践上却并不去激烈地反对文艺。"［蔡钟翔等：《中国文学理论史（一）》，北京出版社 1987 年版，第 42 页］同样，有的学者认为，从庄子的文学创作看，庄子是有深情的。这与他的理论主张委实是两码事。对老子同样也有类似的看法，白居易《读老子》诗云："言者不知知者默，此语吾闻于老君。若道老君是知者，缘何自著五千文。"单纯从他们的思想主张来看，并不存在什么矛盾。

在图画为物之色形之像。"① 宗炳之象是山水或山水画之象。象不是作为自然物的山水或山水画本身，而是在主体的"观"或"味"之下所成就的审美意象。"以形写形，以色貌色"是山水画的创作，② 也是艺术意象的创造与物化；于游山玩水，则是山水意象的创造。"味"与"观"则表明关联主客体的方式，是一种直观体味。"味"，"是一种精神的愉悦，精神的享受，所以是审美的'味'"。③ 象可通达于道，味象亦是观道。"山水质有而趣灵"，"山水以形媚道"，山水以其实而虚的可感形象显现道，召唤人去体味。"神本亡端，栖形感类，理入影迹。"唐君毅曰："言此神之寄于形，如暂栖于其内，而即顺一形之所类，以通于他形。沿类而通，即是循理而进。此通，非通其形之实，乃通其形之影迹。形之影迹，即吾人对形物之意象也。"④ "神"原本无可见之形象，⑤ 但可栖居于可见之形象与影迹之中，也即道栖居在审美的意象之中，颇似海德格尔所言之真理稳坐于艺术之中。"应会感神，神超理得"，主体在对山水或山水画的观赏体味之中，清澄的心灵与无形之道相会通感合，既是审美的感性活动，也是对道的精神体验。

"澄怀味象"，其过程是"物—象—心"结构，也就是，审美主体以清澄的心怀对山水或山水画加以观照、品味，山水此时也在观照、品味中成了审美意象，意象可通达于道或呈现了道，体味意象的同时也就感通于道。此一结构揭示了审美中的主体与客体的关系方式。此一结构表面上看是由作为主体的人与作为客体的山水而构成，颇类似于庄子的心斋坐忘下的"心—物"结构，但因为其间有审美主体所创造的审美意象，它已经从道德修养转化为审美体验了。第一，"澄怀"与老子的"涤除玄鉴"、庄子的"心斋"及"坐忘"有所类似，但本质上并不相同。宗炳说："若

① 唐君毅：《中国哲学原论·原道篇》，中国社会科学出版社 2006 年版，第 597 页。
② 李泽厚、刘纲纪："宗炳虽然认为山水画是'以形写形，以色貌色'，但最终还是为了得山水之'神'。""写形貌色决不只是为了形色的逼肖。"（李泽厚、刘纲纪：《中国美学史·魏晋南北朝编》，安徽文艺出版社 1999 年版，第 489—499 页）
③ 叶朗：《中国美学史大纲》，上海人民出版社 1985 年版，第 208 页。
④ 唐君毅：《中国哲学原论·原道篇》，中国社会科学出版社 2006 年版，第 598 页。
⑤ 关于"神"，徐复观："他所说的神，即是庄子之所谓道。"（徐复观：《中国艺术精神》，广西师范大学出版社 2007 年版，第 177 页）李泽厚、刘纲纪："指佛的'神明'。"（李泽厚、刘纲纪：《中国美学史·魏晋南北朝编》，安徽文艺出版社 1999 年版，第 490 页）笔者按前文的看法认为是玄学之道，是以道家为根底企图融合儒佛的道。

老子与庄周之道，松乔列真之术，信可以洗心养身。"（《明佛论》）① 这表明"澄怀"是有承于老庄的。澄怀是为审美也是为观道，心斋坐忘只是为得道；② 但是，澄怀是要走向味象的，贤者体道必须要借助于象，道居于象中，有象才有道，这是贤者与圣人的分别所在，因此，澄怀无论怎么排除也不能排除可感之象，它是有限度的。心斋坐忘是直接以心接道，它要排除一切有限具体的东西，一直到"无"，象也是在排除之列。第二，"澄怀味象"具有一种审美自觉。澄怀是为味象而做的一种有意识的心理准备，味象是出于鉴赏目的而直观体味感性对象的审美观照，澄怀味象是自觉的审美活动。有这种审美自觉，类似于心斋坐忘的澄怀就成了着意于感性对象的审美观照；没有这种审美自觉，那种状态就只是道德修养，而那样的道德修养甚至是可以无须面对感性对象的。庄子的心斋坐忘就排斥感性对象，与澄怀味象式的感性直观的审美不同。③ 第三，"象"是在主体的观与味之中基于物的形态的创造。宗炳也许没有明确这一点，但"象"很显然是在主体澄怀观照下的产物。宗炳"画象布色，构兹云岭"的山水画的创作还可以将体味到山水的意象表现或物化出来，观赏山水画亦同于游山玩水。心斋坐忘既不关心物，也不关心物形，更不基于物形去创造意象，而是一"忘"到"无"。从这个角度看，澄怀味象与心斋坐忘是个悖逆的过程。"'澄怀味象'显示了魏晋南北朝审美方式的特色和中国审美历史的演进"，④ 同时，它也是庄子思想后效于美学或向美学转化过程中值得关注的一个重要命题。

在文学中，陆机和挚虞在其理论中曾涉及审美的主客体关系，陆机还

---

① （清）严可均：《全宋文（卷二十一）》，商务印书馆 1999 年版，第 193 页。

② 可以说"澄怀味象"这种审美观照也内含庄子的道德精神，因为它与"心斋"、"坐忘"一样，都是忘我地、直觉地体悟道。不过，后两者是体道以修德，它则主要是体道以审美；后两者得道后忘象，它得道（意）后则不但不忘象，而且借以感受、品味那象（所谓"味象"）。

③ 叶朗："在老子哲学中，'象'的本体和生命固然是'道'，但是单有有形的'象'并不足以体现'道'。因为'道'是'有'和'无'的统一。所以后来庄子提出'象罔'可以得'道'的命题。庄子的命题是对老子哲学的发挥。而当宗炳肯定山水的形象就是'道'的显现的时候，他似乎没有注意到老子的'道'的这种性质，也没有注意到庄子对老子哲学的这种发挥。"（叶朗：《中国美学史大纲》，上海人民出版社 1985 年版，第 211 页）这个说法是有道理的。老庄道的层面的有并不是具体有限之有，"象罔"亦是，它是不可见的，是无限的，因此，体道并不能从有限中得来。宗炳借有形有限的形象去显现道，正表明宗炳对老庄所做的转化或改造，宗炳之道也玄学化了的道，正是做了这样的转化，"澄怀"的命题才成为美学的命题。

④ 张法：《中国美学史》，四川人民出版社 2008 年版，第 101 页。

是第一个将"物"、"象"的概念自觉地引入文学理论的人，① 但他们的研究还不明确。到刘勰，他对这个问题的论述就深入多了，在《文心雕龙》中有《物色》篇论及审美中的主客体关系问题。② 就我们看来，《物色》篇涉及的审美主客体关系问题，可以分为两个层面，一是自然审美中的主客关系，一是文学创作中的主客关系。二者是一致的，第二层比第一层多了一个传达的问题，因此讲到了怎样传达，即是从物到心，从心到文。这与宗炳《画山水序》相类。

在第一层面，刘勰说："春秋代序，阴阳惨舒；物色之动，心亦摇焉。"（《物色》）③ 外物的变化会引起人心的摇动。"若夫珪璋挺其惠心，英华秀其清气；物色相召，人谁获安？"（《物色》） 在外物的召唤下，有"惠心"、"清气"之人产生了审美活动，形成了审美的心物关系。"是以献岁发春，悦豫之情畅；滔滔孟夏，郁陶之心凝；天高气清，阴沈之志远；霰雪无垠，矜肃之虑深。"（《物色》） 景物有所变，情亦有所变。进入了审美活动中的心是审美情感之心，物则成为审美对象之物。"是以诗人感物，联类不穷，流连万象之际，沈吟视听之区。"（《物色》） "联类"是审美想象，"流连"、"沉吟"则是沉浸体味物象，表明审美是对物象的感性直观，它是以想象为特征的。"物色相召"，物仿佛是个主体，具有引发审美主体去体验的感性特征，"诗人感物"，审美主体具有去体验的情感之心理，心物互动，两相凑泊。此为"情以物迁"，即"感物"之说。④ 于是"辞以情发"，进入第二层面。"写气图貌，既随物以宛转；属采附声，亦与心而徘徊。"（《物色》） 王元化说，此二语互文足义，意

---

① 漆绪邦：《道家思想与中国文学理论》，北京师范学院出版社1988年版，第86页。

② 对于《物色》篇的内容有不同的看法。周振甫认为此篇是讲描写景物的。王运熙、张少康以为是讲创作中人与自然的关系。蒋祖怡以为是当时山水文学写作经验的总结。陆侃如、牟世金则认为此篇是"就自然现象对文学创作的影响，来论述文学与现实的关系"。王元化认为是探讨创作中主体和客体的关系。郭外岑则提出，《物色》篇是解释"自然美和艺术美的关系问题"。（罗宗强：《古代文学理论研究概述》，天津教育出版社1991年版，第103页）

③ 对于《文心雕龙》中的"物"的理解也颇不同。（参见罗宗强《古代文学理论研究概述》，天津教育出版社1991年版，第113—114页）笔者认为，一是自然审美中的物，一是进入了文学创作中的物；都是指进入了审美关系中的物。

④ "感物"说是当时文艺与审美中的共识。如潘尼："感时而驰思，睹物而兴辞。"（《安石榴赋》）陆机："遵四时以叹逝，瞻万物而思纷，悲落叶于劲秋，喜柔条于芳春；心懔懔以怀霜，志眇眇而凌云。"（《文赋》）陆云："感万物之既改，瞻天地而伤怀，乃作赋以言情焉。"（《岁暮赋序》）参见（清）严可均《全晋文》，商务印书馆1999年版，第1001、1024、1056页。

谓："作家一旦进入创作的实践活动，在摹写并表现自然的气象和形貌的时候，就以外境为材料，形成一种心物之间的融会交流的现象，一方面心既随物以宛转，另一方面物亦与心而徘徊。""一方面要求以物为主，以心服从于物；另一方面又要求以心为主，用心去驾驭物。""作家的创作活动就在于把这两方面的矛盾统一起来，以物我对峙为起点，以物我交融为结束。"① 这一看法基本准确。"写气图貌"、"属采附声"是讲艺术意象的传达，实际上也是意象的创造，只是刘勰这里着重于讲如何借用媒介将基于"感物"时的审美意象再现出来，感物与创作二者实都是意象的创造过程，在心物关系上是一致的，只不过有传达与否的分别，有传达必考虑媒介的问题。唐君毅说："由此以观文学之事，即一方为由人心之感境物之意义，而以文字表其所感之事；一方亦为摄物色于心，为心所体，而新附以意义之事。则文学之事，非只反映境物而仿之之事，亦附与境物之意义，使其意义更充实之人文创造之事也。"② 不仅指明了感物之创造性，也指明了文学摹写之创造性。"既随物以宛转"、"亦与心而徘徊"，表明心物间的往返交流，创造与传达的相互协调，最终达到和谐的状态。最后，刘勰"赞"曰："山沓水匝，树杂云合。目既往还，心亦吐纳。春日迟迟，秋风飒飒；情往似赠，兴来如答。"（《物色》）这是对前面一二层次的合题，表明了审美中的主客体关系，审美客体以其感性形式发出召唤，审美主体以其情感出以感性直观，主客间往返交流，似赠如答，融和一如。陈望衡指明这种审美关系表现出三个特点："这种关系首先是感性的，它悦目悦耳；第二，它的本质是情感的；最后，也是最为重要的，它表现为主体与客体的相互应答与交流。"③

刘勰这一对审美主客体关系的看法是贯穿其整个思想的。如在《神思》的赞语中他说："神用象通，情变所孕。物以貌求，心以理应。""神用象通，情变所孕。"所谓"神"指主体的精神活动，此主要指"神思"，是以审美想象为特征的艺术运思心理。④ "象"指"意象"即审美意象。

① 王元化：《文心雕龙讲疏》，广西师范大学出版社 2004 年版，第 94—97 页。另，王元化指出"随物宛转"出自庄子《天下》篇之"椎拍辁断，与物宛转"。

② 唐君毅：《中国哲学原论·原道篇》，中国社会科学出版社 2006 年版，第 589 页。

③ 陈望衡：《中国美学史》，人民出版社 2005 年版，第 217 页。

④ 王元化、周振甫以为"神思"是指想象。郭外岑以为"神思"应该是以"神"为特征的"文思"，"亦即以想象为特征的艺术构思"。曹顺庆则认为，《神思》篇是"灵感之专论"。（罗宗强：《古代文学理论研究概述》，天津教育出版社 1991 年版，第 102—103 页）

"情"是主体的"情志"即思想情感。王元化疏曰："这句话的意思就是阐明想象的运用使艺术的境界或形象得以构成（'通'有达成、贯彻之义），而这种境界或形象的想象活动又是思想感情的变化所孕育出来的。"① 这两句实指明了"神—象—情"的一种相伴相随、相因相变的关系，神、情与象的关系即审美主体与审美对象的关系。一是想象作用于意象，实际上是想象在连接沟通了主客体的同时还建立起了审美关系。一是意象也不是原本的客观自然之物，而是在想象作用下的创造。刘勰说："视布于麻，虽云未费（贵）；杼轴献功，焕然乃珍。"布本非麻，布出于麻，意象不是自然物，它是基于自然物的创造。一是情感的变化也导致想象孕育的意象的变化。情感看来是动力机制。情感既然作用于意象，意象也难免烙上主体情感的色彩。当然，情感也并非是蹈空的，它也因物而起。《诠赋》中说："原夫登高之旨，盖睹物兴情。情以物兴，故义必明雅；物以情观，故词必巧丽。"不睹物则无有对物之情，情感兴起则又以情去观物。"一当'情以物兴'的现象发生，主体立即就进入了'物以情观'的状态。"② 二者实是相反相成、相因相待的过程。"物以貌求，心以理应。""貌"表明作为客体之物是以其感性形式出现的，"求"是以其形貌召唤主体，而召唤主体，物则出以能与之相契之形貌。"理"指情理，③即文之运思时的整体心理；"应"，直接理解为呼应，或作"媵"，即"送也"④，义更通畅，与"求"也两相对应，主体以情理与之相往来，主体亦可选择物之形貌能与情理相契者。"物之貌与心之理互相默契，则此理既是心之理，亦是隐藏于貌中之物之理。理应貌之呼求而入于其中，貌则恰好能容理入乎其中而使自己成为主体之理的体现者。"⑤ 其意一如《物色》所谓之随物宛转、与心徘徊，用《神思》中的话就是"神与物游"。

钟嵘（465—518）与刘勰是同时代人，其《诗品》被视为中国第一部诗学理论专著。"钟嵘的思想受儒家影响较少，而较多地倾向于老庄玄

---

① 王元化：《文心雕龙讲疏》，广西师范大学出版社 2004 年版，第 125—126 页。
② 李泽厚、刘纲纪：《中国美学史·魏晋南北朝编》，安徽文艺出版社 1999 年版，第 684 页。
③ 参见周振甫《文心雕龙今译》，中华书局 1986 年版，第 251 页；王运熙、周锋《文心雕龙译注》，上海古籍出版社 1998 年版，第 251 页等。
④ 杨明照、黄叔琳、李祥补：《增订文心雕龙校注》，中华书局 2000 年版，第 379 页。
⑤ 张少康、刘三富：《中国文学理论批评发展史》，北京大学出版社 1995 年版，第 231 页。

学思想。"① 他对审美主客体关系的看法也类同于刘勰。《诗品序》曰："气之动物，物之感人。故摇荡性情，形诸舞咏。"② 这指明了诗的发生论。气，既是天地元气，也是季候节气，气是诗产生的根源。刘勰也讲气，但他认为文之根源在道；钟嵘比刘勰更重视艺术意义上的情感纯粹性。③ 但是，从其言说方式看，这一"气—物—人—诗"方式，与刘勰的"道—物—人—文"是一样的，其核心就是审美的主客体关系。钟嵘的看法主要在物（诗）与情的关系。一方面是"物之感人"的"感物"说。这种"感物兴情"的看法，最早出自《乐记》之"凡音之起，由人心生也。人心之动，物使之然也"，"乐者，音之所由生也。其本在人心之感于物也"。④ 钟嵘此论，一是把"气"作为其理论的核心概念，反映了气在美学中地位的上升。一是扩展了"物"之范围。刘勰之物虽然也包含社会事物，但没有钟嵘说的明确。"若乃春风春鸟，秋月秋蝉，夏云暑雨，冬月祁寒，斯四候之感诸诗者也。嘉会寄诗以亲，离群托诗以怨。至于楚臣去境，汉妾辞宫；或骨横朔野，或魂逐飞蓬；或负戈外戍，杀气雄边；塞客衣单，孀闺泪尽；或士有解佩出朝，一去忘返；女有扬蛾入宠，再盼倾国。凡斯种种，感荡心灵，非陈诗何以展其义；非长歌何以骋其情？"这就将社会生活的"人际感荡"也纳入"物"的内容。与"物之感人"相应的是"穷情写物"。钟嵘认为，五言诗之所以有"滋味"，在于"指事造形，穷情写物，最为详切"，这说的是诗歌创作中的意象的创造要"穷情"，情感要在意象中得以充分表现。移之自然审美亦然，物能兴情，情亦有所寄托。另一方面，诗是性情的抒发。诗是诗人性情"摇荡"的直接产物，钟嵘是承张华"主情说"、陆机"缘情说"等将"性情"作为诗的本体的。⑤ 钟嵘认为兴、比、赋三义运用得好的诗，可以"使咏（味）之者无极，闻之者动心"。诗作为"物"，同样也可"摇荡"人的性情，"陶性灵"。诗与感情，二者的作用是相互的，关系是双重的。

---

① 张少康、刘三富：《中国文学理论批评发展史》，北京大学出版社 1995 年版，第 261 页。

② 钟嵘：《诗品笺注》，曹旭笺注，人民文学出版社 2009 年版。凡《诗品》引文用此版本。

③ 李泽厚、刘纲纪："钟嵘则不同，他明确用'气'来说明诗的产生，只讲'气'，不讲'道'，其目的又显然是为了强调诗是情感的抒发这一特征。"（李泽厚、刘纲纪：《中国美学史·魏晋南北朝编》，安徽文艺出版社 1999 年版，第 740 页）

④ （汉）郑玄注，（唐）孔颖达疏：《礼记正义》，龚抗云整理，王文锦审定，北京大学出版社 2000 年版，第 1252—1253 页。

⑤ 钟嵘：《诗品笺注》，曹旭笺注，人民文学出版社 2009 年版，《前言》第 6 页。

这也是钟嵘从诗学角度于审美主客体关系所做出的一个贡献。

把刘勰、钟嵘的"神与物游"所达到的心物交融的审美主客体关系，与庄子"心斋"、"坐忘"所达到的心物为一的修道主客体关系加以对比，两者的差异是一目了然的。第一，审美中，物以其可感形貌引起主体的情感，召唤主体的观赏，在与主体的交流中，物并不是客观自然物，而是因交往被渗入情感色彩成了体现情感的意象之物。体道中，物因为能引起主体的"成心"，有害于主体对道的修养，因此物要被忘却，最好是根本没有外物。第二，审美中，主体因感物兴情，以其情感参与交往应答之中，主体的情感可能仍然带有道德情感，但因为与物交流从而受其制约，那情感既是主体的情感，但又是物所体现的情感，是物我共有的情感，即情与物交融为一的审美情感，因而主体也成为与物交往的审美主体。在修道中，主体要"无人之情"，主体追求的是一种天生的也即道所赋予的德之本性，主体着意于物的也是一种同一的天然本性，主体成为与道为一的道德主体。第三，审美中，关联主客体的方式是感性直观，物以其形貌召唤主体，主体则观物、感物，以想象去选择或创造物，这是审美的方式。修道中，主体要"忘"要"虚"，要从物我的感性中超脱出来，以一种内向的神秘直觉去合精神性的道，最后相忘于江湖，不是一般审美者所能所会的方式。总之，刘、钟的理论中，审美客体以其感性形式向审美主体发出召唤，审美主体以其情感对审美客体进行感性直观，主客二者交流应答，最后和融为一。庄子的理论中，修道主体从修心出发，忘物、忘己，最后心与物皆相忘于道从而心道为一。

宗炳、刘勰和钟嵘都是深受玄学思想影响的理论家，在他们的理论中，审美中的主客体关系是"我—物（你）"模式，这与庄子的心物关系即"心—物（道）"模式是大相径庭的，这与他们基于审美现象而对庄子思想所做的转化是分不开的，也可以说是以玄（道）为体、以儒为用所做的融合的结果，是庄子的道德精神意义上的美学与现实审美意义上的美学的统一。刘、钟的理论，仅就上述审美的主客体关系来说，与庄子似乎看不到多少关联，事实上也是如此，既是因为他们的理论是美学的，也是因为他们的心物关系也有很多是来自儒家或审美现象的；然而他们与庄子之间是有关联的，这不仅在于他们以自然之道或气为文艺与审美的根源或本体，此已在前文有述，而且也在于他们对主体的心理状态的看法也是从庄子思想转化而来的，这是下文要论述的。

二　从修道主体到审美主体

在传统理论中，工夫与境界是紧密联系的，工夫的极点就是境界的开显，工夫侧重的是历时性过程，境界侧重的是共时性状态。就庄子来说，"心斋"、"坐忘"等侧重的是工夫的描述，"游心"侧重的是境界的状态。庄子"游心"的心理状态后效于美学就是它在后世被转化为如"神思"之类的审美心理状态，主体即由道德主体转化为审美主体。

魏晋时，由于精神得到一定的自由解放，玄学盛行，庄子"游心"的这种精神状态也被引入文艺与审美中，成为人们体味宇宙人生真际的一种精神追求。如阮籍的《清思赋》云："清虚寥廓，则神物来集，飘摇恍惚，则洞幽贯冥。冰心玉质，则激洁思存。恬淡无欲，则泰志适情。"① 嵇康的《赠秀才入军》云："目送归鸿，手挥五弦，俯仰自得，游心太玄。"② 孙绰的《游天台山赋》云："余所以驰神运思，昼咏宵兴。"③ 这种"游心太玄"、"驰神运思"的精神境界追求是基于道家思想的。而这样的追求被引入文艺理论与美学时，它就被创造性地转化成一种对艺术或审美主体的心理状态的理论描述。这突出地表现在刘勰等的"神思"理论上。

首先将庄子的"游心"进行文论与美学转化的是西晋的陆机。④ 陆机的"伫中区以玄览，颐情志于典坟"、"其始也，皆收视反听，耽思傍讯，精骛八极，心游万仞"⑤ 等对艺术或审美心理的描述明显是与道家有渊源的。率先在理论领域使用"神思"这一概念的则是宗炳。⑥ 宗炳云："圣贤映于绝代，万趣融其神思。余复何为哉！畅神而已。"宗炳已将艺术创造的"神思"与观赏山水万物的旨趣相连起来，并认为可以获得一种精神上的愉悦。如果说老庄还不是美学的，陆宗则是美学的，刘勰就是在他们的启示下，发展出完整而深刻的"神思"论，使"神思"成为一个美

---

① （清）严可均：《全三国文》，商务印书馆 1999 年版，第 469 页。

② 戴明扬：《嵇康集校注》，人民文学出版社 1962 年版，第 15—16 页。

③ （清）严可均：《全晋文》，商务印书馆 1999 年版，第 634 页。

④ 漆绪邦："文论史上，第一个明确而充分地研究艺术思维问题的，是西晋的陆机，而他的艺术思维论的思想根基，正是道家的'玄览''游心'之说。"（漆绪邦：《道家思想与中国文学理论》，北京师范学院出版社 1988 年版，第 45 页）

⑤ （清）严可均：《全晋文》，商务印书馆 1999 年版，第 1024 页。或张少康：《文赋集释》，人民文学出版社 2002 年版，第 21、36 页。

⑥ 缪俊杰：《文心雕龙美学》，文化艺术出版社 1987 年版，第 138 页。

学范畴。① 刘勰的《神思》篇是其创作总论，讲艺术构思问题。"神思"比较公认的看法是指艺术思维，即以想象为特征的艺术构思论。②

从"神思"的内涵看，它首先是审美想象，但又不止于想象。刘勰说："古人云：形在江海之上，心存魏阙之下。神思之谓也。文之思也，其神远矣。故寂然凝虑，思接千载；悄焉动容，视通万里。吟咏之间，吐纳珠玉之声；眉睫之前，卷舒风云之色：其思理之致乎。""形在江海之上，心存魏阙之下"，语出庄子之《让王》，庄子意谓形神之分离。刘勰借此表明"神思"是可以身在此而心在彼，不受身体所处有限时空限制的精神活动，可以"思接千载"或"视通万里"，因此认为它"神"。又如陆机所谓"观古今于须臾，抚四海于一瞬"，精神活动具有"无所不极"的跨时空的特点。所以"神思"具有想象的无限性特征。这种想象是审美的，在想象中，既有耳目视听活动，又浸染了情感的变化，呈现出的是有声有色的画面。此其一。其二，"神思"也包含有某种思维，是神妙之文思。"神"是其特点，"思"才是其根本，它是达到极致的"文思"。"文之思也，其神远矣"，按黄侃之说，是思心的运用，不限于身观。"神"，庄子曰："外天地，遗万物，而神未尝有所困也。"（《天道》）"神"，奇异莫测，神妙无比。"思"表明它不是低级的感觉活动，而包含高级的思维。但它不是逻辑思维，而是一种不离声色的体验。《风骨》云："思不环周，索莫乏气，则无风之验也。"范文澜注曰："思理不周，条贯失序，安得有骏爽之风。"③ 这表明"思"确实有如思维一般。《物色》则曰："物有恒姿，而思无定检，或率尔造极，或精思愈疏。"周振甫说："这是指描绘物色，情景交融说的。"④ 对"思"的要求是要做到情景交融。"故思理为妙，神与物游。"（《神思》） 黄侃说："此言内

---

① 罗宗强：陆机"把它几个主要的方面用描述的方法显现出来了"，"刘勰把神思论从感性体认的阶段推进到科学阐释的层次上来"。（罗宗强：《魏晋南北朝文学思想史》，中华书局1996年版，第323页）

② 除前文列的王元化、郭外岑的见解外。另如，缪俊杰："'神思'用今天的话来说叫'艺术构思'。"（缪俊杰：《文心雕龙美学》，文化艺术出版社1987年版，第138页）漆绪邦："继陆机之后，进一步发展艺术思维论而使之臻于完备的，是刘勰。"（漆绪邦：《道家思想与中国文学理论》，北京师范学院出版社1988年版，第48页）王运熙等："神思指人们进行创作时的思维活动。"（王运熙、周锋：《文心雕龙译注》，上海古籍出版社1998年版，第244页）

③ 范文澜：《文心雕龙注》，人民文学出版社1958年版，第517页。

④ 周振甫：《文心雕龙今译》，中华书局1986年版，第515页。

心与外境相接也……必令心境相得，见相交融。"① "神思"正是这样一种"神与物游"的精神活动。

从"神思"的契机看，一是"志气"，一是"辞令"。《神思》曰："神居胸臆，而志气统其关键；物沿耳目，而辞令管其枢机。枢机方通，则物无隐貌；关键将塞，则神有遁心。"首先，艺术构思是人的精神活动，从这方面看，其关键性因素是"志气"。"志气"，泛指情感与气质，在此主要指思想感情。② 思想情感统率和引导着构思与想象，"谈欢则字与笑并，论戚则声共泣偕"（《夸饰》），"神用象通，情变所孕"（《神思》），没有思想情感为动力，则"神有遁心"，构思与想象则无以展开。同时，构思与想象活动也影响着思想感情的变化。"登山则情满于山，观海则意溢于海"（《神思》），思想情感也是构思与想象的产物。可见，思想情感与"神思"总是相生相伴的。其次，艺术构思也涉及传达，因此"辞令"也是一个关键（枢机）。"辞令"指语言或语词类文学媒介。这表明刘勰已经认识到思维是与媒介结合在一起的，如果构思和想象所创造的形象能够通畅地用语言媒介准确地表达出来，则"物无隐貌"，也就是能穷尽物色，言能尽意。不仅如此，更重要的是他还认识到了艺术思维是与它所要创造的艺术形象结合在一起的，这就是为什么他谈"辞令"却谈及"耳目"所感知的物貌。《物色》篇的"诗人感物，联类不穷，流连万象之际，沈吟视听之区"，"随物以宛转"，"体物为妙，功在密附"等句无不包含这种思想。就自然审美来说，精神活动离不开自然物貌，就艺术欣赏或构思来说，精神活动或艺术构思也离不开心中的物象。用现在的术语来讲，前者是实象，后者是心象，但都是想象力所构造之意象。刘勰在这里实是指明了艺术之思与逻辑之思的一个重大分别，就是艺术之思始终不离事物的感性形象。可见，"神思"之关键，一在"情"，一在"物"。③ 当然，因为"神思"还涉及传达问题，所以也有个"言"与

---

① 黄侃：《文心雕龙札记》，上海古籍出版社 2000 年版，第 93 页。

② 一般都直接解释为思想情感，如王元化，郭绍虞等如是。周振甫认为，刘勰讲情与志，往往是结合的。（周振甫：《文心雕龙今译》，中华书局 1986 年版，第 498 页）李泽厚、刘纲纪："'志气'同个体天赋的才气、性格不能分离。"但在这里主要指思想情感。（李泽厚、刘纲纪：《中国美学史·魏晋南北朝编》，安徽文艺出版社 1999 年版，第 671 页）

③ 李泽厚、刘纲纪："贯穿其间的哲学、美学前提，就是中国哲学、美学常讲的'心'与'物'的关系。"（李泽厚、刘纲纪：《中国美学史·魏晋南北朝编》，安徽文艺出版社 1999 年版，第 669 页）

"意"的关系，文中"气—神—意—言"关系就是对这个问题的说明。①

从"神思"的条件看，一是前提条件，一是潜在条件。"神思"的前提条件，在《物色》篇有"感物"之说，如"物色之动，心亦摇焉"，"情以物迁，辞以情发"。"感物"本身是对自然的审美，同时，它也可导致艺术创造的冲动，为创造提供资源，成为创造的基础。《神思》所指出的前提条件是"虚静"："是以陶钧文思，贵在虚静，疏瀹五藏，澡雪精神。"黄侃说："此与《养气》篇参看。《庄子》之言曰：惟道集虚。……文章之事，形态蕃变，条理纷纭，如令心无天游，适令万状相攘。故为文之术，首在治心，迟速纵殊，而心未尝不静，大小或异，而气未尝不虚。执璇玑以运大象，处户牖而得天倪，惟虚与静之故也。"②《养气》赞曰"水停以鉴，火静而朗"，正可与"虚静"互参。这些都与庄子的虚静说相关。至于"神思"的潜在条件，则与人的"才"和"学"有关。"若学浅而空迟，才疏而徒速；以斯成器，未之前闻。"（《神思》）"才疏学浅"要想有成功的文艺创造是不可能的。《才略》篇说："才难然乎，性各异禀。"这表明"才"是天赋各异的先天所禀之性。"才"只是一个方面，另一方面还要有"学"。"若夫骏发之士，心总要术；敏在虑前，应机立断。覃思之人，情饶歧路；鉴在疑后，研虑方定。机敏故造次而成功，虑疑故愈久而致绩；难易虽殊，并资博练。"（《神思》）无论才思之敏捷或迟缓，都要"博练"，"博练"即"学"，为后天的学识的积累，"积学以储宝，酌理以富才，研阅以穷照，驯致以怿（绎）辞。"（《神思》）既要积累知识，又要明辨事理，既要有丰富的经验，又要有纯熟的文辞。③李泽厚、刘纲纪说："所有这些要素都和艺术家作为创造主体的思想、感情、人格的修养相关，亦即和艺术家的人生境界相关。"④这些学识经验乃至整个人生方面的后天积累，都成为支撑"神思"的潜在力量。

---

① 《神思》："方其搦翰，气倍辞前；暨乎篇成，半折心始。何则？意翻空而易奇，言征实而难巧也。是以意授于思，言授于意；密则无际，疏则千里。或理在方寸，而求之域表；或义在咫尺，而思隔山河。"

② 黄侃：《文心雕龙札记》，上海古籍出版社 2000 年版，第 94 页。

③ 黄侃说："此下四语，其事皆立于神思之先，故曰 '驭文之首术，谋篇之大端'。"（黄侃：《文心雕龙札记》，上海古籍出版社 2000 年版，第 94 页）

④ 李泽厚、刘纲纪：《中国美学史·魏晋南北朝编》，安徽文艺出版社 1999 年版，第 676 页。

从"神思"的结果来看，就是审美意象的创造，并追求"文外曲致"。《神思》曰："玄解之宰，寻声律而定墨；独照之匠，窥意象而运斤。"此"意象"还只是意中之象，还不是后来说的情景或心物交融的审美意象。但刘勰思想实已包含此种审美意象之义。《神思》云："思理为妙，神与物游……神用象通，情变所孕。物以貌求，心以理应。"《物色》亦云："随物宛转，与心徘徊。"这些都指出了在对自然或艺术的审美欣赏或创造中所得的是情景交融、心物相得的审美意象。难能可贵的是，刘勰的"神思"并不仅仅停留在意象上，还追求意象之外的只可意会却难以言传的"境"。陆机曾提出："课虚无以责有，叩寂寞而求音。"① 宗炳亦言："旨微于言象之外，可心取于书策之内。"刘勰之"规矩虚位，刻镂无形"（《神思》），也是对超于意象之外的"无形之象"、"言外之意"的追求。漆绪邦说："这在实质上就是对超于言象意的'境'的追求，尽管他们都还没有涉及到'境'这个概念。"② 《神思》又曰："至于思表纤旨，文外曲致；言所不追，笔固知止。至精而后阐其妙，至变而后通其数。伊挚不能言鼎，轮扁不能语斤，其微矣乎！""伊挚"典出《吕氏春秋·本味》。③ "轮扁"事出《庄子·天道》。刘勰此论实受玄学的言意之辨的影响，文学之理虽然借用了玄学的某些概念，但其意已有所衍变。唐君毅说："如谓玄学之境界，即对抽象义理之观照之所成，则文学之境界，当说为'对依理而凝聚或融合之诸具体之意象所合成之一意境'之观照之所成。"④ 玄学用此种古典可表明言不尽意，道不可言。刘勰则借此古典来说明文学中"思表纤旨"、"文外曲致"即思维、文辞之外的微妙曲折的意蕴或情致是"言所不追"、难以尽妙的，也就是"意外"、"文

---

① 张凤翼："文章率自虚无之中以求其象，叩寂寞之乡而求音韵，所谓形其无形，声其无声也。"张少康："它不仅仅是讲文章产生须经过冥思苦搜的过程，而且体现了道家有形生于无形、有声源于无声的思想影响。"（张少康：《文赋集释》，人民文学出版社2002年版，第91、98页）汤用彤："至文不能限于'有'（万有），不可囿于音，即'有'而超出'有'，于'音'而超出'音'，方可得'弦外之音'、'言外之意'。文之最上乘，乃'虚无之有'、'寂寞之声'，非能此则无以为至文。"（汤用彤：《魏晋玄学论稿》，生活·读书·新知三联书店2009年版，第278页）

② 漆绪邦：《道家思想与中国文学理论》，北京师范学院出版社1988年版，第113页。

③ 范文澜：《文心雕龙注》，人民文学出版社1958年版，第504页。陆侃如、牟世金译注：《文心雕龙译注》，齐鲁书社1995年版，第366页。伊挚：即伊尹，名挚，汤的臣子。鼎：古代烹煮用具。伊尹说汤以"至味"："鼎中之变，精妙微纤，口弗能言，志不能喻。"

④ 唐君毅：《中国哲学原论·原道篇》，中国社会科学出版社2006年版，第590页。

外"、"象外"之"境界"之不可言传。纪昀曾评之曰："思入希夷，妙绝蹊径，非笔墨所能摹写一层，神思之理，乃括尽无余。"[1] 在刘勰看来，艺术的最高境界就是要达到这种不可言传的"文外曲致"的境界。

刘勰的"神思"讲的是艺术创造中的思维（含传达）问题，实际上就是艺术创造中的心理活动问题，而无论审美欣赏还是审美创造在心理活动的普遍性规律上都是一致的。[2] 因此，从这个角度看，"神思"所展现的主体心理活动规律在本质上就是审美活动中主体的心理活动规律。

"神思"式主体作为审美主体，它的心理状态虽然是从庄子"游心"式的道德主体转化而来，但它们是明显不同的。第一，从主体的感官看，"神思"主体的感官，不只是"心"这一内在感官和"耳目"等外在感官，实是整个"身心"的感官，"疏瀹五藏，澡雪精神"（《神思》），"清和其心，调畅其气"（《养气》），是全部生理与心理的感官投入。而"游心"主体的感官则是"心气"之感官，并要排除"耳目"等感官的外向作用，实际上割裂了内、外感官的关联，取消了外在感官的作用。第二，从主体的心理要素来看，"神思"主体涉及的心理要素包括想象、情感、感知、知性等，而且这些要素都是相伴相随、贯穿整个活动之始终的，同时这些要素还是或显或潜地与物象相始终的。而"游心"主体的心理要素主要是混沌"心气"，它基本上排除知识、情感和感知活动，同时它也排除物象，只是让心"游"于物之初即道。就前者的想象说，它是创造性的，受到物象的制约，以审美情感为动力，以知识经验为潜在支撑，审美意象为其创造的成果，是具体的、有限的。后者则是使心与道相合，道是先定的，是神秘的、无限的。第三，从主体的最高精神境界看，"神思"主体是"神与物游"，是心与物或情与景的交融。同时，主体亦能得"文外曲致"，是由有限（有）通达无限（无），是有限与无限的统一。"游心"主体是"乘物以游心"，最终抛弃具体物而游心于道，虽是心与道的合一，但却舍弃有限而达无限。第四，从主体的虚静状态看，二

---

① 范文澜：《文心雕龙注》，人民文学出版社 1958 年版，第 504 页。

② 艺术美、自然美的欣赏实际上也是一个美的创造过程。"神思"作为艺术创作心理，从本质上来说，它与对自然美或艺术美的欣赏中的心理活动并无二致，此在前文多有所述。刘勰论文也常常就是由对自然美的欣赏平移过来的，只不过多了传达的考虑，因此它创造的意象显得更突出鲜明，更有确定性。因此，"神思"虽然是论艺术构思，但实可以扩开来当作是对审美活动的心理描述。事实上，神思作为艺术思维，它的好处就是可以据此一窥审美心理活动中各因素的相互关系。

者也不同。王元化指出："老庄把虚静视为返璞归真的最终归宿，作为一个终点；而刘勰却把虚静视为唤起想象的事前准备，作为一个起点。老庄提倡虚静的目的是为了达到无知无欲、浑浑噩噩的虚无之境；而刘勰提倡虚静的目的却是为了通过虚静达到与虚静相反的思想活跃、感情焕发之境。一个消极，一个积极，两者的区别是显而易见的。"① 之所以如此，是因为刘勰同时也受到荀子"虚壹而静"的思想的影响。② 前文说过，庄子的虚静观与审美态度中的"孤立说"是不同的，而刘勰的虚静倒是与"孤立说"相类似。在刘勰的虚静观中，虚静根本不是到达一种绝对之"无"的层境，反而是为了"陶钧文思"（与宗炳的"澄怀味象"相同）。也就是说，主体要排除对物象作知识性与功利性考虑的一切干扰，专注精神于审美意象的创造。哈曼认为，审美中的孤立，既不是现实生活的孤立，也不是日常存在的联想的孤立无援，它也有别于对象的处境的孤立，而是将美感体验集中于一个孤立的审美对象之上，此外的东西则一概被消除掉。③ 朱光潜说得更明确些："如果心中只有一个意象，我们便不觉得我是我，物是物，把整个的心灵寄托在那个孤立绝缘的意象上，于是我和物便打成一气了。"④ 很显然，刘勰的虚静就是在排除非美的干扰的同时集中整个身心的力量去创造一个审美意象，虚静所要达到的"神与物游"的状态也正是这样的心物交融的状态。而庄子的虚静则是彻底的、绝对的，心中并不容许有什么意象存在。

对于庄子体道思想后效于美学的情况，以上选择了魏晋时的一些理论转化从审美主客体关系与审美主体心理两个角度加以论述。可以看出，魏晋的文艺理论与美学尽管在一些术语或命题的表述上是有承于庄子与道家的，在内涵上也有着某种关联，但是魏晋理论对庄子思想所做的转化是明显的，二者的分别也是显然的。如果说庄子的那种体道的心道合一的关系

---

① 王元化：《文心雕龙讲疏》，广西师范大学出版社 2004 年版，第 134 页。

② 老子提出"涤除玄鉴"（《老子》10 章）、"致虚极，守静笃"（《老子》16 章）的思想。庄子提出"唯道集虚"（《人间世》）、"正则静，静则明，明则虚"（《庚桑楚》）、"汝斋戒，疏瀹而心，澡雪而精神"（《知北游》）等等。叶朗认为在荀子之前，管子学派提出了"虚一而静"的命题，是承前启后的。参见叶朗《中国美学史大纲》，上海人民出版社 1985 年版，第 103、138 页。

③ ［波］塔塔尔凯维奇：《西方六大美学观念史》，刘文潭译，上海译文出版社 2006 年版，第 339 页。

④ 朱光潜：《文艺心理学》，生活·读书·新知三联书店 2005 年版，第 9 页。

还只是道德关系或哲学关系，魏晋文艺的心物交融的关系就是审美关系了；如果说体道的主体境界还是道德境界或哲学境界，魏晋的审美主体的心理当然是审美心境；如果说庄子的那种所谓的体道的至美至乐算得上是一种道德精神上的美学，魏晋的从文艺与审美出发的美学才是结合与转化了庄子道德精神上的美学而成就的审美意义上的美学。不能看不到庄子思想在历史的流变中所发生的变化，更不能把后世的思想发展都一一囊括在庄子的名义之下，划清这之间的界线是对历史的尊重，也是对美学的尊重。

　　总之，庄子思想（与老子一起）后效于美学的潜力在后世转化出了一些具有道家意味的美学命题和范畴，形成了广义的道家美学。这种道家美学与庄子美学的最大不同是：庄子美学只算是道德精神意义上的美学，而不是审美意义上的美学，后世的道家美学却是审美意义上的美学，在一定程度上还结合进了道德精神意义上的美学。由于这是魏晋以来儒道融合催生的结果，广义上的道家美学就并不是像老庄美学那样单纯的道家美学，而是包含有某些儒家美学思想。在广义的道家美学的意义上，庄子美学可以说得到了相对的统一：道德精神意义上的庄子美学在后代有了与之对应的审美意义上的道家美学。这样，我们也不宜笼统地说庄子思想反对审美性，因为它所反对的只是非道家美学的审美性，而对于后世道家美学的审美性，它理应是不会反对的。

结　语

吊诡是庄子的言说方式。庄子以其吊诡的方式呈现出的是一爿智慧之域，希冀借此洞窥世界与人生的最后真理，由此指示给世人一条彻底解决人生困厄与社会淆乱的光明之道。道就是天地万物之所来之所终的身心栖居之地，人背离了道，但人只有遁道而行才能最终在人世间获得完全的安顿。这也许是庄子明示给世人的理想的存在方式。

庄子文本产生之时并没有我们今天的所谓学科分际，它可能是一个涵摄或穿越众多学科的混沌文本，因此，在西学东渐催生了本土的学科视域后，我们就必然以某种"学"的视域去重新考量这一作为历史流传物的混沌物，并试图在相关学科领域内"视域融合"地建构起一种合理有效的"庄子 X 学"，这是近代以来学科建构的使命。美学与文艺理论领域亦然。

庄子思想的拱顶石是道，道是天地万物的本根与本体。道并非是一个挂空的概念，它是庄子关于人生思考的支撑点，是为指导人的生活与实践而悬设的。道也是人的本源与本体，人虽然因其成心支配下的有为背离了道，但是却又可以通过心性修养的工夫重新与道为一，人生与社会的诸多问题也因此得以迎刃而解。对于人生的关注，使得庄子的哲学被视作一种人生哲学就显得理所当然。作为人生哲学的庄子哲学主要是道德哲学，这是学界颇为一致的看法。

庄子的人生哲学实际上有广狭两义。狭义上，它属于传统理论形态的"德性论"（美德论）的道德哲学（德性伦理学）。在庄子，人的本性就是道内在于人的"德"，理想的人格就是回归于自然无为之"德"的"至德之人"，与之相应的理想社会就是"至德之世"，而实现至德的方法就是"性修反德"的心斋坐忘、齐物安命等修养方法。庄子思想所设定的通过修养成为一个道成肉身的至人、圣人、神人的理想，正契合于传统美德论的道德哲学的中心主题："像有德者那样去行动。"从传统的境界理论来看，人通过心性修养工夫实现了理想的德性，或说将理想德性内化为自身的品格或精神，他所具有的就是道德境界或精神。就狭义的道德哲学而言，庄子与儒家在形式上实无二致，只不过对人之本性所见不同而已，一为德，一为仁。从这个角度看，庄子哲学是道德哲学而不是美学，因为德性美并不属于美学研究领域。

广义上，庄子的人生哲学是得道为德的道德（得）哲学。在庄子，道内在于人，成为人的本性之德，体道者通过工夫修养与道为一，就是得道，也就是得到人的本性之德（性修反德），即得道为德。德，作为理想的人之本性，是广义的，从人生品格来看，德是理想的知性、情感与意志等全部心性的统一体；从人生价值来看，德是真、美、善及身体关怀等全方位价值的统一体；从存在来看，德就是个体本性、天地万物本性、自然无为之道的统一体。因此，庄子哲学是广义上的得道为德的道德（得）哲学。与道为一所获人生境界或精神就是得道为德的道德（得）境界或精神，它包含善的精神、政治精神、养生精神、美的精神、真的精神等等，都是得道之德的显发与作用。仅就美学而言，如果说这也是一种美学，庄子哲学就包含一种美的道德精神的美学，也就是道德精神意义上的美学，庄子美学就是广义上的道德哲学的衍生物之一。

但是，吊诡是潜在的，它无疑增添了言说庄子美学的困窘。当说"庄子美学"之时也就意味着在说"庄子美学非美学"①：这种道德精神意义上的美学并非是学科审美意义上的美学。从价值上看，庄子的得道为德，是与道为一，回归的是本体之道所赋予的自然本性，得道者的人生是与道体同一的人生，境界也已升格为道德境界（精神），其人生的意义与价值，所获皆是绝对的、超越的、形上的。这种绝对的价值正是基于对经验世界的相对价值的舍弃或超越（这正是修道工夫的内容）。就道德说，

---

① 逻辑上可以说，庄子的道德非道德，就是"至德无德"，但能不能认为庄子哲学不是道德哲学呢？不能。这个问题也应该从学科视域去看。庄子反对的是儒家代表的道德，儒家之德并不能说就是道德之本身也并非是道德的全部，它不可能等同或取代一切现世道德。事实上庄子提出至德，也就是按照自然无为原则去成为一个至人或德人，虽然没有"仁义道德"，但它作为人格理想在理论与实践上是能够成立的，作为道德哲学是可以成立的。但是所谓大美则不是由学科意义上的审美获得的，按自然无为进行的心斋坐忘等修养并不切合审美体验。可参见"道德与美学"一节。

它是"至仁";就知识说,它是"至真";就政治说,是无为之治(至德之世);就终极关怀说,它是永恒("不死不生");就美学说,它是"大美"。因此,在美的价值方面,大美的绝对价值的追求,正是在消解现实的艺术与审美价值的基础上建构起来的,这就是"大美无美"。

庄子所肯认的大美,是得道层面的形上之美。人通过修道可得道为德,大美就是道或德的一种品格,也就是自然无为的美的品格或精神,或者说是道德精神意义上的美。这种大美是绝对的、无限的无待之美,它不可能是审美意义上的美。审美之美属于人的感性世界,它既关系着形象之物也关系着情感之人,这种美是有待的,它被庄子视为"乐之末",是现世的相对的、有限之美,是一种形色名声的感官享乐精神,是对人和物的自然本性的损害,是社会堕落的罪恶之源,也是回归自然本性应扫除的障碍,它是应当被坚决否弃和超越的。从存在来说,大美中的人是回归本然状态的存在,人与物的存在都是自在的,"人—物"关系在道的精神中同一,由此变成了"天(人)—天(物)"关系模式;而在审美中,人与物的存在是相互呈现的,既是自在自为的也是为他的,"人—物"模式在意义世界中相遇而同一,由此变成了"我(人)—你(人)"关系。庄子的理想是大美,为此他摒弃了审美之美。

作为大美品格的自然无为,是道的特质所赋予的。一种流行的看法认为,道的本身就是大美,道就是美或艺术精神。把道与美在本质上相等同,这实际上是在用道的本质去淹没美的本质,同时也泯灭了美与真、善的界域。在逻辑上,道之德(得)是广义的,它统摄着道德、政治、养生与美等。道之德是一,美等是多;德是体,美等是用;德是本,美等是末;道之德具逻辑优位。另外,从学科美学言,道并不像创生万物般直接创造了美,美是人创造的,美并非外在于人或独立于人,因此,美的本质也必然要关系到人的方面。

道是美的命题的一个支撑是:道的自然无为即是自由,而自由往往被看作美的特性。其实,在庄子的时代,自由并不是一个比秩序更为急切的问题。道是一个形上的终极实体,它先于一切,在这个既定场域很难说给自由留下了一席之地。庄子的自然无为如果算是绝对的自由,按其吊诡的说法,它就不是真正的自由。自然无为切中自由的只是自然的方面,但它同时也否定了自由的自为的方面,最终也就走向了自由的反面。从自由本身看,自由是理想的存在,是对理想状态的肯定,同时也是对不自由不完满的否定，因此，自由表现出肯定性力量与否定性力量的一体二用；而自然无为是一种自然的本性存在，自然无为既不肯定什么也不否定什么。如果说追求自然本性也算是一种肯定与否定，那么它所消解的正是自由的人性目的领域，实际是让自由毁弃于自然。从人生自由看，在人的自然维度，自由要以尊重自然必然性为前提，认识自然同时超越自然，但自然无为讲求顺任自然，却没有对自然的扬弃，就只剩下一种回到自然本性的必然。在人的价值维度，自由是主动的、个性化的选择与创造，庄子似乎也有人生的目的与选择，但那选择是"同于大通"，是将现实的个体断送于一种先验的既定意志的普遍性之中，这就否定了个人价值的实现。从审美的自由看，它是人生自由之一种，是主体诸心理机能因处于协和一致的高峰体验状态而表现出的解放的感觉，因此，它同人生自由一样需要有知识、道德与物质的支撑，只不过在审美中这种支撑是潜在的，而情感表现出独立自足性。庄子的自然无为的状态却明显表现出对知性认识、意志目的以及心理情感的排斥与否定，所以它与审美的自由是背道而驰的。总之，庄子逍遥式的自然无为，"蔽于天而不知人"，即使不是对自由的最终消解，那也是一种自由的精神幻相。

要得道为德，就必须做"性修反德"的工夫，庄子的大美实际上就是通过修养工夫所得之德之一；而从这体道修养来看，它作为一种体验虽然类似于审美体验，但究其实二者差异明显，不仅有差别，它还表现出反审美性。这无疑表明大美并不像美那样是由审美体验而得。

体道工夫主要是心斋坐忘、齐物安命等本体体验与循道而行的实践。从目的来看，修道是为得道是为回归人的本性之德，审美是为满足审美需要获得审美享受；修道是以形上之道为超越诉求，审美至少并不对它自觉追求；修道的形上超越是舍弃有限以求无限，最后沉溺于无限的同一，审美如果追求超越则是以有限显现无限（或从有限的在场者到无限的不在场者），是有限与无限的统一；修道是终生的全方位的人生态度，只有圣人道成肉身，审美是短暂的人生的栖居地，应该人人可行。从直觉来看，虽然它们都采取了一种直觉体验的方式，但其分别却是明显的，体道取消了外在感官的作用，而审美却必然要依赖于这些外在感官；体道的内向直觉是一种纯粹的无待的精神体验，它排除一切感知和心智活动，而审美的直觉则必然关系到对象的感知活动；这种自然无为的精神操守，与其说是审美的直觉，不如说是道德的精神体验。从对象来看，审美的对象，无论从结构特点还是从存在方式去考察，一个共识就是，它应具备感性形式或形象这一基本特征。这种特征，在众多的研究者看来具有其必然性；但是体道可以无须外在对象，也可以从无差别、无选择的万物出发，逐渐或忘或损地抛弃外物而最终与道为一，而道本身无论是从其形上性质及其存在形态，还是从其内化为精神境界来说，道都不可能是一种审美对象。事实是，修道的工夫与境界根本容不下任何具体感性的有限物，得道的逍遥只是一种自然无为的品德，为了凸显这种德，庄子曾对外形给予极大的贬损。

　　庄子的修道体验还表现出反审美性。从时代语境出发，庄子把审美当作一种享乐的感官刺激加以否定，是因为他认为审美如享乐造成了人与物的失性和社会的堕落，而他的哲学正是试图一举彻底解决这种种人生社会问题。庄子标举"无人之情"的"大情"，大情是一种自然本性的"天情"即"性"，而庄子把"人之情"判为是导致失性之"欲"，为了"复性"，所以应无情无欲，审美之情是"人之情"，也在排除之列。所以，把无情之大情当作审美共感是误读的结果。庄子反对文艺与美的创造也表现出非美性。在世界上只存在现成的自然素材，而不存在现成的艺术美或自然美，美是人的精神创造，审美是一种创造性事件；但是自然无为作为一种存在的力量是对有为的创造力的否定，作为一种心理机能是如镜子般被动的心理状态，与创造的那种主动的行为心理也是背道而驰的。

　　庄子的齐物论可以说是绝对地齐同一切。就美学言，它要求对美丑以道观之或齐同观之，主体上要"不藏是非美恶"，对象上就要齐一美丑的价值，这样泯灭美丑的判断，无异于是在宣布美学的存在毫无意义。从存在层面来说，"齐"的人生境界就是物我齐一或说天人合一。庄子的天人合一中，"我"与"物"都为大道所规定的本性所吞噬，都是道化之无差别之物，我与万物的齐一，就不是以现实存在的姿态而是以非存在的姿态（本然状态）出现的齐一，它只是一种原始的天人合一；在审美的天人合一中，"我"与"物"都是"个体化"原则下的互为主体的存在。庄子以形而上学的道为先行，向内收、往后退，消灭人的意识，与万物混沌齐一的方式，与审美的天人合一虽表面上相类似但其实却不可同日而语。庄子的"物化"说表明：物与我的合一，是以本然状态的存在去齐一，仍然没有从"物—物"关系式升华为"人—人"关系式，这不能不说是时代处境带来的遗憾，所以，把它说成是审美的天人合一只是一个美好的愿望罢了。

　　庄子为了"明"其道与修道的思想，虚构了不少的技艺故事。在庄子之时，技术与艺术尚未分化，因此这些故事成了研究中寻绎庄子艺术理论的绝好材料。道与技的关系问题成为关注的一个重点。"技"是人的一种目的性行为活动，因此，道技关系也不是"道—物"关系式，而是"道—（人）—技"关系式，技是人的创造。如果说道是大全，技则是小成，道是无为，技则是有为。技艺造成了道的亏损，从而它必然是修道工夫所要排除的内容，因此，技艺是不能见道的。如果从技艺出发来体道，那将是一个"遗技合道"的过程，这个过程正是心斋坐忘等心性修养的过程。

　　庄子用合道的"大巧"或神技来取代技艺，也就是说用道的自然无为来改铸技艺，无为是无为了，但从此也就没有人为之技艺了，此即神技无技。神技无技，神技是无技之技。神技不具有技艺的规定性，技艺是目的性有为，神技是无为而无不为；技艺创造的是第二自然，神技的创造则不害第一自然。神技也不是现实的技艺或其比拟，神技是对人为技艺加以"自然无为化"后的情景虚构。神技的逻辑结果就是对现世技艺的否定与抛弃。神技经后世的理论转化后，实现了与技艺的统一，那时才显现出真正的技中见道或技进乎道的理论内涵。因此，有必要对技艺故事进行还原，划分这些技艺故事的本意与人们诠释出的新意之间的界线，原本的庄子就会从一个侧面得以呈现。

　　虽然庄子的思想未能成为审美意义上的美学，但它本身充满了"后效于"美学的潜在力量，后世尤其是魏晋南北朝的文艺和美学在体悟庄子（与老子一起）的思想之后创造性地转化出具有道家思想特色的美学或文艺思想，可称为广义的庄子（道家）美学。

　　魏晋玄学为庄子（道家）哲学向美学的转化提供了哲学基础。王弼为这种转化扫平了实质性障碍，他的"以无为本"的体用如一观强调了事物"有"的重要性，他的"言—象—意"结构将"象"纳入了道家哲学和美学，他的"圣人有情"的人性论改变了道家"无情"的局面。王弼的理论在会通儒道上尚不圆融，郭象的理论则显得圆融精致。郭象的独化玄冥与足性逍遥，将道家的形上自然之道落实为现象的内在本质，为道家哲学与现象领域的结合做了会通。而魏晋"任自然"的普遍风尚展示了一种可直接引入实践的超越而自由的精神境界，则激励了自然率性的人生态度和纵情山水的怡情赏会。如此等等，无不为庄子（道家）哲学后效于美学的潜力最终在后世美学中得以转化与实现起了过渡作用。

后世美学尤其是魏晋美学所做的这种转化与实现，大约体现在如下三个方面：一是将体验道的无差别的道德对象转化为体味美的显现了道的有选择性的审美对象；二是将"心斋"、"坐忘"这样的修养工夫转化为"澄怀味象"之类的审美关系；三是将"游心"这样的道德主体境界转化为"神思"之类的审美主体心境。在这种转化中，只要将转化前后的情形加以比较，就可以清晰地看到庄子哲学与借其后效力量所转化出的美学之间的界分，庄子哲学并非是审美意义的美学也得到一次透彻的呈现。也可以说，在这种转化出的广义的庄子（道家）美学的意义上，道德精神意义上的庄子美学在后世有了与之相应的审美意义上的庄子（道家）美学。

总之，庄子思想本身是得道为德的道德哲学。在学科美学视域下，庄子大美无美的吊诡，使得庄子的美学非美学。如果说庄子哲学本身有美学，那也只能算是道德精神意义上的美学，而不是审美意义上的美学，它本身表现出反审美性。严格来说，所谓的庄子美学只不过是庄子哲学"后效于"美学的一种潜在性与必然性，是广义的庄子（道家）美学之一部分。因此，庄子哲学本身才是庄子的，而广义的庄子美学则属于庄子与后世的美学家与文艺理论家，庄子的美学是后效美学。

附　录

庄子美学的建构及反思

第一节　庄子美学建构概貌

中国古代有着丰富的堪与西方古代美学相媲美的美学思想，但中国古代"有美无学"，作为学科意义上的"美学"是西方的舶来物，其在中国的发展也只不过仅有百十年的历程，是中西文化交流与融合的产物。中国学者在获得了"美学"这个视域后，以西方美学为"镜像"而"反观"自身，从而得以有意识地大力挖掘中国古代的思想文化资源，自觉地建构本土性的中国美学史或中国美学体系。中华文化，源远流长，在浩瀚的本土思想资源中，庄子无疑是为众多美学研究者注目有加的一个亮点。如何看待庄子思想与美学的关系，如何把握庄子美学的要点，如何看待庄子在美学史中的地位，如此等等，是中国美学研究者常常思考的重要问题。20世纪初以来对庄子思想进行的美学建构，可分为三个阶段：一是20世纪初至1949年；二是1949年至1976年；三是1976年至今。

一　第一阶段：20世纪初至1949年

20世纪的早期，当美学刚刚被引入之际，中国涌现出了王国维、蔡元培、朱光潜、宗白华等现代美学的第一批学人。他们既深受传统文化的浸染又受西方美学的影响，大多数人都很重视中西美学学术的交流与会通，甚或建构了中国的现代美学体系，但尚"无暇"从美学、文艺学的视角出发对庄子思想进行专门的探讨。① 如朱光潜在其美学著述中曾多次借用庄子书中的相关材料来说明美学上的一些问题，如借用"用志不纷，乃凝于神"来分析美感经验的"凝神"的心灵境界，借用"濠梁观鱼"的故事来说明"移情"的心理特征，等等，但这只是其论述中采取的一种"方便说法"而已，其着力处并非庄子美学之本身。又如郭沫若、闻一多等，尽管他们深受庄子的影响，对庄子极其喜爱并评价颇高，但是他们更多的是从文学的角度着眼解读。郭沫若曾就"梓庆削木为𫚔"的故事论之曰："这一段文字，我以为可以道尽一切艺术的精神，而尤其重要的是，便是其中的'不敢怀庆赏爵禄，不敢怀非誉巧拙，辄然忘吾有四肢形体也'这几句话。这便是天才的秘密，便是艺术的生命所在的地方。"② 这自然是很成功的美学解读，但这也原本无意于庄子美学自身，而是立基于自己对艺术的体悟。在其后期被认为比较客观的著作《庄子的批判》中，他批判庄子学派思想中的"矛盾"，说他们在批评墨家时认为"墨家的非乐节用太过"，但他们的相关言论"不是做得更过吗"③？这是郭氏从庄子思想出发所做的批判。

　　这一时期，把庄子的美学、文艺思想作为对象来进行学术性研究的，主要是在"文艺理论批评史"领域。20 世纪 30 年代，郭绍虞与罗根泽在北京、朱东润在武汉分别讲授中国文学批评史，并各有著作行世（分别于 1934、1934、1944 年出版）。他们"三人可称中国文学批评史这一新学科的奠基者"④。郭氏撰史抓住了道家对文学批评的影响。影响何以产生？这主要是因为道家一重"自然"，二重"神"。因为反人为，所以崇尚自然，后世以此论文则主张自然美。庄子论"神"，虽与文学批评无关，但以"艺事相喻"，论道而及于艺，其精微处而为后世论文者所宗。这表现在两个方面：一是在"作"的方面指出一种"神化"境界，相当

---

① 按一些学者的论述，王国维是受到庄子的影响的，这大约可以肯定。但王氏也没有专门论述过庄子，这也是不争的事实。翻检《王国维文集》（姚淦铭、王燕主编，中国文史出版社1997 年版），王氏曾专门论及"老子之学说"（形而上学、伦理政治论）甚至"子思之学说"，但没有论及庄子的，这也是一个值得探讨的奇特现象。倡"美育代宗教"的蔡元培先生在其《中国伦理学史》中设有庄子的一章，认为庄子学说"在学理方面，近于最新之神道学。其理论多轶出伦理学界，而属于纯粹哲学"。另外，文中驳斥了庄子"北方思想"说的观点。参见刘梦溪编《中国现代学术经典·蔡元培卷》，河北教育出版社 1996 年版，第 36、33 页。

② 郭沫若：《郭沫若全集：文学篇（15）》，人民文学出版社 1990 年版，第 211 页。

③ 郭沫若：《庄子的批判》，载胡道静编《十家论庄》，上海人民出版社 2008 年版，第 102 页。

④ 罗根泽：《中国文学批评史：序》，上海书店出版社 2003 年版，第 2 页。

于为批评立了一个标准；二是在批评方法方面的暗示，即鉴赏艺术要取
"神遇"的态度。① 罗著从艺术创造论、写作方法论及书文糟粕论三个方
面对庄子进行论述。他认为，庄子是自然主义哲学家，对"艺"要求
"任自然"，并不要方法，但用"真积力久"与"用志不分"作为代替的
方法。他强调说："综上各种言论，都不是为文学而发。但后世言文学
者，每斟酌其意趣，把取其论旨，由是在文学理论上，遂有了不可磨灭的
价值。"② 此言可谓中的之语、实事之论。他认为，庄子在写作上，也是
不循方法的虚构之法；而语言文字因是人为，只有否定它，并主张"不
言之辩，不道之道"。朱东润很少论及道家，他认为，"先秦显学，首推
儒墨"，"道家之论，颇涉玄妙，于后世之文学，良多影响，至于评骘文
学，固无可述"。③ 另外，朱维之 1939 年的《中国文艺思潮史略》提出，
老庄道家代表的南方文化与儒家代表的北方文化是"奔迸于中国文艺根
底的两大主潮"④，最先称道南方之学与北方之学的正是庄子与孟子。朱
氏认为老庄的艺术思想是从虚无主义与自然主义出发的，老庄自然、朴素
的艺术论影响了后世，而庄子的"神化"观正好用来解释浪漫主义文学
的神秘性。

　　在隔海的日本，早在 1925 年就有铃木虎雄的《中国诗论史》，书中
提到庄子的仅有一句，认为庄子在《天下》篇中言说六经的性质时有
"诗以道志"之说，铃木虎雄认为庄子"在道志这一点与孔门相同"⑤。
青木正儿在 20 世纪 30 年代中到 40 年代初也有中国文学思想方面的著作
行世，朱维之曾援引过他的"南北地方色彩"说。在青木正儿看来，自
古中国人头脑中有儒、道两大思潮，他认为，儒家为文化主义，道家否定
文化主义。道家并未"揭橥某种理论以引导推动文学"，但对文学有影
响：一是"隐逸高蹈主义似为道家思想之要旨"；二是"景慕神仙"，影
响了后世神怪小说；三是"崇尚朴素"，庄子衍其说而否定音乐、美术之
修饰，使后世文学尚"天真"之风。⑥ 早在 1944 年就被介绍到中国的竹

<hr>

① 郭绍虞：《中国文学批评史：上卷》，百花文艺出版社 1999 年版，第 34—39 页。
② 罗根泽：《中国文学批评史（一）》，上海古籍出版社 1984 年版，第 64 页。
③ 朱东润：《中国文学批评史大纲》，上海古籍出版社 1983 年版，第 8 页。
④ 朱维之：《中国文艺思潮史略》，上海开明书店 1946 年版，第 10 页。
⑤ ［日］铃木虎雄：《中国古代文艺论史》，孙俍工译，上海北新书局 1928 年版，第 33 页。
⑥ ［日］青木正儿：《中国文学思想史》，郑樑生、张仁青译，台湾开明书店 1977 年版，第
12 页。

田复在《中国文艺思想》中指出，关于美的观念，道家认为美丑是相对的并无绝对价值可言。道家讲求真的美，这必"抛弃世俗之美而归于天真。在那去掉人工，超越了人类感觉的地方，真美是应该存在的……也就是不能不扬弃一切有我之境"①。因此道家的文学思想是以达到无我之境为理想。这大约是受到王国维的影响。

据资料索引，此间的 1941 年，陈东阜在《庸报》（2 月 14 日号）上发表了《老子庄子文艺思想》一文，它"堪称 20 世纪第一篇专门研究老庄美学思想的学术论文"②。

这一时期，从美学、文艺理论批评出发的论庄著述并不多，对庄子的关注也并不多，也没有做太多详尽的正面分析，总体上比较简略，但大多都是开创性的研究，也屡有精辟见解，研究眼光多集中在庄子思想及其对后世影响（尤其是影响）方面，史的意识较为突出，并不孤立看待庄子思想。

二　第二阶段：1949 年至 1976 年

这一时期的庄学研究被有的学者称为"二水分流"的时期，"大陆为一脉，港台及海外华人学界为一脉，但没有并进。大陆除了几本文学批评史之外，对于庄子文艺思想的研究大致阙如。而且这些批评史著作由于受'左'的思想的干扰，基本难以跳出以'唯心论'、'不可知论'、'神秘主义'评庄的思维框架"③。这个论断基本符合事实。尽管这一时期的五六十年代间曾有过一次罕见的"美学热"，只不过当时人们可能是大多忙于"美是什么"之类问题的大讨论，还无暇坐下来冷静地思考一些更为细致具体的问题。而"文革"的十年是停滞中断期，不过也有相当多的学者在此期间沉潜下来，为后来庄子美学研究的勃发做了一些积累工作。

1958 年，马采在北大代邓以蛰讲授中国美学史④，曾将讲稿印发给同

① ［日］竹田复：《中国文艺思想》，隋树森译，贵阳文通书局 1944 年版，第 26 页。
② 王建疆：《澹然无极——老庄人生境界的审美生成》，人民出版社 2006 年版，第 118 页。该资料出自王尚寿编《中国历代美学和文论资料索引》，敦煌文艺出版社 2001 年版第 71 页。
③ 刘绍瑾、侣同壮：《二十世纪庄子文艺思想研究回顾》，《暨南学报》（哲学社会科学版）2003 年第 6 期，第 68 页。
④ 马采先生的《中国美学思想漫话》直到 1988 年才出版。这里之所以将其思想放在这一时期，主要是因为马先生的相关研究是在那时完成的，当时也印发了。我们也可以见出这一时期大陆的庄子美学思想研究还处于沉潜状态。

学，可能有些影响。马采从儒、墨、道三家的比较中见出道家对艺术的评价。他认为，墨子反对音乐不是否定艺术本身，"到了道家，便给艺术来一个根本的否定。首先是对美的绝对性的否定……其次是对于技巧的否定。"① 不过，他强调庄子中的一些寓言像"宋元君画史"等暗示了艺术创作态度和技术修养。另有一节专论老庄哲学对魏晋文艺思想的影响。他认为，老庄高蹈主义的生活态度影响到魏晋成为"清谈"风气，高蹈生活与文艺的结合，终于酿成一种文人气质，促进了纯文艺的发展，主要表现在对自然美的亲近，叙景诗及山水诗画的兴起等。

　　这一阶段的港台及海外的庄子美学研究确实取得了骄人的成绩，这里首推徐复观。徐复观在 20 世纪 60 年代出版了《中国艺术精神》。该书第二章是《中国艺术精神主体之呈现——庄子的再发现》，而"本书第三章以下，可以看作都是为第二章作证、举例"②。可见，该书相当于研究庄子美学及其影响的专著。他通过多年对中国画史、画论的研究，通过不断的逆追，终于"发现庄子之所谓道，落实于人生之上，乃是崇高的艺术精神；而由心斋的工夫所把握到的心，实际乃是艺术精神的主体"③，而中国的纯艺术精神就是从老庄思想系统导出。徐氏具体论述了"游"与精神的自由解放的相合，"心斋"等体道功夫与审美观照的契合，体道的"物化"境界与审美境界的相同，并且，论述了庄子艺术化的人生观、宇宙观、生死观、政治观，最后则论述了庄子的艺术创造与欣赏。总之，庄子由体道所成就的是艺术的人生，艺术家由此成就的是艺术的作品，道就是最高艺术精神。徐复观的这一"发现"，以中国古代思想和艺术史为背景，建基于与西方美学的会通之上，终能发前人所未发，有着重大意义，如张法就认为，"它影响了整个中华文化圈对庄子美学思想的讨论"④。

　　"诗哲"方东美的人生哲学致力于"合德完人"的新"超人"理想。他的哲学是种"有机的形上学"（诗性哲学），他的美学以生命境界为鹄的，因此他对庄子的哲学把握有着浓厚的美学意味。他在 1931 的《生命情调与美感》中就将中国的生活情调与美感定为"艺术之意境"以与西方的"科学之理境"相比较。在 20 世纪六七十年代的研究中，他视道家

---

① 马采：《中国美学思想漫话》，上海人民美术出版社 1988 年版，第 28—29 页。
② 徐复观：《中国艺术精神》，广西师范大学出版社 2007 年版，《自序》第 4 页。
③ 同上书，《自序》第 2 页。
④ 李维武：《徐复观与中国文化》，湖北人民出版社 1997 年版，第 514 页。

是"太空人"，所崇尚的是"虚"、"无"，道家的"世界"或"宇宙"是要从实然状态不断超化，成为"艺术天地"，道家的"个人"则不断追求永恒的逍遥与解脱，最后达到道德、懿美、宗教三方面都完满的理想人格。"'逍遥乎无限之中，遍历层层生命境界'乙旨，乃是庄子主张于现实生活中求精神上澈底大解脱之人生哲学全部精义之所在也。"① 正是这样的道家心灵影响了中国诗艺。

叶维廉在其比较诗学研究（从 20 世纪 70 年代始）中把"道家美学"推到了显豁的位置。在他眼中，"'道家美学'，指的是从《老子》、《庄子》激发出来的观物感物的独特方式和表达策略。它们最先不是美学论文"②。道家"观物感物"方式主要是指"以物观物"，就是要自我虚位以让万苏入怀，这样才能冥合万有，也就是庄子的"心斋"、"坐忘"、"丧我"以求"坐弛"。这种方式与西方古代美学的"以我观物"相分别，但却是与现代的现象学、存在主义等对话的契机。表达策略主要是指老庄的颠覆性言语策略。叶氏是从现代全球化语境出发返回到过去对中国道家美学加以研究的，因此他的兴趣在道家美学与西方诗学的汇通上，他的研究从现象学、语言哲学等方面对老庄有不少精彩的阐发。方东美与叶维廉二人的着眼点主要在于运用中国古代的资源建立中国现代诗学，援引西方的生命哲学、现象学等对老庄道家美学做了创造性的阐发。

三　第三阶段：1976 年至今

这一时期大陆庄子美学研究可谓成果斐然，主要存在于如下领域：

（一）庄子美学专著

如：刘绍瑾的《庄子与中国美学》（广东高等教育出版社 1989 年版），张利群的《庄子美学》（广西师范大学出版社 1992 年版），杨安崙的《中国古代精神现象学——庄子思想与中国艺术》（东北师范大学出版社 1993 年版），陶东风的《超迈与随俗——庄子与中国美学》（首都师范大学出版社 1995 年版），王凯的《逍遥游——庄子美学的现代阐释》（武汉大学出版社 2003 年版），包兆会的《庄子生存论美学研究》（南京大学出版社 2004 年版），钟华的《从逍遥游到林中路——海德格尔与庄子诗

---

① 方东美：《原始儒家道家哲学》，台北黎明文化事业股份有限公司 1983 年版，第 244 页。
② 叶维廉：《道家美学与西方文化》，北京大学出版社 2002 年版，第 1 页。

学思想比较》（华龄出版社、中国社会科学出版社 2004 年版），时晓丽的《庄子审美生存思想研究》（商务印书馆 2006 年版），等等。

（二）老庄道家美学合论的

如：赵明的《道家思想与中国文化》（吉林大学出版社 1986 年版），漆绪邦的《道家思想与中国文学理论》（北京师范学院出版社 1988 年版），赵明、薛敏珠的《道家文化及其艺术精神》（吉林文史出版社 1991 年版），王向峰的《老庄美学新论》（人民教育出版社 1999 年版），张国庆的《儒、道美学与文化》（中国社会科学出版社 2002 年版），张文勋的《儒道佛美学思想源流》（云南人民出版社 2004 年版），刘介民的《道家文化与太极诗学——〈老子〉、〈庄子〉艺术精神》（广东人民出版社 2005 年版），王建疆的《澹然无极——老庄人生境界的审美生成》（人民出版社 2006 年版），李春青的《道家美学与魏晋文化》（中国电影出版社 2008 年版），高起学的《道家哲学与古代文学理论》（中国社会科学出版社 2009 年版），易小斌的《道家与文艺审美思想生成研究》（岳麓书社 2009 年版），等等。

（三）美学史、文学理论批评史中的论庄部分

如：施昌东的《先秦诸子美学思想述评》（中华书局 1979 年版），李泽厚的《美的历程》（文物出版社 1981 年版），张少康的《先秦诸子的文艺观》（上海文艺出版社 1981 年版），李泽厚、刘纲纪的《中国美学史》（中国社会科学出版社 1984 年版），栾勋的《中国古代美学概观》（漓江出版社 1984 年版），叶朗的《中国美学史大纲》（上海人民出版社 1985 年版），敏泽的《中国美学思想史》（齐鲁书社 1987 年版），陈望衡的《中国古典美学史》（湖南教育出版社 1998 年版），陈炎的《中国审美文化史》（山东画报出版社 2000 年版），王振复的《中国美学的文脉历程》（四川人民出版社 2002 年版），霍然的《先秦美学思潮》（人民出版社 2006 年版），朱志荣的《中国美学简史》（北京大学出版社 2007 年版），等等。还有些文学理论批评史著作在此就不一一详述。

（四）庄子文学研究中涉及庄子美学的

如：张石的《〈庄子〉与现代主义》（河北人民出版社 1989 年版），阮忠的《庄子创作论》（中国地质大学出版社 1993 年版），白本松、王利锁的《逍遥之祖——庄子与中国文化》（河南大学出版社 1995 年版），李生龙的《道家及其对文学的影响》（岳麓书社 1998 年版），刘生良的《鹏

翔无疆——〈庄子〉文学研究》（人民出版社 2004 年版），张松辉的《先
秦两汉道家与文学》（东方出版社 2004 年版），孙克强、耿纪平的《庄子
文学研究》（中国文联出版社 2006 年版），孙雪霞的《文学庄子探微》
（广东人民出版社 2006 年版），刁生虎的《庄子文学新探——生命哲思与
诗意言说》（中国传媒大学出版社 2009 年版），等等。

（五）单篇学术论文

此期单篇论文据不完全统计近 900 篇。如李泽厚的《漫述庄禅》等。

（六）庄子美学的硕博论文

此期有许多以庄子或老庄为选题的硕博论文，前面列举的庄子、老庄
美学及文学研究著作中有很多就是在论文的基础上出版的，如刘绍瑾、陶
东风等，也有些目前尚未出版，兹不一一列举。

这一时期，港台及海外的庄子美学研究相关著作大致如下：黄锦鋐的
《庄子及其文学》（东大图书 1977 年版），蔡宗阳的《庄子之文学》（文
史哲出版社 1983 年版），颜崑阳的《庄子艺术精神析论》（华正书局 1985
年版），郑峰明的《庄子思想及其艺术精神之研究》（文史哲出版社 1987
年版），朱荣智的《庄子的美学与文学》（明文书局 1992 年版），董小蕙
的《庄子思想之美学意义》（学生书局 1993 年版），等等。另外，也有一
些论庄子美学的论文，如：颜崑阳的《从庄子"鱼乐"论道家"物我合
一"的艺术境界及其所关涉诸问题》（《中国美学论集》，宝文堂书店
1989 年版），孙中峰的《庄学之美学义蕴新诠》（台湾东华大学 2005 年博
士论文），李岗的《尼采与庄子的壮美观——台湾美感教育的省思》（台
湾师范大学 2006 年博士论文）等等。"总体来看，这一时期港台及海外
华人学界的庄子文艺思想研究似乎是在徐复观、叶维廉的影响下进行。他
们就像两座并峙的高峰一时难以逾越。"①

不过，在他们此言（2003 年）后不久，台湾孙中锋的博士学位论文
即对前辈学者的成就有所突破。他言明："本论文的宗旨，即在'本质'
层面上区分出庄子之道境与艺术审美境界间的差别，挑明庄子美学之根本
实质乃是'生命美学'，而非艺术审美之学。庄学在中国传统之艺术审美
领域固深有影响，从而亦含具艺术审美义蕴；然此艺术审美义蕴，乃由艺

---

① 刘绍瑾、侣同壮：《二十世纪庄子文艺思想研究回顾》，《暨南学报》（哲学社会科学版）
2003 年第 6 期。

术家主体情性之接受中介而'衍生'者，而并非庄学所固有之涵蕴。"①
孙氏认为，庄学在美学上的"根本义蕴"是"生命美学"，因为庄学是一
个生命学问体系，庄子正是对生命问题的探索而触及"美"的问题，"庄
子美学"正是根植于对生命的反省和实践。这种生命美学因其超越"相
对美"而追求"绝对美"的价值取向。它包含三个方面，一是心灵"至
美"境界，一是"形上本源"之"大美"与人生"众美"，再一个是
"人格形相美"。而庄学所开显的艺术审美精神与境界则是其"衍生义
蕴"，这是靠"主体情性"作为中介因素才得以实现的。上述两方面的结
合才是对庄子美学整体义蕴的精细把握。

　　综观诸多研庄著述，取得的实绩是足以骄人的，其突出表现大约在：
庄子美学与中国古代美学（儒家与禅宗）或西方美学的比较，庄子美学
的影响研究，庄子美学的系统化或精细化考察，用现代美学视域对庄子美
学予以阐发等方面，时贤对此已多有述评与反思，兹不赘述。

第二节　庄子美学建构的样式

　　从我们前面的回顾可以看出，庄子美学的研究大体上经历了一个
"发现"或"发明"的过程，人们从初期的不自觉地援引庄子作为说明美
学问题的材料，到后来有意识地自觉地挖掘、梳理庄子思想中的美学，从
一开始的按照美学、文艺批评的概念、范畴、逻辑体系去寻找庄子文中零
碎的相关表述，到后来的从整体上把握庄子思想的特质以建构庄子的特色
美学，从总体倾向上来说，能够从正面积极地来挖掘、整理古代的思想资
源，能够自觉地对古代美学加以研究，这种积极态度和自觉意识对建构庄
子美学与建立中国现代美学是有益的，也反映出中国美学研究薪火相传的
发展过程与巨大潜力。但是，由于庄子思想本身的复杂性和深刻性以及美
学问题的丰富性和家族性，由于人们对庄子和美学理解的双重差异，人们
所理解的庄子美学就众说纷纭、歧见迭出了。依据对庄子美学思想定位的
情况来划分庄子美学建构的样式，大体可以分为否定式、矛盾式和肯定式
等几种情形，其间还可以细分。

---

① 孙中峰：《庄学之美学义蕴新诠》，博士学位论文，台湾东华大学，2005年，第191页。

一　否定式

否定式定位，主要是指那些认为庄子思想本身并无意于也并不是什么美学或文艺评论，从其思想理论来看，庄子是否定甚至反对美与艺术的。我们把这样的庄子美学定位样式称之为否定式。

在 20 世纪的 20 年代到 40 年代，从事文艺理论与批评的一些研究者如郭绍虞、罗根泽、朱东润、朱维之等大多持这种看法，与此同时期的一些日本学者，如前述的铃木虎雄和青木正儿等也持相似观点。他们的观点大约可以归纳如下：其一，庄子思想作为道家思想的重要部分，与儒家思想处于相对立的地位。如竹田复就认为，道家的艺术观以对儒家的反动姿态出现，儒道是中国文学思想相互影响的两大潮流。① 其二，庄子思想本身并不是针对文艺而发，并无意指导或推动文艺的发展，并无多少关于美和文艺的观念。如罗根泽就强调庄子"妙造自然"等方法，"不惟不是为文学而发，也不是为艺术而发"。② 其三，从庄子的思想倾向看，庄子是否定文学和艺术的，但是庄子却从多方面给后世的谈文论艺者以深远的影响。如郭绍虞认为："由道家的态度言，视'文学'为赘疣，为陈迹，为糟粕。但若由道家思想及于文学批评之影响言，则转足以间接帮助文学的发展。"③

尽管 20 世纪 60 年代徐复观在台湾已经提出庄子的道"不期然而然地"会归于今天所谓的艺术精神，但是在 20 世纪的 70 年代末至 80 年代初，大陆学者从施昌东开始到李泽厚、刘纲纪止，掀起了对庄子美学定位的激烈探讨，所以这一时期可视为争鸣期。此间的施昌东、蒋孔阳等就认为庄子是美与艺术的否定论者，其思想在美学上是一种虚无主义与相对主义的思想。施昌东在 1979 年出版的《先秦诸子美学思想述评》中以专节论老庄美学思想。他认为，在文艺论方面，联系庄子的哲学与文艺问题来看，庄子忘记一切否定一切的彻底虚无的人生哲学，使他"提出一系列

① ［日］竹田复：《中国文艺思想》，隋树森译，贵阳文通书局 1944 年版，第 26 页。
② 罗根泽：《中国文学批评史（一）》，上海古籍出版社 1984 年版，第 61 页。
③ 郭绍虞：《中国文学批评史：上卷》，百花文艺出版社 1999 年版，第 34 页。郭绍虞后来在 20 世纪 50 年代的改写本，对庄子有专门的论述，但较为粗简。郭氏指出庄子不会从正面谈到文学问题，对后世有积极与消极的两方面影响，主要是"谈艺者师其神"。（郭绍虞：《中国文学批评史》，上海古籍出版社 1979 年版，第 15 页）

反对文化学术，否定文学艺术及一切美的东西的荒谬理论"①。蒋氏认为，庄子以"天乐"为最高的音乐境界，它是自然的，不是人为的；人为的一切音乐，如五声六律等，是"形色名声"的音乐，是乐之末，都是毫无意义的。庄周"陷入了美学上的相对主义和虚无主义"②。

自李、刘二氏将庄子美学定位为"庄子哲学即美学"后，坚持这种否定式定位的言论虽然不是销声匿迹了，但也只是极少数人的声音。例如杨径青在《试论庄子的反美学思想》中指出："庄子的哲学从根本上讲是反美学、反审美的，他的这一思想贯穿其整个哲学体系中。"③ 他甚至强调对庄子所谓的美学研究应该走"影响研究"一路才是正途。这可能是目前看到的最鲜明的否定式观点之一。章启群在一篇文章中对徐复观的观点进行了反驳，他认为徐复观"把'中国艺术精神'，与'中国文化中的艺术精神'，以及'中国人生活的艺术精神'混为一谈"。他从三个方面反驳："《庄子》的'道'与中国艺术精神的最高意境是否相同？""《庄子》中的得'道'者是否具有一种艺术的精神或境界？""《庄子》有自然美的观念吗？"结论是："美不是《庄子》所宣扬和赞赏的东西，中国艺术的精神与《庄子》的思想和境界也不能简单等同。"④

在国外的一些研究者中，也有持这种否定式定位的见解。例如世界美学学会前主席美国的托马斯·芒罗在《东方美学》中就宣称中国的老子、墨子都对艺术持否定看法。关于道家，他认为："既然解脱之道就存在于个人的内心之中……还给艺术留下了一席之地吗？在原则上是没有留下的。"⑤ 尽管他主要提到的是老子，但这也完全适合用来评价庄子。

二 矛盾式

矛盾式的研究样式在研究庄子美学时都倾向于寻绎出庄子有美学，但又承认庄子思想中有反对美与艺术或者非美学的一面。具体有如下情况：一是庄子思想本身的矛盾式，二是思想与实践的矛盾式，三是纯美学与泛

① 施昌东：《先秦诸子美学思想述评》，中华书局1979年版，第59页。
② 蒋孔阳编：《中国古代美学艺术论文集》，上海古籍出版社1981年版，第133页。
③ 杨径青：《试论庄子的反美学思想》，《思想战线》1995年第4期，第86页。
④ 章启群：《怎样探讨中国艺术精神？——评徐复观〈中国艺术精神〉的几个观点》，《北京大学学报》（哲学社会科学版）2000年第2期，第21—28页。
⑤ ［美］芒罗：《东方美学》，欧建平译，中国人民大学出版社1990年，第84页。

美学的矛盾式。前两种是从庄子的思想角度入手，后一种是从对美学学科的理解入手，从而最终都倾向于形成矛盾式的定位。

矛盾式的第一种情形，主要是指那种认为庄子思想本身存在着矛盾现象，从而认定庄子思想中虽有否定美与艺术的一面但也有肯定美与艺术的一面的研究样式。如樊公裁并不同意那种认为庄子否定了人为的美从而也否定了美的观点。他认为，庄子反对的是当时一般人所说的美，那不是真正的美，是偏美、残美，但是庄子主张真正的美，即"至美"，绝对的美。而"至美"即美的本质就是自然就是朴素就是真实。① 阎韬认为应辩证地看待庄子的美学，他指出："庄子在美学上有破也有立。他一面否定了礼乐的美，另一面极力论证天地的美，道的美。"② 敏泽的《中国美学思想史》中研庄部分就贯穿了辩证的思想。以"齐是非与泯美丑"一节为例，庄子的美、丑的存在"只是绝对相对的"，一方面，美丑相对的观点，无疑有积极意义，"但将相对绝对化，又无疑是荒谬的，最终将导致泯灭美丑的界限。"③ 罗宗强认为庄子与其后学之间在对待美与文艺的问题上是不一致的，因此他主张要分清庄子的观点与庄子后学的观点。他通过对文本的思维方法的考察后认为内七篇和《秋水》的一些段落可看作是庄子的，进而分析了庄子与其后学之间在文艺思想上的两个矛盾。一是"内七篇是主张美丑无标准，是根本否定美丑存在的，而外、杂篇却有承认美丑差别、美丑存在的论述"④。二是庄子否定语言的表达功能当然也就彻底否定文艺，而后学则反对人工雕琢提倡自然之美。

矛盾式的第二种情形，指庄子的基本思想是否定美与艺术的或并没有多少美学思想，但是在实践上却并没有反对美与文艺，从而暗含着美学或启发、影响了后世的美学与艺术。马冀认为，庄子一书"一方面否定文学艺术，另一方面却又提出了一套系统的文学创作理论"⑤。这是因为不仅要看他说什么，还要看他的行为即文学实践。吴调公则强调，作为文艺

---

① 樊公裁：《庄子的美学思想》，《哲学研究》1981 年第 9 期。

② 阎韬：《庄子美学思想浅议》，载复旦学报编辑部编《中国古代美学史研究》，复旦大学出版社 1983 年版，第 175 页。原载《南京大学学报》1982 年第 3 期。

③ 敏泽：《中国美学思想史：上卷》，湖南教育出版社 2004 年版，第 239 页。

④ 罗宗强：《读〈庄〉疑思录》，载复旦学报编辑部编《庄子研究》，复旦大学出版社 1986 年版，第 267 页。

⑤ 马冀：《略论庄子学派的文学思想》，《内蒙古大学学报》（哲学社会科学版）1982 年第 3—4 期。

家的庄子的生活与文学实践充满了审美感受，表现了他的审美理想。庄子
的议论中既有形象体系的完整性又带有感情，"庄子的现实体验和文章构
思过程，既是逻辑推理过程，也是审美过程和改造表象的艺术概括过
程"①。蔡钟翔也认为，"从庄子的哲学思想中必然会引出彻底否定文艺的
结论"，但是庄子"既要出世，又要混世，既要脱俗，又要从俗，构成了
庄子哲学的内在矛盾。这种矛盾也表现在他对文艺的态度上。在理论上他
彻底地否定文艺，在实践上却并不激烈地反对文艺"②。另外，他还指出，
庄子书出于众人之手因而又有前后不一致的观点，这些矛盾在后世完全可
以生发出互相对立的理论，从而予古代文学审美理论以巨大影响。

　　上述两种样式大约可以视作从否定式向肯定式的逻辑过渡，他们无疑
不得不正视庄子思想中的那些非美与否定艺术的言论，也不得不面对从庄
子哲学的逻辑所推导出的必然非美与否定艺术的结论，但是却又似乎并不
愿看到一个否定美与艺术的庄子。张少康看到，一些学者"看它的消极面
过多，这对正确总结我国古代文艺发展的经验是不利的"③，学界应该发扬
其合理因素建构起正面的庄子美学。张文勋也指出，学界对老庄的评价肯
定的少否定的多，片面强调了老庄思想的落后面，忽视了其中的合理因素。
因此，他的探讨也着重于老庄思想的合理因素对后世的积极影响。④

　　当时这种建构相对来说还显得有些单薄，有种生硬地向美学"靠拢"
的味儿。其实，美学史表明，一些非美学或否定美学的东西也不一定就对
美学没有价值，并不是非得把它们说成是美学的才能凸显有价值。但是值
得尊敬的是这种建构反映了学者们对建构中国古代美学所做的不懈努力，
它从不同视角对庄子思想进行了深切的把握，为后来的研究积淀了深厚的
基础。

　　第三种矛盾式，主要是基于对"美学"学科理解的差异，认为庄子
哲学从严格的以西方美学为映照的美学学科来说不是美学，但是从某种较
宽泛的美学视域去看时它又是美学，能为一种泛美学所包含。例如，萧兵

---

① 吴调公：《古典文论与审美鉴赏》，齐鲁书社 1985 年版，第 74 页。
② 蔡钟翔等：《中国文学理论史（一）》，北京出版社 1987 年版，第 42 页。
③ 张少康：《论庄子的文艺思想及其影响》，载《社会科学战线》编辑部编《古典文学论
丛（第三辑）》，齐鲁书社 1982 年版，第 67 页。该文写于 1979—1980 年。
④ 张文勋：《老庄的美学思想及其影响》，载古代文学理论研究编委会编《古代文学理论
研究：第八辑》，上海古籍出版社 1983 年版，第 1—23 页。

在读了李泽厚的中国美学史之后认为中国古代的美学是一种"潜美学"，这中间可能也包括庄子。① 例如，李春青探讨了作为理论形态的老庄美学，他认为从这一层面言老庄美学是一种"非美学的美学"，一方面它"并没有一套独立的美学话语，甚至没有关于美的普遍性的意识"；但是，另一方面"其人生境界与社会理想本质上都是一种艺术境界，它具有一种审美的功能"②。从现代学科分类标准看，它不是美学，从其思想的价值旨趣、运思方式和言说方式来看，却都具有明显的审美意味，是一种美学或"元美学"。

这种定位样式大多是学者们在徐复观、李泽厚、刘纲纪等定位研究日渐成为学界的主流观点之后对前人研究所做出的反思。它逐步摆脱了初期探索者们那种简单的"靠拢"方法，在前人言说的基础上，已经有了更为成熟的美学学科认识，有了更加开放的学术视野和丰富的参照资源，不再仅仅纠结于庄子是肯定美和艺术还是否定美和艺术的表层话语的"亲密关系"，而是能够逐渐透入美学学科的精神内核进而揭示二者间有无"亲缘关联"。这样的探究表明了中国美学作为一种学科的理性发展，表明了中国本土的古典美学的建构也在日趋走向成熟。

三　肯定式

肯定式定位可以说是庄子美学研究的主流。它主要指那种认为庄子思想不仅有美学并且将庄子思想等同于美学的研究样式。这里应指明的是，有的学者认为，庄子整个思想相对来说构成了一个较完整的哲学体系，而庄子并没有脱离其思想整体且无意于单独地去谈论美和艺术的问题，因此在肯定庄子思想有美学时，往往并不只是说庄子的部分言论与思想构成其美学思想，而是就其整体理解而言是美学，这与古代其他的许多思想家如孔子孟子等并不相同。这是从美学出发的一次理论洞见，但是有必要提醒的是，庄子思想作为学科分化之前的产物并不可能那么的纯粹，应是蕴涵丰富的体系。③ 肯定式又可以分如下两种情形：

---

① 萧兵：《中国的潜美学——读李泽厚中国美学史论著有感》，《读书》1984 年第 11 期。
② 李春青：《道家美学与魏晋文化》，中国电影出版社 2008 年版，第 75 页。
③ 例如前述蔡元培先生在《中国伦理学史》中就阐释过庄子的伦理学。英国的李约瑟在其《中国科学技术史（第二卷科学思想史）》中探讨过庄子的科学思想。其他的如从语言哲学、宗教学等方面进行研究的也并不少见。

　　第一种是直接等同式，直接将庄子思想等同于美学而加以研究。徐复观在他的思想史研究中将庄子的思想梳理成一个理论系统之后，仍然觉得庄子思想中有还未被发掘的东西，这样就有了他的"庄子再发现"，这其实是"庄子美学的发现"。他反复强调："他们之所谓道，实际是一种最高的艺术精神。"① 徐复观体悟出庄子之道与艺术精神的联系，将道定位于最高或纯艺术精神（详见前述）。

　　1984 年，李泽厚、刘纲纪出版了《中国美学史》第 1 卷，该书以相当长的篇幅论述了老子和庄子的美学。在老子章中指出老子美学的三大特征基本上也适合后来的庄子及整个道家学派的美学，其第二个特征就是"老子的美学同他的哲学是不可分割地互相渗透在一起的"②。在庄子章中，他们明确指出："庄子的美学同他的哲学是浑然一体的东西，他的美学即是他的哲学，他的哲学也即是他的美学。"③ 在一个小标题中则简述为"庄子的哲学和他的美学的交融统一"④。该章并从美论、美感论、艺术论、历史地位等方面进行了细致的阐发。1985 年初，李泽厚发表了《漫述庄禅》一文，文中的第一节标题就是"庄子的哲学是美学"，这可能是目前最为人所熟知的表述。该文认为："就实质说，庄子哲学即美学。他要求对整体人生采取审美观照态度。……从所谓宇宙观、认识论去说明理解庄子，不如从美学上才能真正把握庄子哲学的整体实质。"⑤

　　一些有影响的中国美学史，如叶朗、陈望衡等也持和他们相类似的观点。叶朗的《中国美学史大纲》认为："庄子的很多哲学命题，同时就是美学命题。""庄子在'庖丁解牛'等寓言故事中关于创造的自由就是审美境界的论述，在美学史上第一次接触到了美和美感的实质。"⑥ 一些庄子美学的研究专著，也持这种等同观点。如，王向峰的《老庄美学新论》一书的第一章就是"美的根源论"，下分三节，一是"美的根源在于道"，

　　① 徐复观：《中国艺术精神》，广西师范大学出版社 2007 年版，第 36 页。
　　② 李泽厚，刘纲纪：《中国美学史·先秦两汉编》，安徽文艺出版社 1999 年版，第 195 页。
　　③ 同上书，第 217 页。
　　④ 同上书，第 225 页。关于"庄子的哲学是美学"这一基本思想最初是由谁提出的，有些争议。可参见刘纲纪、李世涛《我参与的当代美学讨论——刘纲纪先生访谈录》，《文艺理论研究》2009 年第 4 期。
　　⑤ 李泽厚：《中国思想史论·上》，安徽文艺出版社 1999 年版，第 193 页。
　　⑥ 叶朗：《中国美学史大纲》，上海人民出版社 1985 年版，第 106 页。

二是"美与文皆由道生"，三是"美的存在的无在之在"。①

正如有的学者所指出的那样："由于李泽厚先生在 80 年代中国学术界和文化热潮中的巨大影响力，使得其观点迅速传播开来，广为人知，极大地推动、促进了庄子美学思想研究的兴起。"② 在徐复观、李泽厚、刘纲纪等人的大力论证下，加上他们的巨大影响力，庄子的道是艺术精神或庄子的哲学是美学的观点此后获得了广泛的认同，成为了学界流行的观点，甚至成了某些研究者进行研究时不言自明的前提、基础。

第二种是间接等同式。这种研究主要是从某种特定的视镜出发将庄子思想等同于某种特定的美学。如包兆会的《庄子生存论美学研究》就是采取这种定位方式。他认为庄子不是从文学艺术角度来谈论美学的而是以人生为基点建构美学的，因此，他从生存感性论和言说角度切入从而建构出"庄子生存论美学"。③ 顺此指出，包氏认为其对美学自身的不同构成方式及不同方式之间的关系的理解与一般理解稍异。时晓丽从"生存"思想着手进行"庄子审美生存思想"研究。在她看来，生存模式大约有三种：功利生存、道德生存、审美生存。"《庄子》的生存思想，从现实生存的困惑出发，追求理想生存，通过'体道'来达到，道是客观存在的绝对的美，'体道'就是对美的观照，因此，庄子的至人世界是精神的、审美的。……'体道'是一种审美生存方式，审美生存是庄子思想的核心。"④ 另外，庄子的生命美学、生态美学、存在主义美学、现代主义美学、后现代主义美学，如此等等，亦可归入此种，兹不赘述。

这种间接等同式有的也是在反思直接等同式的基础上建立的，如包兆会、孙中锋等，有的则是直接立基于某种视域的建构，如庄子生命美学等，都可以视作是直接等同式的逻辑演进。一般地说，间接等同式，一方面是出于学术研究中的理论创新意识，另一方面，更多的是力图寻求一种被认为是更加完满的庄子美学建构，寻求一种更贴切的理论诠释，换句话说，他们更加注重庄子思想本身的特性和其所在的历史文化语境，也更加注重阐释的有效性与合理性。在建构庄子美学的过程中，相较而言，他们比前代有一些更加有利的条件，一方面，他们有前代研究所做的深厚基

---

① 王向峰：《老庄美学新论》，人民教育出版社 1999 年版，第 2—8 页。

② 李宝红、康庆：《二十世纪中国庄学》，湖南人民出版社 2006 年版，第 380 页。

③ 包兆会：《庄子生存论美学研究》，南京大学出版社 2004 年版，第 4—5 页。

④ 时晓丽：《庄子审美生存思想研究》，商务印书馆 2006 年，第 8 页。

础，另一方面，他们又有了更新的视角更新的理论资源。这些资源和视角往往来自西方的哲学与美学，也就是说，西方的那些不断被介绍进来的思潮常常启发了他们新的灵感，从而成为他们建构庄子美学的重要理论支撑。"成也萧何，败也萧何"，也正是因为如此，其中的某些庄子美学的"创造性"构建，也遭到了一些研究者的强烈批评。

如包兆会认为，当代学者的一些研究之所以有失误，就在于他们的研究游离了《庄子》文本及文本产生的历史语境，"在确定《庄子》美学这个研究对象时却往往照搬西方或今人眼光中的美学概念"[①]，对解读的对象是否切合文本本身反思不够。佀同壮也认为，庄子美学中存在的问题，"其最主要的一点即是纯以西方美学观念范围、框架庄子，这在大陆 1980 年代以来的庄子研究尤为显著……现在有许多研究者研究庄子美学时依然不加反思地因袭了那个时代存在着偏误的思路"[②]。这种学术性反思态度值得嘉许。当然，在建构中国传统美学的发展历程中，这种初期阶段的援引西方美学知识概念来"照着讲"中国美学可能也不失为一种方法，反映出学者建构中国美学的自觉意识和起步的艰难，但是随着研究的深入，在"接着讲"时，研究者尤其是专门的研究者保持一种必要的审慎与反思态度就并不是多余的。对那些研究者的因袭，我们不能不说"权威的偏见"是难以避免的。

以上即是三大类的研究定位样式，要顺便说明的是，肯定不可能是全盘的肯定，否定也不可能是全盘的否定，上面庄子美学研究样式的划分只是根据研究者对庄子美学定位的总体倾向和论述的侧重点而作出的大致划分。具体的研究情况是既复杂又丰富的，换一个视角看有的说不定就成为别的样式；在大的整体方面是某种样式，在小的具体方面又是另外的样式，可能出现互相渗透互相包含的情形。例如，上面的矛盾式我们能否将肯定的那一面通过加括号的方式悬置起来？如果可以的话，它实际也承认庄子是否定美与艺术的，是"非美学"。例如，蒋孔阳认为老庄是"否定和取消礼乐"的，就通常审美意义的美学来看这是"否定式"的定位，这是作者的取向与焦点，但是他又承认老庄并没否定"至乐无乐"的艺术。又如，李泽厚、刘纲纪认为庄子自然无为的思想中有"美在于自由"

---

① 包兆会：《庄子生存论美学研究》，南京大学出版社 2004 年版，第 236 页。
② 佀同壮：《庄子美学研究指瑕》，《山西师大学报》（社会科学版）2006 年第 1 期。

的思想，但庄子把人类有意识有目的的活动同自然无意识无目的的活动混为一谈，"是错误的、反动的"，① 不能说他们没有看到庄子思想的反面，但是这并不妨碍他们认定"庄子的哲学是美学"。

第三节　反思之维

在中国获得了西方美学为参照的"学科视域"后，建构"庄子美学"成了中国美学的责任之一。与其他的思想家相比，庄子的思想被建构定位为美学似乎历经了更多的曲折，从否认它是美学到肯定它是美学，从肯定它是美学到指出它是什么样的美学，在美学研究领域一直聚讼纷纭，庄子美学的定位难免给人一种无定性的印象。这种现象在其他美学思想研究中是很难发现的。

这主要还是在于"庄子"与"美学"之间存在的张力使然。这提醒我们，"庄子美学"这一说法并不是那么的理所当然、理直气壮的事。那么，我们标举什么样的"庄子"与什么样的"美学"，就是值得思考的了，但二者决然不可能是没有自身边界的，而建构起来的"庄子美学"，要达到像伽达默尔那样的"视域融合"，像赫施那样的阐释"有效性"，总是学理追求的必需。这就需要我们在庄子美学研究中引入一种反思之维。

于庄子，相对于今天某些已经走得够远的庄子（美学上）阐释来说，我们是否应该回到庄子本身？我们的目标是什么？是建构"庄子"美学，而不是用美学来创造庄子，也不是用庄子来创造"我的"美学。因此阐释过程中不要过于放大自己的解释权力，因为阐释的开放性并不是无限的，它必须以阐释的有效性为其前提。庄子作为一个思想体系，势必有个冯友兰称之为"庄之所以为庄者"的思想内核，其实也就是作为"文本原意"的庄子本身。当阐释者以其先在的理解视域和开放的意义阐释进行庄子美学的建构时，就有必要正视这个庄子本身的存在，把庄子美学的丰富性与开放性放置于其自身规定性之上。"有一千个读者就有一千个哈姆雷特"，但那一千个还是哈姆雷特，而不是李尔王。正如大家所见，有的研究者正是因其在阐发时超出了应有的限度，所以其阐发出的庄子有如

---

① 李泽厚、刘纲纪：《中国美学史·先秦两汉编》，安徽文艺出版社 1999 年版，第 235 页。

"现代的""后现代的"庄子而为人所诟病。陶东风就指出："这种将庄子'后现代化'的作法，不仅在价值取向上是迷乱的，而且在认知阐释上也常常歪曲了庄子。"① 任意切割庄子建构起来的美学定然行而不远。

于美学，相对于今天某些"无边性"的美学学科观念来说，我们是否应该尊重最基本的审美经验、审美现象的事实？我们是要建构庄子的"美学"，而不是庄子的科学或伦理学。李泽厚、刘纲纪二位先生曾指出："仅从思想史（美学史是各种思想史中的一种）的研究来说，任何真正有科学价值的研究，都要从现代科学发展的高度对古人的思想作出某种说明，指出它在某门科学发展史上的意义。"② 研究古代美学思想也是当代美学思想的一种折射，在建构庄子美学时，自然也避免不了立基于现代美学体系，运用现代学术眼光。同时，我们在研究美学时也要注意到美学的宽泛性。美学也不可能只是西方美学史上的那种学科模式，况且西方美学本身也处于发展变化之中，在人类历史上很多没有西方学科美学的国家地区同样也产生了丰富而独特的美学思想。我们不要局限于学科美学而将这些丰富的思想资源排斥在外，但是同时也不能为了满足民族的自豪感或某种理论的需要，将很多非美学的东西当作某种独特的美学而纳入美学研究的范围。

因此，我们既不要唯西方美学的马首是瞻，以西方美学的范畴、概念、体系来画地为牢自我框限，以为只有像西方的那种美学才是美学，但也不要因讲求所谓的独特性而将美学弄成泛化无边的美学，把凡是关于人的思想理论都放大当作美学而纳入美学来研究。完全按照西方美学学科体系下的那些术语一一对应地加诸庄子，势必会丧失或扭曲庄子思想的独特性。而为了论证庄子的美学特性，将美学泛化无边，势必会丧失美学学科的规范性。③ 无论是西方"源发"的美学也好，还是我们中国"后生

---

① 陶东风：《当代庄学与文化研究的"后现代"误区》，《学术研究》1994 年第 2 期。
② 李泽厚、刘纲纪：《中国美学史·先秦两汉编》，安徽文艺出版社 1999 年版，第 13 页。
③ 前述傅伟勋先生主张将"美感经验"与"人伦道德"区分开来。国内少数研究者将"人格美"即高尚的人格（仅是善的价值，并不关涉美的价值，也不是"人格形相美"或"道德的象征"之类）也纳入美学研究，并以之为中国美学的一特色，这在笔者看来有些不妥，因其混淆了学科的界限。代迅教授指出："从学科建设层面上，我们没有理由用中国美学的特殊性来反对美学学科的规范性和美学理论的普适性，而且这在当今的全球化时代也是注定行不通的。"（代迅：《去西方化与再中国化：全球化时代中国美学研究的问题与方法》，《社会科学战线》2008 年第 2 期）

（发）"的美学也好，既然都属于"美学"学科，它们必然有某些共同的东西，有某些家族的相似特征、规范与普遍性标记。不是有西方学者讥笑中国古代某些东西模糊、混乱、纠缠不清吗？这当然只是他者的偏见。如果说古人如此是本土性创造所留有的特色的话，那么我们今天是否应放眼世界，更应有一点世界性的眼光？

其实，我们进行美学研究时，大可不必纠结于"美学"的广与狭。无论如何，一种思想或学说，究竟是不是美学思想，我们至少不能无视的最基本的东西应该是审美事实或审美现象。如果远离了最基本的审美事实或审美现象，那还是不是审美意义上的美学就很难说了。

于庄子于美学，只有处理好了二者之间的紧张，做到了二者的真正的圆融与会通，庄子美学才能真正建构起来。不过，视域也有冲突的一面，并不是在任何两极之间都能构成某种肯定性的张力平衡结构，都具有碰撞后的"可生产性"从而形成有效的可信的新"融合"，否则，那只能是不合法的偏见造成的误解，会造成解释的不可信。视界融合就会有个融合程度高低即"融合度"的问题，如果融合度过低甚至"冲突"，就难以保证解释的有效性。① 这就要求我们在研究中，对所有这些构成我们关于庄子美学理解的"前见"，尤其是"权威的前见"（无论是否定式还是肯定式的庄子美学定位），持一种开放的态度，像伽达默尔所说的那样通过"前见"与文本的不断"交流"或"交换"，细致审慎地加以辨识、甄别，修正不合适的前见。也许还有必要从庄子有无美学、庄子美学如何可能的这些基本问题的反思开始，才能更好地推进庄子美学的研究。因为理解和解释不仅仅是运用前见，有时还得突破前见。

---

① 彭启福教授认为："视界融合"会呈现出"融合度"的差异，所以"正解"与"误解"以及正确诠释与错误诠释的差别，归根结底就是融合度的差别之一。"诠释不足"或"诠释过度"，读者与作者之间的"视界融合度"就低。参见彭启福《文本诠释中的限度与超越——兼论马克思文本诠释的方法论问题》，《哲学研究》2007 年第 2 期。

参考文献

一

（一）

1. 曹础基：《庄子浅注》，中华书局 2007 年版。

2. 崔大华：《庄学研究》，人民出版社 1992 年版。

3. 崔大华：《庄子歧解》，中州古籍出版社 1988 年版。

4. 崔宜明：《生存与智慧——庄子哲学的现代阐释》，上海人民出版社 1996 年版。

5. 陈鼓应：《庄子今注今译》，中华书局 2009 年版。

6. 陈鼓应：《老子注译及评介》，中华书局 1984 年版。

7. 陈鼓应：《老庄新论》，商务印书馆 2008 年版。

8. 冯友兰等：《庄子二十讲》，华夏出版社 2009 年版。

9. 复旦学报编辑部编：《庄子研究》，复旦大学出版社 1986 年版。

10. 高亨：《老子正诂》，中国书店 1988 年版。

11. （清）郭庆藩撰：《庄子集释》，王孝鱼点校，中华书局 2004 年版。

12. 韩林合：《虚己以游世——〈庄子〉哲学研究》，北京大学出版社 2006 年版。

13. 黄山文化书院编：《庄子与中国文化》，安徽人民出版社 1990 年版。

14. 胡道静编：《十家论老》，上海人民出版社 2006 年版。

15. 胡道静编：《十家论庄》，上海人民出版社 2008 年版。

16. 蒋锡昌：《庄子哲学》，上海书店 1992 年版。

17. 李宝红等：《二十世纪中国庄学》，湖南人民出版社 2006 年版。

18. （宋）林希逸：《庄子鬳斋口义校注》，周启成校注，中华书局 1997

年版。

19. 刘笑敢:《庄子哲学及其演变》,中国社会科学出版社 1988 年版。

20. 钱穆:《庄子纂笺》,生活·读书·新知三联书店 2010 年版。

21. 钱穆:《庄老通辨》,生活·读书·新知三联书店 2005 年版。

22. 孙以楷:《老子通论》,安徽大学出版社 2004 年版。

23. 涂光社:《庄子范畴心解》,中国社会科学出版社 2003 年版。

24. (魏)王弼:《王弼集校释》,楼宇烈校释,中华书局 1980 年版。

25. (魏)王弼:《老子道德经注校释》,楼宇烈校释,中华书局 2008 年版。

26. (魏)王弼:《老子道德经注》,上海人民出版社 2010(文渊阁四库全书电子)版。

27. 王博:《庄子哲学》,北京大学出版社 2004 年版。

28. 王夫之:《老子衍　庄子通　庄子解》,王孝鱼点校,中华书局 2009 年版。

29. 王世舜、韩慕君:《老庄词典》,山东教育出版社 1993 年版。

30.《闻一多全集(2):古典新义》,生活·读书·新知三联书店 1982 年版。

31. 徐克谦:《庄子哲学新探——道·言·自由与美》,中华书局 2005 年版。

32. 熊铁基等:《二十世纪中国老学》,福建人民出版社 2002 年版。

33. 谢祥皓、李思乐辑校:《庄子序跋论评辑要》,湖北教育出版社 2001 年版。

34. 杨国荣:《庄子的思想世界》,华东师范大学出版社 2009 年版。

35. 杨柳桥:《庄子译诂》,上海古籍出版社 1991 年版。

36. 叶舒宪:《庄子的文化解析——前古典与后现代的视界融合》,湖北人民出版社 1997 年版。

37. 詹剑峰:《老子其人其书及其道论》,华中师范大学出版社 2006 年版。

38. 张恒寿:《庄子新探》,湖北人民出版社 1983 年版。

39. 张默生:《庄子新释》,新世界出版社 2007 年版。

40. 张松辉:《庄子研究》,人民出版社 2009 年版。

41. 哲学研究编辑部编:《庄子哲学讨论集》,中华书局 1962 年版。

42. 钟泰:《庄子发微》,上海古籍出版社 2002 年版。

43. 朱谦之：《老子校释》，中华书局 2000 年版。

（二）

1. （汉）司马迁：《史记（第七册）》，中华书局 1959 年版。

2. （清）严可均：《全上古三代秦汉三国六朝文》，商务印书馆 1999 年版。

3. 慕平译注：《尚书》，中华书局 2009 年版。

4. 杨伯峻：《春秋左传注》，中华书局 1990 年版。

5. 杨伯峻：《论语译注》，中华书局 2006 年版。

6. 杨伯峻：《孟子译注》，中华书局 2008 年版。

7. 张少康：《文赋集释》，人民文学出版社 2002 年版。

8. 范文澜：《文心雕龙注》，人民文学出版社 1958 年版。

9. 陆侃如、牟世金：《文心雕龙译注》，齐鲁书社 1995 年版。

10. 王运熙、周锋：《文心雕龙译注》，上海古籍出版社 1998 年版。

11. 王元化：《文心雕龙讲疏》，广西师范大学出版社 2004 年版。

12. 周振甫：《文心雕龙今译》，中华书局 1986 年版。

13. 黄叔琳、李祥补、杨明照：《增订文心雕龙校注》，中华书局 2000 年版。

14. 缪俊杰：《文心雕龙美学》，文化艺术出版社 1987 年版。

15. 黄侃：《文心雕龙札记》，上海古籍出版社 2000 年版。

16. 钟嵘：《诗品笺注》，曹旭笺注，人民文学出版社 2009 年版。

（三）

1. 白本松、王利锁：《逍遥之祖——庄子与中国文化》，河南大学出版社 1995 年版。

2. 包兆会：《庄子生存论美学研究》，南京大学出版社 2004 年版。

3. 蔡钟翔等：《中国文学理论史（一）》，北京出版社 1987 年版。

4. 陈望衡：《中国美学史》，人民出版社 2005 年版。

5. 陈炎：《中国审美文化史：先秦卷》，山东画报出版社 2000 年版。

6. 刁生虎：《庄子文学新探——生命哲思与诗意言说》，中国传媒大学出版社 2009 年版。

7. 方东美：《中国艺术的理想》，载东海大学哲学系编《中国文化论文集（二）》，台北幼狮文化事业公司 1980 年版。

8. 复旦学报编辑部编：《中国古代美学史研究》，复旦大学出版社 1983

年版。

9. 蒋孔阳编：《中国古代美学艺术论文集》，上海古籍出版社 1981 年版。

10. 高起学：《道家哲学与古代文学理论》，中国社会科学出版社 2009 年版。

11. 郭绍虞：《中国文学批评史》，上海古籍出版社 1979 年版。

12. 郭绍虞：《中国文学批评史：上卷》，百花文艺出版社 1999 年版。

13. 汉宝德等：《中国美学论集》，宝文堂书店 1989 年版。

14. 黄锦鋐：《先秦诸子的文学观》，载东海大学哲学系编《中国文化论文集（四）》，台北幼狮文化事业公司 1982 年版。

15. 霍然：《先秦美学思潮》，人民出版社 2006 年版。

16. 栾勋：《中国古代美学概观》，漓江出版社 1984 年版。

17. 李春青：《道家美学与魏晋文化》，中国电影出版社 2008 年版。

18. 李生龙：《道家及其对文学的影响》，岳麓书社 2005 年版。

19. 李天道：《老子美学思想的当代意义》，中国社会科学出版社 2008 年版。

20. 李泽厚：《美学三书》，安徽文艺出版社 1999 年版。

21. 李泽厚、刘纲纪：《中国美学史·先秦两汉编》，安徽文艺出版社 1999 年版。

22. 李泽厚、刘纲纪：《中国美学史·魏晋南北朝编》，安徽文艺出版社 1999 年版。

23. 刘介民：《道家文化与太极诗学——〈老子〉、〈庄子〉艺术精神》，广东人民出版社 2005 年版。

24. 刘绍瑾：《庄子与中国美学》，广东高等教育出版社 1989 年版。

25. 刘生良：《鹏翔无疆——〈庄子〉文学研究》，人民出版社 2004 年版。

26. 罗根泽：《中国文学批评史》，上海书店出版社 2003 年版。

27. 罗根泽：《中国文学批评史（一）》，上海古籍出版社 1984 年版。

28. 罗宗强：《古代文学理论研究概述》，天津教育出版社 1991 年版。

29. 罗宗强：《魏晋南北朝文学思想史》，中华书局 1996 年版。

30. 马采：《中国美学思想漫话》，上海人民美术出版社 1988 年版。

31. 敏泽：《中国美学思想史：上卷》，湖南教育出版社 2004 年版。

32. 敏泽：《中国文学理论批评史》，人民文学出版社 1981 年版。

33. 那薇：《天籁之音 源自何方——庄子的无心之言与海德格尔的不可说之说》，商务印书馆 2009 年版。

34. 漆绪邦：《道家思想与中国文学理论》，北京师范学院出版社 1988 年版。

35. 施昌东：《先秦诸子美学思想述评》，中华书局 1979 年版。

36. 时晓丽：《庄子审美生存思想研究》，商务印书馆 2006 年版。

37. 孙克强、耿纪平：《庄子文学研究》，中国文联出版社 2006 年版。

38. 孙雪霞：《文学庄子探微》，广东人民出版社 2006 年版。

39. 陶东风：《超迈与随俗——庄子与中国美学》，首都师范大学出版社 1995 年版。

40. 王建疆：《澹然无极——老庄人生境界的审美生成》，人民出版社 2006 年版。

41. 王凯：《逍遥游——庄子美学的现代阐释》，武汉大学出版社 2003 年版。

42. 王向峰：《老庄美学新论》，人民教育出版社 1999 年版。

43. 王振复：《中国美学的文脉历程》，四川人民出版社 2002 年版。

44. 吴调公：《古典文论与审美鉴赏》，齐鲁书社 1985 年版。

45. 徐复观：《中国艺术精神》，广西师范大学出版社 2007 年版。

46. 许结、许永璋：《老子诗学宇宙》，黄山书社 1992 年版。

47. 杨安崙：《中国古代精神现象学——庄子思想与中国艺术》，东北师范大学出版社 1993 年版。

48. 叶朗：《中国美学史大纲》，上海人民出版社 1985 年版。

49. 叶朗：《胸中之竹》，安徽教育出版社 2002 年版。

50. 叶维廉：《道家美学与西方文化》，北京大学出版社 2002 年版。

51. 叶维廉：《中国诗学》，人民文学出版社 2007 年版。

52. 易小斌：《道家与文艺审美思想生成研究》，岳麓书社 2009 年版。

53. 张法：《中国美学史》，四川人民出版社 2008 年版。

54. 张国庆：《儒、道美学与文化》，中国社会科学出版社 2002 年版。

55. 张利群：《庄子美学》，广西师范大学出版社 1992 年版。

56. 张松辉：《先秦两汉道家与文学》，东方出版社 2004 年版。

57. 张少康：《先秦诸子的文艺观》，上海文艺出版社 1981 年版。

58. 张少康：《论庄子的文艺思想及其影响》，载《社会科学战线》编辑部编《古典文学论丛（第三辑）》，齐鲁书社 1982 年版。

59. 张少康、刘三富：《中国文学理论批评发展史》，北京大学出版社 1995 年版。

60. 张石：《〈庄子〉与现代主义》，河北人民出版社 1989 年版。

61. 张文勋：《儒道佛美学思想源流》，云南人民出版社 2004 年版。

62. 赵明：《道家思想与中国文化》，吉林大学出版社 1986 年版。

63. 赵明、薛敏珠：《道家文化及其艺术精神》，吉林文史出版社 1991 年版。

64. 钟华：《从逍遥游到林中路——海德格尔与庄子诗学思想比较》，中国社会科学出版社、华龄出版社 2004 年版。

65. 郑开：《道家形而上学研究》，宗教文化出版社 2003 年版。

66. 朱东润：《中国文学批评史大纲》，上海古籍出版社 1983 年版。

67. 朱良志：《中国艺术的生命精神》，安徽教育出版社 2006 年版。

68. 朱维之：《中国文艺思潮史略》，上海开明书店 1946 年版。

69. 朱志荣：《中国美学简史》，北京大学出版社 2007 年版。

二

1. 曹顺庆：《中西比较诗学》，中国人民大学出版社 2010 年版。

2. 陈良运：《文质彬彬》，百花洲文艺出版社 2001 年版。

3. 陈文忠：《美学领域的中国学人》，安徽教育出版社 2001 年版。

4. 成复旺：《中国美学范畴辞典》，中国人民大学出版社 1995 年版。

5. 崔宜明：《道德哲学引论》，上海人民出版社 2006 年版。

6. 杜保瑞：《功夫理论与境界哲学》，华文出版社 1999 年版。

7. 刘梦溪编：《中国现代学术经典·方东美卷》，河北教育出版社 1996 年版。

8. 方东美：《原始儒家道家哲学》，台北黎明文化事业股份有限公司 1983 年版。

9. 冯友兰：《中国哲学史》，天津社会科学出版社 2007 年版。

10. 冯友兰：《三松堂全集（第四卷）》，河南人民出版社 2001 年版。

11. 傅伟勋：《从西方哲学到禅佛教》，生活·读书·新知三联书店 1989 年版。

12. 葛兆光：《中国思想史·第一卷》，复旦大学出版社 2009 年版。

13. 胡经之：《文艺美学》，北京大学出版社 1999 年版。

14. 季伏昆：《中国书论辑要》，江苏美术出版社 2000 年版。

15. 蒋孔阳：《德国古典美学》，商务印书馆 1980 年版。

16. 劳思光：《新编中国哲学史》，广西师范大学出版社 2005 年版。

17. 赖贤宗：《道家诠释学》，北京大学出版社 2010 年版。

18. 赖贤宗：《意境美学与诠释学》，北京大学出版社 2009 年版。

19. 李维武：《徐复观与中国文化》，湖北人民出版社 1997 年版。

20. 李醒尘：《西方美学史教程》，北京大学出版社 2005 年版。

21. 李泽厚：《中国思想史论·上》，安徽文艺出版社 1999 年版。

22. 梁漱溟：《中国文化要义》，上海人民出版社 2005 年版。

23. 刘放桐：《新编现代西方哲学》，人民出版社 2000 年版。

24. 刘纲纪：《美学与哲学》，湖北人民出版社 1986 年版。

25. 刘纲纪：《传统文化、哲学与美学》，广西师范大学出版社 1997 年版。

26. 刘纲纪：《艺术哲学》，湖北人民出版社 1986 年版。

27. 刘小枫：《拯救与逍遥》，华东师范大学出版社 2007 年版。

28. 刘小枫：《德语美学文选》，华东师范大学出版社 2006 年版。

29. 林德宏：《科技哲学十五讲》，北京大学出版社 2004 年版。

30. 刘悦笛：《生活美学与艺术经验》，南京出版社 2007 年版。

31. 蒙培元：《心灵超越与境界》，人民出版社 1998 年版。

32. 牟宗三：《中国哲学十九讲》，上海古籍出版社 1997 年版。

33. 牟宗三：《中西哲学之会通十四讲》，上海古籍出版社 2007 年版。

34. 牟宗三：《中国哲学的特质》，上海古籍出版社 2007 年版。

35. 牟宗三：《才性与玄理》，吉林出版集团 2010 年版。

36. 潘德荣：《文字·诠释·传统：中国诠释传统的现代转化》，上海译文出版社 2003 年版。

37. 彭锋：《美学的意蕴》，中国人民大学出版社 2000 年版。

38. 彭富春：《哲学与美学问题——一种无原则的批判》，武汉大学出版社 2005 年版。

39. 彭富春：《哲学美学导论》，人民出版社 2005 年版。

40. 彭启福：《理解之思——诠释学初论》，安徽人民出版社 2005 年版。

41. 彭立勋：《审美经验论》，人民出版社 1999 年版。

42. 孙以楷、陆建华等：《道家与中国哲学：先秦卷》，人民出版社 2004

年版。

43. 孙以楷、陆建华等：《道家与中国哲学：魏晋南北朝卷》，人民出版社 2004 年版。

44. 汤用彤：《魏晋玄学论稿》，生活·读书·新知三联书店 2009 年版。

45. 汤一介：《郭象与魏晋玄学》，北京大学出版社 2009 年版。

46. 唐君毅：《中国哲学原论·原道篇》，中国社会科学出版社 2006 年版。

47. 王德胜：《20 世纪中国美学：问题与个案》，北京大学出版社 2009 年版。

48. 王国维：《人间词话》，黄霖、周兴陆导读，上海古籍出版社 2009 年版。

49. 王泽应：《自然与道德——道家伦理道德精粹》，湖南大学出版社 1999 年版。

50. 韦政通：《中国文化概论》，吉林出版集团 2008 年版。

51. 徐复观：《中国人性论史·先秦篇》，华东师范大学出版社 2005 年版。

52. 许抗生：《魏晋南北朝哲学思想研究概论》，天津教育出版社 1991 年版。

53. 薛富兴：《分化与突围》，首都师范大学出版社 2006 年版。

54. 杨乃乔：《东西方比较诗学——悖立与整合》，文化艺术出版社 2006 年版。

55. 杨祖陶、邓晓芒：《康德三大批判精粹》，人民出版社 2001 年版。

56. 叶秀山：《思·史·诗——现象学和存在哲学研究》，人民出版社 1988 年版。

57. 叶朗：《美在意象》，北京大学出版社 2010 年版。

58. 俞剑华：《中国古代画论类编》，人民美术出版社 2007 年版。

59. 袁济喜：《六朝美学》，北京大学出版社 1999 年版。

60. 张法：《中西美学与文化精神》，中国人民大学出版社 2010 年版。

61. 张立文：《中国学术通史·先秦卷》，人民出版社 2004 年版。

62. 张立文：《中国哲学范畴精粹丛书·道》，中国人民大学出版社 1989 年版。

63. 张岱年：《张岱年全集》，河北人民出版社 1996 年版。

64. 张世英：《哲学导论》，北京大学出版社 2002 年版。

65. 张世英：《天人之际：中西哲学的困惑与选择》，人民出版社 1995

年版。

66. 张祥龙：《朝向事情本身》，团结出版社 2003 年版。

67. 张祥龙：《海德格尔与中国天道》，中国人民大学出版社 2010 年版。

68. 周来祥：《论中国古典美学》，齐鲁书社 1987 年版。

69. 朱狄：《当代西方美学》，人民出版社 1984 年版。

70. 朱光潜：《文艺心理学》，生活·读书·新知三联书店 2005 年版。

71. 朱光潜：《无言之美》，广西师范大学出版社 2005 年版。

72. 朱光潜：《谈美书简》，北京出版社 2005 年版。

73. 朱立元：《美学》，高等教育出版社 2001 年版。

74. 朱哲：《先秦道家哲学研究》，上海人民出版社 2000 年版。

75. 宗白华：《艺境》，北京大学出版社 1999 年版。

76. 古代文学理论研究编委会编：《古代文学理论研究》，上海古籍出版社 1983 年第 8 辑，1984 年第 9 辑，1987 年第 12 辑，2002 年第 20 辑。

77. 陈鼓应：《道家文化研究》，上海古籍出版社 1992 年第 2 辑。

78. 陈鼓应：《道家文化研究》，生活·读书·新知三联书店 1998 年第 14 辑，1999 年第 15 辑，2003 年第 20 辑。

　　三

1. ［美］艾兰：《水之道与德之端》，张海晏译，上海人民出版社 2002 年版。

2. ［美］爱莲心：《向往心灵转化的庄子》，周炽成译，江苏人民出版社 2004 年版。

3. ［英］伯林：《自由论》，胡传胜译，译林出版社 2011 年版。

4. ［日］池田知久：《道家思想的新研究——以〈庄子〉为中心》，王启发、曹峰译，中州古籍出版社 2009 年版。

5. ［美］狄百瑞：《中国的自由传统》，李弘祺译，贵州人民出版社 2009 年版。

6. ［法］杜夫海纳：《美学与哲学》，孙非译，中国社会科学出版社 1985 年版。

7. ［法］杜夫海纳：《审美经验现象学》，韩树站译，陈荣生校，文化艺术出版社 1996 年版。

8. ［德］伽达默尔：《诠释学 I ——真理与方法》，洪汉鼎译，上海译文出版社 2007 年版。

9. ［德］盖格尔：《艺术的意味》，艾彦译，华夏出版社 1999 年版。

10. ［英］葛瑞汉：《论道者——中国古代哲学论辩》，张海晏译，中国社会科学出版社 2003 年版。

11. ［德］海德格尔：《存在与时间》，陈嘉映、王庆节译，生活·读书·新知三联书店 2006 年版。

12. ［美］赫施：《解释的有效性》，王才勇译，生活·读书·新知三联书店 1991 年版。

13. ［德］黑格尔：《美学：第一卷》，朱光潜译，商务印书馆 1996 年版。

14. ［德］胡塞尔：《现象学的观念》，倪梁康译，人民出版社 2007 年版。

15. ［德］卡西尔：《人论》，甘阳译，上海译文出版社 2003 年版。

16. ［德］康德：《判断力批判》，邓晓芒译，杨祖陶校，人民出版社 2002 年版。

17. ［日］今道友信：《东方的美学》，蒋寅等译，林焕平校，生活·读书·新知三联书店 1991 年版。

18. ［德］F. 拉普：《技术哲学导论》，刘武等译，辽宁科学技术出版社 1986 年版。

19. ［日］笠原仲二：《古代中国人的美意识》，魏常海译，北京大学出版社 1987 年版。

20. ［美］刘若愚：《中国文学理论》，杜国清译，江苏教育出版社 2006 年版。

21. ［美］芒罗：《东方美学》，欧建平译，中国人民大学出版社 1990 年版。

22. ［英］梅内尔：《审美价值的本性》，刘敏译，杨平校，商务印书馆 2001 年版。

23. ［美］孟旦：《早期中国“人”的观念》，丁栋、张兴东译，北京大学出版社 2009 年版。

24. ［美］牟复礼：《中国思想之渊源》，王立刚译，北京大学出版社 2009 年版。

25. ［美］穆尔、布鲁德：《思想的力量：哲学导论》，李宏昀、倪佳译，上海社会科学出版社 2009 年版。

26. ［日］青木正儿：《中国文学思想史》，郑樑生、张仁青译，台湾开明书店 1977 年版。

27. ［美］苏珊·朗格：《情感与形式》，刘大基等译，中国社会科学出版
社 1986 年版。

28. ［美］史华兹：《古代中国的思想世界》，程钢译，江苏人民出版社
2004 年版。

29. ［德］史怀哲：《中国思想史》，常暄译，社会科学文献出版社 2009
年版。

30. ［英］舍勒肯斯：《美学与道德》，王柯平等译，四川人民出版社 2010
年版。

31. ［爱沙尼亚］斯托洛维奇：《审美价值的本质》，凌继尧译，中国社会
科学出版社 2007 年版。

32. ［波］塔塔尔凯维奇：《西方六大美学观念史》，刘文潭译，上海译文
出版社 2006 年版。

33. ［德］夏瑞春：《德国思想家论中国》，陈爱政等译，江苏人民出版社
1997 年版。

34. ［日］竹田复：《中国文艺思想》，隋树森译，贵阳文通书局 1944
年版。

35. ［日］竹内敏雄：《美学百科辞典》，刘晓路等译，湖南人民出版社
1988 年版。

36. Victor H. Mair, *Wandering on the Way：Early Taoist Tales and Parables of
Chuang Tzu*, New York：Bantam Books, 1994.

37. Eske Møllgaard, *An Introduction to Daoist Thought*：Action，Language，
and Ethics in Zhuangzi, New York：Routledge, 2007.

四

（一）

1. 包兆会：《二十世纪《庄子》研究的回顾与反思》，《文艺理论研究》
2003 年第 2 期。

2. 郭超：《大陆近三十年来庄子美学研究综述》，《安徽师范大学学报》
（人文社会科学版）2009 年第 5 期。

3. 赖永兵：《庄子美学思想研究二十年述评》，《乐山师范学院学报》
2005 年第 6 期。

4. 李霞:《庄子研究四十五年》,《哲学动态》1995 年第 6 期。

5. 刘成纪:《近年来庄子美学研究述评》 (http: //www. aesthetics. com. cn/s41c590. aspx)。

6. 刘绍瑾:《 "以世界性的知识和眼光" 看庄子——海内外庄子与西方美学比较研究述评》,《浙江大学学报》(社会科学版) 1990 年第 2 期。

7. 刘绍瑾、侣同壮:《二十世纪庄子文艺思想研究回顾》,《暨南学报》(哲学社会科学版) 2003 年第 6 期。

8. 谭家健:《读近年庄学著作札记》,《聊城大学学报》 (社会科学版) 2008 年第 3 期。

9. 吴长城:《庄学研究二十年》,《许昌师专学报》1999 年第 2 期。

10. 张京华:《评近十余年出版的四部庄子研究博士论文》,《河南科技大学学报》(社会科学版) 2003 年第 3 期。

（二）

1. 陈本益:《谈儒道佛三家思想的道德性——兼谈道家思想本身并不是美学》,《社会科学战线》2011 年第 1 期。

2. 陈本益:《审美知觉的特性: 知觉即想象》,《西南大学学报》2008 年第 1 期。

3. 陈本益:《关于庄子美学的几点辨正》,未刊稿。

4. 方勇:《庄子崇尚自然朴素之美说质疑》,《中州学刊》1987 年第 3 期。

5. 李维武:《徐复观对中国艺术精神的阐释》,《福建论坛》(人文社会科学版) 2001 年第 3 期。

6. 刘建平:《再论怎样探讨中国艺术精神——评〈中国艺术精神〉兼与章启群诸先生商榷》,《社会科学评论》2008 年第 1 期。

7. 刘建平:《手心两忘, 技道合一 ——评徐复观〈中国艺术精神〉兼与邹元江先生商榷》,《文艺理论研究》2008 年第 4 期。

8. 侣同壮:《庄子美学研究指瑕》,《山西师大学报》(社会科学版) 2006 年第 1 期。

9. 孙邦金:《儒家乐教与中国艺术精神——徐复观〈中国艺术精神〉读后》,《武汉大学学报》(人文科学版) 2002 年第 1 期。

10. 孙琪:《中国艺术精神研究的 "偏" 和 "全" ——评徐复观中国艺术精神主体研究的失误》,《广东教育学院学报》2004 年第 4 期。

11. 孙琪:《〈中国艺术精神〉: 问题何以提出?》,《名作欣赏》2007 年第

10 期。

12. 杨径青：《试论庄子的反美学思想》，《思想战线》1995 年第 4 期。

13. 张节末：《徐复观对庄子美学的发明及其误读》，《浙江社会科学》2004 年第 5 期。

14. 张节末等：《比较语境中的误读与发明》，《浙江大学学报》（人文社会科学版）2007 年第 4 期。

15. 章启群：《怎样探讨中国艺术精神？——评徐复观〈中国艺术精神〉的几个观点》，《北京大学学报》（哲学社会科学版）2000 年第 2 期。

16. 邹元江：《必极工而后能写意——对“中国艺术精神”的反思之一》，《文艺理论研究》2006 年第 6 期。

（三）

1. 曹础基：《〈庄子〉的艺术评价》，《华南师院学报》（哲学社会科学版）1979 年第 3 期。

2. 皮朝纲：《庄子美学思想管窥》，《四川师院学报》（社会科学版）1980 年第 4 期。

3. 陶白：《略论庄子的文艺思想》，《光明日报》1980 年 7 月 16 日第 4 版。

4. 施昌东：《关于庄子文艺思想的评价问题》，《光明日报》1980 年 10 月 8 日第 4 版。

5. 董国尧：《庄子论自然美》，《学习与探索》1981 年第 4 期。

6. 樊公裁：《庄子的美学思想》，《哲学研究》1981 年第 9 期。

7. 陈约之：《〈庄子〉谈艺言美》，《文学评论》1982 年第 1 期。

8. 蒋孔阳：《我的意见》，《文艺理论研究》1982 年第 3 期。

9. 程怡：《也论老子的“大音希声”——向蒋孔阳先生请教》，《文艺理论研究》1982 年第 3 期。

10. 马冀：《略论庄子学派的文学思想》，《内蒙古大学学报》（哲学社会科学版）1982 年第 3—4 期。（收入复旦学报编辑部编《庄子研究》，复旦大学出版社 1986 年版）

11. 王增范：《“大音希声”及老子的评价问题——中国古代美学札记》，《郑州大学学报》（哲学社会科学版）1982 年第 2 期。

12. 阮国华：《论我国先秦时期真善美理论的发展形态（上）——〈我国古代真善美理论发展历程〉之一》，《黄石师院学报》（哲学社会科学版）1983 年第 2 期。

13. 阮国华：《论我国先秦时期真、善、美理论的发展形态（下）——〈我国古代真善美理论发展历程〉之二》，《黄石师院学报》（哲学社会科学版）1983 年第 3 期。

14. 王恺：《从庄子寓言看其文艺主张》，《南京师大学报》（社会科学版）1983 年第 4 期。

15. 吴调公：《庄子美学思想平议》，《人文杂志》1984 年第 3 期。

16. 严寿澂：《道家、玄学与〈文心雕龙〉》，《重庆师院学报》（哲学社会科学版）1984 年第 3 期。

17. 葛景春：《李白诗歌与庄子美学》，《中州学刊》1984 年第 6 期。

18. 韩祝鹏：《先秦美学原则初探》，《江淮论坛》1984 年第 5 期。

19. 蔡仲德：《对道家音乐美学思想的历史考察（上）——兼与蒋孔阳先生商榷》，《中央音乐学院学报》1984 年第 3 期。

20. 蔡仲德：《对道家音乐美学思想的历史考察（下）——兼与蒋孔阳先生商榷》，《中央音乐学院学报》1984 年第 4 期。

21. 徐克谦：《〈庄子〉美学观艺术观散论》，《云南社会科学》1985 年第 2 期。

22. 陈守元：《庄子美学思想异议》，《重庆师院学报》（哲学社会科学版）1985 年第 1 期。

23. 韩林德：《试论庄子的道德论哲学——兼及庄子美学的基本特征》，《华南师范大学学报》（社会科学版）1985 年第 4 期。

24. 潘知常：《中国美学史上第一个认识圆圈的完成——中国美学史札记》，《信阳师范学院学报》（哲学社会科学版）1985 年第 2 期。

25. 修海林：《先秦诸子音乐美学思想概述》，《中国音乐》1985 年第 3 期。

26. 吴毓清：《庄子"天乐"思想试论》，《中国音乐学》1985 年第 1 期。

27. 叶传汗：《"大音希声"的音乐美学蕴涵——儒道两家早期音乐思想的比较》，《音乐研究》1985 年第 2 期。

28. 陈望衡：《中西自然美学观比较研究》，《湖南师大学报》（哲学社会科学版）1985 年第 6 期。

29. 王向峰：《自然美与艺术美问题上的诸子径庭——先秦艺术美学览要》，《辽宁大学学报》（哲学社会科学版）1985 年第 1 期。

30. 肖鹰：《庄周美学和柏拉图美学的比较研究》，《思想战线》1985 年第 5 期。

31. 程国安：《论"气"的转化功能及其美学特征》，《中南民族学院学报》（哲学社会科学版）1985 年第 1 期。

32. 徐文博：《论老子的"大音希声"及其音乐观的构成》，《安庆师院学报》（社会科学版）1985 年第 3 期。

33. 张文勋：《老庄美学思想中的"有"和"无"的辩证法及其影响》，《文艺理论研究》1986 年第 1 期。

（四）

1. 罗安宪：《道家心性论》，博士学位论文，中国人民大学，2002 年。

2. 王苏君：《走向审美体验》，博士学位论文，浙江大学，2003 年。

3. 王丽梅：《〈庄子〉内篇思想与艺术研究》，博士学位论文，苏州大学，2003 年。

4. 胡晓薇：《道与艺——〈庄子〉的哲学、美学思想与文学艺术》，博士学位论文，复旦大学，2003 年。

5. 郭令原：《先秦时代几个重要文论范畴的研究》，博士学位论文，西北师范大学，2003 年。

6. 张家梅：《言意之辩与中国美学》，博士学位论文，暨南大学，2003 年。

7. 孙中峰：《庄学之美学义蕴新诠》，博士学位论文，台湾东华大学，2005 年。（文津出版社 2005 年版）

8. 王永豪：《无言的逍遥——论庄子文化诗学思想对生存层面及语言层面的思考》，博士学位论文，首都师范大学，2006 年。

9. 侣同壮：《庄子与中国现代美学》，博士学位论文，暨南大学，2007 年。

10. 王焱：《庄子审美体验研究》，博士学位论文，浙江大学，2007 年。

11. 杜觉民：《隐逸与超越——论逸品意识与庄子美学》，博士学位论文，中央美术学院，2007 年。

12. 赵凤远：《庄子生态美学思想研究》，博士学位论文，山东大学，2007 年。

13. 赵东：《自然之道与美学——论庄子哲学的美学转化》，博士学位论文，西南大学，2010 年。

（五）

1. 陈鼓应：《论道与物关系问题（上）——中国哲学史上的一条主线》，《哲学动态》2005 年第 7 期。

2. 陈鼓应：《论道与物关系问题（下）——中国哲学史上的一条主线》，《哲学动态》2005 年第 8 期。

3. 陈鼓应：《〈庄子〉内篇的心学（上）——开放的心灵与审美的心境》，《哲学研究》2009 年第 2 期。

4. 陈鼓应：《〈庄子〉内篇的心学（下）——开放的心灵与审美的心境》，《哲学研究》2009 年第 3 期。

5. 陈卫平：《美学理论蜕变与民族审美意识再生——台湾学者对大陆近 20 年来美学研究的评述》，《南京师范大学文学院学报》2005 年第 2 期。

6. 邓联合：《“逍遥游”与自由》，《中国哲学史》2009 年第 2 期。

7. 杜保瑞：《功夫理论与境界哲学》（北京华文出版社 1999 年版，http：//homepage. ntu. edu. tw/~duhbauruei）。

8. 刁生虎：《庄子科技观及其哲学基础》，《开封大学学报》2001 年第 1 期。（人大复印资料：《科学技术哲学》2001 年第 6 期）

9. 封孝伦：《美与“自由”关系的反思》，《贵州师范大学学报》（社会科学版）1998 年第 4 期。

10. 高柏园：《庄子思想中的唯美性格——以劳思光、徐复观为中心之讨论》（http：//tkuir. lib. tku. edu. tw：8080/dspace/bitstream/... /2/070346P016. htm）（原载《鹅湖》1995 年 7 月总 241 期，第 14—22 页）。

11. 龚隽：《哲学史研究中的有效解释及规则》，《哲学动态》1998 年第 8 期。

12. 黄家瑶：《论自由思想发展的历史轨迹》，《宁波大学学报》（人文科学版）1996 年第 2 期。（人大复印资料：《哲学原理》1996 年第 9 期）

13. 李建盛：《理解的有效性和开放性——从〈庄子〉的阐释看古文论研究方法》，《文艺争鸣》1996 年第 4 期。

14. 李建盛：《历史 文化 审美：庄子哲学和美学理解的当代视域》，《求索》1997 年第 4 期。

15. 彭启福：《文本诠释中的限度与超越——兼论马克思文本诠释的方法

论问题》，《哲学研究》2007 年第 2 期。

16. 彭姗姗：《瞻之在前，忽焉在后：英语世界中作为哲学家的庄子》，
　　《中国哲学史》2005 年第 3 期。

17. 潘德荣：《理解方法论视野中的读者与文本——加达默尔与方法论诠
　　释学》，《中国社会科学》2008 年第 2 期。

18. 沈顺福：《试论自然与自由之异同》，《文史哲》2010 年第 2 期。

19. 黄柏青：《中国美学史研究三十年》，《甘肃社会科学》2009 年第
　　2 期。

20. 王德胜：《百年中国美学：知识背景及其他——关于 20 世纪中国美学
　　学术特性的思考》，《锦州师范学院学报》（哲学社会科学版）2001 年
　　第 1 期。

21. 王晓朝：《论思考自由的维度与西方自由观的误区》，《福建论坛》
　　（文史哲版）1999 年第 3 期。

22. 王中江：《中国人文传统与解释意识》，《天津社会科学》1994 年第
　　3 期。

23. 王中江：《"原意"、"先见"及其解释的"客观性"》，《学术界》
　　2001 年第 4 期。

24. 吴智、陈凡：《庄子技术思想厘清》，《自然辩证法通讯》2009 年第
　　5 期。

25. 谢扬举：《逍遥与自由——以西方概念阐释中国哲学的个案分析》，
　　《哲学研究》2004 年第 2 期。

26. 严春友：《庄子思想的独特性及其内在矛盾》，《河北学刊》2006 年第
　　2 期。

27. 杨国荣：《自由的形上意蕴》，《文史哲》2004 年第 6 期。

28. 张弘：《海德格尔与尼采在艺术审美问题上的"争辩"及其当代启
　　示》，《学术月刊》2005 年第 11 期。

索　引

后　记

存在与时间性是不可分离的，一种存在往往身处当下却又朝向并构想着未来，对未来的美好期冀也许是人生可以奋勇前行的动力，是人生关怀的一个维度。在某一阶段性的人生建构之下，这种人生体验可能会更为深切。在本书构思与写作伊始，就已经非常向往着写后记的这一刻了，但是真正到了这一刻，却思绪万千，反而不知如何下笔了。回首间，曾经的三年过去了，接着又是这三年过去了，对于一个年轻学子而言，两个三年，也许正是他青春成长岁月的意气风发，而对于一个大龄学子而言，那里隐藏的却可能是不可言说的时间艰辛或欢悦。"此情可待成追忆，只是当时已惘然。"

很多情景铭刻于心，西大三年，那茂密成荫的老榕树、直参云天的棕榈树、清香淡渺的樟树林，那造型别致的教学楼、古朴简洁的图书馆、明静舒适的杏园舍，那微波涟漪的崇德湖、意蕴深广的文化广场、活力四射的运动场……许多往事历历在目，西大三年，那老师们的音容笑貌、学友们的风姿神情，那学术探讨的激烈切切、生活场景的和乐融融，那一同品味过的夏日炎阳、一同追逐过的秋晨浓雾，还有那一起攀登过的巍巍缙云、一起畅游过的静静嘉陵……一切的一切，让人多么的难舍，让人多么的依恋。

记得好友 C 博士曾经的感言，他的人生是如何一步步地指向了哲学，他的此生就是为哲学而生。我喜欢的是美学，为什么是美学？记得自己十多年前题为"等待是美"的诗作。当时的理解是，等待不是消极的，等待是一种理想的无声创造，无功利的追求、静心的创造就是美，没想到从此与"美"结下了这份美缘。仅就自己半路出家选择美学而言，也许是出于一次真正的人生追问。人生是否就此朝向美学？我也许有好友那样的些许感受，但是没有他的那种豪气与才情。很多时候的寻寻觅觅，我觉得连我自己的人生问题都无从透悟，更遑论去解决什么其他的更具有普遍性的问题，因为我原本就是一个真切的存在。常常在隐约中倾听自己的心灵泉水之声，让自己的心灵之泉在直觉中朝自己敞开。理性与现实让我选择一种人生，直觉与理想又往往指引我走向另一种人生，我不知道哪种人生才更接近人生的真谛，才是更值得去过的人生。

　　人生可能就是一个两难问题或悖论，人生可能正是一种吊诡。庄子曾很明确地意识到了这种人生吊诡，他企图以吊诡的方式去终极性地解决人生的难题。这也许是庄子令人着迷的一个原因。人们很大程度上都期待着艺术和审美在人生的苦旅中能起到一丝心灵慰藉作用，艺术与审美也许能成为一种形式上的人生关怀，成为消弭人生吊诡之终极理想。这也许是我选择庄子美学的一个潜在的原因。人生是吊诡的，但无论如何，人生至少并不是枯绝的，人生也不是如鱼相忘于江湖的，相反，人生应是温暖的，是充满关爱与希望的。

　　在我的人生路途上，总是遇到一些很好的老师与朋友，总是让我倍感人生的温暖、关爱与希望，这些常常让我觉得人生有幸，让我常怀感恩之心。

　　这里首先要感谢我的导师陈本益先生。我常想，如果没有先生的指导与鼓励，作为一个才、胆、识、力俱平庸如我的泛泛之辈，是断然不敢去触碰聪慧、吊诡如庄子这般的一个仰之弥高、钻之弥坚的文化高峰的。记不得有多少次整个上午或下午的促膝长谈，记不得有多少次你来我往的电话交流，如果没有先生切实可行的步步引导，我很有可能仍然站在庄子迷离的宫殿之外而不得其门。记不得有多少次思绪上的困顿为陈师所开豁，也记不得有多少次精神上的低回为陈师所坚定，如果没有先生高屋建瓴的指点与拨冗，我是断断完成不了这样一本书的（尽管还未能达到先生的期望）。从本书的选题到最后的定稿，先生为此而倾注的心血，常常令我慨叹不已。先生治学的谨严，常常让我不敢有半点的懈怠。大到前期的构思布局，小至后期的行文甚或标点符号，先生都一一加以推敲订正，常常让我为自己的愚钝与疏漏而汗颜。我写作有个习惯，写得顺了时，要停下，看自己是不是进入了误区；写得不顺，也停下，看自己在哪里还未能弄通，因此，总是写得很慢，就这样赳赳趔趔地完成了写作。而这整个过程，都伴随着先生的悉心指点。先生每一次的耳提面命都能切中我的要害，减少我的曲折，启发我轻装前行。先生的诸多教诲常在耳边响起，"先要悬置他人前见而细读文本"，"要学会自己独立思考"，"现在的写作只是个基础，不要着急要想透了才动笔"，"某个部分或段落是否该这样处理"，如此等等。先生所言是矣，"一入侯门深似海"，庄子思想深矣，现在只是粗粗的写了几点，就已经意识到先生思索得很深刻，很多问题早就考虑到前面去了。更为重要的是，写就此书，收获的不仅仅是庄子美学，更对自己的人生有了一次彻悟，对中国传统文化也有了一次全新的领悟。先生将治学与为人相融契，思索的是大我人生，他所垂范给我们的就不仅仅是治学之一端，他传递给我们的精神瑰宝最终是人生格局的扩大、人生境界的提升。如果套用一句古话来形容我对先生的感激之情，那就是"生我者父母，教我者陈师"。先生一向低调朴质，但是他的治学为人早已让我们从心底发出敬爱之情了。

同样要感谢美学博士点的代迅教授、刘明华教授、王本朝教授、赵伶俐教授。先生们不但给我们讲授过美学课程，还给本书提出了许多中肯的建议。先生们不仅仅是传授学科知识，更以其自身的人格魅力予我们以熏陶、以浸染。沐浴于先生们的学术与人格的双重场域之中，不仅仅是一次次智识的点亮，更是一次次心灵的澄明。这怎是一声谢谢所能表达的？

感谢新诗所向天渊教授，感谢他为本书提出了许多建设性的意见。向师谦和的性情、渊博的学识、严谨的学风，早为我所景慕。与之言谈，如沐春风。感谢新诗所熊辉教授、左凤丽主任、杨晓瑞博士和许金琼老师，三年来，他们一直关心我的学习和生活，给我的学习和生活提供了很多支持与帮助，创造了最佳的学习与生活环境，这些都刻镂在我的记忆深处。

感谢我读硕士研究生时的老师赵凯教授、吴家荣教授、宛小平教授。多年以来他们一直激励着我向学求真，近年来虽未能晤面，但他们对我的鼓励与指导却从未间断，一直是我奋力前行的一个精神动力之源。

感谢我的学友们。在学术上我们是各抒己见，在生活中你们却给予了我无私的帮助与关心，谢谢你们，因为你们，我紧张的学习生活充满了阳光与色彩。

感谢我的亲友们。因为学习的紧迫，生活中对你们有很多疏忽与缺失，但你们的宽容、理解与支持，我是不会忘记的。

感谢我的伯父陈秋燕先生。如果没有他的帮助与教导，我的人生也许是另外的一番光景，是他最早鼓励我走上了一条求知的道路。

最后还要感谢我的妻子袁彩虹女士。如果没有她的支持，求学的梦想就会仅仅是一个梦想。多年来，她承担了全部的家务和教育孩子的重任，真的辛苦了，在此说声谢谢。

存在是时间性的存在，人生总是在路上，就让我带着恩师的教诲、亲人的关爱、朋友的情谊再一次上路吧，"路漫漫其修远兮，吾将上下而求索"。

2012 年 5 月 6 日于西大杏园

补记

本书受到贵州省 2013 年"专业综合改革试点项目（汉语言文学专业）、贵州省 2014 年省级重点支持学科（中国语言文学）建设项目"资助。特此致谢！

感谢王琪等编辑老师为本书所做的辛勤工作！

2016 年 10 月 31 日于贵阳